철학
개념
용례
사전

철학
개념
용례
사전

박해용·심옥숙 공저

KSI 한국학술정보㈜

　　　　　사람은 언어와 별개로 존재하지 않는다. 사람
은 언어에 의해서, 언어 속에서 그리고 언어로 표현됨으로써 비로
소 드러나고 표현되어서 존재하기 시작하는 지극히 언어적 존재이
다. 다시 말하면 언어를 통해서 언어를 사용함으로써 우리는 자기
자신을 자신이 살아가는 세계의 '주체'로 만들어 간다. 우리는 언
어를 통해서 아는 것을 표현하고, 모르는 것을 알며, 자신을 둘러
싼 세계 관계의 의미와 가치를 비교하고 인식하면서 성장하기 때
문이다. 이러한 의미에서 우리는 언어와 더불어 그리고 언어 속에
서 존재한다.

　언어는 우리들 개인의 한계를 넘어서서 타인과 더불어 존재하고
함께 사고하는 형식이다. 언어는 세계를 향해 나가는 길이며, 그리
고 세계 속의 '나'를 발견하는 '현장'이다. 이러한 '현장'을 통해서
세계 속에서 '거주'하고, 자신의 세계를 만들어 간다. 이러한 의미
에서 언어는 '존재의 집'이라고 할 수 있으며, 언어를 통한 '세계'
의 발견은 곧 자기 자신의 발견일 수밖에 없다.

　언어는 개념이 자신의 의미를 드러내는 그릇이고, 언어는 개념을

통해서 비로소 의미를 품고 스스로를 완성한다. 따라서 언어와 개념은 상호규정적인 관계를 맺음으로써 개념의미 체계를 구성하고, 개념 사용의 한계와 범위를 상호 결정한다. 언어를 통해서 하나의 개념은 다른 개념이 의미하는 세계에 대한 '관계'와 '차이'의 체계를 알 수 있도록 한다.

그러나 개념의 내포는 절대성을 갖지 않는다. 개념은 사람의 삶과 사고의 형식이기 때문이고, 삶의 형식과 사고의 내용은 변화 속에 그 본질이 있기 때문이다. 개념은 세계에 대한 우리의 인식과 이해의 내용을 담아내는 보편성과 상대성을 동시에 갖는다. 따라서 개념 이해는 각자가 머무는 지평 안에서 사유화될 수 있는 위험과 개별적인 가치에 대한 무관심한 태도를 피하기 어렵다. 이는 곧 개념의 한계로 곧 세계에 대한 정확한 인식과 사유를 막는 장애다. 그러나 개념은 단순히 언어가 내포하는 의미 내용을 말하는 것이 아니라, 인간의 정신 활동의 언어표현이다. 따라서 우리의 정신과 사유 능력의 발전은 우리가 사용하는 개념의 폭과 깊이에 비례한다. 살아 있는 정신은 변화하는 개념을 요구하며, 개념의 변화는 세계의 새로운 해석을 의미한다. 이러한 과정 속에서 우리는 스스로를 새로운 '정신'의 '주체'로 만든다.

개념 의미의 체계화와 그 전문적 사용을 가리켜 우리는 학문이라 부른다. 철학을 비롯한 모든 학문은 다름 아닌 개념에 대한 명석하고 정확한 이해이며 활용이다. 개념은 시대에 따라서 변화함으로써 오히려 시간을 극복하는 역사성과 보편성에 도달하며, 이곳에 곧 개념의 본질이 있다. 이러한 본질적 특성 위에서 우리는 정신의 소통과 사유과정의 축적을 이루면서, 나아가서 학문과 삶의 진보를 기대할 수 있다. 따라서 개념의 정확한 이해와 정확한 사용은 학문에 있어서는 가장 기본적인 '터 닦기'의 작업이며, 또한 일상적 사고의 명쾌함을 시작하는 것이다. 더욱이 정신과학에 있어서 개념의 바른 이해는 시작일 뿐만 아니라, 최종적인 목적이고 결과이기도 하다.

개념의 정확한 이해는 쉽지 않다. 왜냐하면 개념은 사유와 감각 영역을 동시에 관통하며, 구체성과 추상성이라는 두 개의 궤로 기능하기 때문이다. 개념의 추상성만으로는 세계의 특수한 이해를 제대로 해낼 수 없으며, 구체적인 의미만으로는 정신활동의 보편성을 담보할 수 없다. 이러한 이유에서 개념의 이해와 사용법은 그 용어들의 용례를 통해서 제대로 시작할 수 있다.

이 책은 가장 기본적이고 그래서 그만큼 중요한 철학 개념 30개에 대한 보다 분명하고 정확한 이해를 돕고자 하는 생각에서 쓰었다. 선택된 30개의 개념들을 6개의 부분(1. 철학과 역사, 2. 인간과 시간, 3. 정신과 이성, 4. 존재와 진리, 5. 관념과 범주, 6. 자유와 행복)으로 나누었고, 각 부분을 다시 상호연관성에 따라서 5개로 나누었다. 이 책에서 다루고 있는 철학 개념들은 그 학문적 중요성에 따라서 우선적으로 선택한 것이지만, 그러나 전반적인 인문학 영역과 다른 학과 영역은 물론이고, 일상생활에서도 흔히 사용되고 있는 것들이다. 각 용어는 그 용어가 사용된 원전 텍스트를 바탕으로 철저하게 비교하고 설명함으로써 그 개념의 내용이 어떻게 변화되어 왔는가를 한눈에 알 수 있도록 하였으며, 설명은 최대한 쉬운 일상 언어를 사용하려고 노력하였다.

이 책의 개념들은 철학가와 사상가들이 직접 사용하거나 정의한 여러 용례 중에서 선택하였고, 그들의 철학과 사유 체계가 하나의 개념 안에서 어떻게 나타나고 있는가를 중심으로 서술하였다. 철학자에게 있어서 하나의 개념은 단순히 하나의 용어로 끝나는 것이 아니고, 자신의 사상의 본질과 방향을 가장 잘 드러내는 표현이다. 따라서 이 책은 개념 용례들 간의 연관관계와 차이를 전달하는 데 큰 역점을 두었고, 또한 개념에 대한 이해가 개념사의 유기적 관계 속에서 '현장의 목소리'를 통해 이루어질 수 있도록 하였다. 이는 개념 사용의 용례를 통해 정신과 사유의 역사가 함께 전달되기를 바라는 마음에서이다.

이 책을 쓰는 데 있어서 저자들 자신의 독일 유학 중 겪었던 아픈 경험이 무엇보다도 좋은 약이 되었다. 유학 중에 가장 큰 학문적 어려움이 '무지'가 아니라, 잘못 알거나 또는 왜곡된 내용, '선무당 사람 잡는' '반쪽짜리 지식'이라는 것을 절실하게 체험하였다. 잘못 사용하거나 애매모호하게 사용한 개념들은 언제나 큰 질타와 비판으로 돌아왔다. 체계적으로 그리고 명쾌하게 이해하지 못한 용어를 사용하는 것은 오히려 학문하는 데 있어서 심각한 훼방꾼이라는 것을 배운 것이다. 개념과 그 사용법에 대한 이해가 정확할수록 그만큼 우리의 사고와 논리는 체계적이고, '왜곡되지 않은 순도 높은 지식'만이 정신의 길라잡이를 제대로 할 수 있기 때문이다.

개념 용례 사전의 절실한 필요성에 비해서 개념의 좋은 용례를 찾는다는 것은 결코 쉬운 일이 아니었다. 아직도 유익하고 깊이 있는 서양철학의 많은 고전과 저작이 있음에도 전혀 번역되지 않거나 번역의 열악한 환경 때문에 많은 번역서가 서로 다른 용어를 사용하고 있다. 그래서 번역서의 대부분의 경우 원문 텍스트를 대조하는 것을 원칙으로 하였다. 다만 부득이 한 경우에는 저자들 자신이 직접 번역한 경우도 있음을 밝혀둔다. 예상을 넘어서는 여러 가지 어려움에도 이 작업을 계속할 수 있었던 것은 직접 경험하였던 여러 가지의 어려움을 통해서 '개념 용례집'의 필요성을 더 절실하게 느꼈기 때문이다.

이제 그렇게 준비한 『철학 개념 용례 사전』을 조심스러운 마음으로 내놓는다. 이 책은 이러한 개념 용례집의 필요성을 깊게 느낄 수밖에 없는 교육 현장과 학업 과정에 있는 분들에게 도움이 될 것이라 믿는다. 이 책의 집필을 처음 제의한 정제한 선생 역시 그 필요성을 절감한 분이다. 이 책이 세상에 나와서 독자를 만날 수 있게 된 것은 정제한 선생의 앞서 간 생각과 지원 덕이다. 이 책의 내용에 부족한 점이 있더라도 독자여러분이 사유의 진지함과 정확함을 향해서 내딛는 의미 있는 걸음에 동행할 수 있기를 진심으로 바란다.

2012년 9월
박해용 · 심옥숙

개념을 철학하는 현장으로 안내하는,
철학하는 이의 분투
-박해용·심옥숙, 『철학 개념 용례 사전』을 위한
찬사-

누구는 자기 철학을 갖지 않았다고 하면, 그것은 비난하는 말이다. 누구는 자기 철학을 가졌다고 말해주면 그것은 그(녀)를 크게 칭찬하는 말이다. 그런데 누구는 '철학할' 줄 모른다고 하면 아무 반응도 없다. 왜냐하면 '철학하는 것'이 무엇인지 거의 모르기 때문이다.

철학이 무엇인가를 묻는 사람들은 많다. 그러나 철학은 어떻게 하는가를 묻는 사람은 거의 없다. 철학이 무엇인지를 열 명에게 물으면 열한 가지 답이 나올 것이다. 굳이 철학을 전공하지 않더라도 자기 나름의 철학을 가져야 제대로 된 사람이라는 통념은 누구에게나 있기 때문이다. 그러나 철학을 어떻게 하는가를 물으면 한 가지 대답도 듣기 어렵다.

사실 철학은 '가지는 것'이 아니라 '하는 것'이다. 그런데도 정작 철학은 어떻게 하는 것인지 물어보면 전문적으로 철학을 공부하거나 연구한 이들도 대답하기 쉽지 않다.

철학과 교수라고 사정이 더 나은 것은 아니다. 철학과 교수는 그 학기에 강의하는 과목 이외에 철학 그 자체를 생각할 여력을 갖지 못한다. 철학하는 사람들 가운데 철학과 교수야말로 철학 그 자체에서 가장 멀리 떨어져 있다고 말하는 이도 있다. 솔직히 말해서 철학과 교수는 자기 철학을 하기에도 바쁜 사람들이다. 그런 위치에서 철학 그 자체의 넓은 판을 항상 제 눈길 안에 붙잡아두기란 참으로 어렵다. 가끔 교수라는 지위에 불안이 엄습하는 것은 이 때문이다. 철학과 교수하다가 철학을 놓치는 것은 아닐까?

철학을 배우거나 가르치고 있어도 '철학자'라는 말을 듣기는 무척 어렵다. 철학 교수들의 가장 큰 꿈은 철학자가 되는 것이라는 농담도 한다. 그런데 철학을 어떻게 하는가에 대한 답은 생각보다 쉬운 곳에 그 단서가 있다. 즉 어쨌거나 그렇게 '철학자'의 반열에 오른 고전적 사유자들이 실제 철학하는 것을 구경할 기회만 가까이 있다면, 철학하는 법에 관해 감 잡는 일이 지금보다는 훨씬 쉬워질 것이 분명하다. 다시 말해, 철학을 어떻게 하는가를 알아보려면 철학을 실제로 한 곳에 가서 철학을 실제로 한 사람들이 해 놓은 철학을 보면 된다. 단 그 단서대로 하기가 어려워서 문제이다.

철학 공부하는 길의 오랜 선배인 박해용 · 심옥숙 두 선생님들이 『철학 개념 용례 사전』이라는 책을 낸다는 기별을 해왔다. 이 책은 어떤 주제에 관해 누가 어떻게 철학해서 무슨 말을 결론으로 내놓았는지를 한눈에 볼 수 있도록 철학사의 중요한 현장들을 단편극의 무대처럼 만들어 아주 체계적으로 배열했다. 200자 원고지 2,000여 매에 이르는 대작업이고, 번역된 원전 160여 권, 그리고 석·박사 학위논문 100여 편을 뒤지면서 일궈낸 성과이다. 철학과 역사, 인간과 시간, 정신과 이성, 존재와 진리, 실체와 범주, 자유와 행복 등의 6개 영역에서 각기 5개의 개념을 추출하여 30개의 기본 용어들을 확보하였다.

각 용어들에 대해 두 분 집필자의 개인적인 견해가 없을 수 없었겠지만 사견에 대한 욕구를 철저하게 억제한 가운데 이 용어들을 주제로 영원히 돌아볼 철학함의 결실을 내놓은 원전에 실린 현장의 목소리 주인공들에게 '판'을 벌리도록 한 절제력이 돋보인다. 그러면서 이 두 분이 독자들에게 보여주는 데 주력한 목표는 아주 중요하다. 즉 일상생활에서 오가는 그런 용어들, 예를 들어 정의, 권력, 시간, 존재, 아름다움, 행복, 사랑 등과 같이 '아무렇지도 않은 말들'이 ─ 이런 말들 안 쓰고 사는 사람도 있을까? ─ 이 고전의 철학자들의 '사고'를 통해 '철학적 개념'으로 '말해지는 그 순간'을 보여준다는 것이다.

자기 철학에만 몰두하다 어느 새인가 아스라하게 멀어져 가버렸던 현장의 말들이 어느 사이엔가 다시 뇌의 갈피에 되살아 들어온다. 교단에 있으면서 꼭 했어야 할 일들을 해 주어 고맙다기보다 열 적게 만들었으니 선배에게 억하심정을 품어야 할까? 아니다. 두 선배들이 애써 끌어다 준 철학함의 현장을 보다 많은 이들이 보게 만들어 차라리 두 선배들의 노력을 돋보이게 하는 일이 그나마 이 책에 쏟아질 찬사의 일부나마 내 몫으로 만들 수 있는 일이다.

　그러면서 도와주는 것은 하나 없으면서 덕담은 절박하다. 두 분, 앞으로 더 많은 일을 해주시라고.

2012년 5월
동국대학교 철학과 교수 홍윤기

■■■ 제1장 철학과 역사

1 . 철학(哲學 , philosophy, Philosophie, philosophie)

① 소크라테스는 철학이 경이에서 출발한다고 말한다

"철학은 경이 이외의 그 어떤 근원도 갖고 있지 못하다."

― 플라톤, 『테아이테토스』 ―

철학은 무엇인가? 철학은 어디에서 그리고 어떻게 생겨나기 시작했을까? 이러한 두 가지의 물음은 철학을 이해하기 위해서 중요한 의미를 갖는다. 무엇을 철학이라고 하는가? 이 물음이 곧 철학의 시작이다. 철학의 본질에 관한 이 물음으로 곧 철학과 비철학의 차이와 경계를 구분 짓기 때문이다. 그런데 이 경계를 정확하게 짓기 위해서는 철학이 무엇인가를 먼저 알아야 하지 않을까? 이렇게 철학의 문제는 그 동일성과 근원에 관한 물음이 서로 연관되어 불가분의 관계를 맺고 있다.

철학이 경이로움에서 시작되었다고 하는 생각은 플라톤 이전에, 이미 소크라테스에 의한 것으로 알려져 있다. 또한 당시 플라톤만이 아니라 아리스토텔레스를 위시한 다른 그리스 철학자들도 같은 생각이었다. 그래서 아리스토텔레스 역시 그의 형이상학에서 "최초의 사상가들을 철학적 성찰로 이끈 것은 다름 아닌 경이였다"고 말한다. 서양의 최초의 철학자로 전해지는 탈레스는 천체의 신비한 운행의 놀라움에 사로 잡혀서 하늘의 별들을 보면서 걷다가 개울에 빠졌다고 한다. 그에게 천체의 신기함은 놀라움으로 다가왔으며 이 놀라움은 "그것은 왜 그럴까?" 하는 의문으로 이어진다. 놀라움이 생각의 시작인 것이다. 신비하고 위압적인 것에 대한 단순한 숭배를 벗어나 의문스러움과 호기심은 무엇보다도 근원에 대한 물음을 던지게 하고, 이러한 물음에 대한 참된 답을 찾는 과정이 곧 철학이다. 이렇게 보면 철학은 놀라움을 느끼고, 이에 대한 답을 구하는 것으로 의문과 사유를 체계적으로 쌓아가는 과정으로, 단순히 의문을 제기하거나, 순간의 생각에 그치고 마는 다른 행위와 구별되는 것이다.

> "사고하는 일은 모두에게 공통이다. …… 철학(지혜)은 하나이다. 즉 모든 사물들을 꿰뚫어 그것을 지배하는 이치를 아는 것이다."
>
> — 헤라클레이토스, 『단편』 —

서양철학의 기원은 일반적으로 기원전 6세기에 시작된 고대 그리스 철학으로 알려져 있다. 한 가지 흥미로운 사실은 그리스 중심부가 아닌 그리스 변방 도시국가 밀레토스에서 시작되었다는 것이다. 당시에 탈레스, 아낙시만드로스 그리고 아낙시메네스를 중심으로 한 철학자들은 더 이상 신화적 상징형태로 세계를 설명하지 않고 이성의 힘으로, 사유를 통해서 알려고 하였던 것이다. 사람들은 이것을 '그리스의 정신의 기적'이라 표현한다. 오늘날 우리가 이성이라는 이름 아래 생각할 수 있는 개념이 밀레토스라는 한 도시에서 역사의 무대 위에 등장하게 된 셈이다.

그러나 이들이 철학이나 철학자라는 어휘를 처음부터 쓰기 시작한 것은 아니었다. 기원전 6세기에는 그런 단어들은 사용되지 않았다. 지금까지의 연구에 의하면 철학이라는 말은 헤라클레이토스의 저작으로 믿어지는 『단편』에서 최초로 쓰이기 시작했다. 이때는 철학이 지혜라는 말과 더불어 사용되었다. 철학이라는 개념 사용은 플라톤과 아리스토텔레스의 등장까지 기다려야 했다. 이들에 의한 철학자라는 말은 이전의 현명한 사람이나 스스로 지식이 풍부하다고 자칭했던 소피스트들과의 차이를 두기 위해 사용되었다.

② 플라톤은 철학은 죽음의 연습이라고 정의한다

> "그와 같이 육체에서 해탈할 것을 일생 동안 연구한 영혼, 즉 참으로 철학적인 영혼은 항상 죽음을 연습해 온 터인데, 철학은 다름 아닌 죽음의 연습이 아닌가? …… 그러니 그들(영혼에 마음을 쓰는 사람들)은 철학이 정화와 해탈을 줌을 따라 철학이 인도하는 방향으로 나아가며 거기 반대되는 길로 나아가지 않도록 마음먹는 것일세."
>
> — 플라톤, 『파이돈』—

일찍이 헤겔은 학문으로서의 철학은 플라톤에게서 비로소 시작한다고 말하고, 화이트헤드는 서양의 철학은 결국 플라톤 철학을 쉽게 풀어주는 철학이라고 하였다. 만약 이들의 의견이 틀리지 않다면 플라톤 철학은 서구 사상의 고전이요 서양 철학의 근원이라 하겠다. 플라톤 철학의 핵심인 그의 이데아론을 보면 육체를 영혼과 엄격히 구분하여 철학은 영혼과 이데아에 관한 것으로 말하고 있다.

철학을 죽음의 연습이라고 선언한 플라톤의 철학을 이해하기 위해서는 우선 그의 사상적 핵심을 알 필요가 있다. 그는 이데아의 세계와 현실의 세계를 나누고, 따라서 정신과 육체를 영원과 현실에 귀속시킨다. 인간 존재는 영원한 세계를 향한 채 육체를 가지고 이 세상에 살고 있는 이원적 구조를 갖고 있다. 철학은 죽음의 연습이라 함은 곧 현실 세계를 떠나서 이데아의 세계로 돌아감을 준비하는 것이 된다. 철학은 영혼의 활동으로, 궁극적으로는 육체의 극복에 있다. 철학하는 영혼, 즉 철학하는 인간은 철학함을 통해서 본래의 고향인 영원의 세계로 돌아가는 준비와 연습을 한다는 것이다. '죽음의 연습'이라고 정의되는 철학의 의무와 목표는 곧 이데아, 불변의 진리를 위하여 인간적 한계를 극복하는 데 있다.

> "이것(철학이 영혼을 해방시키는 것)은 철학이 영혼에게 눈과 귀와 그 밖의 감관들이 속기 쉬운 것임을 알려주고 이런 것들로부터 물러서도록 하며 불가피한 경우를 내놓고는 이런 것들을 사용하지 않게 하며, 그리하여 그 자신을 가다듬어 자기 자신을 신뢰하며 또 순수한 존재에 대한 그 자신의 순수한 이해를 신뢰하게 하며, 다른 통로를 통해서 자기 자신한테 오는 그리고 변하기 쉬운 모든 것을 신뢰하지 않게 함으로써 되는 일이야."
> — 플라톤, 『파이돈』 —

플라톤은 철학이 영혼을 도와서 육체로부터 해방시키도록 해야 한다고 말한다. 이것이 감각기관을 통해 일어나는 잘못된 인식에서 벗어나는 길이다. 우리가 감각을 통해 믿는 것은 착각으로 잘못된 견해(doxa)이고 정신을 통한 깨달음만이 참된 진리이기 때문이다.

그는 감각에 의한 견해는 참된 것의 그림자만 보고 현혹된 것에 불과한 것이라고 말한다. 이제 세계를 태양 빛 아래서, 즉 철학함으로써 참된 모습을 보아야 한다고 주장하는 것이다.

이러한 플라톤의 주장은 그의 유명한 '동굴의 비유'에서 잘 드러난다. 이데아의 세계를 떠나 이 세계에 살고 있는 사람들은 사슬에 묶여 동굴 속에 갇힌 죄수와 같아서 동굴 밖의 태양이 빛나는 세계를 보지도 알지도 못한 채 살고 있다. 그래서 그는 참된 세계를 알지 못하고 동굴 안에서 볼 수 있는 세계만이 그저 참된 세계라고 믿고 있을 뿐이다. 이 동굴 밖의 태양이 비추는 세계는 곧 이데아의 세계이고, 동굴 안은 감각에 의해 지배되는 현혹의 세계이다.

철학은 사람들에게 이 사슬을 풀고 밖으로 나가 태양의 거리로, 이데아의 광장으로 나아가게 한다. 결국 철학이 죽음을 연습한다는 것은 변하기 쉬운 감각적 경험과 무성히 난무하는 추측, 그리고 인간적 욕정으로 향하는 것 대신에, 영원한 순수함을 추구하는 길이며, 인간 자신의 영혼의 모습을 발견하는 것이다.

③ 아리스토텔레스에 따르면 제1철학은 형이상학이다

"제1철학은 형이상학이다."

– 아리스토텔레스, 『형이상학』 –

아리스토텔레스는 철학적 근본학을 제1철학이라 하고 이를 형이상학이라 명명한다. 형이상학은 철학의 핵심으로 존재론에 관한 학문이라 할 수 있다. 이때의 존재론은 어떤 것이 존재한다고 할 때, 존재의 성질이나 원리보다는 존재를 그렇게 존재하도록 하는 것에 대해 탐구하는 철학이다. 존재의 본질이 무엇이냐 하는 물음이다. 그러나 이 경우에는 존재 자체보다는 존재의 원인이 더 중요한 의미를 갖는다. 제1철학이라 함은 이러한 의미에서, 가장 완전한 존재, 즉 존재의 제1원리에 대한 것이다.

이것은 아리스토텔레스는 철학의 본질을 사물의 원인을 밝혀내는 데 두고 있음을 뜻한다. 그에게 있어서 세계를 안다는 것은 원인을 아는 것이었다. 그러나 아리스토텔레스 이후 서양에서 진행된 이러한 형이상학의 역사는, 오히려 존재를 망각하는 것이 아니냐는 비판을 받는다. 즉 존재에 대한 최고의 원리를 찾아다니, 정작 존재 자체에 대한 물음은 잊힌 것이 아니냐는 것이다. 이러한 비판은 특히 하이데거에 의해서 제기되었다.

④ 데카르트에 의하면 철학은 완벽한 지식의 탐구를 위한 방법에 관한 탐구이다

"철학이란 말은 지혜의 탐구를 의미하며, 지혜란 그저 처세의 재능만이 아니라, 생활의 활동에 관해서나 건강의 유지 및 온갖 기술의 발견에 있어서 인간이 알 수 있는 모든 사물의 완전한 지식을 의미한다. 그리고 그 지식이 이러한 것이 되려면, 그것이 최초의 원인으로부터 도출되는 것이 필요하며, 따라서 본래의 의미에서 철학한다고 불리는 것을 획득하려 할진대, 이 최초의 원리들 즉 원리들의 탐구에서부터 시작하지 않으면 안 된다."

— 데카르트, 『서한』 —

데카르트는 지금까지 철학이라 일컬어지는 것을 가장 적게 배운 사람이 참된 철학을 배울 능력을 가장 많이 가지고 있다고 말한 적이 있다. 그리고 그 자신 "이런 저런 철학자가 말한 모든 것은 너무 이상하고 터무니없는 것들이다."는 말을 할 정도였다.

데카르트는 자신의 어린 시절부터 얼마나 많은 잘못된 견해들을 수용하고 있었는가에 대한 회의를 통해 철학은 확고한 그리고 완벽한 학문으로 새롭게 세워져야 한다고 깨달았다고 한다. 철학은 누구에게나 납득될 수 있는 원리를 찾아내는 학문으로, 사물에 대한 명확한 이해를 목표로 하기 때문이다. 그는 철학을 올바른 지식과 허위를 구별하기 위한 원리 설명에 관한 것이라고 정의한다.

데카르트가 철학의 방법으로 제시한 규칙 중에서 가장 중요한 규칙은 다음과 같다. 어떤 원리에 대해서도 내가 그것을 참된 분명한 원리라고 생각할 수 없다면 받아들이지 않아야 한다는 것이다. 다시 말하면 철학은 성급한 결론이나 선입견을 피해야 한다. 그것에 대해 의심의 여지가 없을 때까지 회의하는 것, 더 이상 회의할 필요가 없고 분명하고 뚜렷한 것이라고 내 정신 안에 나타나는 것만 내 판단에 포함시켜야 한다는 원리이다. 데카르트는 철학적 반성, 즉 의심하는 이성의 원리에 의한 지식만을 참된 지식으로 간주하는 전제에서 철학을 출발한다. 이와 같은 대전제에서 출발해야 한다는 데카르트의 철학적 방법은 이전까지의 철학과 단절하고 근세의 새로운 철학의 길을 열어준 것이다.

⑤ 칸트에 있어서 철학은 선험적 개념의 체계이다

"나는 대상들이 아니라 대상들에 관한 우리의 인식방식을-이것이 선천적으로(apriori) 가능한 한에 있어서-일반적으로 다루는 모든 인식을 선험적(transzendental)이라 부른다. 그와 같은 개념들의 체계는 선험철학이라 불릴 수 있을 것이다."

- 칸트, 『순수이성비판』 -

"존재론은 (형이상학의 한 부분으로서), 모든 오성개념들과 원칙들의 체계를 (그러나 오직 그것들이 감관에 주어지며, 따라서 경험을 통해 확증될 수 있는 대상들에 관계하는 한에서) 이루는 학문이다. 그것은 초감성적인 것을 다루지 않는다. 그러나 초감성적인 것이란 형이상학의 최종목표이므로 존재론은 본래적 형이상학의 예비학, 현관 혹은 앞마당으로서만 형이상학에 속하는 것이며 선험철학이라 불린다. 왜냐하면 그것은 우리의 모든 선천적 인식의 조건들과 첫째가는 요소들을 포함하는 것이기 때문이다."

- 칸트, 『독일에서 라이프니츠와 볼프의 시대 이후 형이상학이 수행한
실제적인 발전은 무엇인가』 -

17세기 이후 데카르트의 관념론과 영국의 경험론으로 구별되는 철학이론들은 이성과 경험 중 어느 한 쪽만을 인식의 근거로 규정함으로써 '인식의 위기'를 가져왔다고 칸트는 생각한다. 그래서 칸트는 순수이성비판 서론에서 자신의 철학을 선험철학이라 정의하면서 위의 양자를 비판하고 종합하려 한다. '선험적'이란 경험에 앞서 경험을 가능케 한다는 뜻으로, 선험철학의 의미는 모든 경험으로부터 독립적으로, 즉 경험 이전에 인식을 가능하게 하는 조건을 탐구하는 것이다. 칸트는 자신의 철학은 존재자도 존재 일반도 아닌 단지 그들을 알 수 있게 하는 생각하는 방법에 관한 학문임을 분명히 한다.

다시 말하면 철학은 인식이 어떻게 해서 가능한가 하는 조건에 관한 학문이라는 것이다. 인간은 어떻게 해서 대상에 대한 지식을 갖게 되는가 하는 이 물음은 결국 대상 하나 하나에 대하여 아는 것보다는 인간에게 공통적으로 전제되는 보편성을 갖는 '인식 방법'을 탐구하는 것이 철학의 의무라는 칸트의 생각에서 비롯된다.

그러므로 칸트의 선험철학은 대상이나 존재의 의미에 관한 철학이 아니라 인식의 주체이며 생각의 능력인 오성과 이성 그 자체를 고찰하는 철학이라 한다. 이것은 다시 말하면 오성과 이성의 정당성을 검토하고 이성의 행위 능력을 탐구함을 의미한다. 그러나 칸트의 선험철학은 경험의 필요성을 제외시키지 않는다. 인식이 선험적으로 출발한다고 하더라도, 인식은 경험과 함께 하지 않으면 그 출발이 불가능하기 때문이다. 인식의 효과와 유용성은 경험적으로 확인된다.

칸트는 선험철학이 진정한 '형이상학의 앞마당'이라고 말함으로써 형이상학의 가치를 인정한다. 왜냐하면 인간은 본질상 진리를 갈망하고 경험적 영역을 초월한 대상을 향하여 더욱 더 나아가고자 하기 때문이다. 칸트가 자신의 선험철학을 통하여 그 이전의 형이상학에 대한 비판을 하는 것은 자신의 철학을 한 걸음 더 나아가게 하기 위한 것으로 이전의 형이상학의 오류를 되풀이하지 않는 철학의 확고부동한 위치를 정립하려는 것이다.

6 비트겐슈타인에 따르면 철학은 말해질 수 있는 것을 말하는 것 외에는 침묵하는 것이다

"말해질 수 있는 것, 그러므로 자연과학의 명제들 (그러므로 철학과는 아무 상관없는 어떤 것) 이외에는 아무것도 말하지 말고, 다른 어떤 사람이 형이상학적인 어떤 것을 말하려고 할 때는 언제나, 그가 그의 명제들 속에 있는 어떤 기호들에다 아무런 의미도 부여하지 못하였음을 입증해주는 것. ―이것이 본래 철학의 올바른 방법일 것이다. 이 방법은 그 다른 사람에게는 불만족스럽겠지만―그는 우리가 그에게 철학을 가르쳐 주었다고 느끼지 않을 것이다―이 방법은 유일하게 엄격한 방법이다."

― 비트겐슈타인, 『논리・철학 논고』 ―

20세기의 천재라고 불리는 비트겐슈타인의 『논리・철학 논고』라는 책은 현대 철학의 중심적인 한 방향을 언어분석으로 끌어갔다는 의미에서 철학사에서 하나의 사건이라 할 만하다. 그는 이 책에서 언어를 규명하는 탐구를 통하여 언어와 세계와의 관계, 사고의 한계들을 해명하고 철학이 다루어야 할 거의 모든 것들을 명쾌하게 제시하고 있다.

비트겐슈타인은 이 책에서 철학의 모든 문제가 기본적으로는 언어 사용의 오해와 그릇됨에서 비롯한다고 주장한다. 철학은 언어를 매개로 주장되며 전개되고 논증되기 때문이다. 이로써 비트겐슈타인은 철학의 핵심은 언어사용에 관한 언어철학이라고 본 것이다. 따라서 그에게 있어서 형이상학적 철학은 부인되고, 철학의 의미는 언어와 사고의 명료화로 규정된다. 철학은 원리들을 가르치고 이론들을 개발하는 것 대신에 생각을 분명하고 명쾌하게 하는 방법 혹은 기술을 보여주는 것이어야 한다는 것이다. 이러한 기술과 방법을 통해 철학도 하나의 사업처럼 일이 성공적으로 이루어지도록, 일이 해결되도록 하는 작업이라는 것이다.

철학의 이러한 문제들을 분명하게 해결하기 위해 비트겐슈타인은 그 문제들에 관한 언어 표현의 한계와 문제점을 분명히 제시하려 한다. 이에 따르면 우리는 생각하여 말로 표현할 수 있는 것과 표현할 수 없는 것을 구분할 수 있어야 한다. 이것은 오직 언어의 분석에서만 가능하다. 따라서 철학의 방법은 언어분석이 되어야 하며, 철학적 언명 중에서 유의미한 것과 그렇지 않은 것을 분석해내야 한다. 이것은 언표와 사고의 경계를 분명하게 나타냄으로써 철학적 오류를 막으려는 것이다. 그래서 분명한 것은 분명하게 말하고 말할 수 없는 것에 대해서는 침묵해야 하는 것이 철학이며, 이러한 의미에서 철학은 철학하는 행위인 것이다.

2. 역사(歷史, history, Historie / Geschichte, histoire)

① 칸트에 의하면 역사는 인간의 자유의지의 실천이다

"우리가 의지의 자유라는 개념에 대해 형이상학적인 관점에서 무엇을 주장하든지 간에, 의지가 외부로 나타난 현상이 인간 행위이며, 그것은 여타의 자연적 사실들과 마찬가지로 일반적인 자연의 법칙에 따라 규정된다. 역사는 이러한 현상들을 설명하는 것이며, 그러한 현상들의 원인이 아무리 깊숙이 감추어져 있다 하더라도 우리가 역사에서 인간 의지의 자유가 발휘되는 과정을 긴 안목으로 고찰해 본다면 우리는 그 속에 어떤 규칙적인 진행이 있음을 발견할 수 있으리라고 기대할 수 있다."
- 칸트, 「세계시민적 관점에서 본 보편사의 이념」 -

"인류의 역사는 국내적으로도 완전하며, 그리고 이 목적에 맞으면서 국제적으로도 완전한 국가 체제를 (이 완전한 국가 체제는 자연이 인류의 모든 소질을 완전히 계발시킬 수 있는 유일한 상태인데) 성취하고자 하는 자연의 숨겨진 계획을 실현하는 과정으로 간주될 수 있다."
- 칸트, 「세계시민적 관점에서 본 보편사의 이념」 -

칸트는 계몽주의 철학자로서 역사에 대한 이성적이고 합리적인 이해를 강조한다. 그에 따르면 자연 속의 모든 사물은 본성적이고 자연적인 소질을 언젠가는 완전하게 드러내며, 스스로 이러한 목적을 달성하는 방법을 갖고 있다. 자연이 추구하는 최고의 목적은 곧 인간의 완성이다. 자연은 일정한 규칙에 따라 자신을 완성해 나가며, 이러한 인간의 완성과정이 곧 역사이다.

자연이 일정한 법칙과 질서체계에 의해서 움직이듯이 개인과 국가의 역사도 법칙에 따라서 진행된다. 즉 인간의 역사는 그것이 개인의 것이든, 집단의 역사이든 각자의 소질과 드러나지 않은 자연의 계획에 의해서 진행되기 때문에, 겉으로 나타나는 혼란스러움은 역사의 진행을 막지는 못한다.

칸트는 만약 우리가 자연을 목적 없이 움직이는 것으로 본다면, 이것은 큰 잘못이라고 말한다. 왜냐하면 이것은 곧 맹목적인 우연이 인간을 이끌어 나가는 것으로 보는 것과 같기 때문이다. 칸트는 자연의 계획을 완성하고 의도를 실현해 나가는 과정이 곧 역사의 과정이라고 보는 것이다.

이러한 경우에 있어서 자연은 두 가지로 해석될 수 있다. 첫째 자연을 과학적으로 이해하는 것으로, 자연을 기계적이고 필연적인 원리에 의해서 움직이는 것으로 본다. 다시 말하면 원인과 결과에 의해서 움직이는 자연으로 인과율의 법칙에 따라서 설명되는 자연이다. 둘째, 역사의 과정이 도달하려는 목적을 의미하는 자연이다. 즉 자연 속에 신의 의도가 내포되어 있다고 본다. 인간은 이러한 자연의 의도에 따라서 역사를 진행시킴으로써, 악으로부터 선으로 나아가는 계몽의 역사를 실현한다.

우리에게 완전하게 드러나지 않는 신의 의도가 역사를 움직인다면, 우리는 어떻게 역사의 목적과 발전과정을 인식할 수 있는가? 칸트는 역사의 규칙적 진행을 아는 것은 이성을 통해서라고 말한다. 인간의 이성은 역사가 단순한 사건과 사실의 나열이 아니라, 일정한 목적을 향하여 진행되는 긴 과정이라는 것을 인식하는 인간 고유의 능력이다. 자연은 이유 없이 어떤 일을 행하지 않는다는 것이 칸트의 생각이다. 인간이 이성을 가졌다는 사실이 바로 자연은 쓸모없이 어떤 일을 하지 않는다는 것을 증명하며, 자연에게 계획과 의도가 있음을 말하는 것이라고 주장한다.

칸트는 인간이 이성만이 아니라 스스로 판단하고 행동하는 자유의지를 가졌다는 것을 역설한다. 이성과 자유의지야말로 그에 의하면 자연의 목적을 실현하기 위는 역사발전의 도구이다. 자연의 목표를 이루어가는 과정으로서의 역사 발전이란 앞 세대 사람들이 다음 세대를 위하여 준비함으로써, "자연이 계획하는 건축물을 더 높이 지을 수 있도록" 하는 가운데서 이루어진다.

이러한 의미에서 볼 때, 개별자의 삶과 한 세대의 역사는 인류라는 더 큰 공동체의 보편적 역사를 위한 부분들이다. 칸트에게 있어서 개체보다는 사회와 인류가 더 큰 의미와 가치를 가지며, 한 시대의 구체적인 현실 역사보다는 인류의 보편성을 위한 계몽의 역사가 더 절실한 역사이다.

인류의 보편역사를 실현하기 위해서는 무엇보다도 이성과 자유의지에 의한 행위가 도덕과 행복을 실천하는 것으로 나타나야 하며, 이를 통해서 선이 실현되어야 한다. 그리고 인류의 역사 속에서 선이 실현되기 위해서는 국내적으로는 법에 의해서 통치되는 시민사회를 건설하고, 국제적으로는 세계시민적인 국제기구를 추구해야 한다고 칸트는 말한다. 왜냐하면 칸트에 따르면 인간은 개인으로서가 아니라 사회 속에서 역사의 최고 목표인 최고선과 완전한 자유를 실현할 수 있기 때문이다. 칸트에게 있어서 개인은 자신이 가진 이기적 성향, 반사회적 사회성 때문에 자연의 상태에서는 자신의 소질을 충분히 발휘할 수 없는 존재다. 칸트는 인간이 한 사회 안에서 서로 다투고 경쟁하면서 오히려 더 좋은 사회를 이룩해 나가는 것을 숲의 나무에 비유한다. 숲에서 자라는 나무들은 서로 더 많은 자리와 햇볕을 얻기 위해서 경쟁하면서 더 크게 성장한다는 것이다. 숲 속의 나무들이 꼿꼿하고 크게 자라기 위해서는 다른 나무들을 필요로 하는 것처럼 개인도 혼자보다는 사회적 관계 안에서 더 나은 자기실현을 추구한다.

이에 따르면 인간의 자유의지와 법에 의한 사회는 서로에게 불가분의 관계를 맺으면서 역사를 진행한다. 인간의 자유의지는 보다 완전한 사회건설을 추구하고, 시민사회는 더 나은 이성의 실현을 위한 체제를 제공한다. 국내적으로 더 나은 사회건설을 위한 실현은 단순히 한 국가의 내적 문제에 그치지 않는다. 한 국가의 건전한 시민사회는 국제관계에 본질적인 영향을 미치며, 각각의 국가는 동시에 올바른 국제관계를 세우는 데 있어서 주체적인 역할을 맡는다.

이렇게 볼 때 각각의 국가는 국가적 역사의 발전과 세계사 발전이라는 이중적 의미의 역사를 진행한다. 따라서 세계의 모든 국가가 갖는 국내적 상황은 국제적 관계에 연결되어 있다. 따라서 칸트가 의미하는 인류보편의 역사는 이성에 근거하는 합법적인 시민사회와 인류의 능력이 완전히 계발되는 국제적 관계의 실현이다.

다시 말하면 국가들의 상호 간의 합리적 이해를 통해서 서로가 공동으로 힘을 행사하며, 서로 간에 국가의 안정을 보장하는 '보편적 세계 시민사회'를 이루는 것이 인류의 역사가 추구하는 목적인 것이다. 그는 하나의, 또는 몇몇의 강력한 국가에 의한 세계평화가 아니라, 국제연맹에 의한 국제법이 통치하는 세계를 생각하고 이러한 세계가 곧 자연의 섭리와 일치하는 역사라고 강조한다. 이점에서 칸트는 도덕적 실천을 통한 세계역사만이 아니라, 오늘의 국제연맹과 비슷한 국제기구를 이미 그 당시에 세기를 앞서 내다보았다는 평가를 받고 있다.

② 헤르더에 의하면 역사는 법칙에 따라 진보한다

"내가 역사 속에서 추구하는 신은 자연 속의 신과 같은 것이어야 한다. 왜냐하면 역사는 전체의 작은 부분에 지나지 않기 때문이다. 그리고 인간의 역사는 유충의 역사처럼 자신이 살고 있는 거미집의 역사와 긴밀하게 뒤섞여 있다. 그러므로 인간의 역사 속에는 사물의 본질에 내재된 자연법칙이 보급되어야만 한다."

– 헤르더, 『인류의 역사 철학에 대한 이념』 –

"역사를 추적해 보면 진정한 인간성이 성장함에 따라 인류의 파괴적인 마성 역시 실제로 약화되었으며, 더구나 계몽되어지는 이성과 정치의 내적 자연법칙에 따르게 되었다는 사실이 드러난다."
— 헤르더, 『인류의 역사철학에 대한 이념』 —

헤르더는 독일의 철학자, 문학자로서 레싱과 함께 "질풍노도"로 알려진 문학운동을 일으키고 비판적 계몽정신을 주장한 사상가이다. 그는 특히 민족의 다양성과 이성을 바탕으로 하는 진보적 인본주의를 강조하면서 역사에 대한 새로운 인식을 강조하였다. 헤르더는 역사를 이미 일어난 일들 혹은 지나간 일들의 기록이 아니라, 역사의 본질이 무엇인가 하는 것에 관심을 두었다.

이러한 헤르더의 역사관은 칸트에게서 큰 영향을 받았지만, 그러나 동시에 그는 칸트를 비판하면서 자신의 독자적인 역사인식을 주장하여서 당시는 물론이고 후세에, 특히 괴테나 헤겔에게 큰 영향을 주었다. 그는 역사와 철학을 서로 접목하려는 노력을 하였는데 이러한 그의 시도는 『인류의 역사 철학에 대한 이념』이라는 저술에 잘 나타나 있다.

헤르더는 인간은 광대한 우주 속에서 보잘것없고 초라한 작은 존재이기는 하지만, 인간의 역사는 우연에 의해서 맹목적으로 계속되는 것이 아니라고 말한다. 역사는 일정한 순서와 규칙에 따라 진행되는 것, 그 자체의 목적을 가진다는 것이다. 그리고 헤르더에게 있어서 역사에 대한 탐구는 인간에 대한 이해와 불가분의 관계를 갖는다.

인본주의에 바탕을 둔 헤르더의 역사관에 따르면 역사는 역사의 주체가 되는 인간과 인간의 '삶'을 주제로 하며, 역사의 목적은 역사의 자기완성으로, 다시 말하면 '인간성'인 것이다.

그러나 인간성을 실현하기 위한 역사의 길은 하나의 절대적이고 보편적인 형식으로 정해진 것이 아니고, 각 민족, 각 개인이 가진 독특한 역사적 조건에서 찾아야 한다고 헤르더는 말한다. 그는 당시 지배적이던 독선적 계몽주의자들과는 달리 각 민족의 다양성과 문화의 상대성을 인정하고, 획일적인 역사전개에 대한 주장을 거부한다. 계몽주의는 세계와 역사를 문명과 야만, 이성과 비이성, 과학과 자연으로 나누어 보는 데, 이러한 사고야 말로 머리와 가슴을 분리시키는 것과 같은 잘못이라는 것이다. 이러한 계몽주의는 세계역사를 암흑과 미신으로부터 해방시키는 것보다는 '문명과 이성'이라는 이름으로 근거 없이 '영원한 발전'을 약속하면서 '보편성'의 틀에 억지로 맞추기 위하여, 개체의 특성과 가치를 억압하는 잘못을 범하기 쉽다고 헤르더는 주장한다.

헤르더에 의하면 계몽주의의 지나친 합리성 강조는 역사를 비롯한 모든 것을 법칙만으로 설명하려는 기계주의에 빠지게 되는 결과를 갖는다. 그래서 계몽주의에 의한 역사는 인간의 본성, 욕구를 통해서 나타나는 생명력과 자연의 본성적 무질서에서 생기는 창조적인 힘을 무시하고, 차가운 이성이 지배하는 '차가운 역사'라는 것이다.

헤르더는 역사의 발전에 있어서 개체의 특성과 의미를 중요하게 여길 뿐만 아니라, 그것을 역사 발전의 원동력으로 생각한다. 헤르더는 그래서 시간과 공간을 초월하는 보편주의 역사관 대신 역사의 상대성을 강조한다. 그는 역사를 이해하는 방법으로 '감정이입'을 제시하면서, 그 시대, 그 지역, 그 민족의 내면에서부터 함께 느끼고 생각할 때 역사의 본질을 이해할 수 있다고 주장한다. 헤르더의 개체성에 대한 높은 평가는 당시의 계몽주의와는 달리 비이성적인 것의 가치와 의미를 말한다는 점에서 대단히 독창적이다. 그가 말하는 개체성은 민족에게서 민족의 고유함으로 가장 잘 나타나며, 민족의 문화가 가지는 독특함을 통해서 표현된다.

그는 또한 각각의 시대가 가지는 역사적 의미 역시 역사 전체의 틀 속에서 평가되어야 하므로, 역사가들이 어느 한 시대를 무시하거나, 의미를 축소하는 것은 잘못이라고 말한다. 예를 들면 역사가들이 고대 그리스와 로마에 대해서는 찬미하면서, 중세시대를 '야만'과 '미신'의 시대로만 평가하는 것은 역사의 계속성과 역할을 부인하는 것이라고 비판한다.

헤르더의 이러한 주장에 따르면 역사는 연속성을 갖는 진행으로, 흔히 부정적으로 평가되는 중세기는 계몽시대를 위한 준비기간이다.

이러한 그의 입장은 역사의 발전은 직선이 아니라, '나선형'이라고 보는 생각에서 잘 나타난다. 이러한 역사의 진보는 한 개인의 성장과 비슷한 단계를 거쳐서 진행된다. 다시 말하면 개체와 역사는 자연법칙의 지배를 받기 때문에, 자연에서 모든 것이 상호관련성을 가지면서도 개체의 특성이 유지되듯이, 인류의 역사는 혁명을 통해서가 아니라 연속적 과정 속에서 발전한다. 역사도 생명체처럼 점진적으로 자라고 성장한다는 것이다.

헤르더에게 있어서 자연법칙은 신의 섭리와 같은 의미를 갖는 것으로, 그는 자연을 내부에서 발생하는 자체의 역동적 힘을 통해서 성장하는 것으로 이해한다. 역사 역시 이러한 내부적 힘에 의해서 진행된다는 것이다. 따라서 역사발전은 자체의 역동성에 의해서 이루어진다. 여기에서 역사에 대한 인간의 역할은 절대적인 의미를 갖는다. 왜냐하면 헤르더에 따르면 역사의 목적은 '인간성'의 실현 이기 때문이다. 인간성의 실현이란 인간의 이성에 의해서 이루어지 는 것이므로 결국 역사발전에 있어서 주체적인 역할을 하는 것은 인간의 이성이다. 헤르더가 이해하는 인간성은 칸트와 레싱의 계몽 사상에서 영향을 받은 것으로 그리스의 정신이 추구하는 덕성, 행 복, 완전함 등의 가치를 포함한다. 이러한 그리스 정신에 기초한 인간성의 실현은 다름 아닌 인간의 해방을 뜻하는 것으로 이해해 야 할 것이다. 이러한 의미에서 헤르더는 인류의 해방이 역사의 가 장 고귀한 목표라고 말한다.

인간 해방은 다름 아닌 자유의 실현이며, 곧 '세계시민'으로의 성숙을 뜻한다. 이처럼 헤르더는 '차가운 역사'보다는 인간성의 완 성과 자유를 향한 '따뜻한 역사'를 강조하면서 계몽주의적인 합리 성과 낭만주의적 감성이 서로 조화되어야 한다고 주장한다.

③ 헤겔에 의하면 역사는 절대정신의 변증법적 운동이며 자기 완성이다

"이성이 세계사를 지배한다. 세계사는 이성적으로 진행되어 왔다. 세계사 를 지배하는 이성은 신과 연관된다. 세계사 속의 모든 것은 합리적으로 전 개되어 왔다. 세계는 역사의 본질을 이루는 세계정신의 이성적이며, 필 연적인 행정이다. 세계정신은 불변의 일자이다. 세계정신은 바로 이 세계 의 현존재 속에서 그의 본성을 드러낸다. 역사는 각기 다른 실존의 모든 측면을 자체 내에 총괄하는 전체이다. 각기 다른 실존인 역사적 개체, 역 사적 개인은 바로 세계정신이 다양하게 현현하는 모습이다. 세계정신이 세계를 지배하는 이성이다. 이성이 세계를 지배하고 있으며 지금까지 지배해 왔다고 하는 명제는 신의 섭리가 세계를 지배한다는 종교적 형식과 결합된다. 인간은 신의 섭리를 인식할 수 있다."

― 헤겔, 『역사 속의 이성』 ―

"역사를 지배하는 세계정신은 바로 절대정신이라고 부를 수 있는 신적 정신을 의미한다. 신적 정신은 절대이성이라고도 말할 수 있다. 신은 모든 인간 안에 내재한다. 신적 절대이성은 모든 인간의 이성 속에 나타난다. 신, 세계정신, 절대정신은 어디까지나 모든 인간과 함께 존재한다."

― 헤겔, 『역사 속의 이성』 ―

"세계사란 행복의 무대만은 아니다. 오히려 이런 대립, 부정, 투쟁을 통해서 발전하는 것이다. 행복의 시대는 역사에 있어서는 공백의 페이지이다. 왜냐하면 이와 같은 시기는 …… 대립을 결여한 시기이기 때문이다. …… 불완전한 것은 자연성, 감성, 혹은 직접성 그리고 자기 자신의 소외성의 외피를 타파하여 의식의 광명, 즉 자기 자신에 도달하는 충동이고, 정신적 생명 그 자체의 내부에 있는 충동이다. 대립이 없으면 역사에는 아무런 진보도 없을 것이다. 따라서 모순 대립은 역사가 한층 높은 단계로 진보하기 위해 필요한 부정적인 혹은 변증법적인 요소에 불과하다. 결국 이러한 대립은 존재는 하지만 그것은 해소된다."

― 헤겔, 『역사철학 강의』 ―

관념철학의 완성자로 불리는 헤겔은 세계를 움직이는 무한한 힘이며, 진리에 접근하는 운동의 원리가 인간의 정신이라고 생각한다. 따라서 그는 세계에 대한 설명 역시 인간의 정신에서 시작한다.

헤겔에 의하면 인간의 정신이 의도하고, 이해하며 활동한 것의 결과가 곧 역사이며, 우리가 살고 있는 세계이다. 그래서 역사는 정신이 현실 속에서 드러난 모습이며 '정신의 거주지'이다. 이러한 의미에서 헤겔의 역사관은 계몽주의와 낭만주의가 추구하는 이성과 감성을 통합하여 조화시키려는 것으로, 칸트와 헤르더의 생각을 계승하면서 동시에 비판한다.

그는 역사를 철학의 중심에 놓았을 뿐만 아니라, 철학의 복잡한 체계와 깊이 연관시켜서, 철학을 설명하는 중요한 원리가 되도록 한 것이다. 그의 역사철학은 철학과 역사의 통합이며, 그는 또 인간의 구체적이고 역사적 발전 속에서 자신의 철학과 논리학의 의미를 설명함으로써 역사를 '철학의 무대' 위에 등장시켰다.

역사의 의미를 논리를 통해서 설명하려고 한 헤겔의 목적은, 겉으로 나타난 역사의 진행이 보여주는 이해할 수 없는 혼란스러움과 비합리적인 것들의 의미와 가치를 파악하는 데 있다. 왜냐하면 헤겔이 말하는 것과 같이 역사가 인간정신의 산물이라는 주장은, 역사는 지금보다는 더 나은 상태로 진전하는 것이어야 하고, 역사 과정 전체는 이성적으로 납득될 수 있는 목적으로 가야 한다는 의미이기 때문이다. 그렇지 않다면 우리는 인간은 이성을 가지고 더 나쁜 것, 더 악한 것을 원하고 행한다고 말하는 것이 된다. 즉 정신에 의해서 역사는 발전하는 것이고, 역사발전의 의미는 우리의 삶에 관련되는 것으로, 역사 속에서 일어난 사실들은, 왜 그럴 수밖에 없는 것인가 하는 필연적 이유를 밝혀야 한다.

다시 말하면 헤겔에게 있어서 역사는 정신이 자기 자신을 드러내는 곳이며, 정신이 나아가는 길이다. 그러므로 그에게는 역사는 단순한 사건과 시간의 진행이 아니고, 인간의 사유와 의지에 의해서 진보하는 것이다. 이성이 역사의 주인인 것이다. 따라서 역사는 자연 속에서처럼 의미 없이 반복되지 않고, 겉보기에 같아 보이는 사건도, 다른 원인과 의미를 가지며, 다른 결과를 초래하기 때문에 언제나 다른 것이다. 이성이 지배하는 역사는 합리적이고 논리적 전개를 통해서 진행되고, 또 이성은 사회적 관계 속에서 경험과 감성을 통합해서 성숙하고 발전한다. 역사과정의 발전은 곧 이성의 자기 발전이다. 이러한 발전과정에서 헤겔은 국가의 의미를 대단히 강조하면서, 개인은 국가를 통해서 완성된다고 말한다.

역사가 곧 이성의 결과물이며, 세계사는 세계정신이 자기 자신을 완성해가는 과정이라면, 이것은 곧 절대정신인 것이다. 절대정신이라는 개념을 통해서 헤겔은 인간의 이성에 신적 완벽성을 부여함으로써 인간이성이 곧 신적 이성이라는 것을 말하고자 한다. 신은 인간을 통해서 스스로를 실현하고, 신적 이성은 인간의 이성을 통해서 말해진다는 것이다. 그렇지 않다면 신은 우리에게 어떻게 전달되고 인식될 수 있겠는가? 그러므로 결국 역사는 인간의 이성으로 표현된, 신의 섭리를 세계사 안에서 실현하는 과정이다.

이러한 세계사의 무대 위에서 절대 이성은 교활하게 인간의 이해와 정열을 도구로 하여 역사의 목적을 달성한다. 이를 가리켜 '이성의 간지'라 한다. 그 예가 시저나 나폴레옹이라는 것이다. 역사의 영웅들은 자신의 야망과 계획을 달성하고, 목적을 이룬 것처럼 보이지만, 사실상 그들은 이성의 간지에 따라서 세계역사를 위하여 사용된 도구였으며, 역사의 절대정신을 전개하고, 나타내기 위한 역사의 선택이라고 말한다. 이에 따르면 개인은 스스로 역사를 선택하는 것이 아니고, 역사에 의해서 선택될 뿐이다. 이렇게 선택된 개인이 곧 역사의 영웅들로, 이들은 세계의 정신적 진보를 한 걸음씩 앞으로 실현시키며 역사의 모순을 해결한다. 그러므로 혼란과 굴곡으로 나타나는 역사의 진행은 전체의 목적과 방향에서 볼 때 항상 이성적이며, 변증법적으로 운동하는 절대정신의 작품인 것이다.

변증법은 무엇보다도 모순과 대립에 의해서 설명되는 운동의 원리이다. 모순 없이는 대립이 없고, 대립 없이는 세계의 모든 사물은 정체된 상태에 머무르게 된다. 하나의 사물이 현재 상태에서 다른 상태로 나아감으로써 실제적인 변화를 일으키듯이, 역사도 변증법에 의하여 변화하여, 진보하고 이 변화의 의미는 오로지 '전체' 속에서 살아난다.

역사는 변증법적 단계를 거쳐서 마침내, 정신이 자기 자신을 완전히 인식하며 신의 섭리를 실현시킴으로써 마지막 목표를 성취한다. 정신이 자기 자신을 완전히 인식한다는 것의 의미는 정신의 본질인 자유를 실현하는 것이다. 헤겔에 의하면 자유는 '정신의 유일한 진리'이고, '세계정신의 유일한 목적'이다. 그리고 자유는 곧 내가 나의 안에서 스스로 나의 존재 이유와 원인을 찾아내고, 그래서 자신을 완전히 인식하고 실천해 나가는 과정이다. 자유란 다시 말하면 자기가 누구이며, 무엇인가에 대한 완전한 인식이며, 신의 세계와 화해하는 것이다. 그리하여 나와 절대자 사이의 구별이 사라지고, 주체와 객체, 정신과 자연의 차이를 넘어서서 하나의 '전체'로 나아가는 것으로, 진리가 스스로를 드러내도록 하는 힘이다. 이것이 곧 역사의 완성이며, 그러므로 또한 역사의 종말이기도 하다.

4 니체에 의하면 역사의 본질은 힘에의 의지이다

"순수하고 완전히 인식된 그리고 인식 현상 속에서 해체된 역사적 현상은 그것을 통찰한 사람에게는 죽은 것이다. 왜냐하면 그 사람도 역사적 현상에서 광기, 불의, 맹목적인 정열, 그리고 또한 역사적 권력을 동시에 보기 때문이다. 그러나 이러한 권력을 통찰하는 사람에게는 무력한 것이다. 아마도 그냥 살아가는 사람에게는 아니겠지만. 순수학문으로 인식되고 절대적이 되어버린 역사는 인류에게는 삶의 종결이며 결말의 한 방식이다."

— 니체, 『반시대적 고찰』 —

"부패하고 불완전하며 원시적인 사회에서만 착취가 성행하는 것은 아니다. 그것은 유기체의 근본적인 기능으로서 살아 있는 것의 본질에 속한다. 그것은 생명의 의지라고 할 수 있는 힘에의 의지의 소산이다. 생명의 본질을 힘에의 의지로 보는 것은 극히 새로운 이론일지도 모르지만, 힘에의 의지는 실제로는 모든 역사의 본질을 이루는 것이다."

— 니체, 『선악의 피안』 —

니체는 가치의 가치가 무엇인가 라고 물음으로써 지금까지의 역사적 '우상'을 파괴하고 전통과 역사의 단절을 주장한 철학자이다. 그는 서양의 역사를 지배해 온 이성과 도덕을 지배를 위한 '천박한 도구'일 뿐이며, 자신의 나약함을 숨기기 위한 위선이라고 비판한다.

니체의 이러한 비판은 역사의 몰락을 선언한 것이다. 즉 역사는 진리의 발견과 실현을 위한 길이었으며, 신의 섭리에 의한 이성적인 진보라는 주장에 대하여 니체는 역사는 오히려 힘에의 의지를 관철하기 위한 광기와 불의의 역사였으며, 권력을 위한 투쟁의 역사였다고 비판한다. 역사가 원한 것은 진리가 아니고 지배였으며, 이성이 아니고 억압이었다는 것이다.

니체는 이러한 역사관을 바탕으로 역사에 대한 전통적 개념을 전적으로 비판하면서, 역사를 순수학문으로서도 거부한다. '주인'과 '노예' 모두에게 어떤 일이 공정할 수 없는 것처럼 역사의 공정성이란 불가능한 이야기일 뿐이라는 것이다. 니체에게 있어서 공정성이란 허위와 위선에 지나지 않는다. 그에 따르면 산다는 것, 생은 본래 공정하지 않기 때문이다. 또한 역사는 인간의 생에 관한 것이며, 생에 봉사하는 것이므로 수학과 같은 순수학문이 될 수도 없고 되어서도 안 된다는 것이 그 이유이다. 따라서 역사는 그 내면과 참모습을 꿰뚫어 본 사람에게는 더 이상 영향력을 행사하지 못하므로 죽은 것과 다르지 않다.

니체의 비판은 인간의 역사가 공정하고 정의롭지 않다고 하는 것에 그 핵심이 있는 것이 아니라, 공정하지도, 정의롭지도 않은 것을 그렇다고 주장하는 데 있다. 그는 자신의 철학이 이러한 헛된 도덕을 위한 것이 아니라, 새로운 '위계질서'를 목표로 한다고 말한다. 인간의 상승과 강인함을 위해서 위계질서는 필요한 것이며, 지배는 피할 수 없는 일이다. 이러한 의미에서 그는 역사에서 착취는 숨기거나, 미화시킬 일도 아니며, 미래의 역사에서는 완전한 정의가 실현된다고 주장하는 것 또한 위선과 거짓에 지나지 않는다고 주장한다. 살아 있는 것들의 본질은 '힘에의 의지'에 있기 때문이다.

힘의 의지가 없이는 어떤 생명체도 생명을 유지할 수 없으며, 자신의 존재를 상승시킬 수도 없다. 그러나 역사의 창조와 발전은 힘의 의지에 의해서 이루어지고, 힘의 의지가 관철되는 한 착취는 피할 수 없다고 말한다. 니체는 이러한 비판적 역사의식을 가지고 새로운 가치와 도덕의 필요성을 주장하면서, 이를 위하여 역사는 인간의 삶에서 새로운 역할을 맡아야 한다고 강조한다. 그는 스스로를 완성하는 그러한 막연한 역사가 아니라, 구체적으로 생에 봉사하는 역사가 필요하다고 역설한다. 역사를 통해서 우리가 "사는 것을 배워야 한다는 것과 생을 배우는 데 봉사를 하는 한에서만" 역사는 인간에게 의미가 있다는 것이다. 그에 의하면 인간은 분명히 역사를 필요로 하지만, 그러나 역사를 통해서 삶과 행위 하는 것으로부터 멀어지고, 이기적이고 비열한 행위를 미화하기 위해서가 아니라, '삶과 행위'로 돌아가기 위해서만 역사는 필요하다.

니체에게 있어서 생은 '현재'의 생동적인 힘과, 건강함 그리고 상승하는 능력이다. 현재 속에서만 삶은 힘으로 느껴질 수 있으며, 제한과 한계를 초월하는 능력을 고양시킬 수 있는 데, 이것이 니체에 의하면 다름 아닌 행복이다. 행복의 느낌은 오로지 현재라는 시간 속에서 이루어질 수 있으며, "과거"는 이미 우리에게 더 이상 느끼는 것을 허락하지 않으므로 행복과 불행의 범위를 벗어난다. 따라서 그가 말하는 쓸모 있는 역사는 현재 속에서 우선 삶을 수용하는 것이고, 이것은 삶을 긍정하는 데서 시작된다. 이점에서 그는 '삶에의 의지'를 비관적으로 말한 쇼펜하우어의 부정적이고 염세적인 태도와 큰 차이를 보인다.

그래서 힘의 증가를 삶의 의미로 보는 니체의 윤리는 긍정의 윤리다. 니체는 지금까지의 역사의 과정 속에서 현세의 삶의 의미를 부인하는 선악의 기준 또한 받아들이지 않는다. 그에게 있어서 선악은 '원한과 증오'에서 생긴 억눌린 감정으로 현재의 '참다운 삶'을 소모하도록 만드는 것에 지나지 않는다.

> "역사학은 세 가지 점에서 생동적인 것에 속한다. 역사는 활동하고 노력하는 것으로서, 보존하고 찬양하는 것으로서, 마지막으로는 견디면서 해방을 바라는 것으로서 생동적인 것에 속한다. 이러한 관계의 3중성에 역사학의 세 가지 방식이 대응한다. 만일 이런 표현이 가능하다면 역사학은 기념비적 방식과 유물적 방식, 그리고 비판적 방식으로 구분될 수 있다."
>
> — 니체, 『반시대적 고찰』 —

니체는 역사의 필요성은 정도의 문제라고 본다. 역사가 과거를 지나치게 현재의 삶 속으로 끌어들일 때, 과거는 현재를 지배하게 되어, 인간은 머뭇거리면서 '강력하고 새로운 삶의 흐름'을 놓친다. 이러한 역사는 '생 자체'에 대하여 위험하고 억압적일 수 있다. 따라서 역사에 대한 과대한 평가는 생을 손상시키고, 변질시키며 마침내 그로 인해서 역사 스스로 변질된다.

그래서 결국 역사가 어느 정도까지 삶에 관여할 것인가 하는 문제는 인간의 건강에 관한 문제가 된다. 인간에게 역사는 분명히 필요한 것이고, 역사는 인간과 동물을 구별하는 기준이기도 하다. 동물은 역사를 갖지 않고, 역사를 통해서 반성하지도 않는다. 동물은 비역사적이기 때문이다. 동물에게는 오직 현재가 있을 뿐이다. 니체는 생의 관계를 세 가지의 유형으로 나누어서 생각한다. 생에 봉사하는 역사의 세 가지 유형은 기념비적 방식, 골동품 수집 방식, 그리고 비판적 방식이다. 이 세 가지 방식 모두가 삶의 생동적인 것에 속하는 것이지만 그러나 어떤 방식이 더 유용하고 필요한가 하는 것은 목적과 능력 또는 필요에 따라서 달라질 수 있다.

기념비적 방식은 역사의 위대함과 영웅에 대한 기억이며, 이들을 본보기로 삼으면서, 이어받기를 바라는 것이고, 두 번째 방법은 자신의 근원에 대한 숭배와 경외심을 갖는 태도. 역사 속의 일들을 곧 자신과 일치시키면서, 항상 '나'로서가 아니고, '우리'라는 관점에서 자신을 개체가 아닌 전체로서 느끼고 생각한다. 세 번째는 과거를 청산하고 해체시켜서 역사를 재판하는 방식이다. 이와 같은 세 방식은 모두 삶의 생동에 필요하지만 문제점 또한 있어서 어느한 가지만을 주장할 때 역사적 객관성은 사라지고 역사에 대한 '사이비 교양'만이 남는다.

역사적 사이비 교양은 실제에 있어서는 교양에 대한 지식일 뿐이며, 내면과 외면이 서로 일치하지 않아서 조잡하게 일그러진 몰골과 같은 것이라고 말한다. 흉내 낸 교양은 안과 밖이, 그리고 내용과 형식이 서로 대립하는 현대적 교양으로 나타나고 결코 삶의 생동성이 아니라, 야만에 대한 무감각을 가져오는 결과를 초래하고, 삶의 표현인 문화와 참된 교양을 병들게 하는 것이다. 이러한 의미에서 우리는 단지 공허하게 비어 있는 존재일 뿐이다. 그래서 니체는 "나에게 삶을 달라!"라고 외친다. 누가 삶을 선물할 것인가? 우리의 삶은 지나치게 넘쳐나는 역사에 의한 '역사적인 병'을 앓고 있다는 것이다.

역사적인 병을 치료할 수 있는 방법은 역사라는 '독'에 대한 또 다른 '독'을 쓰는 것이다. 비역사적인 것과 초역사적인 것이 바로 역사적 병을 치료하고 삶의 건강을 되찾을 수 있는 또 다른 '독'이며 방법이다. 니체에 의하면 비역사적인 삶은 잊을 수 있는 기술과 힘이며 자신을 하나의 제한된 지평에 가두어 놓는 것이다. 그리고 초역사적인 것은 생성되는 것으로부터 시선을 돌려서, 존재에게 영원하고 불변의 성격을 부여하는 것, 즉 예술과 종교로 향하는 힘이다.

과거에 매달려서 지금이라는 현재를 왜곡하는 역사란, 니체에 의하면, 자신의 주장에 대한 '신념의 다툼'일 뿐이고, 자신의 신념을 절대 진리로 착각하는 '속물'들의 싸움이다. 이러한 신념 때문에 길들여진 유럽인은 '상당히 추악한 천인들'이며, '잡종들'이라고 독설을 퍼붓는다. 니체는 이러한 유럽인에게 역사는 단지 자신들의 비천함을 숨기기 위한 '의상실'이고, '가장 무도회'일 뿐이라고 한다.

역사로부터 해방되지 못하는 정신은 언제나 과거 속에서 자신을 변명하기 위한 '의상'을 찾아낸다는 것이다.

니체의 역사관은 다시 '영겁의 회귀'를 묵묵히 견디어 내는 '초인'의 개념에서 핵심적으로 나타난다. 그는 역사를 일직선으로 진보하는 것이 아니고 영원히 되풀이 하면서 순환하는 것으로 보는데, 이 영원한 반복의 고통을 '초인' 개념을 통해서 극복하고자 한다.

⑤ 후쿠야마는 역사는 끝났다고 말한다

"내가 종말이 왔다고 주장한 것은 심각한 대사건을 포함한 여러 역사적 사실의 발생이 아니라 역사 그자체이다. 즉, 어떤 시대, 어떤 민족의 경험에서 생각하더라도 유일한, 그리고 단 하나의 일관된 진화의 과정으로서의 역사가 끝났다는 것이다."

— 후쿠야마, 『역사의 종말』 —

"방향성을 가진 역사가 존재한다는 근거를 보이려 한 우리의 최초의 노력은 따라서 부분적인 성과만을 올렸을 뿐이다. 우리가 '근대 자연과학의 논리'라고 부르는 것은 실제로는 역사의 변화에 대한 경제적인 해석이지만, 그것은 궁극적으로(마르크스주의 아류와는 달리) 사회주의가 아닌, 그것은 자본주의로 연결된다. …… 하지만 역사에 대한 경제적 해석이라는 것은 역시 불완전하며, 만족스럽지 못하다. 그것은 인간이 단순한 경제적 동물만은 아니기 때문이다."

— 후쿠야마, 『역사의 종말』 —

"인류사의 문제는 어떤 의미에서는 상호적이면서 동시에 평등한 기초 위에서 인정받고 싶다고 하는 주군과 노예 '쌍방'의 욕망을 만족시켜주는 방법의 탐구라고 간주할 수 있다. 그리고 역사는 이 목적을 달성하는 사회질서의 승리와 함께 막을 내린다."

— 후쿠야마, 『역사의 종말』 —

일본계 미국인 후쿠야마는 정치사회학자의 입장에서 역사의 의미를 현대 상황과 정치 체제에 비추어 분석한다. 그는 역사를 역사가 추구하고 목표로 설정한 이념과 그 결과가 어떻게 나타났는가 하는 관점에서 평가한다. 따라서 그에게는 이념을 구체적으로 드러내는 국가의 형태와 제도가 역사의 의미를 짚어보는 데 있어서 핵심적인 역할을 한다.

후쿠야마는 역사의 종말을 말한다. 그 근거를 그는 현대의 긴박하게 돌아가는 세계의 실제 정치 상황에서 찾는다. 그에 따르면 자본주의와 공산주의의 긴 냉전체제의 말미에서 일어난 동구권의 몰락이 바로 역사의 종말을 고하는 시발점이다. 그는 이러한 판단을 동구권이 몰락하던 1989년 여름에 기고한 논문 「역사의 종말?」에서 주장한다. 이제 자유민주주의를 능가하는 어떤 정부형태가 등장하기에는 불가능한 상황이 되었고, 따라서 자유민주주의는 국가권력이 구체화될 수 있는 마지막 형태라는 것이다. 역사적으로 볼 때 군주제나 파시즘, 최근의 공산주의 정권들이 무너지면서, 자유민주주의가 즉 자본주의 체제가 인간이 추구하는 역사의 목표에 더 맞는 것임을 드러낸 것이라는 주장이다. 왜냐하면 자유민주주의는 자유와 평등을 본질로 하기 때문이다. 누구나 자유와 평등의 가치에 대해서 동의하기 때문에 자유민주주의에 대하여 아무도 반대하지 않는다는 것이다. 더욱이 공산주의 체제의 몰락 이후에 우리는 자유민주주의가 아닌 다른 형태의 정치제도를 생각할 수 없게 되었다. 다시 말하면 자유민주주의는 인간의 역사 위에서 진행되어온 정치형태로서 마지막 모습이라는 것이다. 후쿠야마가 말하는 역사의 종말은 이러한 의미에서의 역사의 종말이다. 그는 역사의 대사건을 중심으로 역사를 말하지 않는다. 그가 보는 역사의 의미를 역사는 끝없이 진보하는가의 문제에서 찾는다.

후쿠야마에 의하면 이제 역사는 더 이상 진보하지 않는다. 더 이상 진보하지 않는 역사란 그에게 있어서 역사의 끝을 의미하는 것이고 또한 역사의 완성을 전제로 한다. 그는 역사의 종말을 말하기 위해서 역사의 발전을 두 가지의 관점에서 살펴본다. 하나는 경제적인 관점이고, 다른 하나는 '인지(認知)를 구하는 투쟁'이다.

자유민주주의의 정치와 시장 경제라는 두 이념은 자연과학의 발전과 함께 성장해 왔다. 과학기술이 오늘 날 국가의 경쟁력을 좌우하며, 특히 군사적인 우위를 보장하기 때문이다. 그러나 과학기술은 물질적인 풍요만 아니라, 다른 한편으로는 인간의 삶을 획일화 또는 규격화시키는 결과를 가져왔다. 세계의 어디서나 같은 것을 생산하고, 누구나 같은 것을 원하고 소비하며, 같은 것을 꿈꾸면서 역사와 문화의 차이와 구별이 사라진다는 것이다. 과학기술의 발달은 이제 세계의 경계를 없애고, 세계의 역사는 일정한 방향으로 움직이면서, 이제 획일적인 역사만 남아 있다는 것이 후쿠야마가 주장하는 '역사의 종말'의 의미이다.

후쿠야마에 따르면 인간에게 경제만큼 중요한 것은 역사발전의 또 다른 원동력인 '인지를 위한 투쟁'이다. 인간은 자신의 보존을 위한 욕망에서 더 나아가서 타인으로부터 자신의 가치를 인정받고 싶어 한다는 욕구를 갖는데, 후쿠야마는 이러한 인지욕구가 역사발전의 핵심적인 요인이라고 말한다. 그는 이 개념을 헤겔에게서 빌려와서 더욱 발전시켰다. 헤겔에 의하면 역사는 인정받고자 하는 투쟁에 의해서 진행되어 왔다. 인정받고 싶어 하는 본능은 인간으로 하여금 자신의 세력을 강력하게 하기 위해서 전쟁도 마다하지 않게 만들었다는 것이다.

그러나 인지를 위한 욕구는 다른 욕구와 마찬가지로 만족되었을 때 더 이상 추구할 필요가 없어진다. 후쿠야마에 의하면 인간의 인지 욕구는 시민의 자유와 권리를 최대한 인정하는 자유민주주의 체제에서 최대로 만족될 수 있기 때문에, 인지투쟁의 역사는 자유민주주의에서 완결되었다는 것이다. 따라서 이것은 역사의 종말을 의미한다.

그러나 누가 역사에 있어서 무엇을 단언할 수 있을 것인가? 후쿠야마가 주장하는 역사의 종말은 자유민주주의가 필연적인 것이며 인간이 이룰 수 있는 것 가운데서 최선의 것으로 전제하고 시작한다. 그가 그린 역사의 종말의 모습은 그래서 과거의 역사의 이상향과는 달리 암울한 분위기를 띠고 있다. 더 이상의 모험과 도전, 희망, 투쟁의 정신이 상실된 사회의 모습은 모든 것이 멈추고 정지된, 그래서 만족은 넘쳐나지만, 그러나 실현해야 할 목표도, 나가야 할 방향도 없는 사회이기 때문이다.

후쿠야마는 이렇게 우울한 사회에서는 사람들이 그렇게 원했던 자유와 평등이 오히려 참을 수 없는 문제가 되어 자유와 평등에 대하여 사람들은 저항하여 반기를 들 수도 있다고 암시한다. 왜냐하면 변화를 추구하는 것은 인간의 본질적인 욕구로서 서로를 인정하고 대등해지고자 하는 욕구가 충족되면, 바로 그러한 이유 때문에 인간에게는 반대의 욕구가 작용할 수 있다. 그래서 충족은 종말이 아니라 새로운 출발을 의미할 수 있다는 것이다. 더욱이 완전한 만족은 불가능함을 우리는 잘 알지 않는가? 그리고 우리가 역사를 통해서 알 수 있는 것은 불만스런 사람들은 늘 어딘가에 있기 마련이며, 인간사회는 끊임없이 변화해 왔고, 또 변화해 갈 것이라는 사실이다.

3. 정의(正義, justice, Gerechtigkeit, justice)

① 데모크리토스에게 있어서 정의는 곧 사회적 규범과 약속을 따르는 일이다

"정의와 법에 따라 일을 행하는 평온한 기쁨을 지닌 사람은 낮이나 밤에도 기뻐하며, 아무런 걸림이 없다. 그러나 정의를 염두에 두지 않고 의무를 행하지 않는 사람은 모든 일에 즐거워하지 않고, 무언가 생각할 때 두려워하며 자기 자신을 비난한다."

— 데모크리토스, 『단편』 —

"정의로움은 마땅히 해야 할 일을 행하는 것이요, 불의는 해야 할 일을 하지 않는 것뿐만 아니라, 해야 할 일을 회피하는 것이다."

— 데모크리토스, 『단편』 —

흔히 데모크리토스는 자연철학자로서 원자론을 설파한 사람으로만 알려져 있지만, 윤리적 삶과 행복에 많은 관심을 가진 고대 철학자이다. 그는 모든 사람들은 공동체의 결속을 해치는 사람들을 제거할 수 있는 권리를 가졌다고 주장할 만큼 사회적 정의를 중요하게 여겼다. 그래서 데모크리토스에게 정의는 법 혹은 규범과 동일시된다. 법과 규범에 따라서 의무를 다하는 것은 곧 정의로운 행동이며, 질서를 유지하는 것이 된다. 더욱이 그는 이러한 정의로운 행동은 공동체에 유익할 뿐만이 아니라, 우리가 스스로 만족하며 행복한 삶을 살 수 있게 한다고 말한다. 정의란 다시 말하면 자신을 기쁘게 하며 자신을 스스로 비난할 이유를 갖지 않는 것이다. 정의를 지킨다함은 곧 사회와 자신에게 떳떳함을 말한다.

그러나 데모크리토스는 한 사회 안에서 정의를 실현하기 위해서는 아니라 경제적 약자에 대한 배려가 필요하다고 역설한다. "경제적으로 힘 있는 사람들이 가난한 사람들에게 도움과 자선을 베풀 때," 이러한 행위는 사회 구성원들에게 동반자 의식을 심어주어 시민들을 서로 화합하게 하여 사회의 능력을 배가시키기 때문이라는 것이다.

② 플라톤에 의하면 정의는 국가와 개인이 각자에게 맡겨진 의무를 다하는 것이다

"각자는 자기가 맡은 일만을 하고 다른 일에 손대지 않는 게 정의라고 여러 차례 이야기했었지. …… 결국 …… 자기에게 맡겨진 자기 스스로의 일만을 유지하고 행하는 일이야말로 정의다 하는 게 인정된 셈이군."
– 플라톤, 『국가』 –

"따라서 올바른 사람이란 정의라는 점에서 그 보다 규모가 훨씬 큰 올바른 국가와 하등 다를 바가 없겠지. …… 여기서 우리는 우리가 이야기하고 있는 옳은 사람과 올바른 국가를 발견했고 그 속에 반듯이 존재할 정의 또한 발견했다고 주장해도 거짓말로는 생각하지 않겠군."
– 플라톤, 『국가』 –

플라톤은 정의의 문제를 질서에서 한 걸음 더 나아가 조화로움에서 찾는다. 그는 조화로움을 개인, 사회, 그리고 국가의 관점에서 고찰한다. 우선 개인과 국가가 서로 대립되거나 상충되는 정의를 주장할 수 없다는 것에서 시작한다. 국가에 정의로운 것은 개인에게도 정의가 되며, 국가와 개인은 제각기 자신의 역할을 다 하는 데서 조화로움이 이루어지고, 이는 곧 정의가 실현된 모습이다.

이러한 정의의 실현을 세 요소의 조화로운 발전으로 파악한다. 플라톤은 정삼각형의 도형과 비교해 설명한다. 개인의 세 요소, 즉 이성, 욕망 그리고 용기를 각각 꼭짓점이라 할 때, 그 중심점을 정의라 할 수 있다. 이는 각 꼭짓점에 해당하는 부분들이 자신들에게 맡겨진 역할을 충실히 행하면 자연 전체의 조화가 가능하게 된다고 플라톤은 설명한다. 플라톤이 바라보는 정의는 각자에게 요청된 의무를 다하며, 그 이상의 것에 대하여 과욕을 보이지 않을 때 가능하다는 것을 강조한다. 이는 각자가 능력의 차이를 인식하고 절제하는 것을 정의의 바탕으로 보는 것이다.

③ 밀에 의하면 정의는 공리성에 의존한다

> "정의는 인간의 가슴속에 있는 단순하고 본래적인 본능이 아니라, 특정한 도덕적인 요구에 대한 이름이다. 이것은 집합적으로 보면, 사회적 공리성의 규모에 있어서 더 높은 자리에 위치하고 있기 때문에 다른 것들보다 더 중요한 의무이다."
>
> — 밀, 『공리주의』 —

영국의 벤담과 밀로 대표되는 공리주의자들이 생각하는 올바른 행위는 선을 최대한 많이 생산하도록 하는 것이다. 공리주의란 가능한 한 "최대 다수에 대한 행복의 원리"이다. 그러나 다수의 행복을 구하기 위해서 소수의 권리나 요구를 제한하거나 무시할 수 있기 때문에, 정의라는 주제는 공리주의자들에게 간단한 문제가 아니었다. 다수의 행복과 정의는 반드시 일치된 모습으로 나타나지 않고, 때로는 서로 대립될 수 있기 때문이다. 그러나 밀은 이러한 주장에 대하여 잘못된 것임을 지적한다. 사람들이 가지고 있는 강한 정의감과 부당한 처벌에 대한 분노를 정의감 또한 결국 다수에게 이로운 것은 좋다라는 공리성의 한 부분이라는 것이다.

밀은 정의가 독립적으로 작용하는 별개의 원리가 아니라고 주장한다. 그래서 공리성의 기초에 의거하지 않고 정의를 말하는 것은 빈 껍질에 불과한 이론이다. 정의는 인간의 가슴속에 있는 본래적 본능에 따르는 것이 아니라 사회유지를 위한 필요성에서 생각해야 한다는 것이다. 사람들이 느끼는 정의감 자체가 바로 다수의 행복과 안전을 위한 데서 나오는 것이라고 주장한다.

> "정의는 인간의 안녕에 필수적인 것을 고려하는 도덕적 규칙의 집합에 대한 이름이다. 따라서 정의는 인생의 지침이 되는 다른 규칙들보다 훨씬 절대적인 의무의 집합에 대한 이름이다. 그리고 우리가 정의의 개념의 본질로 발견하게 된 개념은 (즉, 개인 안에 정당하게 깃들여 있는 정의의 개념) 이와 같이 훨씬 구속력 있는 의무를 함축하며 또한 그것을 검증한다."
> ─ 밀, 『공리주의』 ─

밀이 생각하는 정의의 개념은 당시의 상식과 도덕에 의존한 접근 방법이라 할 수 있다. 밀은 정의와 불의의 문제를 사회의 구조나 체계보다는 행위에 중점을 두고 생각한다. 그래서 정의를 사회의 질서와 안정을 위해 요구되는 것으로, 예를 들면 약속을 지켜야 한다든가 혹은 모든 사람을 동등하게 대해야 한다는 식으로 이해하면서 다수의 행복과 선을 위해서는 정의는 엄격히 준수해야할 규정된 규칙들로 이해하는 것이다.

흔히 사람들은 평등이 정의의 명령이라고 하면서도, 자기의 이익을 지켜야 할 때는 불평등도 필요하다는 주장을 하기 때문에 정의는 공리성에 의존해야 한다고 밀은 주장한다. 따라서 전체적인 최대 선을 추구하는 행위는 그것이 무엇이든 정의로운 것이라고 하는 해석이 가능해진다. 그러나 9명의 행복을 위해서 1명의 강요된 희생은 정의로울 수 있겠는가? 하는 의문은 여전히 남는다.

④ 롤즈가 말하는 정의는 사회제도 안에서 최상의 덕이며, 공정한 절차가 곧 정의이다

> "정의는 진리가 사유체계 안에서 제일의 척도인 것처럼 사회적 제도 안에서 제일가는 덕이다."
>
> — 롤즈, 『정의론』 —

앞에서 본 밀의 공리주의적 정의관에 따르면 공리주의는 다수를 위해서 개인을 제한하는 것처럼 보인다. 롤즈는 이러한 공리주의가 가진 강점을 유지하면서 또한 약점을 보완할 수 있는 이론을 제공하고자 한다. 그는 자신의 정의론을 개인을 존중하면서 전체를 위해 개인의 자유와 권리를 희생시키지 않는 이론, 동시에 사회구성원이 동등하게 배분을 받을 수 있는 방법을 제공하는 이론이라고 생각한다.

롤즈에 의하면 사회적 정치적 제도의 과제는 개인의 자유와 복지를 보존하고 발전시키는 데 있다. 이제 생기는 의문은 서로 다른 입장에서 주장되는 이해와 갈등이 조정되어야 할 때, 사회는 어떠한 원리에 의존해야 하는가? 하는 것이다. 이에 대한 롤즈의 대답은 정의이다. 이때의 정의는 곧 공정함의 의미를 갖는다. 다시 말하면 배분에 있어서의 공정함이다. 공리주의적 정의는 타인의 희생을 지나치게 요구한다고 생각함으로, 롤즈는 서로에게 이로운 상호간의 이익을 강조한다. 정의의 원리는 사회적 정치적 제도를 유지하고 평가하는 나침반의 역할을 해야 한다는 것이다. 그런데 사회 속에서 충돌과 갈등은 불가피하기 때문에 사회구성원들이 동의하고 지켜나가는 정의의 원리를 만들어내는 절차를 제시하는 일이 중요한 과제가 되고 정의의 시작으로 본다.

> "정의의 원리는 공정한 선택의 결과가 되어야 하는 공정한 절차로서의 정의가 되어야 할 것이다."
>
> — 롤즈, 『정의론』—

롤즈는 사람들의 갈등을 화해시킬 수 있는 원리 선택이 이루어지는 과정을 위해서 우선 몇 사람들을 상상한다. 우리가 정하려는 원리가 공정한 원리가 되기 위해서는 이러한 사람들을 선택하는 것부터 공정하게 이루어져야 한다. 즉 누구도 선택에 영향을 미칠 수 없고, 재능이나 지위가 유리하게 사용되어서는 안 된다. 공정하게 선택함으로써 공정한 결과가 가능하게 되기 때문이다.

롤즈는 공정하게 사람들을 선택하기 위해 두 가지의 기본 되는 조건을 제시한다. 첫째는 공정한 상황에서 선택하기 위해 누구나 선택될 수 있는 가능성을 가진 환경에서 출발해야 한다. 이러한 선택의 조건을 롤즈는 "원초상태"라 한다.

또 하나의 조건은 원초상태에서 선택하는 사람들이 "무지의 베일"에 가려진 상태에서 선택되어야 한다는 것이다. 무지의 베일이란 원리를 선택하는 당사자들이 스스로 선택한 정의의 원리를 불공정하게 만들 수 있는 사항에 대해 전혀 알 수 없게 한다. 즉 서로 합의한 원리가 적용되는 상황에서 자신들이 어떤 역할과 입장에 처할 수 있는지 미리 알 수 없게 한다. 예를 들면 당사자들이 노동자 혹은 자본가 중 어느 쪽에 속하는지 알 수 없는 상태에서 그 계급들의 정의로운 관계를 규정하도록 하는 것이다.

롤즈는 사람들은 위와 같은 조건에서 두 개의 원리를 선택하게 된다고 주장한다. 첫째로 선택된 사람들은 그들 자신들의 평등한 자유를 보장하는 데 관심을 보여 기본적인 자유를 열거하고, 특별한 이유가 있지 않는 한, 기본적인 자유를 결코 양보하려 하지 않을 것이다. 그리고 둘째의 원리는 그들이 부와 권력은 평등할 수 없기 때문에 불평등은 모든 사람들에게, 특히 사회에서 가장 불리한 처지에 있는 사람들에게 이익이 되는 원리를 선택하게 된다는 것이다. 이것을 통해서 롤즈는 정의는 절차와 선택의 과정에서부터 공정할 때, 공정한 결과를 기대할 수 있다는 것을 강조한다. 롤즈의 이러한 정의론은 평등한 권리에 대한 요구, 사회적 경제적 불평등에서 약자의 보호를 주장한다. 그러나 이에 대한 비판은 이러한 절차적 정의가 절차를 떠나서 무엇이 정의인가를 판단할 근거가 없다는 것이다.

5 노직에 따르면 정의는 권원적이며 정당한 교환을 뜻한다

"정의의 역사적 원리는 과거의 상황이나 사람들의 행위가 사물에 대해 서
로 다른 권원이나 서로 다른 자격을 창출할 수 있다고 생각한다."
— 노직, 『애너키, 국가, 유토피아』 —

노직은 『애너키, 국가, 유토피아』라는 저서에서 국가의 역할을
제한하여 오직 최소국가만이 정당하다는 것을 보이고자 한다. 그의
입장은 따라서 정의에 대하여 '완전 자유주의적'이다.

노직은 우선 칸트가 제시한 "인격은 단순한 수단이 아니라 목적"
이라는 도덕원리에 그의 이론의 근거를 둔다. 개인은 그 자체로서
목적이며, 양도할 수 없는 자연적 권리를 갖는다는 것이다. 그래서
외부적인 어떤 행위도 기본적인 인간의 권리를 침해할 수 없다. 그
누구도 타자를 위해 희생당하거나 이를 강요할 수 없는 것이다. 만
일 국가가 어떤 정의의 원리를 일반 개인들에게 강요한다면 이는
인간 권리의 불가침성을 침해하는 것이다.

노직은 국가가 침해할 수 없는 가장 중요한 인간 권리 중에 재
산을 취득하고 양도할 수 있는 권리를 말한다. 만약 내가 사유재산
을 소유하는 과정에서 타자에게 해를 입히지 않았다면 이 재산을
자유롭게 처분할 수 있는 권리 또한 당연하게 갖는다.

따라서 그에 의하면 롤즈가 주장하는 것처럼 정의는 분배를 고
루 나누는 것이 아니고, 소유의 권원(權原), 즉 소유의 본래적인 권
리를 갖고 있는지 그렇지 않은지에 따른 것이다. 그래서 그의 이론
을 "권원이론"이라 한다. 소유가 합당하게 이루어진 것이라면 국가
는 소유와 처분에 대하여 간섭할 아무런 권리도 없다는 것이다. 왜

냐하면 국가의 간섭은 선택의 권리를 침해하여 정의롭지 못하게 되기 때문이다.

"정의란 공정한 교환을 뜻한다."

― 노직, 『애너키, 국가, 유토피아』 ―

롤즈가 국가가 어느 정도 간섭하여 공정한 분배가 이뤄지도록 정의를 구현해야 한다고 했다면, 노직은 국가가 해야 할 일은 자유롭게 선택할 수 있는 권리, 사적 소유에 대한 권리 등을 보장해 주는 최소한의 역할에 그쳐야 한다고 주장한다. 그래서 롤즈가 말하는 공정한 분배를 말하는 정의 대신 노직은 개인 간의 공정한 교환이 있는 곳에 정의가 선다고 말한다. 한마디로 노직에게 있어서 정의란 공정한 거래인 것이다.

다시 말해서 노직은 정의란 소유의 공정한 분배가 아니라, 소유의 출발점과 교환이 공정하게 이루어지는 것이 곧 소유의 분배도 정의롭게 한다고 말한다. 그의 완전한 자유이론에 의하면 어떤 사람들이 빈곤하게 살거나 부유하게 산다는 것은 불행한 일이지만, 교환의 규칙이 공정하다면, 이 상태는 공정한 것이라는 입장이다. 노직은 기본적으로 교환으로 특징지어지는 시장 논리에 바탕을 두고 있다. 그러나 이러한 교환 상의 정의는 "정당하지 못한 지배에 의해 깊은 상처를 입고 있는 세계"에서는 정의로울 수 없다는 비판을 받는다.

4. 권력(權力, power, Macht, pouvoir)[1]

① 플라톤에게 있어서 권력은 철학적 이상을 실현하기 위한 것이므로 통치권력은 철학적 지혜를 필요로 한다

> "철학자들이 나라들의 군왕들로서 다스리거나, 아니면 현재 이른바 군왕 또는 권력자들로 불리는 이들이 진실로 그리고 충분히 철학을 하게 되지 않는 한, 즉 정치권력과 철학이 한데 합쳐지지 않고 지금처럼 다양한 성향들이 그 둘 중의 어느 한쪽으로 따로따로 향해 가는 상태가 강제적으로나마 저지되지 않는 한, …… 나라들에, 아니 내 생각으로는, 인류에게도 나쁜 것들의 종식은 없다네."
>
> — 플라톤, 『국가』 —

플라톤은 국가가 해야 할 일을 정의와 선을 실현하는 것으로 생각하였고, 이러한 국가운영을 위해서는 강력한 권력은 반드시 필요한 것이며 정당한 힘이라고 보았다. 그가 가장 이상적으로 생각한 국가의 모습은 그리스의 도시국가 폴리스를 모범으로 하는 공동체이다. 플라톤의 이러한 정치철학은 그의 방대한 대화편 『국가』에서 잘 나타나 있다.

---

1) 다른 사람들에게 일정한 영향을 미쳐서 원하는 결과를 만들어내는 능력으로 이해되는 '파워(power)'라는 개념은 다음과 같은 어원적 배경을 참고 할 때 보다 정확하게 이해된다. '파워'는 '능력(ability)'을 의미하는 라틴어 '포테스타스(potestas)' 혹은 '포텐샤(potentia)'에 기원을 둔 프랑스어 '뿌부와르(pouvoir)'를 거쳐서 만들어진 것이다. 로마사람들에게 있어서 '포텐샤'는 다른 사람에게 영향을 미치는 사람이나 물건의 능력을 가리켰고, '포테스타스'는 보다 엄밀하게 정치적 의미로만 사용하여, 사람들 사이의 의사소통의 일치된 행위를 통해 갖게된 특별한 능력을 의미했다. 특히 키케로는 사람들에 의한 힘인 '포테스타스'와 원로원들에 의한 권위인 '아욱토리타스(auctoritas)'를 구분한다. 아욱타리타스는 권위를 뜻한다. 나아가 키케로는 권력(power=potestas)을 권위(authority=auctoritas), 강제, 무력, 그리고 폭력과 같은 다른 개념들과 신중하게 구분하여 사용하였다. 그러나 이러한 구별은 17세기 마키아벨리와 홉스의 등장으로 정치 사회과학에서 큰 의미를 갖지 않게 되었다.

그는 최선의 국가를 위하여서는 공동체의 규범을 엄격히 정하고 개인의 권리와 자유는 제한되어야 한다고 생각한다. 반면에 통치자는 필요하면 최고의 절대권력을 가질 수 있으며 이러한 권력은 철학자 또는 철학을 충분히 익힌 지혜로운 사람에게 맡겨야 한다고 주장한다.

플라톤은 권력자의 조건을 "현명함"과 뛰어난 "사고능력"으로 보았고, 권력은 철학적 지혜에서 나온다고 보았기 때문이다. 이러한 이유에서 그는 국가를 사람의 몸에 비유할 때 권력자는 머리에 해당한다고 말한다. 이것이 유명한 그의 "철인왕" 사상이다. 이러한 그의 권력에 대한 이해는 국가와 권력을 동일한 것으로 보고 있으며 또한 권력과 지식의 깊은 관계를 전제한 것에서 출발한다.

그러나 "철인왕"이 되는 것은 쉬운 일이 아니다. 우선 이러한 교육을 받을 사람은 사전에 미리 엄격한 자격 심사를 통해서 선발한다. 선발된 사람은 성인이 되는 20세까지 시, 음악, 그리고 체육을 배워야 한다. 그다음 10년 동안 수학, 천문학을 공부해야 한다. 그러고 나서도 철학을 5년간 더 배워야 한다. 이러한 과정을 겪은 후에, 다시 15년간을 국가 경영을 위해 실습하는 시간을 가져야 한다. 그런 다음에야 비로소 쉰 살에 이르러 통치권력을 갖고 현실정치에 참여하게 된다.

② 마키아벨리와 홉스는 권력을 강력한 통치와 사회 질서를 유지하기 위한 힘과 수단으로 이해한다

> "배신과 잔인한 짓을 거듭하는 데도 불구하고 지배자가 오랫동안 권력을 유지하는 경우가 있다. 그가 잔인한 수단을 효과적으로 이용했기 때문이다. 다시 말하면 처음에는 권력을 안전하게 확보하기 위해서 악한 수단을 사용하지만 자기에게 대항할 세력이 모두 사라진 후에는 그 수단을 버리고 백성들에게 유익한 조치를 취하는 것이다."
>
> — N. 마키아벨리, 『군주론』 —

근대 정치학의 길을 닦고 또한 권모술수의 정치이론가로 알려진 마키아벨리는 그의 대표적 저서 『군주론』에서 플라톤의 이상적 정치와는 달리 철저하게 현실정치에 근거한 권력론을 말한다.

그에게 있어서 좋은 통치자는 도덕적 이상의 실현이 아니라, 절대권력과 강력한 군대를 통해서 국내외적으로 안정된 국가조직을 통솔하는 것이다. 따라서 권력이란 독점적인 지배의 힘에서 나오는 것이며, 이를 위해서는 수단과 방법이 도덕적인 척도에 의해 제한받을 필요가 없다고 주장한다. 그는 목적을 위해서는 모든 수단을 정당화시키며, 권력자는 "여우와 같은 교활함과 사자와 같은 힘"을 통해서 절대권력을 유지할 수 있는 정치의 기술을 배워야 한다는 것이다.

마키아벨리의 이러한 권력 이해는 인간은 이기적이며, 변덕스럽고 비이성적으로 행동한다는 데서 출발하며, 따라서 통치자는 인간의 약점을 잘 알고 절대권력을 통해서 국민을 기술적으로 통제하고 지도하는 것이 오히려 국가 발전에 도움이 된다는 생각에서 나온다. 그래서 통치자에게는 국민의 사랑보다는 두려움이 필요하지만,

그러나 증오의 대상이 되어서는 안 된다는 것이다. 그의 이러한 권력론은 당시의 역사적 정치적 실제 상황에 근거를 둔 현실 정치에 대한 경험을 바탕으로 한 것으로 교회 세력으로부터 분리되는 근대 절대왕정국가의 이론적인 기초가 되었다.

> "일반적으로 한 인간의 권력(power)은 당면한 미래에 명백히 선이 되는 것을 획득할 수 있게 만드는 그의 현재의 수단(means)이다."
> — 홉스, 『리바이어던』 —

근대 과학주의적 정치학의 창시자라 할 수 있는 홉스는 강력한 절대권력을 "만인의 만인에 대한 투쟁"으로 표현되는 무질서하고 혼란스러운 인간의 자연상태를 끝내기 위해서 반드시 필요한 것으로 보았다. 그는 아무런 제약도 타협도 없는 자연상태에서 인간은 서로 자기 권리와 이익만을 주장함으로서 서로간의 전쟁과 갈등을 피할 수 없으므로 누구나 자신의 안전과 편의를 보장하기 위해서 서로가 타협을 해야 한다는 "사회계약설"을 주장한다.

필요에 의한 사회계약이 잘 지켜지기 위해서는 강력한 국가와 절대권력이 필요하게 되며, 국가로부터 보호받고자 하는 사람은 누구나 권력자에게 복종해야 할 의무가 있다. 이러한 막강한 국가권력을 홉스는 "리바이어던"이라는 구약성서에 나오는 거대한 동물의 이름을 빌어서 표현한다.

홉스는 인간의 본성을 사회와 국가를 위해서는 통제하고 어느 정도 억압해야 하는 악한 것으로 규정하고 절대권력을 이에 대한 정당한 수단으로 이해한다. 그의 이러한 권력관은 봉건제도가 붕괴하고 근대적인 국가가 탄생하는 과정에서 권력을 어떻게 이해하였는가를 잘 보여준다.

③ 아렌트에 따르면 권력이 폭력적 수단을 사용할 때 그 정당성을 상실한다

> "세력은 한 사람이 홀로 그의 동료에게 발휘하는 것이며, 폭력의 수단을 확보함으로써 한 사람 또는 소수가 그것의 독점권을 소유할 수 있다. 그러나 폭력이 권력을 파괴할 수 있지만 권력의 대체물은 결코 될 수 없다."
> — 한나 아렌트, 『인간의 조건』 —

> "폭력은 항상 권력을 파괴할 수 있다. 이를테면 총구로부터, 가장 빠르고 완전한 복종을 가져오는, 가장 효과적인 명령이 나올 수 있다. 총구로부터 결코 나올 수 없는 것은 권력이다."
> — 한나 아렌트, 『폭력의 세기』 —

20세기의 대표적 철학자 가운데 한 사람인 한나 아렌트는 흔히 같은 것으로 취급되는 권력과 폭력의 관계를 비교한다. 20세기는 인류 역사상 그 예를 찾아보기 어려운 폭력에 대한 경험을 갖고 있다. 두 번에 걸친 세계대전과 유태인 학살을 비롯하여 지금도 계속되는 수많은 크고 작은 전쟁은 20세기를 폭력의 세기로 불리게 만들었고, 사람들로 하여금 진보와 발전에 대한 희망 대신 인류의 재앙에 대하여 두려움을 갖게 하였다. 이러한 폭력에 대하여 아렌트는 독일 태생의 유태인으로서 18년 동안의 긴 망명생활을 통해 권력과 폭력에 대한 직접적인 체험을 하게 되고, 이를 바탕으로 권력과 폭력의 유사성과 차이성을 지적한다.

아렌트의 나치에 대한 경험은 흔히 권력과 폭력은 서로 분리될 수 없다거나, 혹은 폭력은 권력보다 더 강한 결정력을 갖는다는 생각에 정면으로 반박한다. 폭력이 비록 권력을 파괴할 수는 있지만 그러나 폭력은 결코 권력을 대신할 수는 없다. 왜냐하면 폭력은 언제나 자신을 정당화시켜야 하지만 권력은 이미 정당화된 것이고, 권력이 필요로 하는 것은 이러한 정당성의 유지이다. 또한 권력은 타인에게 내가 원하는 것을 행하도록 명령하거나 강요하는 것이 아니라 "사람들이 모이고 제휴하여 행동할 때" 생겨나는 공동의 것이며 한편 폭력은 목적을 위하여 도구와 수단에 의존한 강제적인 것이기 때문이다. 권력과 폭력의 가장 근본적인 차이는 과정과 수단에서 나타난다. 이러한 근거로 아렌트는 권력과 폭력을 대립적 구조로 파악하며, 폭력의 대립어는 따라서 비폭력이 아니고 권력이라고 말한다. 아렌트의 이러한 주장은 절대권력을 위하여 폭력을 정당화시켰던 마키아벨리나 홉스뿐만이 아니라 "권력은 총구로부터 나온다"고 말한 마오쩌둥의 입장에 근본적으로 맞서고 있다.

4 푸코에 의하면 권력은 담론과 지식을 만들어내는 다원적 지배전략이며 이를 통해서 개인은 감시되고 심지어는 생산된다

"18세기 이후 성(性)은 끊임없이 일종의 보편화된 논증적 열광을 일으켰다. 그리고 그 성에 대한 담론들은 권력을 넘어서거나 권력에 대항하여 증가된 것이 아니다. 즉 바로 그 담론들 속에 권력이 행사된 것이며 그 담론들이 곧 '권력 행사의 수단'인 것이다. 특히 성을 말하게 하는 자극들, 듣고 기록하는 장치들, 관찰하고 조사하고 공식화하는 절차들이 갖추어졌다. 사람들은 성의 지위를 깎아 내리고 그것을 담론적 존재로 한정시킨다."

― 미셸 푸코, 『지식의 의지』 ―

권력은 지금까지는 개인의 말과 욕망을 억압하고 생명까지 위협하는 모든 제도와 장치에 대한 표현으로서 하나의 집중된 강력한

힘으로 인식됐다.

그러나 푸코는 권력은 사회 속에 분산되고 다양한 형태로 퍼져 있는 여러 세력들의 그물망이라고 말한다. 따라서 그에게 있어서 권력은 곧 "권력들"이며 언어와 지식은 권력체계와 대단히 밀접한 관계를 맺고 있다. 권력은 그 영향력을 확산시키기 위하여 목적에 알맞은 개념들을 만들어내고 무엇보다도 "담론" 즉 "공적인 대화"를 이끌어가거나 만들어낸다.

이러한 담론은 규범적 가치체계와 질서를 규정지으면서 이러한 체계 밖에서 통제 받기를 거부하는 사람에게는 처벌을, 또 체계 내부에 대하여서는 감시를 하는 "권력 행사의 도구"로 사용된다. 대표적인 권력 도구로서의 담론은 성(性)에 대한 것이다. 권력은 성(性)담론을 유도하고 선동하면서 성규범을 만들어내고 성에 대한 교육을 독점한다. 이렇게 해서 성담론은 체계화되고, 어디까지가 경계인지 결정됨으로써 개인은 성도덕에 어긋나는 잘못을 권력의 대리자(부모, 의사, 판사 등)에게 고백하고 재교육을 받는 것을 통해서 담론은 계속해서 이루어지고 권력체계는 유지된다는 것이다.

> "오히려 권력이 지식을 생산한다는 것, …… 권력과 지식이 서로 연루되어 있다는 것, 지식의 영역과 상관된 성분이 전혀 없는 권력관계나, 권력과의 관련을 전제로 하지 않으면서 동시에 관련도 없는 지식이란 있을 수 없다는 것을 인정해야 한다. 그러므로 '권력─지식'의 이러한 관련성을 권력체계에 대하여 자유롭거나 혹은 자유롭지 못한 어떤 인식 주체에 기반을 두고서 분석해서는 안 된다."
>
> — 미셸 푸코, 『감시와 처벌』 —

푸코는 권력의 또 다른 중요한 생산물은 지식이라고 주장함으로써, 권력과 지식의 관계를 새롭게 세우고 있다. 권력과 지식간의 깊은 연관 관계가 푸코에 의해서 처음으로 주장된 것은 아니다. 플라톤 역시 권력과 지식의 연관성을 주장하였지만, 그러나 권력은 플라톤에게 있어서 지식과 지혜의 실천으로 지식은 권력의 조건이다.

반면에 푸코는 권력이 지식 없이는 행사될 수도 없지만 그러나 권력은 스스로가 필요로 하는 지식을 생산해 내는 특성을 갖는다. 권력은 지식을 통해서 질서체계를 만들어내고 지식을 권력의 지배 아래 둔다. 따라서 권력을 부정하거나 벗어나는 지식은 "무질서와 혼란"으로 여겨지며 처벌과 탄압을 받게 된다. 이에 대한 대표적인 예가 1663년에 있었던 갈릴레이에 대한 종교재판소의 판결이다.

권력은 지식의 생산과 통제를 통해서 독점하고 권력과 지식체계는 하나가 된다. 이러한 의미의 지식은 사람의 삶에 직접적으로 간여하고 규범들을 만들어내는 인문학의 기능과 더 많은 관계를 맺고 있다. 급변하는 현대 사회에서의 지식의 전문화는 더욱더 심각한 지식의 독점화를 가져오고 이러한 지식은 권력으로 작용하게 되고 개인 또한 권력이 만들어낸 규범과 가치에 의해서 생산된다.

⑤ 하버마스에 의하면 법치국가에서 권력은 의사소통구조를 통하여서 정당성을 인정받고 법을 통해서 행정권력으로 전환된다

"의사소통 권력개념이 도입되면서 정치권력의 개념에서 분화가 일어난다. 정치가 정치적으로 자율적으로 행동하기 위하여 서로 대화하는 사람들의 실천과 완전히 일치하는 것은 아니다. 정치적 자율성의 행사는 공동의지의

담론적 형성을 의미하지, 거기서 생긴 법률의 시행까지 의미하는 것은 아 니다."

– 하버마스, 『사실성과 타당성』 –

하버마스는 권력을 권력이 만들어지는 과정과 집행되는 과정으로 나누어서 의사소통 권력과 행정권력으로 표현한다. 즉 권력은 한 개인에 의해서 생겨나는 것이 아니라 사람들 사이의 상호적 의견을 교환하는 의사소통적 절차를 통해서 "자발적 동의"를 끌어내고 이것을 통해서 권력은 정당성을 인정받지만, 그러나 여전히 강제성을 갖지 않기 때문에 지배하는 힘은 갖지 못한다. 따라서 이러한 권력이 실제적인 효력을 갖기 위해서는 집행되는 힘으로 바뀌져야 한다.

이러한 근거에서 하버마스는 아렌트가 권력 개념이 어떻게 발생하는가 하는 측면만을 설명할 뿐 권력이 어떻게 강제력을 갖고 실행되는가 하는 면을 소홀히 함으로써 권력의 도구적인 성격을 다루지 않고 있다고 비판한다.

하버마스는 권력이 어떠한 과정과 절차를 통해서 생성되는가에 따라서 폭력과 권력으로 구분한다. 그는 공공의 의사소통적 절차를 통해서 권력이 창출된다는 점에 대해서는 아렌트의 권력 개념을 적극적으로 수용하지만, 권력을 유지 또는 재생산해내기 위해서는 행정체계와 기관들이 필요하며, 이때 행정권력은 의사소통권력과 더불어서 권력 구조의 중심이 된다고 보는 것이다.

"나는 법을 의사소통 권력이 행정권력으로 번역되는 매개로 간주할 것을 제안한다. 왜냐하면 의사소통 권력에서 행정권력으로의 변형은 법률이 허용하는 테두리 안에서 권한부여라는 뜻을 갖기 때문이다. …… 행정체계

가 스스로 자신을 재생산해서는 안되며, 오직 의사소통 권력의 변형으로부
터 재산출되어야 한다."

― 하버마스, 『사실성과 타당성』 ―

하버마스가 말하는 합리적 의사소통 절차를 통해서 생겨나는 의
사소통권력은 강제적인 힘을 갖는 행정권력으로 전환되기 위하여
서 하나의 매개체를 필요로 하는데 그것이 곧 법이다. 법은 곧 민
주적 과정을 통해서 만들어진 의사소통권력이 제도적이고 실질적
인 권력으로 사용되도록 하는 매개 역할을 한다.

하버마스는 이러한 권력 개념은 법을 하나의 중간 지대로 규정
하고 있다. 어떤 사회적 정치적 권력이 아무런 여과 없이 행정권력
으로 전환되거나 정당하지 못한 권력이 직접적으로 행정권력으로
남용되는 것을 법을 통해서 막고자 하는 것이다. 그의 이러한 이론
은 법치국가의 이념에 근거를 두고 있다.

그러나 하버마스는 중간 매체로서의 법 또한 공적 담론을 통한
의사소통 권력으로부터 나와야 하며 의사소통 권력은 다시 정당하
게 제정된 법을 통해서 행정권력으로 나타나야 한다고 말한다. 이
러한 권력 개념은 왜곡되지 않은 의사소통구조를 통해서만이 정당
한 권력은 창출된다는 것을 강조한다.

그러므로 무엇보다도 자유로운 토론 과정과 자발적 합의에 의하
여 이뤄진 의사소통의 권력이 법칙국가에서 요구되는 정당한 권력
이라 할 수 있을 것이다.

5. 계몽(啓蒙, enlightenment, Aufklärung, lumieres)

① 칸트가 말하는 계몽은 인간 자신의 이성을 스스로 사용하는 용기이다

"계몽은 인간이 스스로의 잘못에 의해 빠진 미성숙의 상태에서 벗어나는 것이다. 미성숙함은 다른 사람의 지도 없이 자신의 이성을 사용하려고 하지 않는 무능력함을 말한다. 이것은 원인이 이성의 부족함에 있는 것이 아니라 다른 사람의 지도 없이 자신의 이성을 사용할 결정과 용기의 부족함에 있기 때문에 이러한 미성숙은 스스로에게 책임이 있는 것이다. 용기를 가져라! 자신의 고유한 이성을 사용할 용기를 가져라! 이것이야말로 바로 계몽의 좌우명이다."

― 칸트, 『계몽이란 무엇인가?』 ―

칸트는 인간이 계몽되지 못한 이유를 우선 인간의 게으름과 자신에 대한 무책임에서 찾는다. 계몽은 미성숙의 상태에서 탈출하여 성숙함으로 옮겨가는 것이다. 이 과정에서 필요한 것은 칸트에 의하면 인간은 누구나 갖고 있는 이성을 사용하는 일이다.

이성을 사용하는 것은 이미 계몽을 의미한다. 계몽은 어둠 속에 감추어진 것에 빛을 비춘다는 뜻에 비추어 볼 때 이성은 "빛"이 되며, 빛의 사용은 "어둠의 세계"를 밝게 한다. 이성은 누구에게나 본래적으로 주어진 것이며 어떤 것을 바르게 이해하게 하는 정신 활동이라는 의미에서 데카르트는 "자연의 빛"이라 말한다.

이성을 사용해서 밝게 비추어야 할 암흑은 무엇보다도 잘못된 권위주의, 도덕 관습 등을 말한다. 이러한 것들은 인간의 자아발견을 억압하는 장치로서 이로 인해 인간은 구속 상태에 머무르며, 이것은 발에 족쇄를 채워 스스로 걷지 못하게 하는 것과 같다. 이러한 상태가 바로 보호자가 필요한 "미성숙"의 상태이다. 미성숙함이란 결국 이성의 빛을 사용하려는 의지와 용기의 부족에서 오는 현상이다. 따라서 인간이 성숙하지 못하고 계몽되지 않는 것은 비겁함과 생각하지 않으려는 나태함이다. 심지어 칸트는 인간에게 "미성숙한 채로 머무르는 것은 매우 편안한 일이다"라고 말한다. 미성숙은 결국 칸트에게 있어서 누군가가 "나"를 대신해서 생각해주고, 결정하여 행동해주기를 바라는 "노예"의 상태이며 이것의 극복은 아주 간단하다. 자신의 이성을 사용할 용기를 내는 것이다.

> "인간이 당연히 알아야 할 것은, 즉 계몽을 자신을 위해서 미룰 수는 있다. 그러나 계몽을 자신을 위해서도, 더욱이 후손을 위해서 포기한다는 것은 인류의 성스러운 권리를 훼손하고 발로 짓밟는 것이다."
>   − 칸트, 『계몽이란 무엇인가?』 −

칸트는 계몽을 한 개인이 정치적 종교적 도덕적 이유로 강요된 미성숙함으로부터 벗어나는 것이 어떠한 사회적 의미를 갖는가를 말한다. 한 사회의 구성원으로 개인의 계몽은 그 영향에 있어서 사회 전체에 파급효과를 미친다. 다시 말하면 사회의 성숙은 개인의 변화와 새로운 인식 없이는 기대할 수 없다. 칸트의 이러한 생각은 개인과 사회가 유기적 관계 속에서 실현해야 할 공동의 목적이 있다고 보는 데서 출발한다. 개인의 후진성은 곧 한 사회의 불행과 연결된다는 것은 자율적인 자기 계발과 편견의 극복은 개인이 스스로에게 부과하는 개인적인 의무나 권리만이 아니고 사회적 역사적인 요청이라는 것이다.

칸트에 의하면 인간은 누구나 인류와 역사 발전에 참여하는 의무를 갖는다. 계몽이란 바른 길로 나아가기 위해서 바로 "인간을 소수의 편견에서 해방시키는 것"이고 자율적 권리를 사용하는 것이기 때문에, 우리가 우리 자신의 계몽을 소홀히 하는 것은 "인류의 문제"를 가볍게 여기는 것이 된다. 이러한 의미에서 최초로 국제연맹의 주창자 중의 한 사람이 칸트였다는 것은 주목할 만하다.

② 헤겔에 의하면 계몽의 본질은 순수통찰이며 끝없는 자기부정의 운동이다

"계몽의 본질이란 순수통찰에 있으며 또한 즉자대자적인 일반자를 포착하는 데 있으므로 바로 이 계몽 자체가 대치되어 있는 다른 극단에 대한 진정한 관계라는 것은 오직 그 자체가 이와 같이 서로 대치되어 있는 양자 간의 공통소(共通素)나 동일점을 지향하는 데 있기 때문이다."

— 헤겔, 정신현상학 —

계몽을 인간 정신의 의식운동으로, 의식이 내면적 역동성을 통해서 자기실현을 이루어 가는 것으로 보는 점에서 칸트와는 큰 차이를 보이는 헤겔은 그의 유명한 정신 현상학에서 계몽의 본질을 두 가지의 정신 활동으로 설명한다. 이에 따르면 계몽은 "순수통찰"과 "즉자대자적인 일반자"에 이르는 것이다.

순수통찰이란 이성(의식)이 지금까지의 자기를 벗어나서 다시 말하면 자기 스스로를 부정함으로써 자신과 대립하여 현실의 대상을 새롭게 경험하면서 대상과의 참된 관계를 이루고 자기에게로 돌아가는 과정이다. 이러한 의식활동의 과정이 계몽이라면, 계몽은 단순하게 말해서 우리가 지금까지의 입장과 다른 관점에서 어떠한 문제를 바라봄으로써 이제까지 알지 못했던 새로운 지식을 얻고 이 문제와 새로운 관계 속에 있게 되는 과정이다.

결국 어떠한 한 대상을 우리가 어떻게 해서 제대로 알 수 있느냐? 하는 문제이다. 우리는 우리의 의식이 이해 가능한 만큼의 지식을 얻을 수 있을 뿐이다. 의식과 대상이 관계를 맺고 이 관계에 대한 이성적인 사유가 이루어질 때 어떤 것에 대해서 "알게"되기 때문이다. 그렇다면 잘 드러나지 않는 대상의 배후에 대해서는 어떻게 할 것인가? 의식의 변화, 즉 이성이 스스로 자기 밖으로 나가서 대상을 다른 면에서 경험한다는 것이다. 왜냐하면 대상이 움직여서 자기 위치를 바꿀 수는 없기 때문이다.

예를 들면 책상 위에 놓여 있는 한 개의 "컵"은 어떤 위치에서 보느냐에 따라서 다르게 보인다. 앞에서 볼 때 우리는 뒷부분을 볼 수 없고, 위에서는 아래 부분을 보지 못한다. 우리가 바라보는 위치의 변화를 통해서 컵에 대한 새로운 지식을 갖는다는 것이다. 헤겔에 의하면 우리가 이 컵을 바라볼 때(의식할 때) 이 컵은 "이것"이라는 하나의 개체가 된다. 그리고 우리의 지각적 경험은 이 컵을 "이것"에서 하나의 구체적 "물체"로 인식한다. 이렇게 해서 경험한 컵을 컵이라는 것은 어떠하다는 보편적 "법칙"을 가능하게 한다. 이러한 과정을 거쳐서 우리는 컵에 대하여 계몽된다. 이러한 의미에서 헤겔은 "물 자체"를 부인하고 관계 속에 있는 존재"를 주장한다.

의식활동이 도달할 수 있는 인식의 최고의 단계는, 즉 순수통찰의 핵심은 이제까지 자신과 대립되는 것으로 여겼던 타자가 자신이었음을 깨닫는 것이다. 따라서 순수통찰이란 이 대립적 요소를 무조건 부인하거나 거부하는 것이 아니라 오히려 전개시킴으로써, 다시 말해서 자신을 부정하는 운동을 통해서 자체 안에 스스로 "타자"를 갖고 있었음을 발견하는 것이다.

흔히 우리에게 대립되는 것을 "타자"로 생각하는 이유는 우리가 그 대상을 알지 못하기 때문이라는 것이다. 이성은 어떻게 "타자"를 자체 내의 "타자"로, 즉 자기 자신으로 이해할 수 있는가? 헤겔에 의하면 참된 것은 개별적인 것이 극복된 전체를 포함하는 것이고 보편적 법칙이라는 것이다. "전체"는 개별적인 것으로 드러난 "주체"와 "타자"를 다 포함한다. 바로 이러한 상태에서 "즉자대자적 일반자"에 이르게 된다고 말한다. 즉자란 "자체"로서, 의식적이지 않은 상태이고, 대자는 자기에게 마주 보고 있는 자각된 의식을 말한다. 그러므로 즉자대자적인 것은 의식하면서 동시에 자체로서 자기에게 머물러 있는 절대적 상태를 말한다.

이렇게 볼 때 계몽과 반대되는 몽매의 상태는 우리가 현재 생각에서 벗어나 자기부정과 비판을 통해서 새로운 자기 인식에 이르지 못한 의식이다. 즉 현 상태의 변화를 거부하는 반성되지 않은 "의식의 뭉치"에 지나지 않는다는 것이다. 헤겔은 이것을 자기를 돌아보지 못한 개별적인 주관에 지나지 않는 공허한 지식이라고 말한다.

"결국 계몽은 이와 같이 스스로 충족되어 있지 못한 동경심을 간직하고 있다는 결점을 지니고 있으니, …… 다음으로는 행위하고 운동하는 것으로서의 자신의 개별적 존재를 초탈하여 아무런 내용도 채워지지 않은 피안에 다다라 있다는 결점을 지니고 있는가 하면 – …… 그러나 결국 계몽은 이러한 자신의 결함을 지양하게 될 것이다."

– 헤겔, 『정신현상학』 –

헤겔은 계몽은 어떤 상태에 충족되어 머무르지 못한다고 말한다. 계몽은 계속적으로 자기에 속한 결핍을 찾아내는 운동이므로 고정된 상태로서 현재의 자기 자신을 간직하려 하지 않는다. 계몽은 항상 자신의 결함을 발견하고, 충족되지 않는 것에 대한 동경으로부터 출발하므로 자신의 결함을 지양하며 절대적 완전성을 향한 항해를 계속하는 운명을 가진다. 이러한 뜻에서 계몽은 자신을 지속적으로 부정하면서 새롭게 하는 운동이며, 결핍은 계몽의 동인이 된다.

'지양한다'는 말은 일반적으로 위로 올린다는 뜻이지만 헤겔은 참된 것은 유지하면서 거짓된 것은 버린다는 뜻으로 사용한다. 그러므로 계몽을 지양하는 운동으로 파악하는 것은 계몽되기 이전의 것이 갖는 참된 특성을 보존하면서 동시에 이전에 없었던 전혀 다른 성질을 자신의 것으로 수용하는 것이 계몽이다. 그래서 헤겔에 의하면 계몽은 현존하는 신앙, 제도, 사고양식 등에 속한 각각의 부분적 모순들을 지양하고 새롭게 종합함으로써 하나의 통일체로 나아가는 것이다. 이러한 계몽의 지양 운동은 헤겔 철학의 핵심인 변증법적 방법을 통해 실현되어 나간다.

③ 비판적 사회철학자들에 의하면 계몽은 항상 자기 파괴적이다

"진보적 사유라는 가장 포괄적인 의미에서 계몽은 예로부터 인간에게서
공포를 몰아내고 인간을 주인으로 세운다는 목표를 추구해왔다. 그러나 완
전히 계몽된 지구에는 재앙만이 승리를 구가하고 있다."
— 아도르노 / 호르크 하이머, 『계몽의 변증법』 —

"모든 계몽은 결코 목적이 아니라 항상 수단이다. 만약 계몽이 목적이 되
면 그것은 계몽이 수단이 되는 것을 포기했다는 신호이다."
— 호르크하이머/아도르노, 『계몽의 변증법』 —

오늘날은 적지 않은 사람들이 계몽이라는 말을 비판적으로 사용
하거나 아예 사용하기를 꺼린다. 왜냐하면 역사를 통하여서 계몽에
대한 신앙이 깊이 흔들리기 시작하였고 계몽의 대가는 인류의 진
보가 아니라 오히려 불행으로 나타나고 있다고 의심되기 때문이다.
계몽이 당연하게 가져오리라고 믿었던 진보와 행복은 이제 더 이
상 믿을 수 없게 되었고, 인간은 자유보다는 여전히 더 많은 부자
유 속에 살고 있고 평화보다는 전쟁에 대한 더 큰 불안에 떨게 된
것이다. 역사는 발전하고 우리의 삶은 더 나아지고 있는가? 하는
의문은 더 이상 계몽을 맹목적으로 추구할 수 없도록 만든다.

이성 중심의 계몽은 문명의 진보는 가져왔지만, 그러나 문화의
진보와 정신의 성숙을 반드시 이뤘다고 할 수 없게 된 것이다. 많
은 기계 문명과 과학 발달은 우리의 삶을 편리하게 한 대신 지구상
의 더 많은 전쟁을 더욱 잔인하고 쉽게 만들었고 인간성의 상실과
소외라는 대가를 치르고 있다는 비판이다. 생활은 더 편리해졌고
시간은 절약할 수 있게 되었지만, 그러나 우리는 그 만큼 더 자유

스러워졌는가? 기술의 발달이 더 많은 환경오염과 더 깊은 빈부의 격차와 민족 간의 갈등의 원인이 되는 것이 아닌가? 이러한 질문의 핵심은 자연과 세계를 남김 없이 설명하고 지배하려는 욕구에서 출발하는 "아는 것이 힘이다"라는 주장을 바탕으로 한 합리적 이성에 대한 맹신에서 나온 것이라는 비판이다. 이것은 실용성만을 추구하는 계몽의 가치를 되묻는다. 이에 있어서 비판적 사회철학자들의 입장은 이성 중심의 맹목적 계몽은 계몽의 주체인 인간을 오히려 자신의 제물로 만들며, 역사는 진보대신 야만으로 퇴보한다는 것이다. 이들에 의하면 우리는 인류가 스스로 파괴하고 야수와 같은 퇴행을 파시즘에 의한 제2차 세계대전에서 직접 경험하였다.

4 하버마스에 의하면 계몽은 그럼에도, 그러나 논증적으로 계속되어야 한다

"그렇지만 비판적 능력의 자기파괴에 관한 이 서술은 패러독스적이다. 왜냐하면 그것은 서술의 순간에 죽었다고 천명한 비판을 사용해야 하기 때문이다. 그것은 계몽이 총체적이 된 사실을 계몽의 고유한 수단을 가지고 고발하는 것이다. …… 그렇기 때문에 그들은(호크하이머와 아도르노) 계몽이 신화에 대해 실행하였던 것을 다시 한 번 전체 계몽의 과정에 적용한다. 비판의 고유한 타당성의 토대인 이성에 대항함으로써, 비판은 전체적이 된다."

— 하버마스, 『현대성의 철학적 담론』 —

현대의 독일 철학자로서 세계적으로 큰 영향을 미치고 있는, 비판이론의 계승자인 하버마스는 비판적 사회이론가들과는 다른 계몽에 대한 견해를 갖는다. 그는 수단과 도구가 되어버린 이성을 비판하고, 자기 소외의 대가를 치르는 계몽에 대한 호크하이머와 아도르노의 이성비판에는 충분한 근거가 있다고 인정한다. 그래서 한편으로는 일방적인 이성주의 원칙을 반대하는 입장에 공감한다.

그러나 다른 한편으로는 역사발전에 있어서 이성은 단순히 파괴적 역할만을 해 온 것은 아니기 때문에 이성에 대한 전면적인 거부를 수용할 수 없다는 주장이다. 이성 그 자체를 전적으로 거부하게 되면 계몽이 설 자리가 없어진다는 것이다. 왜냐하면 계몽은 그 양면적 결과에도 불구하고 계속되어야 하며 계몽이 초래하는 또 다른 모순 또한 계속적인 계몽과 자기 성찰의 과정 속에서 해결할 수밖에 없다는 것이다. 지금까지의 계몽의 역사가 잘못되었다는 것을 계몽이 아닌 다른 무엇으로 사람들에게 알릴 수 있겠는가?

따라서 비판을 생명으로 하는 이성 자체를 거부하는 비판은 계몽이 신화의 본질적 의미를 무효화 한 것과 같은 잘못의 반복이라는 것이다. 더욱 더 위험한 것은 이러한 비판은 이성에 대한 근본적으로 거부를 함으로써 자신들이 행하는 비판의 의미까지 폐기시키는 한편 계몽의 기능을 부인하면서 계몽을 계속하는 자기모순에 빠져 있는 것이다.

> "칸트는 이성비판을 이성의 고유한 관점에서, 다시 말하면 엄격하게 담론적인 이성의 자기절제의 형식으로써 실행하였다. …… 그러나 칸트의 비판자들도 계몽의 수단 자체를 사용하여 계몽을 수정하고자 하는 의도에 있어서는 처음부터 일치를 보았다."
> — 하버마스, 『현대성의 철학적 담론』 —

하버마스는 급진적 이성비판 이론에서 드러나는 계몽의 문제점들이 일정한 타당성을 갖고 있다 하더라도, 이러한 비판은 여전히 일종의 계몽이기 때문에 계몽 정신의 토대인 이성은 폐기 될 수 없는 것임을 스스로 입증하고 있다고 말한다. 이러한 이성의 비판은 우선 더 범위가 넓고 더욱 더 포괄적인 이성을 제시할 수 있어야 하며, 이성의 전통으로부터 자신을 단절시킬 수 있을 때 새로운 이성 비판은 자신의 정당함을 제시할 수 있다는 것이다. 그러나 이들이 서 있는 곳은 여전히 칸트의 계몽적 이성의 지평이라는 것이다.

이에 대하여 하버마스는 칸트의 이성을 배타적 이성으로 거부하는 비판가들에게 "이성적인 대화의 길이 선험적으로 봉쇄되어 있는" 상황에서 어떤 결과를 기대하느냐고 묻는다. 이성 지평의 밖에서 이성에 호소하는 이러한 비판은 하버마스에 있어서 이성 비판을 위한 비이성적 방법이며 계몽의 중지와 단절이라는 것이다.

하버마스는 배타적 이성의 대안으로서의 포괄적 이성이라는 주체/타자의 담론적 이성을 주장한다. 그에게 있어서 칸트의 이성비판은 현대에 있어서도 유효한 이성 자신에 대한 자기 계몽의 시작이었고, 이것은 담론적 계몽의 시작이다. 칸트의 이러한 담론적 이성은 현대에서도 계속적으로 계몽의 수단이기 때문에 주체만을 고집해 온 일방적인 지식 전달의 계몽은 따라서 담론적 과정을 통해서 의사소통적 계몽으로 전환되어야 한다는 것이다. 그렇게 될 때 우리는 상호 간의 이해를 지향하는 계몽과 비판이론가들이 말하는 계몽에 대한 진정한 계몽을 실현할 수 있다. 하버마스에게 있어서 계몽의 파괴적 문제점은 오히려 계몽의 지나침이 아니고 계몽의 부족함을 의미하며, 방법이 비계몽적인 것에서 생겨난 것이므로 따라서 계몽의 포기를 거부한다. 그는 의사소통적 담론과 대화를 통해서 계몽에 보다 적극적인 참여와 계몽의 확대를 주장한다.

■■■ 제2장 인간과 시간

1. 인간(人間, man, Mensch, homme)

1 아리스토텔레스는 인간은 정치적 동물이며, 언어와 이성을
가진 유일한 존재라고 말한다

> "각 사물이 존재하려면, 우리가 말하는 것이 인간이든 가정이든 아니면 가
> 족이든, 우리가 그것의 본성이라고 부르는 것이 충분히 계발되어야 한다.
> 목적인과 목적은 최선의 상태일 뿐만 아니라, 목적과 최선의 상태는 자기
> 충족적이기도 하다. 따라서 국가는 자연의 산물이며, 또 인간이 본성상 정
> 치적 동물이라는 것은 분명하다."
>
> — 아리스토텔레스, 『정치학』 —

아리스토텔레스는 그의 주저 『정치학』에서 사람과 동물을 차이
짓는 것으로 정치적 삶과 언어사용을 말한다. 사람은 본성상 공동
체적 사회적 관계 속에서 살아갈 수밖에 없으며 동시에 언어를 사
용하는 능력을 가졌다는 것이다. 이 두 가지의 특징은 서로 상호보
완적으로 작용한다. 언어사용능력은 인간의 정치적 사회적 본성을
확인시키는 수단이 되고, 정치적 본성은 언어사용의 중요한 이유가
된다. 왜냐하면 인간의 언어능력은 단순히 개인의 감정이나 욕구를

표현하는 데 그치는 것이 아니라, 사회적 가치와 원칙을 담아낼 수 있고 자기주장과 대화를 할 수 있게 하기 때문이다. 즉 인간은 사회라는 공동체 안에서 언어를 수단으로 하여 서로를 이해하며 의사소통을 통하여 보다 나은 공동체를 기대할 수 있다.

이때 아리스토텔레스가 말하는 '정치적'이라 함은 폴리스(도시국가) 안에서 이루어지는 공동체적 관계 속에서의 삶을 뜻하는 것이다. 그는 가족이나 마을 단위를 넘어서는 최고 형태의 사회적 관계를 폴리스적 삶에서 찾는다. 그러나 아리스토텔레스는 이상적 폴리스를 동경했던 플라톤과는 달리 구체적 현실 조건 위에서 가능한 정치를 주장하였다. 인간은 개인으로서가 아니라 폴리스 안의 삶을 통해서 비로소 인간이 될 수 있으며, 국가와 사회는 개인보다 우선하게 된다. 그에게 있어서 전체는 부분보다 중요한 의미를 갖기 때문이다. 그는 사회 밖에서 살 수 있는 존재는 신과 짐승뿐이라고 말한다. 아리스토텔레스는 인간의 존재 근거와 목적을 공동체 안에서 '함께 살아가는 관계'에서 찾고 있다. 그러나 반면에 그는 노예제도와 성차별을 자연스러운 것으로 생각하였고 계급적 질서를 공동체 생활에 필요한 것으로 보았다.

> "각 사물에 적합한 것이 본성상 최선의 것이며 각 사물에게 가장 즐거운 것이다. 따라서 인간에게 이성에 따르는 삶이 최선이며 즐거운 것이 되는 까닭은, 이성이 오직 인간에게만 있기 때문이다. 따라서 이러한 삶은 가장 행복한 삶이기도 하다."
>
> — 아리스토텔레스, 『니코마코스 윤리학』 —

그러나 인간이 본성상 사회적 존재라고 해서 인간이 언제나 사회적으로 행동하는 것은 아니다. 위의 예문이 말하는 것처럼 인간은 그 본성을 발휘하기 위해 이성을 잘 사용해야 한다. 이성을 바탕으로 한 행동을 통해 스스로 만족을 느낄 때, 사람들은 즐거워한다. 그러나 이때의 이성은 모든 물질적 육체적 쾌락을 거부하는 차갑기만 한 이성이 아니라, 오히려 이들을 적절히 받아들여서 실천하는 합리적이고 조화로운 이성을 말한다. 이성은 중용의 정신을 가져야 하는 것이다. 인간에게 있는 덕은 곧 이성이며, 이성적 중용이야말로 인간을 인간답게 만드는 것이라는 주장이다. 중용이란 다시 말해서 절제를 의미하는데, '지나침'과 '부족함'을 경계하며, 균형 잡힌 중간점을 찾아내는 것을 말한다. 인간은 사회적·정치적 본성을 실현하고 완성하는 데 있어서 이성을 통해서 조화로운 중용을 실천하고, 절제를 추구하는 것이 가장 중요한 과제가 된다는 것이다.

② 아퀴나스에 따르면 인간은 영혼과 육체로 이뤄진 존재이다

"인간은 영혼일 뿐만 아니라 영혼과 육체로 구성된 그 무엇이다."
— 아퀴나스, 『신학대전』 —

중세의 대 철학자 아퀴나스는 인간의 본성에 관해 플라톤과 아리스토텔레스의 조화를 모색하는 입장을 보인다. 플라톤은 인간 영혼불멸설을 주장하여 인간의 영혼이 사라지거나 죽지 않는 것으로 보았다. 그래서 영혼은 죽음 후에 그 본래의 세계로 되돌아가게 되어 있다. 따라서 플라톤은 인간은 육체라는 감옥에 갇힌 채 육체를 사용하는 하나의 영혼이라고 생각하였다. 그러나 아퀴나스는 손과

발이 인간일 수 없는 것처럼, 육체로부터 분리된 영혼은 곧 인간일 수 없음을 강조한다. 왜냐하면 그는 영혼도 인간이 갖고 있는 한 본성으로 생각했기 때문이다. 그래서 그는 인간을 육체 속에 일시적으로 갇힌 존재가 아니라, 아리스토텔레스처럼 인간을 정신이 육화된 형상으로서, 즉 하나의 통일체로 보았다.

"영혼이 육체로부터 분리되면 불완전해진다. 그것은 마치 전체로부터 분리됨으로써 부분이 되는 것과 같다. 따라서 영혼이 인간 본성의 한 부분이라는 것은 극히 자연스러운 귀결이다. 인간은 영혼과 육체가 재결합되지 않을 때 궁극적인 행복에 도달할 수 없다. 일상적 경험을 통해 인간이 현세에서 궁극적인 행복에 이를 수 없다는 사실을 확인할수록 이것은 더욱 분명히 참이 된다."

— 아퀴나스, 『이교도에 관한 전서』 —

아퀴나스는 인간이란 정신과 육체를 동시에 갖는 존재로서 봄으로써, 육체에 대한 인식을 완전히 달리한다. 육체가 없는 영혼은 무엇을 말하고 무엇을 할 수 있겠는가? 영혼이 육체로부터 떨어져 나갈 때 완전해지는 것이 아니라 더욱 불완전해진다는 것이다. 그리스인들이 인간 영혼의 불멸에 대한 생각을 가졌던 것에 비해 기독교는 육체의 부활에 대한 믿음을 가졌다면, 아퀴나스는 육체의 부활과 영혼의 불멸을 동시에 받아들인다.

아퀴나스는 인간이 정신만이 아니라 육체를 갖고 있음을 두려움 없이 주장한 중세의 용감한 철학자였다. 따라서 그는 육체나 물질의 세계가 정신과 대립되는 악마의 모습으로 보지 않는다. 그는 정신은 선하고 육체는 욕망으로 표현되는 악한 것이라는 이원적 구조를 거부한다.

따라서 그에 의하면 인간은 정신적이며 동시에 감각적인 존재인 것이다. 그러므로 그의 인간관은 철학사에서 플라톤의 추상적인 보편이론과 아리스토텔레스의 연속적인 변화 개념을 넘어서서 과감하게 인간중심주의 정신을 개척하게 된다. 그러나 흥미롭게도 그는 부활한 후에 성스러운 육체는 현실의 육체와 같은 기능을 하는 것은 아니라고 생각한다. 음식을 먹거나 성관계를 맺는 일은 없으며, 다만 관조의 생활을 하게 된다고 본다.

③ 마르크스가 본 인간의 본성은 생산관계와 사회조건의 산물이며, 물질은 인간을 소외시킨다

> "이러한 생산력의 종합, 자본 그리고 상호관계의 사회적 형식은 어떠한 개인과 세대에게라도 천부적이라고 여겨지는 것으로서, 철학자들이 '실체'로서 그리고 '인간의 본질'로서 간주해 왔던 것의 진정한 토대이다."
> — 마르크스, 『독일 이데올로기』 —

마르크스는 인간 본성을 사회적 역사적 조건에 따라 변하는 것으로 파악한다. 인간 본성을 변화시키는 결정적 요인은 우리가 사는 사회가 어떠한 노동과 생산구조 속에 있느냐 하는 것이다. 그에 의하면 인간의 본성을 동물의 그것과 구별하는 것은 이성과 언어가 아니라 인간이 역사적으로 변화된다고 하는 것이다. 다시 말해서 우리가 갖고 있는 세계와 자신에 대한 이해는 우리가 어떠한 일을, 어떠한 조건 속에 하면서 살아가느냐에 따라서 달라지는 것으로, 특정한 생산양식의 산물이다.

그에 의하면 위와 같은 이유로 자본주의적 경제활동은 자본가와 노동자가 갖는 생각을 전혀 다르게 만들고, 이들의 대립은 피할 수 없는 필연적 사실이 된다. 그는 자본주의 생산관계는 처음부터 착취와 억압을 통해서 얻어지는 이윤을 목적으로 하고 결국 인간의 '비인간화'의 결과를 가져오기 때문이라는 것이다.

"인간세계의 평가절하는 상대적으로 물질세계의 가치증가로 발전한다."
— 마르크스, 『경제철학 수고』 —

생산구조가 인간 삶의 내용을 결정한다고 말하는 마르크스의 입장에서 볼 때 인간은 동물과 달리 노동을 통해서 살아간다. 인간은 자기가 살아가는 조건을 일을 통해서 스스로 만들어 간다. 따라서 인간이 행하는 물질적 생산활동은 단순한 노동이 아니라 인간 자신의 생산으로 환원되며 인간 자신을 결정하는 근본적인 것이다.

이러한 입장에서 마르크스는 현실적 모순을 비껴가는 관념론을 비판한다. 역사는 관념이나 의지에 의해서 이루어지는 것이 아니며, 오히려 이러한 것들은 물질적 사회적 조건에 대하여 어떻게 이해하느냐에 따라서 달라지는 이데올로기일 뿐이다. 다시 말하면 인간은 주변의 환경과 분리된 순수한 관념이나 의식으로서 존재하지 않는다.

그러므로 인간의 생각과 의식 또한 특정한 역사 속에서 전개되는 사회적 상황과 물질적 조건에 의해서 결정된다. 인간의 의식이 자신의 존재를 결정하는 것이 아니고 어떠한 사회적 존재로서 살아가느냐가 우리를 결정하는 것이다. 다시 말하면 어떠한 일을 하면서 살아가고 어떠한 위치에 있느냐가 문제가 되는 것이다. 물질적 가치가 지나치게 증가하는 사회 구조 속에서 인간의 가치는 낮아지고, 인간은 스스로 물질적이 되어간다. 이러한 물신화 현상은 인간 스스로 자신의 본질을 상실하며 더 이상 자신을 알아볼 수 없는 모순을 가져온다. 이를 극복하기 위하여 마르크스는 혁명을 통한 공산주의 실현을 주장한다. 그는 인간은 사회구조에 의해서 만들어지지만, 또한 사회구조는 인간에 의해서 달라질 수 있다고 믿었다.

4 니체에 따르면 인간은 초인과 동물 사이의 존재이다

"지금까지는 인간의 신성한 기원을 거론함으로써 공공연히 인간의 위대함을 추구해왔다. 그러나 인간의 조상이 원숭이였음이 밝혀진 이상, 이제 이러한 방법은 금기시되었다."

　　　　　　　　　　　　　　　　　　　　　　　　　　　　　　－ 니체, 『서광』 －

　다윈의 『종의 기원』(1859년)은 니체의 사상에 커다란 영향을 미쳤다. 니체의 인간에 대한 이해는 이러한 영향을 뒷받침해 주는 대목이다. 인간은 그 기원에 있어서 완전하고 영원한 신의 형상을 본받아 신에 의해서 창조된 것이 아니고 여러 동물의 종 가운데 하나일 뿐이며 동물로부터 진화되어 왔다는 주장은 니체에게 단순히 인간의 생물학적 근원을 밝혀내는 의미가 아니었다. 진화론은 곧 지금까지의 문화와 도덕에 대한 니체의 비판과 거부의 근거를 제시할 수 있는 근본적인 문제였다. 인간의 삶과 도덕적 의식을 지배해 온 기독교 신앙과 전통적 가치는 신의 절대성과 신의 창조물로서의 인간의 고귀함을 전제로 한 것이었기 때문이다.

　그러므로 인간의 신적 고귀함을 부정하는 것은 신에 대한 거부이고, 따라서 기독교적 도덕과 전통으로부터의 해방을 의미한다. 곧 지금까지의 진리와 선악의 기준은 인간의 구속과 억압을 위한 것이라는 주장이다. 그래서 그는 '가치의 가치'는 무엇인가 하고 묻는다. 인간은 신성한 근원을 가지지도 않았고, 따라서 신 앞에서 죄인이 되는 원죄설 또한 무의미한 것으로 드러나게 된다. 니체는 신의 죽음을 선고함으로써 관습과 도덕으로부터 자유로운 인간을 주장한다. 그가 말하는 인간은 자신의 현세적 삶과 가치를 부정하는 존재가 아니라 보다 더 적극적으로 창조하는 주체적 존재이다.

> "인간은 동물과 초인 사이에 놓여 있는 밧줄, 끝없는 심연에 걸쳐져 있는 밧줄이다. …… 인간에게 있어 원숭이란 무엇인가? 웃음거리이거나 골칫덩어리이다. 마찬가지로 초인에게 인간이란 무엇이겠는가? 웃음거리 아니면 골칫덩어리이다."
>
> — 니체, 『차라투스트라는 이렇게 말했다』 —

위와 같은 인간 이해를 바탕으로 하는 니체의 철학에서 '초인' 개념은 중요한 의미를 갖는다. 인간은 초인과 동물 사이에 서 있는 중간적 존재로서 초인의 눈으로 볼 때 우스운 원숭이와 같다. 왜냐하면 중간적 존재로서의 인간은 여전히 무리 지어 다니며 구속받기를 원하고 뛰어난 능력을 질시하는 동물성을 지닌 '작은 인간들'이기 때문이다. 이러한 의미에서 니체는 대중의 도덕을 거부하며 자신의 한계를 뛰어넘는, 무리 짓는 속성으로부터 벗어난 개인의 의지와 자유를 주장한다. 초인이란 바로 이러한 인간의 동물적 성향을 극복하고, 자신을 새롭게 정의 내리는 개인으로 홀로 서는 삶을 말한다.

초인 개념은 그러나 흔히 왜곡되어 설명되었다. 힘이 세고 강한 사람이나, 투쟁적으로 성공한 사람 또는 심지어는 생물학적으로 우세한 사람으로 인식되기도 한다. 다시 말하면 초인이란 창조주로서의 신의 존재가 사라진 곳에서 자신의 창조자로서, 세계의 총체적 관계를 생각하고 순수한 기쁨으로 자유를 누리는 주체적 존재이다. 이러한 의미에서 니체는 나약하고 불안한 무리들이 신봉하는 '노예의 도덕'보다는 고독한 '주인의 도덕'을 선택함으로써 "너는 정상까지 날아올라야 했다"고 말한다.

⑤ 카시러에 의하면 인간은 상징적 동물이다

"인간의 지성은 상징을 필요로 한다고 말하고 싶다. 인간의 지식도 그 본성에 있어서 상징적 지식이다. 이 특성이야말로 인간 인식의 힘과 그 여러 한계를 특징짓는 것이다. …… 인간은 상징적 동물이다."

— 카시러, 『인간이란 무엇인가』 —

카시러는 우리에게는 아직 낯 설은 이름이지만 최근 들어서 그의 사상은 새로운 주목을 받기 시작하는 철학자이다. 그는 인간을 '상징적 동물(animal symbolicum)'로 정의한다.

카시러에 있어서 상징은 인간의 삶과 활동의 장인 문화의 세계를 전체로 의미한다. 인간은 스스로 문화를 창조하고 그 속에서 의미를 찾아가기 때문에, 문화를 떠나서 인간은 살 수 없고, 인간의 본성 또한 제대로 이해할 수도 없다. 그러므로 인간이 무엇인가를 알려면 인간이 만들어낸 여러 가지 형태의 문화를 알아야 한다. 문화는 인간 활동의 총체로서 언어, 신화, 종교, 예술, 역사 그리고 과학 등으로 이뤄진다. 이들이 인간성의 둘레를 이룬다.

이렇게 볼 때 문화는 인간이 자신의 존재를 표현하는 상징이며, 또 인간의 본성을 해석하게 하는 코드의 의미를 갖는다. 따라서 문화는 인간의 본성과 욕망과 상상을 담아내는 그릇으로서, 인간에 대한 정의는 문화영역의 상징적 의미를 밝힘으로써 얻어지며 비로소 전체적인 인간 이해도 가능하게 된다.

> "인간은 언어 형식, 예술적 심상, 신화적 상징 혹은 종교적 의식에 너무나
> 둘러싸여 있으므로 이러한 인위적 매개물의 개입에 의하지 않고서는 아무
> 것도 볼 수 없고 또 알 수 없다."
>
> — 카시러, 『인간이란 무엇인가』 —

인간의 문화를 이루어내는 대표적 형식들로서 카시러는 언어, 예술, 신화, 종교들을 말한다. 이들은 서로 독립적으로 있는 것이 아니라 서로 깊은 연관성을 갖고 하나의 '유기적 전체'를 이룬다. 또한 인간은 이러한 '유기적 존재'로서의 문화에 의하여 정의되어질 수 있다는 것이다. 왜냐하면 인간이 필요로 하는 상징 형식으로서의 제반 문화에 의하여 인간의 지식 또한 '상징적 지식'이 되며, 이것에 의해서 인간의 인식과 사고는 특징지어지기 때문이다.

왜 인간은 상징을 필요로 하는가? 그것은 인간이 '의미'를 추구하기 때문이라고 카시러는 말한다. 다시 말하면 사물의 관계를 파악하고 경험을 개념화하는 것이다. 이러한 의미화를 통해서 인간은 세계를 이해할 수 있는 언어, 예술, 신화, 종교와 문화형태로 표현되는 상징형식을 만들어 낸다고 주장한다. 이러한 의미에서 인간의 지식과 이해는 인위적이고 간접적인 방법을 통해서 이루어진다. 이렇게 문화의 상징성에 주목하는 카시러는 언어를 개념체계를 가능

하게 하는 가장 뛰어난 상징으로 이해한다. 반면 신화와 종교에 대한 그의 태도는 내용보다는 형식과 기능을 중시하면서, 예술은 언어와 과학과 같은 문화형태가 해내지 못하는 '자연의 형상에 대한 직관'을 가능하게 하는 것으로 이해한다. 카시러는 이렇게 서로 다른 상징적 형식을 통해서 이루어진 총체적 관계 속에서만 인간에 대한 정의가 가능하며 인간을 이해할 수 있다고 주장하는 것이다.

⑥ 사르트르에 의하면 인간은 스스로가 만들어가는 것, 그것이다

> "인간은 먼저 세상에서 존재하고 세상에 태어난다. 그리고 그는 그다음에 정의된다. …… 인간이 정의될 수 없는 것은 그가 처음에는 아무것도 아니기 때문이다. 그는 나중에야 비로소 무엇이 되며 그는 스스로가 만들어내는 것이 될 것이다. …… 다시 말하면 결정된 것은 있을 수 없다. 인간은 자유로우며 인간은 자유 그것인 것이다."
>
> — 사르트르, 『실존주의는 휴머니즘이다』 —

실존주의 철학으로 큰 영향을 미쳤고 동시에 작가로서 적극적 활동을 하였던 사르트르에게 있어서 인간이 무엇이냐 하는 물음은 근본적인 의미를 갖는다. 그가 이해하는 인간은 태어나는 순간부터 무엇이라고 정의될 수 없는 존재이다. 인간은 무엇이기 이전에 느끼며 행동하고 체험하며 욕망을 가짐으로써, 이것이나 또는 저것으로서 정의되기 이전에 우선 존재한다는 것이다. 인간이란 완성되어서 태어나는 것이 결코 아니고, 계속적으로 만들어져 가는 생성이며 무엇인가를 향한 움직임 속에서 보다 '완전한' 자기에게로의 도중에 있기 때문이다. 그러므로 인간에 대한 어떤 정의가 있고, 인간의 의미는 그 정의된 틀에 맞춰지는 것이 아니다.

이러한 의미에서 인간은 또한 완결되지도 않는 존재이다. 개인에 대한 생성의 종결은 곧 죽음을 의미하며 정지된 상태는 존재에 대한 부정이기 때문이다. 다시 말하면 인간은 자신이 지향하는 모습에 한 걸음 다가감으로써, 끊임없이 스스로에게서 멀어지는 탈출 속에 있으므로 존재하는 것이 아니라 하나의 도래(a coming)이다. 따라서 인간에 대한 일반적이고 고정된 정의는 불가능하다.

인간은 자기 개인의 창조자이며, 그래서 인간의 '실존은 본질'에 앞서고, 개인이 생성되는 실존의 과정은 언제나 특정한 '상황' 속에서 일어난다.

인간에게 주어진 유일한 조건은 자유이다. 사르트르에 의하면 인간은 곧 자신을 초월하고 극복할 수 있는 자유 자체이다. 인간의 조건과 본성으로서의 자유란 인간 자신의 창조와 생성에 대한 독립적인 주권과 삶의 우연성에 의미를 부여할 수 있는 '실존의 발견'에 대한 자유이다. 사르트르에게 있어서 인간이 우연함에 의해서 태어난다는 것은 인간의 존재는 다른 어떤 것에 의해서도 정당화될 필요가 없는 그 자체로서 정당함이며, 어떤 설명이나 반박이 불필요하다. 이러한 자유는 결국 인간에게 있어서 자기 자신을 최대의 과제로 떠맡기며, 절대적 자유에 대한 전적인 책임 또한 인간의 몫으로 남는다. 이러한 의미에서 사르트르는 인간은 '자유'에 선고되었다고 말한다.

> "인간은 이미 존재하는 현실의 조건들(후천적인 기질, 직업과 삶의 양태로
> 인한 변모, 소외 등)을 토대로 자신의 역사를 만들어 낸다는 것이다. 그러

나 그 역사를 만드는 것은 선행조건들이 아니라 바로 인간이다. 그렇지 않
다면 인간은 단순히 자신의 사회를 지배하는 비인간적인 힘에 사용되는
도구에 지나지 않을 것이다."

– 사르트르,『변증법적 이성 비판』–

사르트르는 인간의 자유는 스스로 책임지는 자유라고 규정지음
으로써 인간은 자신의 결핍과 삶의 부조리한 우연성으로부터 벗어
날 수 있다고 말한다. 실존적 삶을 선택할 수 있음을 강조하는 것
이다. 자유롭도록 운명 지워진 인간은 자신이 처한 상황의 모순과
운명에 대하여 자신의 행위를 선택할 수밖에 없다. 아무런 행동도
하지 않는 것도 하나의 선택 방법이다.

그러나 인간은 아무것도 행위 하지 않는 자유보다는 '참여'를 통
해서 자유를 확장시킬 수 있으며 자기 실존에 한 걸음 더 나아갈
수 있다. 따라서 참여와 투쟁은 자신의 창조뿐만이 아니라 새로운
역사를 만들어 가는 것이다. 왜냐하면 인간은 자기 창조의 주체이
면서 동시에 창조의 재료이기 때문이다.

사르트르가 주장하는 자유는 그러므로 도피의 자유가 아니라, 참
여의 자유이며 투쟁의 과정이다. 이러한 참여와 투쟁이 실패하거나
잘못된다고 하더라도 인간의 실존은 끊임없는 참여에 의해서만 이
루어지며, 실패마저도 실존을 향한 의미 있는 투쟁의 흔적으로 남
는다. 그러므로 행위 하지 않는 인간의 실존은 불가능한 것이며,
실존하지 않는 인간은 사용되는 도구에 지나지 않는다.

2. 시간(時間, time, Zeit, temps)

① 플라톤에게 있어서 시간은 영원의 모상으로서 가시적인 천체의 운동을 통해 지각된다

"그러니까 원형이 살아 있는 영원한 것이듯이, 그(신)는 이 우주도 그처럼 가능한 한 그런 것이도록 만들어 내려고 꾀했습니다. 그런데 그 살아 있는 것이 본성은 영원한 것이어서, 이를 생성된 것에 완전히 부여하는 것은 사실 불가능했습니다. 그러나 그는 움직이는 어떤 영원의 모상(模像)을 만들 생각을 하고서, 천구에 질서를 잡아줌과 동시에, 단일성 속에 머물러 있는 영원의 (모상), 수에 따라서 진행되는 영구적인 모상을 만들게 되는데, 이것이 바로 우리가 시간이라 이름 지은 것입니다."

― 플라톤, 『티마이오스』 ―

플라톤의 철학은 서구의 철학을 일관해서 지배해온 철학답게 철학적 시간론에 있어서도 현대에 이르기까지 영향을 미치고 있다. 그는 우주의 생성을 다루는 『티마이오스』 편에 신화의 형태로 시간에 관한 문제를 기술하고 있다. 티마이오스에 의하면, 천구(천체)를 만든 '데미우르고스'라는 신이 우주를 만들면서 영원한 이데아를 모방하여 시간을 만들었다는 것이다.

플라톤에 따르면 시간은 우주와 함께 생겨나 우주가 만들어지기 전에는 낮과 밤이 없고 연월도 없기 때문에 시간도 없었다고 한다. 그런데 태초부터 살아 있는 영원한 이데아를 창조되어지는 세계 속에 그대로 옮겨놓는 것은 불가능하기 때문에 불변의 영원한 이데아를 닮은 모습(모상)을 우주 속에 질서 있게 배열한 것이 바로 시간이라는 것이다. 따라서 시간은 영원의 모상이고, 시간을 통해서 영원은 인식된다. 영원의 이데아를 따라 움직이는 이 모상은 인식할 수 있는 모습으로 표현되기 위하여 수에 따라 움직이게 만든 것이다. 그래서 영원의 이데아를 모방한 시간은 헤아려지게 되고 수와 마찬가지로 단절되거나 혹은 연속되어 나타나게 된다. 다시 말하면 시간은 영원을 숫자의 질서체계에 모상한 것이므로 플라톤에게 있어서 시간은 수와 그 본질을 함께 한다.

> "왜냐하면 천구가 생겨나기 전에는 낮과 밤 그리고 연월이 없었는데, 그것(천구)이 구성되는 것과 동시에 그(신)가 그것들의 탄생을 구성했기 때문입니다. 이것들 모두는 시간의 부분들이며, '있었음'(과거)과 '있을 것임'(미래)은 생겨난 시간들의 종류들인데, 바로 이것들을 우리는 부지중에 영원한 존재라고 잘못 적용시키고 있습니다. 그야말로 우리가 '있었다'거니 '있다', 그리고 '있을 것이다'라는 말을 하지만, 영원한 존재에는 '있다'만이 참된 표현으로서 적합하고, '있었다'와 '있을 것이다'는 시간 안에서 진행되는 생성에 대해서나 말하게 되는 것이 적절하기 때문입니다. —이것들은 운동들이니까요."
>
> — 플라톤, 『티마이오스』—

플라톤은 시간을 천체와 함께 설명하면서 생성·소멸을 되풀이하는 시간 안에서 천체도 마찬가지로 있음과 없음을 되풀이한다고 말한다. 시간 안에서 천체는 일찍이 있었지만 지금은 없거나, 지금은 있지만 곧 없어질 것이다. 그리고 지금은 없지만 곧 있게 될 그런 것들이다. 그렇기에 시간 안에서 모든 것은 변한다고 보아야 한다. 그러나 만일 시간 안에서 존재하는 것으로 영원을 닮아 변하지 않는 것이 있다면 그것은 천체 그 자체라고 플라톤은 말한다.

플라톤의 시간관은 일직선상에서 지난 시간은 사라져 없어지는 것이 아니라 주기적으로 생성과 변화, 소멸의 순환 과정을 본질로 하는 반면 영원은 현재의 지속이라는 것이다. 영원은 곧 흘러가는 시간이 없이 과거와 미래를 현재 속에 포함하는, 따라서 생성과 소멸의 순환 운동을 초월한 '시간 밖의 시간'이다. 이렇게 해서 시간은 유한한 것의 속성으로, 영원은 절대자의 의미로 나타난다.

② 아우구스티누스에 따르면 시간은 의식의 방식이며 의식 속에서 존재한다

> "그러나 대화 가운데 시간보다 더 예사롭게 알려진 것이 무엇이겠습니까? 우리가 시간에 대해 말할 때 우리는 그것을 알고, 다른 사람이 말할 때도 우리는 압니다. 그러면 시간은 도대체 무엇입니까? 아무도 나에게 그것을 묻는 이가 없으면 나는 그것을 압니다. 그러나 묻는 이가 있어 이를 설명하려고 하면 나는 알지 못합니다. 하지만 내가 아는 것을 대담하게 말한다면 이렇습니다. 지나가는 것이 아무것도 없다면 과거 시간이 없을 것이며, 다가오는 것이 아무것도 없다면 미래 시간은 없을 것이고, 아무것도 없다면 현재 시간이 없을 것입니다."
>
> ─ 아우구스티누스, 『고백록』 ─

지금의 알제리에서 태어난 아우구스티누스는 『고백록』의 저자로 잘 알려진 기독교 신학의 최초의 거인이다. 그가 살았던 시대는 로마 제국의 말기로 그리스·로마의 고대 문화가 붕괴해 가는 혼란의 시기였다. 그의 시간관은 기독교적 신앙에 바탕을 두고 있지만, 그 당시의 역사적 상황 또한 그의 시간관에 적지 않은 영향을 미쳤다.

아우구스티누스는 신플라톤주의의 플로티누스를 계승하여 시간은 영혼, 즉 의식을 통해서 알 수 있는 것으로, 천체의 운동은 시간이 아니라 시간의 길이를 잴 수 있는 기준일 뿐이라고 이해한다. 그의 시간에 대한 이러한 담론은 기독교의 창조설과 깊은 관계가 있다. 신이 세상을 창조한 그 순간부터 시간이 존재하며 이전·이후라는 시간의 구별이 가능하게 된 것이다. 그래서 우리가 신이 창조 전에는 무엇을 하고 있었는가 하고 묻는 것은 잘못된 물음이라는 것이다. 신은 "시간에 앞서지만 시간 안에서 시간에 앞선다"라는 것은 있을 수 없기 때문이다.

그렇다면 과연 시간이란 무엇인가?

아우구스티누스에 의하면 시간은 우리가 너무 잘 알고 있다고 생각하지만 사실은 알지 못하는 것으로, 일어나는 일의 변화와 형상을 통해서만이 알 수 있다.

플라톤은 시간을 영원의 모방이라고 설명하였는데, 아우구스티누스는 시간은 신의 세계의 창조와 함께 존재하기 때문에 세계 안에서만 성립한다. 즉 시간이 존재하는 곳은 인간이 사는 이 땅 위라는 말이다. 그에 따르면 세계는 생성 변화를 하는데, 시간은 바로 거기에 존재한다. 그래서 "변화와 운동이 없이 시간은 절대로 있을 수 없고, 형상이 없는 데서는 변화가 있을 수 없는 것이다." 그러므로 우리는 지나가는 무엇이 있음을 경험하기 때문에 과거라는 시간을 알게 되며, 흘러오는 무언가가 있기 때문에 미래라는 시간을 기다리게 되며, 그리고 무언가가 존재하는 것에 대한 의식에 의해서 현재라는 시간을 경험하게 된다는 것이다. 그러나 현재 또한 더 이상 '존재하지 않는 방향으로', 즉 과거로 흘러가고 알 수 없는 미래로부터 흘러들어 오는 것으로, 시간의 본질은 '무'에 있고, 현재는 달아나는 시간의 파편에 불과하다.

"엄밀한 의미에서는 과거·현재·미래라는 세 시간이 있는 게 아닙니다. 엄밀하게 세 개의 시간은 과거의 것에 대한 현재, 현재의 것에 대한 현재, 미래의 것에 대한 현재인 것입니다. 사실 이 세 가지는 마음(anima) 속에 있으며 마음이외에서는 찾아볼 수 없습니다. 과거의 것에 대한 현재는 기억이며, 현재의 것에 대한 현재는 직관이며, 미래의 것에 대한 현재는 기대인 것입니다."

― 아우구스티누스, 『고백록』 ―

아우구스티누스에게 있어서 시간은 변화나 운동을 통해 의식 속에서 체험되는 내적이고 주관적인 시간의 의미이다. 즉 시간은 객관적으로 존재하는 것이 아니라 '나'의 경험에 의해서 인식되며, 과거, 현재, 미래라는 시간의 삼중성으로 분열된다. 그러므로 과거와 미래의 시간이 있다면 그들은 어디에 있다고 할 수 있는가 하고 물을 때 그들의 장소는 의식 안에 있다. 흘러간 시간도, 다가올 시간도 사실은 우리의 의식 속에서 과거와 미래로 존재하기 때문이다. 그러나 미래라고 한다면 아직 오지 않은 것이요, 과거라 한다면 그것은 이미 지나간 것이기 때문에, 과거와 미래가 어디에 있든, 지금, 이곳에 있는 것은 오직 현재만이 있게 된다는 것이다. 그렇다면 시간은 오직 현재에만 있다고 해야 하는가? 그런데 만약 시간은 현재로만 지속되고 있다고 한다면 이는 시간이 아니고 영원임을 고백하는 것이다.

그럼에도 시간이 의식 속에 존재한다고 보는 아우구스티누스에 따르면 시간의 중심은 항상 현재이다. 과거와 미래는 이 현재에서 의식을 통해 서로 연관을 맺게 된다. 과거는 지나간 일들이 기억에 의해 현재로서 되살아나고, 미래는 앞으로 기대되는 것을 현재에 생각함으로써 가능하다. 그래서 시간은 과거·현재·미래라는 서로 다른 양상을 갖는 것 같지만 현재라는 중심을 바탕으로 과거의 현재, 현재의 현재 그리고 미래의 현재로서 세 개의 시간은 지각의 명증성에 따라 나누어진다. 결국 시간의 문제는 현재만이 직접적으로 지각된다.

그러므로 아우구스티누스가 생각하는 시간은 의식 속에서 어떤 사실이나 대상이 우리가 현재라고 부르는 시간을 통과하는 사이에 지각을 통해서 아는 것으로, 지금, 당장 지각된 느낌은 현재이고, 이 지각이 시간이 흐른 뒤 의식 속에 새겨질 때 기억으로 남아서 과거가 되고, 기대로 정의되는 미래는 이미 일어났던 일에 대한 감각적 의식을 기초로 해서 아직 일어나지 않은 일을 미리 앞당겨서 현재의 시간 속으로 끌어당긴 것이다.

③ 칸트에게 있어서 시간은 경험을 위한 아프리오리한 조건 이며 동시에 인식의 틀이다

"시간은 모든 현상의 아프리오리한 형식적 제약이다. …… 모든 표상은 그것이 외적 사물을 대상으로 갖든 안 갖든 그 자신 심정의 규정으로서 내적 상태에 속하고, 이 내적 상태는 그러나 내적 직관의 형식적 조건에 속하며 따라서 시간에 속한다. 그리하여 시간은 모든 현상 일반의 아프리오리한 조건이고, 더욱이 내적 현상(우리의 심상)의 직접적 조건이며, 이로 인해 간접적으로는 외적 현상의 조건이다."

― 칸트, 『순수이성비판』 ―

칸트의 시간에 관한 관심은 "시간이 무엇인가?" 하는 것이 아니고, 인간의 인식을 위해서 "시간은 무엇을 하는가?" 이다. '아프리오리(apriori)'라는 말은 칸트 철학의 기본적인 개념의 하나로 원래 그리스 철학에서는 인간의 내부에 처음부터 있다는 의미로 '보다 앞서 있는 것'을 뜻하는 말로 '선천적'이라 번역된다. 칸트는 아프리오리라는 말로 우리가 경험에 의하지 않고 처음부터 우리 안에 있는 것을 의미한다. 이렇게 보면 칸트에 있어서 시간은 개념이 아니라 현상을 감각적으로 경험하게 하는 형식으로 모든 다른 현상들에 앞선 (형식적) 조건이 된다. 예를 들면 한 권의 책이 있다고 하는 것은 이미 특정한 장소와 일정한 시간 속에서 있음을 말한다.

칸트의 이러한 인식 이론에 의하면 우리는 시간을 외부의 물체에 대한 경험으로 알게 되는 것이 아니다. 따라서 시간은 공간과 마찬가지로 의식과 대상이 관계 맺는 조건과 형식이 된다. 그의 생각은 시간이 외적 경험에 의해 알게 된 것이 아니라면 이들은 처음부터 우리의 내부(마음) 속에 선천적으로 존재해야 한다는 것이다. 이렇게 볼 때 시간은 "근원적 표상"이며, "주어진 것을 먼저 만나게 하는"직관으로 경험하기 이전에 경험을 가능케 하는 (감성) 형식이다.

> "우리는 시간 계기를 무한으로 전진하는 하나의 선으로 표상한다. 이 선에서는 다양은 1차원만을 갖는 하나의 계열을 형성한다. 그리고 우리는 이 선의 여러 성질로부터 시간의 모든 성질을 추론하는 것이다. …… 그리고 우리의 모든 인식은 심성의 변양으로서 결국 내감의 형식적 제약, 즉 시간에 종속되며, 시간 속에 배치되고 결합되고 상호관계 맺지 않으면 안 된다."
> — 칸트, 『순수이성비판』 —

칸트에게서 시간은 단순히 모든 현상을 위한 선천적인 조건일 뿐만 아니라 또한 인식에 있어서 내적 인식(연속성, 전후 순서, 동시성)과 외적 인식(전후, 좌우, 상하)을 종합하는 기능을 갖는다. 우리는 다양한 생각들을 순차적으로 사고 속에서 결합해야 하는데 이때 시간의 작용이 없으면 불가능하다는 말이다. 시간은 일차적으로 일어나는 일정한 연속성 속에서 파악하므로 내적 인식이지만, 천체 운동이나 자연의 변화를 통한 시간을 지각할 때는 운동을 지각하는 것이므로 장소에 관한 외적 인식의 형식이기도 하다.

칸트에 의한 인식의 종합능력을 가지는 시간은 직선으로 표상되는 시간 계열이다. 어느 날의 정오로부터 다음 날의 정오 때까지를 생각하려 하면, 이를 하나의 직선으로 순차적으로 생각해야 하는 것이다. 즉 우리의 경험과 인식은 시간에 종속되고 시간 속에 배치된다.

이렇게 직선으로 표상되는 시간은 단순한 형식이 아니라 이제 인식의 조건으로 의식을 순서에 의하여 결합하고 종합한다. 이것은 곧 의식이 경험한 다양한 표상들을 시간적으로 정리하는 것이다. 이렇게 시간을 하나의 직선으로 생각하고, 인식의 근원으로 작용한다는 것은 또한 우리의 사유가 시간의 질서를 벗어나서 진행될 수 없음을 말한다. 그러므로 칸트에게서 인식의 종합은 결국 시간의 종합인 것이다.

4 헤겔의 시간은 직관된 생성이며, 동시에 절대적 현재이다

"시간은 자기외존재의 부정적 통일로서 동시에 단적으로 추상적인 것, 관념적인 것이다.–시간은 있으면서 있지 않고, 있지 않으면서 있는 존재, 즉 (존재와 비존재를 통일한) 직관된 생성이다. 다시 말하면 시간은 단적으로 순간적이고, 직접적으로 자기를 지양하는 제 구별이 외면적인, 그러나 자기 자신에 대해 외면적인 구별로서 규정되어 있다."

— 헤겔,『철학적 제 과학의 엔치클로패디』 —

헤겔의 시간 개념은 정신의 역사와 밀접한 관련이 있다. 헤겔이 말하는 역사란 정신의 역사이고, 이 역사는 시간 속에서 진행되며, 발전하고 완성된다. 헤겔은 이를 가리켜 역사의 발전은 정신이 시간 속으로 떨어지는 것이라고 표현한다.

헤겔 이전의 철학자들은 시간과 공간을 서로 분명하게 구별되는 개념으로 사용하였다. 예를 들면 뉴턴은 공간은 정지된 것으로 3차원의 특성을 갖고 이에 비해 시간은 연속적으로 흐르는 1차원의 특성을 갖는다고 구별한다.

그러나 헤겔은 시간과 공간을 서로 나누어 보지 않는다. 이들은 하나의 체계적 사유가 변증법적으로 발전되어 가는 것으로 시간은 공간의 진리라고 말한다. 즉 공간이 시간으로 인식된다는 의미로 공간의 정지됨이 시간의 운동으로 극복된다는 의미이다.

헤겔의 시간에 대한 변증법에 의하면 시간은 존재와 비존재를 포함한 직관된 생성이다. 우선 시간은 일체의 모든 것이 그 안에서 생성하고 소멸하는 외면적으로 추상적인, 즉 빈 시간이다. 시간 자체가 생성과 소멸을 반복한다. 생성이란 있음에서 무로, 무에서 있음으로 이행하는 것으로 발생과 소멸을 포함한다. 이것을 시간의 관점에서 보면 생성은 항상 '지금'으로 나타난다. 그러나 정확하게 말하면 지금은 '없으면서 있으며', '있으면서 없는' 것이다. 지금이라는 순간은 사라지면서 동시에 생겨나기 때문이다. 그래서 지금은 항상 생성인 것이고 시간은 생성의 연속으로 또한 지금이라는 순간의 연속이다.

시간 자체는 질적 차이를 갖지 않은 것으로 추상적인 것이다. 추상적이라 한 것은 시간이 단순한 '형식'으로 어떤 규정도 갖고 있지 않다는 의미가 된다. 시간은 즉 질적, 내용적 규정을 갖지 않은 자기 외적 존재로서 시간의 변증법에 의해서 지금의 시간이 끝임없이 부정되고 생성되는 것의 통일체라는 것이다. 그리고 헤겔에 의하면 이러한 시간의 과정은 생각되는 것이 아니라, 직관에 의해서 직접적으로 파악된다.

> "절대적 무시간성은 지속과 구별된다. 그것은 자연적 시간이 아닌 영원이다. 그러나 시간 자체는 그 개념에 있어서는 영원하다. 왜냐하면 그것은 임의의 시간이나 지금이 아니라, 시간으로서의 시간이요, 그 개념이기 때문이다. 이 개념은 모든 개념 일반과 마찬가지로 영원한 것이고, 그러므로 또한 절대적 현재이다. 영원은 있게 될(sein werden) 것도 있었던(war) 것도 아니고 존재이다. 그리하여 단지 시간의 상대적 지양이라는 의미의 지속과 영원은 구별된다. 그러나 영원은 무한하다. 즉 상대적(지속)이 아니고 자기 안에서 반성된 지속이다. 시간 안에 있지 않은 것은 경과하지 않는다."
>
> — 헤겔, 『철학적 제 과학의 엔치클로패디』 —

헤겔은 시간을 단순히 '지금' 시간으로 파악하는 것을 넘어서서, 지금을 넘어서는(지양하여) 개념으로서의 시간, 즉 '시간으로서의 시간'을 설명하려 한다. 자연적 시간 개념과 구별되는 개념으로서의 시간은 절대적 현재이며 절대적이므로 이는 영원한 것이다. 헤겔의 이러한 견해는 지금까지 시간을 영원과 대립되는 것으로 규정하였던 다른 철학자들과는 구별된다. 이 시간은 단순한 지금의 연속으로 이해되는 자연 시간과 달리 그것은 '있을 것'도 '있었던 것'도 아니므로 반복되지도 않고, 따라서 지속이 아닌 오직 "존재"로 있는 것이다. 이렇게 개념으로서의 시간, 절대적인 현재는 '반성'에 의해서 지나가는 시간으로서의 현재를 극복한 것으로 이를 헤겔은 '반성된 지속', 진정한 무한함이라 부른다.

우리는 앞에서 헤겔에 있어서 정신이 시간 속으로 떨어진다고 말했는데, 이는 정신이 이성적이고 참된 것으로 역사의 시간 속에 나타나는 것을 의미한다. 정신이 자기 자신을 완성해 나간다는 헤겔의 이 표현은 정신이 자신을 완성 단계에 올릴 때까지 시간 속에서 자기 전개를 위한 운동을 계속한다는 뜻이다. 그러나 정신은 곧 이념을 말하며, 이념은 영원한 것이고 완전한 것이다.

그러므로 영원한 정신이 역사 속으로 떨어진다 함은 정신이 시간 속으로, 즉 영원이 시간 속으로 떨어짐을 말한다고 할 수 있다. 즉 이 말의 의미는 이념으로서의 정신은 스스로 순수한 개념으로 파악되지 않는 한 시간 속에서 드러날 수밖에 없다는 의미가 될 것이다. 따라서 정신은 자기완성을 위해서 구체적으로 역사 안에서, 즉 인간 의식 속에서 드러난다. 왜냐하면 "시간 속에 있지 않은 것은 경과하지 않기" 때문이다. 그러므로 헤겔이 말하는 '개념의 시간'은 정신에 의해서 앞서 말한 '생성으로서의 시간'이 극복된 것으로, 현재는 이제 시간의 최소 단위로 머무는 것이 아니고, 이념이 자기실현을 이루는 "시간 밖의 현재"를 의미한다.

⑤ 베르그송에 의하면 시간은 의식의 흐름이며 이는 창조적 생명의 도약과 함께 있다

"시간은 수학적인 것이 아니다. 어떻게 해서도 측정되지도 않고, 과거, 현재, 미래로 순환되지도 않는 참된 시간이다. 시간은 곧 지속이다. 자기 자신을 자신과 동일한 것으로 파악하는 동시에, 현재와 과거와 미래에의 개방성이 정신적인 표상 안에서 혼연일체가 되는 영원무궁한 순간들 속에서 자신이 연속적으로 변화하고 있음을 파악하는 의식에 대한 인지가 곧 시간이다."

― 베르그송, 『의식에 직접 주어진 것에 대한 소고』 ―

베르그송은 삶의 의미와 시간의 의미를 동일한 것으로 생각한다. 삶의 본질은 시간의 지속성에 의해서 파악되고, 시간은 곧 인간의 내적 의식의 흐름인 것이다. 따라서 의식의 지속으로서의 시간은 물질화될 수 없고 단지 주관적 느낌에 의해서 체험된 것이다. 이렇게 내적 체험과 직관에 의해서만 알 수 있는 시간은 따라서 과학적 방법으로는 알 수 없는 순수한 질적 지속이다. 다시 말해서 내적 체험으로 경험하는 시간은 본질적 의미에서 객관적 기준을 통해서 양으로 측정될 수 없으므로 계산될 수도 없다. 이렇게 볼 때 수학적 수치로 나타나는 시간은 베르그송에 의하면 모든 사람에게 동일한 순간을 의미하는, 그래서 오히려 아무런 의미를 갖지 않는 공허한 숫자에 불과하고, 이러한 시간은 누구를 위해서도 존재하지 않는다.

흘러감을 특성으로 하는 시간이 곧 의식의 지속이라고 하는 것의 의미는 삶에서 일어나는 사건과 그 순간의 의식 상태에 따라 시간은 다르게 지각된다는 것이다. 즉 시간은 주관적으로 느끼는 것이기 때문에, 기다림의 시간은 길고 지루하며, 오랜 기다림 끝에 만난 사람과의 시간은 더욱 짧게 느껴진다. 따라서 우리가 의식하는 시간의 길이는 의식하는 주관적 상태에 의해 좌우된다.

이러한 의미에서의 시간은 논리적 사유에 의해서가 아니라 다만 순수한 직관을 통해서 알 수 있는 것이다. 베르그송은 이 직관적 인식 방법을 사물 속으로 파고 들어가는 것이라고 말한다. 베르그송에 의하면 직관은 '정신에 의한 정신의 직접적인 인식이다. 다시 말하면 직관은 우리가 대상과 공감하고 일치하려는 것으로 행위가 아니라 인식을 목표로 한다. 이에 따르면 우리는 시간 밖에서는 시간을 알 수 없으며, 시간 속으로 파고 들어가야 하는 것이다. 시간은 이렇게 해서 우리의 의식과 체험이 일치되며, 우리는 자기 자신으로서의 모습을 의식 속에서 발견하게 되고, 의식의 시간과 더불어 과거와 미래로 열려 있게 된다. 즉 현재의 의식은 흘러가는 속에서 이미 흘러간 시간과 맞닿고, 또한 아직 현재 속으로 흘러오지 않은 미래로 개방되어 있는 것이다. 시간의 흐름은 곧 의식의 흐름이다. 이것을 베르그송은 '순수 지속'이라고도 한다. 인간의 의식은 시간 밖으로 나와서 존재할 수 없기 때문이다.

> "우리는 시간을 깊이 탐구할수록 지속이란 발명을, 형태의 창조를, 그리고 절대적으로 새로운 것을 만들어내는 끝임 없는 노력을 의미한다는 사실을 더욱 알게 될 것이다. …… 시간은 단순한 지속이 아니다. 그것은 섞이는 순수한 것일 뿐만 아니라 동시에 창조적인 생명의 도약이 함께 하는 것이다."
> ─ 베르그송, 『창조적 진화』 ─

베르그송이 파악한 의식의 시간 개념은 단순히 의식에 체험된 지속의 시간만을 뜻하지 않는다. 그에게서 시간이 체험과 의식의 지속이라 함은 또한 시간 속에서 창조적 생의 도약이 이뤄지도록 한다는 것이다. 그는 이러한 지속의 본질인 절대적인 것을 끊임없이 추구하는 것을 의미하고, 발명과 새로운 형태의 창조를 가능하게 한다고 말한다.

왜냐하면 베르그송의 시간의 지속은 직관을 통한 '순수 지속'이므로 현재의 시간은 과거와 미래 사이로 경계 지음 없이 진행되는 의식 상태이다. 그는 이러한 의식은 내적 변화, 즉 질적 변화의 계기가 된다고 말한다. 이것이 그가 말하는 도약하는 삶이다.

현재가 직관으로 감각적이며 운동적으로 인식될 때 과거는 기억이고 미래는 기대가 된다. 이렇게 직관은 기억과 기대로서 하나의 지속을 이루며, 그러나 지속이 나누어져서 수치로 측정되는 물질적 방향으로 흐를 때 지속은 분산되어 이완되고, 정신적 방향이 될 때 긴장된 '지속의 응집'이 나타난다. 즉 우리의 직관이 어떤 방향을 향하느냐에 따라서 시간의 흐름은 내면의 삶과 변화를 담아내는 순수 지속과 불변적인 순간들의 집합체로서 시간을 뜻하는 물질적 세계로 나누어지게 된다. 베르그송은 이 양자를 가리켜 '지속의 상하'라고 한다.

순수 지속은 흐르는 시간으로 창조적이고 절대적이며, 시간의 단점을 극복한다. 즉 순수 지속만이 과거를 기억을 통해서 현재 속에 재생시키고 미래를 향해서 나갈 수 있으므로 삶은 비약할 수 있다는 것이다. 행동의 출발점인 현재는 이렇게 볼 때 과거의 지속이며 동시에 미래의 결정이라고 할 수 있다. 그러므로 기억에 집착하는 삶은 몽상이며, 감각과 자극에 한정된 삶은 충동적인 것에 지나지 않는 것이므로 그 어느 한 쪽의 삶에서도 생의 도약은 이루어질 수 없다. 반면에 과학에서 다루는 시간은 지속되지 않는 시간으로 변화하지도 않는 부동의 순간들이다. 이러한 시간은 추상적인 시간으로 '공간화'된 시간이다. 이러한 의미에서 베르그송은 시간이 정신의 본질인 의식을 통해서 우리에게 인식되고 '내면적 느낌'으로 직관될 때만, 시간은 삶 속에서 포착된다고 말한다.

⑥ 메를로퐁티에 의하면 시간은 의식에 의해서 구성되는 현재에서 현재로의 진행이다

"시간은 시간들의 부분들에 앞서 우리에 의해 사고되고, 시간적 관계들은 시간상의 사건을 가능하게 한다. …… 시간의 '의식의 소여'라고 더 이상 말하지 않도록 하자. 보다 명확하게 말해서 의식이 시간을 전개하거나 구성한다고 말하도록 하자. 시간의 관념성에 의해서 의식은 결국 현재에 갇혀 있기를 중지한다."

— 메를로퐁티, 『지각의 현상학』 —

"시간은 '자기에 의한 자기 촉발'이다. 촉발하는 것은 미래로서의 밀기와 이행으로서의 시간이다. 촉발되는 것은 일련의 전개된 현재들로서의 시간이다. 촉발하는 자와 촉발되는 자는 하나가 된다. 왜냐하면 시간의 밀기는 현재에서 현재로의 전이 이외의 아무것도 아니다."

— 메를로퐁티, 『지각의 현상학』 —

프랑스의 대표적인 현대 철학자 중 한 사람인 메를로퐁티는 아직은 우리에게 그다지 잘 알려져 있지는 않지만, 최근 들어 그에 대한 연구는 대단히 활발해지고 있다. 그는 일반적으로 실존적 현상학자로 인식되지만, 또한 구조주의자로 평가되기도 한다. 메를로퐁티는 특히 세계를 이해하고 세계를 만들어내는 중심을 '몸'이라고 주장하면서, 몸과 세계의 구조적 관계를 강조한다.

이러한 철학적 사상을 바탕으로 하는 메를로퐁티는 시간은 인간의 의식에 의해서 결정된다고 이해한다. 우리가 세계와 사물 또는 세계 속에서 일어나는 어떤 일을 인식하고 의미를 깨닫는 것은 시간의 현재 속에서이며, 이 현재의 흐르는 시간과 우리의 의식은 동시적인 것이며 서로 일치한다. 따라서 시간과 의미는 하나인 것이다.

인간에게 시간과 의미가 동일한 것이라 함은 메를로퐁티에 의하면 인간의 주체 의식은 다시 말하면 움직이지 않는 것으로서의 운동의 주체가 아니라, 지속적으로 자기변화를 하는 주체로서이다. 이것을 가리켜 메를로퐁티는 자기를 타자에게 여는 것이라고 말한다. 우리는 우리 자신을 시간 속에서 타자에게 열고 관계 맺음으로서 순간의 의미를 인식하고 자신을 새롭게 알게 된다는 것이다. 즉 시간은 존재의 관계인 것이다.

그러므로 우리가 세계와 맺는 관계는 시간 이행의 결과이며 시간의 최종 기록이 된다. 이렇게 인간은 시간의 흐름 속에서 밖을 행해서 자기를 개방함으로써 자기성을 획득하게 되고, 지금 현재의 시간은 미래로 열리게 된다. 메를로퐁티는 미래를 향하여 개방되어 있는 현재의 시간 속에서 인간이 타자와 맺는 관계의 원형을 발견한다.

다시 말하면 인간관계는 시간의 현재성에서 이루어지고, 시간의 흐름이 현재에서 과거로 이동하고, 미래에서 현재로 이동할 뿐이다. 따라서 과거에 대한 의식을 기억으로 미래에 대한 의식은 상기의 투사, 즉 표상으로 생각하는 것은 메를로퐁티에 의하면 잘못된 것이다. 과거의 보존이나 또는 과거의 흔적은 우리에게 단순히 사실적일 뿐, 과거의 의식을 되돌려 주지는 못한다. 예를 들면 과거의 보존이라고 할 수 있는 기억이나 추억 또는 과거의 흔적인 '책상 위에 새겨진 이름이나 잉크 자국' 등을 통해서 과거에 우리가 가졌던 의식이 그대로 재생되거나, 과거로 우리가 되돌아 갈 수 있는 것은 아니다. 이러한 의미에서 과거는 우리에게 현재적으로 남아 있는 것이다. 과거에 대한 기억은, 더 이상은 없는 사라진 시간으로 과거가 아니고, 현재로부터 과거로 지나가는 것으로서의 과거의 의미를 인식함으로서 가능해진다. 이러한 의미의 깨달음은 경과된 현재와 실제적 현재 사이의 관계를 이해하고 준비함을 의미한다.

따라서 미래는 텅 빈 것이 된다. 미래는 아직 현재 속으로 들어오지 않은 시간이고, 아직은 의식들에 의해서 채워지지 않았기 때문이다. 그래서 미래는 아직 자신을 드러낼 수 없다. 미래를 내다본다는 것은 다시 말하면 돌이켜 봄에 지나지 않는 것이다. 메를로퐁티의 이러한 시간 이해는 과거와 미래는 우리의 지각과 상기에 의해서 만들어진 고정된 단순 개념이 아니므로, 진정으로 미래를 내다보기 위해서는 흐르는 시간 속에 우리가 스스로 위치해야 함을 강조한다.

3. 신(神, god, Gott, dieu)

① 고대 그리스 철학자들은 신에 대한 다양한 생각을 하였다

> "호메로스와 헤시오도스는, 인간이 생각하는 모든 부끄럽고 수치스러운 일들
> 을 신들에게 귀속시켰다. 도적질, 간통, 서로 기만하는 일들이 그것이다.
> …… 에티오피아인들은 신들이 들창코이고 피부가 검다고 생각하며, 트라키
> 아인들은 신들이 밝은 파란 눈과 붉은 머리를 하고 있다고 생각하고 있다."
> ― 크세노파네스, 『단편』 ―

소아시아의 콜로폰 출신인 크세노파네스는 철학자이며 방랑시인
이었다. 플라톤에 의하면 그는 엘레아학파의 시조이다. 그는 사람
들이 신의 모습을 자신의 모습과 비슷하게 생각한다는 것에 대하
여 냉소적인 비판을 하면서 이렇게 물었다. "만일 소나 말이 신에
대한 생각을 할 수 있다면 신은 소나 말과 같은 모습을 갖게 될 것
이 아닌가?"

크세노파네스는 이러한 인간학적 신에 관한 생각에 대하여 미신
에 지나지 않음을 지적하며 기적, 전생, 윤회설에 대하여 부정하였
다. 또한 신화에서처럼 신들이 전쟁을 하고 약탈하거나 남의 애인
을 빼앗는 것은 진정한 신의 모습일 수가 없다고 생각한다. 이러한
신에 대한 생각은 비도덕적이며 가치 없는 주관적인 것으로, 신은
유일하고 변하지 않는 존재여야 한다는 주장을 한다. 이렇게 그는
당시의 전통적 신관에 대하여 합리적 사고를 주장하며 영구불변하
는 유일한 신관을 내세웠다. 그의 이러한 신관은 특히 호메로스와
헤시오도스에 의해 형성된 올림포스의 신화와 12신들을 비웃었다.

> "신들에 대해서 나는 아무것도 알 수 없다. 신들이 존재한다는 것도, 존재
> 하지 않는다는 것도, 신들이 어떤 형태로 있는지도 알 수 없다. 왜냐하면
> 내가 그런 것들을 아는 데 방해가 되는 많은 것들, 즉 신들은 감각될 수
> 없는 성질의 것이며 인생이 너무 짧다는 점들이 있기 때문이다."
>
> — 프로타고라스, 『단편』 —

대표적 소피스트로 알려진 프로타고라스는 모든 것의 가치나
의미는 "내가 어떻게 보느냐?" 하는 것에 달렸다고 주장하는 상
대주의적 철학을 대표한다. 그는 주관적 인식만이 가능하고 객관
적 인식은 불가능하다는 인식론적 상대주의의 견해를 가지고 신
이 무엇이냐는 질문에 대해 인간은 답할 수 없다는 불가지론의
입장에 선다.

프로타고라스에 의하면 우리가 알 수 있는 것은 우리의 경험에
의한 것이며, 곧 '내'가 안다는 것인데, 신의 개념은 사람의 능력으
로 생각할 수 없는 영역에 속한다는 것이다. 그에게 있어서는 인간
이 만물의 중심이었다. 그는 신에 대한 이러한 불가지론의 태도 때
문에 불경죄로 고발되어 아테네에서 추방되는 비참한 생을 살았으
며, 그의 책은 불살라졌다.

> "신은 낮과 밤이며 겨울과 여름, 전쟁과 평화, 배부름과 배고픔이다. 불이
> 향 연기와 혼합되었을 때 각각의 향냄새에 따라서 이름이 불리는 것과 마
> 찬가지로, 신은 불과 같이 변한다."
>
> — 헤라클레이토스, 『단편』 —

"만물은 유전한다."라는 말로 우리에게 잘 알려진 헤라클레이토
스는 변화의 세계를 설명하기 위해 "우리는 같은 강에 두 번 들어
갈 수 없다"는 말을 남겼다. 그는 이러한 변화 속에 내재하는, 그

래서 세계의 변화를 가능하게 하는 신을 말한다. 그는 이러한 신을 대립되고 서로 반대되는 사물을 전체로서 통합하는 존재라고 보았다. 이렇게 통합할 수 있는 신은 이성(로고스)에 기초한 신이다.

그리스 초기에 로고스는 다양한 의미를 갖지만 여기서는 모든 것들을 있게 하는 것으로, 만물을 지배하는 보편적인 것을 뜻한다. 로고스로서 신은 여러 가지의 향을 태울 때에도 불이 공통으로 필요한 것처럼 변화하는 모든 대립자들을 서로 연결하는 공통의 요소이다. 다양한 대립자들의 서로 상이함은 신의 존재 속에서 하나로 통일되고 질서 속에 배열된다. 이렇게 볼 때 신의 의미는 작은 부분들의 종합을 통해서 하나의 전체를 이루는 존재이다.

그러므로 헤라클레이토스에 따르면 인간은 변화 속에서 불변의 세계를 보지 못하지만 로고스로서의 신은 변화하는 사물을 전체적으로 볼 수 있다. 인간은 변화하는 것들이 드러나는 것을 보고 미와 추, 정의와 불의를 말하는데, 신에게는 이러한 모든 대립물들은 결국 하나이며 동일한 것이라는 주장이 나온다. 변화하는 세계 속에서 만물이 결국 하나라는 사실을 아는 것은 지혜이고 이 지혜는 정확히 잘 생각하는 것이라고 말하는 (지혜는 다방면의 지식을 많이 배운다고 해서 얻어지는 것이 아니라 로고스에 대한 자각과 통찰을 통해서만이 얻어진다.) 헤라클레이토스는 인간도 사적이고 개별적 인식으로부터 참된 인식으로 나아갈 수 있다 하여 "인간의 특성은 신적이다."라는 말을 남긴다.

② 아리스토텔레스에 따르면 신은 만물의 탄생과 변화의 제1 원인이다

"신은 최초의 동자(動者)이며 스스로는 움직이지 않으면서 만물을 움직이게 하는 부동(不動)의 동자이다."

— 아리스토텔레스, 『형이상학』 —

아리스토텔레스는 그의 『형이상학』에서 이 모든 현상의 근원이되는 것이 무엇인가? 하는 물음의 대답으로서 이 세상은 재료와 형상이 계속적으로 합해져서 이루어지는 것이라는 결론에 이른다. 이세계는 재료가 형상에 맞게 모습을 갖춰 가는 끊임없는 운동 속에있다고 본다. 다시 말하면 물적 재료와 형상(모양 혹은 꼴만을 의미하는 것이 아니라 본질과 같은 의미로 쓰인다)이 서로 결합되어구체적으로 나타난 것이 이 세계의 현상이 된다. 즉 세계는 재료와형상의 산물이다.

그리고 이 운동은 어떤 목적에 따라 이루어지며 그 최후 단계에는 재료를 전혀 갖지 않는 가장 순수한 형상이 있게 된다. 운동하지 않는 순수한 제1의 형상을 아리스토텔레스는 '절대자 그 자체', 즉 신으로 보았다. 자신은 움직이지 않으면서 남을 움직이게 하고, 밖으로부터 영향을 받지 않으면서, 다른 모든 것의 원인이 되는 것을 말한다. 이 순수한 형상은 재료를 갖지 않기 때문에 또한 변화하지도 않는 영원한 존재이다. 이러한 신은 영원한 천체 운동의 제1 원인이 되는 것으로 천체를 질서 있게 움직이게 하고 자신이 원하는 목적에 따라 움직이게 한다. 따라서 신은 세계 현상과 변화의근원이다.

③ 아우구스티누스에 따르면 신은 최고의 선이며 인간의 구원자이다

> "과연 누가 이 얽히고 설킨 매듭을 풀어 줄 수 있겠습니까? 그것은 혐오스러워 생각하고 보는 것조차 싫습니다. 나는 의롭고 죄 없는 그리고 고결한 눈을 향하여 아름답고도 우아한 주님을 따르겠으며, 충족되지 않아도 나는 만족하겠나이다. 참다운 인식과 영원한 생명은 오직 당신에게만 있습니다. …… 또 주님을 가까이 하는 자는 최고의 선인 당신의 품 안에서 가장 선한 자가 될 것입니다. 나의 하나님! 나는 젊었을 때 당신을 떠나서 타락하였고, 굳건한 당신을 멀리하여 몹시 헤매면서 스스로 몹시 궁핍한 나라에서 살고 있었습니다."
>
> — 아우구스티누스, 『고백록』 —

아우구스티누스는 자신의 저서 『고백록』을 통해 자신은 신과 이야기하는 것이 아니라 신 앞에서 자신의 죄를 고백하는 것임을 분명히 하고 있다.

고대 철학이 자연과 우주의 질서와 나의 관계를 물었다면 아우구스티누스가 활동한 중세 철학은 그리스도교 신앙과 교리를 체계화하고 설명하는 몫을 담당하였다. 그 출발 단계에 선 아우구스티누스는 '나'를 있게 한 존재를 찾는데 이는 신을 통해서만 가능한 일이라는 것을 깨닫게 된다. 지금까지는 인간은 이 우주에 버려진 고아와 같았는데 신이 인간에게 남겨준 '이성'이라는 징표를 통해 인간이 '전지전능하고 최선인 신'을 하나님 아버지로 둔 '신의 자식들'이라는 사실을 알게 된 것이다. 그래서 하나님은 인격체이면서 동시에 사람이 나아가야 할 '길이며 진리'가 되며, 영원한 아름다움으로서 인식의 완전함이기도 하다.

이러한 절대자로서의 신 앞에서 인간의 선은 언제나 부족하다. 여기에 인간이 자신의 부족함에 대하여 끝임 없이 성찰해야 할 이유가 있다. 이 자기반성의 성찰은 절대적 선을 향한 인간이 자신의 악함을 고백하는 것으로 신과의 관계를 시작하는 실마리를 제공한다. 왜냐하면 '절대적 아버지' 앞에서 인간은 언제나 부족할 수밖에 없기 때문이다. 이러한 신 이해를 바탕으로 그리스도교 철학이 등장하게 된다. 그러나 아우구스티누스는 인간의 실체와 본질을 알기 위하여 자기 부정과 반성의 필요성을 인식하고 거기로부터 출발함으로써 "나는 생각한다"의 코기토의 필요성을 강조하고 있다.

> "따라서 두 가지 사랑을 통하여 두 가지의 국가가 성립된다. 즉 신에 대한 경멸에 이르는 자기 사랑에 의한 지상의 국가와, 자기경멸에 이르기까지 지양되는 신에 대한 사랑에 의한 신의 나라(神國)가 그것이다."
> — 아우구스티누스, 『신국론』 —

아우구스티누스는 시간 속에 있는 유한한 인간 존재와 영원 속에 있는 신과의 관계 안에서 역사를 설명한다. 그는 지상의 현실적 국가들에게서 전개되는 역사를 '세상의 역사'라고 정의하는 반면에, 오직 신의 계시에 의해서 알 수 있는 또 하나의 역사를 '구원의 역사'라 한다.

아우구스티누스에 따르면 구원의 역사는 신의 원리가 지배하는 신의 나라에서만 가능하다. 곧 선과 영원함, 아름다움만이 있는 신의 국가로서, 그 안에서 비로소 인간은 진정한 행복을 얻을 수 있다. 따라서 신의 나라를 위하여 교회와 교리의 강압은 어느 정도 정당성을 가질 수 있다고 주장한다. 교회는 엄격하고 진정한 어머니와 같기 때문이다. 이러한 그의 생각은 여기서 기독교의 핵심사상인 종말론, 즉 최후의 심판을 주장하게 했다. 그의 종말론은 예수의 탄생에 의해서가 아니라 예수의 재림 시에 실현되는 것으로 신의 나라와 지상의 나라 사이의 싸움의 종말을 의미한다. 아우구스티누스의 신관은 유대의 지방 종교에서 출발한 기독교에 그리스철학의 내용을 도입하여 세계적 보편적 종교가 되도록 큰 공헌을 한 것이다.

④ 파스칼에 따르면 신은 이성으로 증명할 수 없지만 "신을 위한 내기"는 결코 손해보지 않는다

"만일 그 종교가 신에 관해 명백한 관념이 있다든지, 신을 뚜렷이 파악하고 있는 것을 자랑하고 있다면, 그와 같이 신의 모습을 분명히 보여준다는 것은 세상에 있을 수 없다고 공박하여 그 종교를 비난할 수도 있을 것이다. 그러나 이 종교(기독교)는 그렇게 말하지 않을뿐더러 오히려 인간이 신을 멀리하여 어둠 속에 있으며, 또한 신은 인간이 알아차리지 못하도록 정체를 숨기고 계시고, Deus absconbitus (숨어 계신 신)라고 '성서'에서 신 자신을 부른다고 말한다."

― 파스칼, 『팡세』 ―

파스칼의 중심 문제는 이 근원을 알 수 없는 세계 속에서의 불안하고 불확실한 인간의 존재에 관한 것이다. "무한한 공간의 침묵"에 대하여 전율할 수밖에 없는 인간의 무력함은 자신의 비참함을 인식하게 함으로써 위로 받을 수 있는 존재, 즉 신에게로 눈을 돌리게 한다. 그러나 이러한 인간의 불안, 허무, 불안정함은 인간이 이 세계를 다 알 수 없다는 한계에서 나온 것이므로 신에 대한 이해 또한 인간의 능력인 이성으로는 설명할 수 없는 것이다. 그러므로 인간의 능력으로는 신이 있음을 논증하거나 설명할 수 없다.

파스칼은 인간 이성의 불완전함 때문에 인간은 자신의 문제를 혼자서 다 해결할 수 없고, 따라서 스스로 행복을 만들어 낼 능력이 없다고 보았다. 그러나 신의 존재를 이성으로 증명할 수 없다 하더라도 인간이 끝없이 추구하는 행복은 오로지 구원과 속죄에 대한 희망이며 신에 대한 믿음을 통해서이다.

그에 따르면 신은 인간이 쉽게 찾을 수 없는 은밀한 곳에 존재하기 때문에 끝없는 회의가 우리를 유혹한다고 생각한다. 그래서 신을 찾아가는 길은 막연히 그에게 의지하거나 기대하는 것이 아니라 의심과 회의라는 악마와 싸우는 것이라고 한다. 이러한 싸움은 결국 자기 자신과의 싸움이며 자신의 한계에 대한 인식이다. 파스칼은 결국 신은 자신을 진심으로 찾지 않는 자에게는 모습을 감추고 있다는 평범한 사실을 역설하고 있는 것이다.

> "그렇다면 '신은 있다' 혹은 '신은 없다'라고 말하기로 하자. 그런데 어느 쪽으로 기울어져야 할까? 이성은 여기서 아무것도 결정할 수 없다. 거기에는 무한한 혼돈이 있다. 이 무한한 거리의 한끝에서 도박이 벌어지고 있다. 앞면이 나오든지, 뒷면이 나오게 되어 있다. 당신은 어느 쪽으로 걸겠는가? 이성에 따르면 당신은 어느 쪽에도 걸 수 없다. 그리고 어느 한 쪽도 버릴 수 없다."
>
> — 파스칼, 『팡세』 —

파스칼은 신에 대한 믿음을 갖는 것이 인간에게 어떻게 이로운가를 말하기 위해서 그의 유명한 '신의 존재에 대한 내기'를 예로 든다. 신의 존재 유무에 대해 도박을 한다고 가정했을 때 우리가 이성에만 의지하게 되면 어느 쪽도 선택할 수 없다는 것이다. 그러나 우리는 이미 삶이라는 배를 타고 항해를 하고 있기 때문에 무엇인가를 선택해야 한다. 우리가 신이 존재한다는 쪽을 택하면, 그래서 이길 경우 우리는 많은 것을, 무엇보다도 행복을 얻을 수 있다. 왜냐하면 신앙으로 인하여 겸손하고 정직하며 세상의 유혹에 대하여 흔들리지 않을 것이기 때문이다. 그는 신이 존재한다는 쪽을 택할 경우 "세상을 이기게 될 것이다"고 말한다. 그런데 질 경우, 즉 신이 있다고 선택했는데 신이 존재하지 않을 경우에도 우리는 아무것도 잃을 것이 없다. 그러므로 우리는 신이 있다는 쪽에 내기를 걸 때 얻는 것만이 있을 뿐 잃는 것은 없게 되므로 신이 존재한다는 쪽을 택하는 것이 옳다는 것이다.

파스칼은 그렇다고 해서 신앙에서 이성을 배제하는 것은 아니다. 두 극단, 이성을 배제하거나 이성만을 받아들이는 것을 거부하는 것이다. 신에 대한 바른 신앙을 갖기 위해서는 파스칼은 감정을 강조하면서 또한 이성도 함께 필요하다고 말한다.

⑤ 근대의 철학자들은 이성에 의해 신의 존재를 증명하고자 시도한다

"하나님(신)이란 이름으로 내가 이해하는 것은, 무한하고, 독립해 있고, 모든 것을 알고, 모든 것을 할 수 있고, 나 자신을 창조하였고, 또한 나 이외에 다른 것이 있다고 하면 그 모든 것을 창조한 하나의 실체다. ……
신에 대한 이러한 관념은 유한한 실체를 표현하는 관념들보다 확실히 더 객관적이다."

― 데카르트, 『성찰』 ―

데카르트는 자신이 존재한다는 것과 그것도 생각하는 존재라는 것을 만족하게 증명한 후, 한 걸음 더 나아가 신 존재 증명을 시도한다. 데카르트가 추구하는 철학의 목표가 지식의 확실성이라는 사실을 생각해 볼 때 그의 신에 대한 증명은 매우 중요한 의미를 갖고 있다.

데카르트는 신의 존재 증명을 인간이 갖고 있는 무한함과 창조적인 절대자에 대한 관념을 통해서 시도한다. 왜냐하면 데카르트는 자신이 존재하지만 자신은 완전한 존재가 아니며, 유한함을 알고 있다. 그럼에도 유한한 인간은 무한함에 대한 관념을 갖는다. 따라서 이러한 관념은 인간에게서 끌어낼 수 없는 것으로 다른 곳 즉 신에게서 올 수밖에 없다는 것이다. 즉 신에 대한 관념, "신이 완전하다"는 것은 '나' 자신을 훨씬 초월하는 관념이다. 이것이야말로 데카르트에 의하면 곧 신이 실재적으로 존재해야 하는 이유이며 증거이다. 만약 관념만이 있고 신이 존재하지 않는다면 신은 완전한 존재가 아니기 때문이다.

그러므로 인간의 관념 속에 있는 완전함에 대한 관념은 분명히 신이 존재해야 하는 이유이고, 따라서 신은 현실적으로 존재해야 하는 것이다. 그렇지 않을 경우, 인간이 갖고 있는 신에 대한 관념은 설명할 수 없는 것이 된다. 다시 말하면 신은 선하고, 인간은 신의 창조물이므로 인간이 신에 대한 관념을 갖는 것은 그가 존재한다는 근거가 된다. 신은 속이지 않기 때문이다. 나아가서 이러한 신의 존재는 모든 진리, 즉 과학의 진리까지 보증한다는 것이다.

"사변적 이성에 의해 신의 존재를 증명하는 가능한 방법에는 오직 세 가지가 있다. 이 목표로 나아가는 모든 길은 한정된 경험과 이를 통해 알려진 감각세계의 특정한 성질로부터 시작해서 인과성의 법칙에 따라 세계 밖의 최고의 원인에로 올라가거나 또는 순수하게 비한정적인 경험, 즉 존재 일반의 경험에서 출발하여 (유사한 방식으로 나아가거나) 또는 마지막으로 모든 경험으로부터 추상하여 단순한 개념들에서 최고의 존재에로 철저히 선천적으로 논증한다."

― 칸트, 『순수이성비판』 ―

칸트는 지금까지 인간 이성이 시도한 신 증명을 아래와 같이 세 가지로 요약한다. 첫 번째 증명은 자연-신학적 증명(또는 기획에 기초한 증명)으로서 자연이 생성되고 변화하는 것을 볼 때 그 원인으로서 절대자 신이 존재해야 한다는 것이다. 두 번째 증명은 우주론적 증명인데, 첫 번째와 유사하게 세계의 근원으로서 창조자가 존재해야 한다는 증명이다. 세 번째 증명은 존재론적 증명이다. 신은 완전한 존재이기 때문에 존재라는 특성을 가져야 한다는 주장이다.

칸트에 의하면 이성에 의거해 위와 같이 전지전능한 신이 존재한다는 사실을 증명하려는 시도는 모두 다 실패한 것이라고 말한다. 그 이유는 인간 이성이 활동하는 조건에 있다. 칸트에 따르면 인간의 이성은 경험적인 길로만 진행할 수도 없고, 마찬가지로 단지 순수한 생각의 힘만으로도 활동할 수 없다. 인간의 인식은 반드시 경험과 오성이 함께 작용하여 종합이 되어야 한다. 그래서 가장 완전한 존재로서의 신은 인간 정신이 갖는 이러한 한계 때문에 증명할 수 없는 존재라고 본다. 우리는 이성적 방법으로 신을 증명할 수 없지만, 그러나 신이 반드시 존재해야 하기 때문에 인간 정신은 신을 요청하게 된다고 말한다.

⑥ 니체는 신은 죽었다고 선언한다

"신들도 사멸한다! 신은 죽었다! 신은 죽어있다! 그리고 신을 죽인 것은
바로 우리다! 살해자들 중의 살해자인 우리가 어떻게 자신을 위로할 것인
가? 세계가 이제까지 소유한 가장 성스럽고 강력한 것이 우리의 칼 밑에
서 피를 흘린 채 죽어 있다. …… 우리 자신이 신이 되어야 하는 것이 아
닐까?"

– 니체, 『즐거운 지식』 –

"전에는 최대의 모독은 신에 대한 모독이었다. 그러나 신은 죽었다. 그리
고 신과 함께 이러한 모독자는 죽었다. 이제는 대지를 모독하는 것과 불가
사의한 존재를 대지의 의미보다 더 높게 평가하는 것이 가장 두려운 모독
이다."

– 니체, 『차라투스트라는 이렇게 말했다』 –

니체는 "신이 죽었다"고 공표했다. 이것은 유럽 사상사에서 하나
의 사건으로 당시의 유럽을 지배하는 정신의 그림자였다. 그는 신
이 죽었다는 말을 1882년 완성된 그의 『즐거운 지식』에서 처음 언
명했다. 이 말은 그 후 다시 『차라투스트라는 이렇게 말했다』를 비
롯해서 『선악의 피안』 등 그의 저서 곳곳에서 나타난다. 그러나 역
사적으로 신의 죽음을 언명한 사람들을 찾아보면 놀랍게도 니체가
처음이 아님을 알 수 있다. 쇼펜하우어는 19세기를 '종교가 거의
죽은 시대'라고 표현한 적이 있었고, 하인리히 하이네의 표현은 더
무례하며 극단적인 것이었다.

하이네는 이미 1852년에 이렇게 썼다. "우리의 마음은 끔직한 동
정으로 가득 차 있다. 이제 늙은 여호와가 자신의 죽음을 준비하고
있는 것이다. …… 당신은 저 울려 퍼지는 조종 소리를 듣지 못하
는가? 무릎을 꿇어라. 그들이 죽어가는 신에게 종부성사를 바치고

있다." 하이네의 신의 죽음을 이렇게 냉소적으로 예고한 말이 바로 니체의 신의 죽음에 대한 선언의 원형이다.

니체는 서양철학사상 가장 격렬한 기독교 비판자이고 우상파괴자로 알려져 있는데, 그가 반종교적, 무신론적 주장을 하게 된 이유는 크게 두 가지라 할 수 있다. 첫째 기독교가 지상 위에서의 인간의 삶을 단순히 구원을 준비하는 과정으로 보면서 도덕적 삶을 강요한다는 것이다. 둘째 기독교는 인간을 신에게 종속된 존재로 보면서 인간의 주체적 삶을 허용하지 않는다는 것이다. 기독교는 인간의 현실적 삶이 부정되고 신에 대한 절대적 복종이 강요됨으로써 기독교에 의해서 삶의 조건과 내용이 결정되고, 현세적 삶은 '죄악'의 근원으로 간주된다. 금욕적 삶이 강요되는 것이다. 니체에 의하면 그러나 금욕주의는 인간을 지배하고 침몰시키기 위한 수단에 불과하다. 특히 기독교는 정신세계만을 강조함으로써 감성과 육체를 억압하고, 정신의 독재로 인해서 삶의 가치가 왜곡되는 결과를 가져왔다는 것이다.

니체는 이러한 기독교적 신의 죽음을 선포하고 인간의 해방을 주장한다. 이제 신은 인간에게 그 자리를 물려주고, 천상을 위한 도덕과 진리는 지상으로 내려와야 한다는 것이다. 즉 인간은 대지 위에서 자유로운 존재로 주인이 되어야 한다는 것이다. 인간 스스로 신이 되는 것이다. 이 새로운 신은 춤추는 우아한 존재이다. 이러한 신은 니체가 '아직은 아닌', '오직 이 사람에게만'이라는 표현을 쓴 '초인'이다. 이 초인은 이제 신이 없어진 세상에서 인간의 본성인 힘에의 의지를 자율적으로, 또한 한 차원 높은 도덕으로 실현시켜 나가는 사람이다. 즉 초인은 자신의 운명을 받아들이는 '운명애'와 지상의 삶을 그 무엇보다 더 사랑하여 새로운 가치들을 창조해 나가야 하는 의무를 가진 존재이다.

이렇게 볼 때 니체의 "신은 죽었다"는 외침은 기존의 도덕을 거부하고 인간의 죄와 악함을 부인하는 것이다. 곧 전통적 기독교적 가치와 내세적 신앙에 대한 종말의 선고이다. 동시에 지배도덕과 독단적 정신의 무효화이다. 왜냐하면 그는 금욕적 기독교 도덕이 삶의 부재, 죄, 고뇌와 같은 어두움만을 남겼다고 생각하기 때문이다.

4. 죽음(死, death, Tod, mort)

① 플라톤에 따르면 죽음은 영혼의 자유이며 진리로 가는 길이다

"그건 영혼이 육체로부터 이탈하는 것이 아닐까? 죽는다는 것은 영혼이 육체를 떠나 홀로 있고, 또 육체가 영혼을 떠나 홀로 있는 것이 아닐까? 이것은 다름 아닌 죽음이 아니고 무엇이겠는가? …… 육체로부터의 영혼의 이 분리 및 해방을 죽음이라고 하는 것 아닌가?"

— 플라톤, 『파이돈』 —

소크라테스의 죽음은 철학사상 다른 어떤 죽음보다도 많이 회자되는 철학자의 영웅적 죽음이다. 무엇보다도 소크라테스가 재판을 받는 도중에 말한 것으로 전해지는 죽음에 대한 생각은 깊게 음미할 만한 철학적 가치를 가지고 있다. 죽음에 직면한 그는 우리에게 의식과 반성 없는 삶이 무슨 가치가 있는가 하고 묻고 있기 때문이다.

소크라테스의 죽음에 대한 성찰은 잘 알려진 것처럼 그의 제자인 플라톤에 의해서 기록되었을 뿐만 아니라 더욱 더 체계적으로 수용되었다. 죽음의 의미는 플라톤에 있어서 철학적 핵심을 이루는 그의 이데아론과 뗄 수 없는 관계를 맺고 있다. 플라톤은 죽음을 무엇보다도 영혼이 육체로부터의 해방되는 것이며 진정한 덕과 지혜를 목표로 하는 진리에의 약속이라고 말한다. 인간은 이 지상에서의 삶이 계속되는 한 저속하고 일상적인 욕망과 유혹에 이끌려서 참되고 영원한 세계로부터 멀리 떨어져 방황하게 된다는 것이다. 그것은 우리가 진리의 세계를 "마치 감옥의 쇠창살을 통해서 보듯, 어쩔 수 없이 육체를 통해서 볼 수밖에(『파이돈』)" 없기 때문이다.

우리 자신이며, 우리가 갖고 있는 육체가 바로 우리를 진리로부터 멀어지게 하는 욕망의 근원이며, 우리를 타락시키는 악의 출발점인 것이다. 육체에 속하는 모든 것은 부정적 가치의 세계이다. 반면에 인간의 영혼은 이미 이데아의 세계를 탄생 전에 경험하고, 그 후에는 이 세계에 대한 기억을 갖고 있으므로, 육체의 욕망에서 벗어나서 불변하고 영원한 세계로 되돌아가고자 한다. 이러한 의미에서 육체는 바로 정신과 영혼의 무덤인 것이다. 따라서 인간의 영혼이 육체의 구속으로부터 완전히 자유로워지는 것은 지상에서 겪는 육체의 죽음이며, 이 세상 삶의 종말이다.

그러므로 플라톤에 의하면 죽음은 영원을 육체로부터 해방시키고, 불멸의 세계로 인도하는 길라잡이이다. 죽음을 통해서 인간은 육체로부터 정화되고, 감각의 세계를 벗어나서 내면의 질서에 이르게 되고, 마침내 순수하고 불변하는 이데아의 세계로 되돌아가게 된다는 것이다.

"참 철인은 늘 죽는 일에 마음을 쓰고, 따라서 모든 사람 가운데 죽음을 가장 덜 무서워하는 자일세. …… 그렇다고 하면 참 애지자로서 저 하데 스에서만 지혜를 보람 있게 향유할 수 있다고 확신하고 있는 사람이 죽음 을 싫어하겠는가? 오히려 그는 큰 환희 속에 저승으로 떠날 것이 아니겠 는가? …… 그와 같이 육체에서 해탈할 것을 일생동안 연구한 영혼, 즉 참으로 철학적인 영혼은 항상 죽음을 연습해온 터인데, 철학은 다름 아닌 죽음의 연습이 아닌가?"

- 플라톤, 『파이돈』 -

죽음이 영혼을 육체로부터 해방시키는 것이며, 감각적이고 물질 적인 세계, 즉 변화와 소멸을 반복하는 세계에서 절대적이며 영원 한 세계로의 이동이라면, 그것은 곧 순수한 근원으로의 귀환이 된 다. 플라톤은 그러므로 죽음이란 두려워하거나 멀리해야 하는 것인 아니라, 오히려 적극적으로 경험해야 할 것으로, 참된 지리를 추구 하는 사람들의 목표라고 역설한다. 그는 진리와 지혜가 죽음으로 보장되는 것이라면 죽음은 기쁜 일이 아닌가 하고 묻는다.

왜냐하면 참된 진리와 지혜는 이 세계 너머에 존재하기 때문이 다. 그러므로 진리에의 도달이란 이 세계를 벗어날 수 있는 죽음의 경험을 통해서만 비로소 가능해지며, 죽음을 통해서 더 이상 감각 의 지배를 받지 않는 신적 지혜를 얻게 되므로, 죽음은 또한 철학 자들에게 있어서 '진리의 조국'으로 가는 길이다. 이러한 의미에서 "철학은 죽음의 연습이다."라는 표현은 플라톤 철학의 본질을 가장 압축적으로 드러내고 있다. 죽음의 연습은 다시 말하면 비진리와 욕망의 무질서를 극복하는 과정이며, 참된 것에 대한 신념으로, "서서히 내 육신을 죽여가면서, 나는 진리, 말하자면 불변하고 영 원한 관념을 획득한다"는 주장과 일치된 의미를 갖는다. 그래서 죽음을 통해서만, 곧 영혼이 육체의 옷을 벗을 때, '참 존재의 의식'을 얻게 된다고 플라톤은 말한다. 플라톤에게 있어서 참된 것에 대한 인식이야말로 진정한 진리의 의미이며, 지혜의 완성이므로 죽음은 진리에의 약속이다.

② 에피쿠로스는 죽음이란 인간에게 아무것도 아니라고 말한다

> "'죽음이 우리에게 아무것도 아니다'라는 믿음에 익숙해져라. 왜냐하면 모든 좋고 나쁨은 감각에 있는데, 죽으면 감각을 잃게 되기 때문이다. 따라서 '죽음이 우리에게 아무것도 아니다'라는 사실을 제대로 알게 되면 가사성(可死性)도 즐겁게 된다. 이것은 그러한 앎이 우리에게 무한한 시간의 삶을 보태어 주기 때문이 아니라, 불멸에 대한 갈망을 제거시켜 주기 때문이다. '죽음은 두려운 일이 아니다'라는 사실을 진정으로 깨닫는 사람은 살아가면서 두려워할 것이 없다."
>
> — 에피쿠로스, 메네케오스에게 보내는 편지 —

에피쿠로스는 기원전 341~270년에 그리스에서 살았던 철학자로 인간의 욕망과 죽음의 문제에 대하여 대단히 의미 깊은 말들을 남겼다. 그는 일반적으로 쾌락만을 삶의 핵심적인 내용으로 생각하는 쾌락주의자로 알려져 있다. 그러나 이것은 커다란 오해이다. 에피쿠로스는 분명 쾌락을 최고의 가치로 추구하지만, 그러나 그가 말하는 쾌락이란 감각적이고 향락적인 욕망의 충족이 아니라, '고통이 없는 상태'를 의미하는 것으로, 신체적 고통과 정신적 고통, 이 양자로부터의 자유이다. 바로 이러한 고통으로부터 해방된 상태, 마음의 평온(아타락시아)의 상태가 그가 말하는 행복의 조건으로서의 쾌락이다. 그는 이러한 쾌락이 곧 최고의 선이라고 말한다.

에피쿠로스는 인간이 최고선인 쾌락과 행복을 실현하기 위해서는 두려움으로부터 해방되어야 한다고 말한다. 즉 죽음에 대한 두려움과 신에 대한 두려움으로부터 벗어나야 한다는 것이다. 왜냐하면 두려움은 고통의 원인이 되고, 나가서 삶의 가치와 쾌락에 대한 편견 속에서 불멸에 대한 잘못된 욕망을 갖게 만들기 때문이다.

그에 따르면 죽음은 결코 두려워해야 할 대상이 아니다. 왜냐하면 죽음과 함께 인간의 감각능력 또한 사라지기 때문이다. 이러한 그의 생각은 그가 근본적으로 물질적이고 감각적인 토대 위에서 세계를 이해하고 있음을 보여준다. 에피쿠로스에게 있어서 진리판단의 기준과 근거는 감각이다. 감각적 증거만이 참된 것이고, 우리는 감각을 통해서만 지식을 얻을 수 있으며, 좋고 나쁜 것을 구별하는 진정한 인식에 이르게 된다는 것이다.

에피쿠로스의 이러한 감각적 경험주의는 그가 죽음을 어떻게 이해하는가 하는 문제에 있어서도 결정적 의미를 갖는다. 인간은 감각을 통해서 경험하며, 그러한 경험만이 인간에게 참된 의미를 갖는다. 그러나 인간은 죽음으로 인해 감각능력을 상실하며, 따라서 어떠한 지각도, 경험도 불가능한 일이 된다. 인간은 살아 있는 동안에만 감각을 통해서 기쁨, 슬픔 또는 쾌락이나 고통을 느끼며, 죽은 이후에는 더 이상 어떤 종류의 경험도 할 수 없게 되므로, 죽음은 두려움의 대상이 될 필요가 없다는 것이다. 왜냐하면 죽음으로 인해 더 이상 감각이 존재하지 않는다는 것은 우리가 또한 어떤 두려움도 경험할 수 없게 된다는 의미이기 때문이다. 따라서 죽음은 우리가 인식할 수 없는 것이다. 결코 알 수 없는 것에 대하여 어떤 의미를 두거나 두려워하는 것은 어리석은 일일 뿐이다. 알 수 없는 대상을 두려워하기보다는 삶 속에서 가능한 행복을 추구하는 것이 더욱 현명하다고 그는 말한다.

> "그러므로 가장 두려운 악인 죽음은 우리에게 아무것도 아니다. 왜냐하면 우리가 존재하는 한 죽음은 우리와 함께 있지 않으며, 죽음이 오면 이미 우리는 존재하지 않기 때문이다. 그렇다면 죽음은 산 사람이나 죽은 사람 모두와 아무런 상관이 없다. 왜냐하면 산 사람에게는 아직 죽음이 오지 않았고, 죽은 사람은 이미 존재하지 않기 때문이다."
> — 에피쿠로스, 메네케오스에게 보내는 편지 —

죽음에 대한 두려움이 아무런 근거가 없는 또 하나의 논증적 이유로 에피쿠로스는 말하기를, 우리는 죽음과 아무런 관계가 없음을 든다. 인간은 결코 죽음을 만나거나, 경험할 수 없다. 죽음은 인간에게 없는 것과 마찬가지다. 왜냐하면 우리가 살아 있는 동안은 죽음은 결코 우리 곁에 존재할 수 없으며, 죽음이 왔을 때, 그때는 우리는 더 이상 존재하지 않기 때문에 우리는 죽음과 마주칠 수 없다는 것이다. 죽음은 인간이 '경험'할 수 없는 것이므로, 인간에게 있어서 죽음은 무의미한 것이 된다. 따라서 죽음은 '내'가 더 이상 존재하지 않는 곳에서만이 존재하는 것이므로 그것은 '나'에게 있어서 존재도 내용도 없는 것이 된다는 것이다.

왜냐하면 인간의 고통과 두려움은 언제나 현재, 즉 '지금, 여기에'에서만 느껴지고 일어날 수 있는 것이므로, 나의 존재에 앞섰던 시간이나, 미래의 시간에서 일어날 수 있는 '경험'은 이미 '나의 경험'이 아니기 때문이다. 이러한 의미에서 인간은 자신의 죽음을 결코 경험할 수 없다는 것이다. 또한 죽음과 연관되는 내세에 대한 생각들도 아무런 의미가 없는 공허한 것이라고 에피쿠로스는 말한다. 죽음은 죽음의 죽음일 뿐이라는 것이다. 죽음이 삶의 끝이라는 것을 확신한다면, 오히려 현재의 삶이야말로 행복의 근원이며, 또한 목표가 되어야 하는 것이다. 이러한 목표와 가치는 그러나 필연적이고, 최소한적인 욕망의 충족을 통해서 정신과 육체의 합일을 이룰 때 성취되는 것으로, 그는 쾌락과 행복의 의미를 이렇게 말한다. "배고프고 목마를 때 빵과 물이 최고 아니겠는가?"

③ 키르케고르에 의하면 죽음은 절망과 구원의 변증법이다

"절망은 죽음에 이르는 병이다."
— 키르케고르, 『죽음에 이르는 병』 —

덴마크의 철학자 키르케고르는 역사의 발전이나 관념적 철학체계보다는 인간의 실존적 존재와 상황에 대해 깊은 관심을 갖고, 삶의 궁극적 의미를 밝혀내고자 하였다.

실존하는 자로서만 인간은 비로소 인간이 되고, 삶의 매 순간에 있어서 스스로를 "자기 자신이 마땅히 되어야 할 자"로서 규정하고 만들어 나갈 때 인간은 진실로 실존할 수 있다고 키르케고르는 말한다. 키르케고르에 있어서 인간이 실존한다는 것은, 단순히 개념적인 의미에서의 이성 활동을 넘어서서, 사유하고, 느끼고, 욕구하면서 행위하는 가운데, 스스로 자기 자신 밖의 세계와 관계하면서 '단독자'로서 자신을 끊임없이 새롭게 규정하는 과정인 것이다. 따라서 그에 의하면 실존은 열려 있고, 주관적이며 도약적인 불연속의 개념이다. 그는 객관적이고 하나의 질서에 의해서 지배되는 닫

힌 세계로서의 체계 개념을 중요시하는 헤겔의 이성주의를 거부한다. 이러한 그의 실존적 사상은 현대의 실존철학에 큰 영향을 미쳤고, 그를 실존철학의 선구자로 평가하도록 하였다.

키르케고르의 인간에 대한 실존적 이해는 '죽음'을 삶의 한복판에서 일어나는 핵심적인 사건으로 받아들이는 데서 출발하고 있다. 그에게 있어서 죽음은 삶을 통해서 그 모습을 드러내며, 삶은 죽음을 통해서 규정된다. 따라서 삶과 죽음은 서로 분리되지 않는 관계 속에 놓여 있다. 그가 이해하는 죽음은 무엇보다도 인간이 누구나 겪는 보편적 경험으로서의 죽음이 아니라, 구체적이고 개별적으로 실존하는 인간 존재의 개별적 죽음이다.

키르케고르는 죽음을 육체적으로 생명이 끊어지는 생물학적 죽음보다는 정신의 죽음, 즉 기독교적 관점에서 바라본 영혼의 죽음으로 이해한다. 육체적 죽음보다 더 치명적인 죽음은 곧 영적 죽음으로, 키르케고르에 의하면, 절망이야말로 곧 인간을 죽음에 이르게 한다. 그는 절망을 자기와의 관계(실존적 모습)가, 불균형 속에서 나타나는 자기소외 현상으로 규정한다. 다시 말하면 스스로 자기 자신을 선택하고 결단하는 능력이 곧 정신이며, 자신이라고 불리는 인간의 모습이다. 그러나 개별자로서의 인간이 이러한 정신으로서 존재하기를 포기할 때 절망은 우리를 엄습하고, 우리는 자기 스스로를 떠나고 포기하게 된다는 것이다. 절망이란 인간이 자신의 모습을 갖지 않는 상태로, 자신을 창조한 힘, 즉 신으로부터 멀어져서, 영원함을 외면하는 정신적 질병인 것이다.

"신 앞에서 본질적으로 자기 자신이 되려고 하지 않는 것"이 곧 절망이다. 그러나 절망 그 자체는 인간에게 생물학적 죽음을 주지 않는다. 그래서 더욱 더 절망은 죽음과 같은 것이라고 말한다. 키르케고르는 절망이 죽음에 이르는 치명적인 병일 수밖에 없는 것은, 절망은 우리를 모든 것의 종말과 파괴라는 의미로서의 죽음으로 나아가지도 않은 채로, 또한 '죽음이라는 최후의 희망'까지도 포기할 수밖에 없게 하는 완전한 단절 상태이기 때문이라고 말한다. 죽음이 유일한 희망이 될 수밖에 없는 고통스러운 상황에서 이 희망마저 포기해야 절망이야말로 죽음보다 지독한 죽음으로 향한 자기소외라는 의미이다.

더욱이 이러한 절망의 죽음은 끊임없이 삶의 현재 속으로 파고들어와 끝없이 반복된다. 이러한 의미에서 절망이라는 병은 인간을 결정적으로 죽음에 이르게 하는 것이 아니다. 계속되는 죽음의 지속이며, 그래서 죽음보다 더 치명적인 죽음의 병이다.

> "절망은 병으로 해석되어 있고 약으로 해석되어 있지 않다. 나는 여기서 분명히 주의해 두고 싶은 것이다. 즉, 절망은 그만큼 변증법적인 것이다. …… 죽음도 최대의 정신적 비참을 나타내는 말이지만, 그러나 구제는 진실로 죽는 데에, 죽어버리는 데에 있다."
> – 키르케고르, 『죽음에 이르는 병』 –

죽음은 절망을 통해서 인간에게 경험되는 것인 반면, 그러한 죽음 너머에는 또 다른 죽음의 의미가 놓여 있다. 키르케고르는 모든 것의 종말이 아닌, 죽음을 초월할 수 있는 희망을 죽음 속에서 찾는다. 누구에게나 한번은 필연적으로 찾아오는 죽음을 키르케고르는 두 가지 의미로 해석한다. 한편으로 죽음은 지상에서의 생의 종말을 뜻하는 두려움의 대상이지만, 그러나 다른 한편으로 볼 때 죽음은 영원한 희망과 구원으로의 약속이다. 죽음은 기독교 신앙 안에서 바라볼 때 오히려 영원한 삶으로 나아가는 '거듭나는' 새로운 시작인 것이다.

기독교적 관점에서 볼 때 죽음은 인간에게 본래적인 것이 아니라, '죄의 값'으로, 인간의 죄에 대한 형벌이다. 형벌로서의 죽음이란 다름 아닌 육체적 죽음으로, 절망을 극복하고 인간이 자기 자신과의 관계를 회복함으로써 '신 앞에서 단독자'로서의 자신의 모습을 드러낼 때, 이제 형벌로서가 아니라 희망으로서 나타난다. 다시 말하면 인간의 숙명적 죽음은 신앙 안에서 극복될 수 있을 뿐만 아니라, 인간의 실존적 모습을 회복할 수 있는 분명한 근거가 된다는 것이다.

이러한 이유로 키르케고르는 절망에 대항할 수 있는 가장 확실한 수단을 '원상태로의 복귀', 즉 신에게로 돌아가는 신앙을 갖는 것이라고 말한다. 인간이 자신과 신의 관계를 단절하는 이유는 오만함에서 오는 것으로, 우리가 자신의 참된 모습을 통찰하고, 고백할 때 육신의 죽음은 더 이상 죽음이 아니라, 새로운 삶의 시작이며, 영원한 구원의 약속이다.

4 하이데거에 의하면 죽음은 현존재의 존재방식이며, 인간은 누구나 죽음을 향해 있다

"죽음에 이를 수밖에 없는 본래적인 존재는 현존재가 가진 하나의 실존적 가능성을 의미한다."

― 하이데거, 『존재와 시간』 ―

"죽음이란 현존재 자신이 그때마다 인수해야 하는 한 존재가능성이다. 죽음과 더불어 현존재 자신이 그의 가장 본래적인 존재가능 속에서 자기와 직면한다."

— 하이데거, 『존재와 시간』 —

현대철학에 지대한 영향을 미친 하이데거는 유실론적 실존을 주장하는 키르케고르와는 달리 우리 자신의 죽음을 깊이 사유할 것을 강조한다. 죽음이란 그에게 있어서 삶의 지평으로, 현재의 삶의 의미를 규정하는 근본적 가능성이다. 죽음 앞에서 비로소 인간은 자신의 진정한 모습과 대면하기 때문이다. 따라서 죽음은 현존재의 가장 고유하고, 이 세계의 모든 다른 것과 아무런 관계를 갖지 않는 가장 분명한 모습이다.

현존재라는 개념은 하이데거의 철학을 특징짓는 것으로, 인간의 존재의 의미를 밝히는 데 있어서 핵심적인 비중을 갖는다. 현존재란 단순히 현실적으로 있음을 의미하는 것이 아니라, 자기 스스로를 드러내는 '거기에 있는 것'으로 언제나 지속적으로 존재함과는 대립되는 시간성을 전제로 한다. 그의 이러한 생각은 존재, 존재자, 현존재라는 세 가지의 개념 위에 세워진 관계 속에서 보다 분명해진다. 이들은 어느 한 가지로 압축되거나, 요약될 수 없는 것으로 분명한 차이와 한계를 갖고 서로를 규정한다.

하이데거는 현존재를 인간 존재의 본질로 이해하면서, 이것은 '세계 내의 존재'라고 말한다. 세계란 단순히 인간이 살아가는 외적 환경을 의미하는 것이 아니고, 현존재가 자신의 삶을 살아가는 집으로서의 의미이다. 따라서 세계는 현존재에 의해서 세워지고, 규정되는 것이며, 현존재의 존재방식에 따라서 달라질 수 있는 주관과 객관의 의미를 초월하는 개념이다.

'거기에 지금 있는 것'으로서의 현존재는 인간의 실존을 의미하며, 이러한 현존재는 자기 자신에 대한 물음을 제기하고, '이미, 항상' 있는 것으로서가 아니라 '자신의 유한 함'에 대한 관심을 갖는다. 이러한 의미에서 죽음은 현존재가 드러나는 가장 본래적인 방식이며, 현존재 속에 뿌리를 내리고 있는 본질이라는 것이다.

죽음은 라이너 마리아 릴케가 말하듯이 인간 존재 속에 깊이 담겨진 '열매'로서, 삶과 함께 자라는 것으로 우리의 고유한 삶의 형식이라는 것이다. 다시 말하면 죽음을 통해서 우리는 외부로부터 주어진 모든 낯선 규정의 의미를 제거하고 나의 유일무이한 본질 앞에 서게 된다. 또한 그 어떤 것도 죽음을 능가하거나 규정할 수 없다. 죽음은 어떠한 존재자가 아닌 철저한 '무'라고 하이데거는 말한다. 따라서 인간은 죽음을 결코 대상화할 수 없으며, 소유하거나 지배할 수 없는 것이다. 이러한 의미에서 하이데거는 인간은 '죽음을 향해 있는 존재'라고 말한다.

인간 자신이 죽음을 향해서 던져져 있다는 사실은 '불안'을 통해서 체험하게 되며, 불안의 경험은 일상적인 삶의 의미를 되묻게 한다. 왜냐하면 죽음을 경험하게 하는 불안은 우리로 하여금 삶의 허구성을 밝혀내고 지금까지의 세계 속에서 느껴온 고향과 같은 친밀성을 무의미한 것으로 만들어 버리기 때문이다. 불안을 통해서 현존재자는 인간은 죽음이라고 불리는 절대적 '무'를 향해서 달려가는 존재이며, 삶은 무의미하고 허무하다는 것을 직시하게 된다. 따라서 불안은 우리가 살아가는 세계를 이제 더 이상 편안하고 익숙한 집이 아니라, 낯설고 기이한 모습으로 드러내고, 현존재는 철저하게 홀로 서 있는 '단독자'인 자신의 모습을 발견하게 된다. 불안을 통해서 절대고독을 경험하게 되는 것이다.

'단독자'란 그러나 불안 앞에서 현존재가 내면으로 도피하는 것을 의미하지 않는다. 현존재로서의 단독자는 세계와의 관계 속에서 살아가는 자신의 본질과 시간성을 깨닫고 죽음으로 앞서 달려가는 결단과 선택의 행위자이다.

그래서 '단독자'로서의 자신을 인식하는 현존재자는 불안을 회피하기 위하여 일상적인 삶 속에서 비본래적인 모습으로 살아가기를 거부한다. 그러나 익명으로 살아가는 '보통사람들'은 인간 실존의 불확실함과 낯설음에 대한 불안 때문에, 피상적이고 공허한 일상 속에서, '나의 죽음'은 닥치지 않았다고 위로한다. 이들은 돈, 명예, 권력과 같은 것을 뒤쫓는 비본래적인 타자의 삶 속에서 죽음의 확실성을 숨기고 외면하려 노력하는 것이다.

따라서 이러한 보통사람들에게는 죽음이란 언제 닥칠지 모르는 커다란 재앙이며, 도피하고자 하는 대상이며 자신의 삶과 분리된 낯선 객체에 지나지 않는다. 이들의 삶은 불안 속에서 계속된다.

그러나 자신의 존재가 죽음에 내던져져 있다는 사실을 직시하는 단독자는 죽음을 인식 대상이 아니라 인간의 삶의 방식으로서 또 삶의 마지막 행위로서 받아들인다. 이것은 죽음을 완전한 '무'로서 받아들이고, 그 '무'를 통해서 매 순간의 삶을 새로운 빛 아래 드러냄으로써, 존재의 의미를 오로지 자신에게서 출발하며 자신에게 의지하는 절대 고독 속의 창조행위 속에서 찾는 것이다.

⑤ 사르트르에 따르면 죽음은 부조리이며, 외부로부터 오는 우연한 사실이다

"그렇다면 죽음이란 무엇인가? 그것은 사실성의 어떤 양상, 그리고 대타존재의 어떤 양상 이외의 아무것도 아니다. 다시 말하면 소여(所與) 이외의 아무것도 아니다. 우리가 탄생하였다는 것은 부조리한 일이며, 우리가 죽는다는 것도 부조리이다. 또 한편 이 부조리(不條理)는 이미 '나의' 가능성이 아닌, 오히려 타인의 가능성인 나의 가능성-존재의 끊임없는 타유화(他有化)로서 나타난다."

— 사르트르, 『존재와 무』 —

"죽음이란 이미 타인에 의해서밖에 존재하지 않도록 운명 지워져 있다. …… 죽음은 탄생과 마찬가지로 하나의 순전한 사실이다. 죽음은 바깥으로부터 우리들에게 다가오는 것이며, 우리들을 바깥으로 변화시킨다. 사실을 말하자면 죽음은 탄생과 조금도 구별될 것이 없다. 우리가 사실성이라고 부르는 것은 탄생과 죽음과의 동일성 그것이다."

— 사르트르, 『존재와 무』 —

현대의 대표적 실존주의자로 평가되는 사르트르는 죽음을 하이데거와는 전혀 다른 관점에서 이해한다. 하이데거가 죽음을 현존재의 가장 고유한 가능성이며, 존재방식으로 규정하는 것과는 달리 사르트르는 죽음을 철저히 개별적인 것으로 인식한다.

사르트르는 죽음이란 하이데거가 말하는 것처럼 '나 자신의 가능성이기는커녕', 인간의 삶 속에 실재하는 하나의 커다란 부조리라고 말한다. 그에 의하면 죽음은 인간이 '나'라는 주체로서 체험할수도 없고, 발견할 수도 없으며 더욱이 기대할 수도 없다. 인간은자신의 죽음을 소유하지 못한다는 것이다. 죽음은 삶의 외부로부터예고 없이 우연히 다가와서 '나'에게 종말을 선고하는 것으로 전적으로 나의 능력과 가능성밖에 있는 것이다.

인간은 자신의 죽음을 스스로 경험하거나 확인할 수 없고, 우리 자신은 또한 타인들의 죽음을 통해서만 죽음을 알 수 있다. 따라서 인간의 죽음이란 언제나 나의 죽음이 아니라 타인들의 승리로서의 죽음이며, 나에게는 아무런 의미를 갖지 않는 부조리에 불과하다. 왜냐하면 의미란 밖으로부터가 아니라 주체에 의하여 주어져야 하기 때문이다. 사르트르에 의하면 그러나 죽음은 삶에 대한 외부의 침입으로 바로 이러한 인간 존재의 주관성에 대한 전적인 파괴이며 무력화이다.

죽음을 예상하고 기대한다는 것 또한 불가능한 일이다. 죽음이란 사형수에게처럼 선고되는 것이 아니라, 미리 예견될 수 없는 '장애'이기 때문이다. 죽음이 얼마만큼 우리에게 다가와 있는지, 언제쯤 모습을 드러낼 것인지 전혀 알 수 없다. 기차가 정시에 도착할 것인지, 또는 조금 지연될 것인지 정확히 알 수 없지만, 그러나 이미 운행 중인 것처럼 죽음은 이미 진행 중인 것이고, 우리는 그것을 각오하는 것이다. 왜냐하면 죽음은 올지 오지 않을지 불확실한 사실이 아니고, 반드시 오는 것이고, 또한 노년의 죽음만이 있는 것도 아니기 때문이다. 즉 청년의 죽음이 노년의 죽음보다 현실적으로 삶으로부터 더 멀리 떨어져 있다고 단언할 수 없는 것이다.

그러므로 죽음은 삶의 최종현상으로서 삶을 한계 짓지만, 그러나 그것으로 죽음이 삶의 완결을 뜻하는 것은 아니다. 죽음은 삶에 조화로운 종말이 아니라, '나의 가능성'이 무화함으로써, '모든 의미를 인생에서 제거하는 것'이라고 사르트르는 말한다.

죽음은 인간의 자유스러운 결정이 아니므로 삶을 종결시킬 수 없는 것이고, 삶의 가능성이 갖는 의미는 '나'에 의해서 결정되지 않는다. 삶은 결국 미결정인 상태로 남게 되고, 삶 속에서 죽음을 준비한다는 것은 삶에 대한 모든 기대를 부조리로 변형시키는 자기부정이 된다. 이러한 의미에서 죽음은 결코 '나의 가능성'이 될 수 없는, 우연적인 파괴일 뿐이다.

따라서 나의 죽음은 '나의 탄생'과 마찬가지로 하나의 '우발적 사실'에 지나지 않는다. '나'는 죽음에 대하여 아무런 선택도 결단도 내릴 수 없으며 어떠한 태도도 취할 수 없다.

'나의 죽음'은 타인들의 손에 넘어가게 되고 처리되는 또 다른 '타인의 죽음' 그 이상이 아니다. 죽음이 나의 주체적 선택에 의해서가 아니라 '침입자'로 '나의 삶'에 영향을 미치는 것은 출생의 부조리성과 같은 것이다. 나의 죽음의 의미는 그것이 갖는 타인을 위한 가능성으로서만 의미를 갖는 것이다.

죽음이 무의미한 부조리라는 사실은 다시 말하면 인간의 주관성이 갖고 있는 외적인 한계에서 분명해진다. 죽음이라는 우연적 사건은 인간의 개인의 삶 전체에 영향을 미치고, 운명을 결정하지만, 주체로서의 나는 외부로부터 나의 삶 속으로 들어오는 이 사건에 대하여 아무런 힘을 행사하지 못하는 한계를 갖고 있다. 그러나 이러한 부조리를 '삶에 대한 열쇠'로서 발견하고 깨닫게 될 때, 내가 지금까지의 '의식되지 않은 의식'을 남겨두지 않기 위해서, 나 스스로를 즉대자로서, 즉 자신을 대상적으로 바라볼 수 있을 때, 죽음은 나의 자유를 제한하지 못한다. 왜냐하면 이러한 깨달음이 죽음이란 삶의 '밖'이며, 하나의 분명한 사실로 존재하며, 그러나 나에게 붙어 다니는 것이라고 인식될 때, 나는 '죽음'에 의해서 더 이상 손상될 수 없기 때문이다. '나의 자유'는 결코 한계에 부딪치지 않는 무한한 것으로 남는다. 나의 자유는 '죽음에의 자유'가 아니고, 나는 자유로움 속에서 존재하는 '가사자(可死者)'인 것이다.

죽음은 '나의 주체성' 너머에 있기 때문에 나의 안에는 죽음을 위한 어떤 것도, 어떤 장소도 마련되어 있지 않다. 그러므로 우리는 죽음을 생각할 수도 없고, 기대할 수도 없으며, 또한 대항해서 우리를 무장할 수도 없다. 다시 말하면 우리는 죽음으로부터 독립되어 있으면서, 언제나 그러하듯이 죽을 '것'이기 때문이라고 사르트르는 말한다.

5. 선과 악(善, good, Gut, bien; 惡, evil, Boese, mal)

① 아우구스티누스에 의하면 인간 자신이 선악의 근원이며 내적 결단만이 선에 이르게 한다

"나는 악의 근원에 대하여 아직 해결의 실마리도 해명의 가닥도 잡지 못하고 있었다. 하지만 그 근원이 어떤 것이라 해도 나는 그것을 계속 찾아나가되 그것에 의해 불변의 신을 가변적인 것으로 여기도록 강요받아서는 안 된다는 것을 알게 되었다. 그것은 내 자신이 내가 찾는 것, 즉 악이 되지 않도록 하기 위해서이다."

— 아우구스티누스, 『고백록』 —

"나는 사람들이 내게 거듭 말했던 것, 즉 의지의 자유로운 결정이 우리가 악한 행동을 하는 것의 근원이라는 것, …… 그리고 무엇을 원하거나 원치 않는 것은 바로 나 자신이라는 것을 분명하게 인식하고자 노력하였다.

그리고 나는 바로 여기에 죄악의 근원이 놓여 있었다는 것을, …… 내가
악을 원하고 선을 원치 않는다는 것을 점점 더 많이 깨닫게 되었다."
— 아우구스티누스, 『고백록』 —

선악의 문제에 있어서 원죄와 인간의 의지는 철학사적으로 많은
논의가 있었다. 기독교의 대부 아우구스티누스는 기독교로 개종하
기 전 마니교의 신봉자였다. 개종 전의 젊은 그는 우리가 죄를 짓
는 것이 아니라, 우리 안에 이미 들어와 있는, 그러나 우리 스스
로는 알 수 없는 어떤 낯선 본성 때문에 죄를 짓는 것이라는 입
장이었다.

그는 선한 신이 악한 자연을 만들지 않았을 것이라는 믿음 아래
악한 영이 따로 존재한다고 생각하여 선과 악은 서로 근원적으로
실체가 다른 존재라고 보았다. 그래서 악은 인간의 외부로부터 들
어와 인간 내부에 뿌리를 내린 것이기 때문에 인간 자신은 악함을
어쩔 수 없고, 그래서 또한 모든 죄는 면죄될 수 있는 것이라고 생
각한 것이다.

그러나 그는 '밀라노에서의 놀라운 체험'을 통해서 마니교로부터
기독교로 개종하면서부터 악의 근원을 인간의 자유의지에서 찾는
다. 인간에게는 선과 악을 선택할 수 있는 자유로운 가능성이 던져
져 있고 이러한 자유 선택 앞에서 인간은 결단을 해야 한다는 것이
다. 결단과 선택은 결국 인간의 몫임을 강조하면서 아우구스티누스
는 "우리가 원하지 않았다면, 결국 원하지 않을 것이기 때문이다."
라고 말한다.

그에게 있어서 악함은 따라서 단순히 선이 결핍된 상태가 아니
라 인간이 자신의 삶을 선택하기 위하여 진정으로 갈구하는 것이

무엇인가 하는 문제와 깊이 연결되어 있다. 다시 말하면 인간이 영원한 진리를 선택하느냐 또는 자신의 욕구를 충족시키기 위한 대상을 택하느냐 하는 문제로 나타난다. 진리에 대한 의지는 곧 신의 질서와 사랑에 대한 것으로 선을 위한 결단이 되고 악한 선택이란 자기 자신에 집착하는 소멸적이고 감각적인 충족을 뜻한다.

그렇다면 인간은 왜 거듭해서 자신에 대한 집착과 사랑에 빠짐으로써 악을 행하는가? 이 물음에 대하여 아우구스티누스는 인간의 원죄를 주장한다. 인간은 원래부터 자신의 세속적 욕망과 영원한 진리에 대한 욕구사이에서 갈등하면서 악을 행하여 왔다는 것이다. 인간은 자신만의 힘으로는 자신의 선택의 자유를 참되게 사용할 수 있는 능력을 갖지 않은 나약한 존재이기 때문이다. 그러나 바로 이러한 악에 대한 무능력 때문에 인간은 신을 필요로 한다고 아우구스티누스는 말한다. 악 앞에서의 인간의 좌절은 신의 사랑과 은총에 의해서 극복될 수 있고, 악으로부터의 구원 또한 가능해진다는 것이다.

② 칸트에 의하면 선한 것은 선한 의지뿐이며 인간은 스스로 선과 악을 만든다

"세상 어디에도, 아니 세상 밖에라도 '선한 의지' 말고는 무제한적으로 선하다고 여길 수 있는 것은 아무것도 생각할 수 없다. 이성, 기지, 판단력, 그리고 그 밖에 정신적 재능들로 불릴 수 있는 것, 또는 기질적 특성들인 용기, 단호한 결단력, 결심을 끝까지 지키는 끈기 등은 많은 경우 그 의도가 의심할 여지없이 선하고 바람직한 것이다. 하지만 자연이 준 선물들인 이러한 것들은 이를 사용할 의지가 …… 선하지 않으면 지극히 악하고 해로운 것이 될 수도 있다. 행운이 준 선물들의 경우도 마찬가지이다."
— 칸트, 『도덕형이상학 정초』 —

칸트는 그의 『도덕 형이상학 정초』에서 선악의 근원에 대한 문제를 다른 방향에서 제기한다. 그는 이 세상에서 항상 그리고 무한하게 선한 것은 오직 '선한 의지' 밖에 없다고 말한다. 우리가 어떤 것을 원할 때, 이를 실천하기 위한 의지는 일정한 원칙을 갖게 된다. 이 원칙, 즉 어떠한 방식으로 원하는 것을 성취하느냐 하는 것에 따라서, 예를 들면 거짓을 통해서 할 것인가, 아니면 정직을 우선으로 할 것인가에 따라서 선과 악이 결정된다고 한다. 선악은 우리가 어떤 의지를 가지고 행동하느냐에 의해서 결정된다는 말이다. 그리고 이와 동시에 그 사람 자신의 도덕적 특성이 설명된다고 한다.

따라서 칸트는 선한 의지를 선의 근원이며 출발로 본다. 다시 말하면 선한 의지는 어떤 결과가 좋다거나 어떤 목표가 좋기 때문에 선하다고 하는 것이 아니라, 선한 원칙과 방법을 통해서 스스로 선한 것으로 설명된다는 것이다. 그렇기 때문에 예를 들면 어떤 사람의 마음에 선한 의지가 없다면 권력, 부, 명예, 그리고 만족과 같은 행복에 속할 수 있는 것들이 오히려 오만함을 불러일으킬 수 있는 것이다. 물론 재능, 특성, 재물이 그 자체로도 좋을 수 있다. 그러나 도덕적 맥락에서 볼 때, 이러한 유용한 것들이 선한 것이 되기 위해서는 반드시 선한 의지와 그리고 선한 원칙에 연결되어 있어야 하는 것이다.

왜냐하면 나쁜 짓을 행하는 자도 용기와 지혜를 지닐 수 있으며 그러한 능력들을 이용하여 악한 의지를 관철시킬 수 있기 때문이다. 선한 의지가 전제되지 않고서는 선한 능력들이 변질될 수 있는 것이다. 그러므로 칸트에 의하면 선한 의지와 악한 의도를 구별하는 데 있어서 이성이나 도덕적 정당성만으로는 충분하지 못하다. 왜냐하면 악한 의도 또한 도덕적 당위를 나름대로 의식하면서 자신의 이득을 위해서는 사려 깊은 방법을 사용할 수 있기 때문이다. 그러므로 선악의 차이는 모두에게 있어서 선한 것을 위한 원칙을 바탕으로 하는 의지인지, 아니면 단순히 개인의 이익을 위한 의지에서 출발하는 것인지에 의해서 드러난다.

> "인간은 그가 도덕적 의미에서 어떤 존재인가 또는 어떤 존재가 되어야 하는가, 선한 존재인가 악한 존재인가에 있어서 스스로 자기 자신을 그렇게 되도록 만들어 왔으며 또한 만들어야 한다."
>
> — 칸트, 『도덕 형이상학 정초』 —

칸트는 인간을 선하거나 악하게 하는 것은 자신의 의지라고 함으로써 인간은 본성적으로 선하거나 악하다는 견해에나, 혹은 선악 모두를 타고난 것이라고 말하는 입장에 반대한다. 이러한 말들은 인간 안에 자신의 의도와 상관없이 어떤 요소가 있어 선악을 결정한다고 보기 때문이다. 칸트에게 있어서 선악의 문제는 인간의 의지적 행위이며 따라서 책임의 문제이다. 인간은 자신이 어떤 사람이 되고자 하는 것을 결정할 수 있고, 그래서 스스로 원하는 대로 존재하는 능력을 가진 자라는 것이다. 이러한 자기 결정을 근거로 칸트는 인간을 자유로운 존재라고 규정한다.

인간은 자신의 자유를 어떻게 사용하느냐에 따라 자신의 성격과 잠재능력을 선으로 혹은 악으로 발전시켜갈 수 있다. 그렇기 때문에 비록 환경과 상황적 요소가 인간에게 일정한 영향을 미칠 수 있다 하더라도 결과에 대한 책임은 인간 자신에게 있는 것이다. 여기에서 중요한 것은 자유로운 결정이 선한 것으로 나타나는 데 있어 필요한 것은 이성이라는 점이다. 인간은 이성에 의해서 선한 원칙에 따르고 스스로를 도덕적 존재로 만들어 가는 것이다. 결국 인간을 선하게 하거나 악하게 하는 것은 의지라고 표현되는 인간의 '정신'인 것이다.

③ 스피노자에 따르면 선은 참된 인식과 일치하며 악은 인간을 절망으로 이끈다

"우리는 어떤 것이 선해 보이기 때문에 그것을 추구하거나 갈구 하는 것이 아니다. 반대로 사물은 우리가 그것을 추구하고 바라고 갈구하기 때문에 선하다."

— 스피노자, 『윤리학』 —

"선이란 우리에게 유용하다는 것을 우리가 확실하게 알고 있는 것을 말한다. …… 반면 악이란 우리로 하여금 어떠한 선에도 참여하지 못하게 방해하는 것임을 우리가 확실하게 알고 있는 것을 말한다."

— 스피노자, 윤리학 —

스피노자의 선악에 대한 생각은 추상적 원리나 형식적인 도덕적 기준을 벗어나서 주관적이고 정의(emotive)적인 판단을 기준으로 하고 있다. 그에게 있어서 선악의 문제는 흔히 생각하는 것처럼 선악의 관념이 갖는 진리 그 자체에 의해서가 아니라, 이 관념들이 우리에게 전달하는 감정이 어떠한 것이냐에 따라 달라진다. 어떤 것이 그 자체로서 선한 것이어서가 아니라, 우리가 갈망하는 그 사실이 사물이나 또는 어떤 일을 선한 것으로 만든다는 것이다.

이러한 그의 입장에서 볼 때 선악의 기준은 옳거나 그른, 또는 아름답거나 추한 것을 근거로 하는 도덕적이고 미적 판단에 좌우되지 않는다. 스피노자에 의하면 도덕적이고 미적 기준은 오히려 사물의 본성에 대한 혼란과 왜곡만을 일으키며, 따라서 이 세계의 선악에 대한 올바른 이해에 이르는 데 방해가 될 뿐이다.

스피노자는 규율과 엄격한 도식이 아니라, 주관적이고 자의적인 판단이 결정적 의미를 갖는 인간 중심적인 선악관을 주장한다. 그러나 이러한 그의 주장이 인간의 모든 감정과 욕망을, 즉 무절제한 방종과 이기적 상대주의를 정당화시키는 것은 결코 아니다. 왜냐하면 그는 인간은 신에 대한 적확한 인식을 갖는 것을 전제하는 한, 모든 인간의 행동은 궁극적으로 신과의 동일성을 이룬다고 생각한다.

그는 인간의 문제를 '자아'라는 개별적이고 개인적인 체험을 중심으로 이해하지 않는다. 그에게 있어서 개인은 중요한 것이 아니기 때문이다. 스피노자가 주장하는 선악관 역시 여기에 근거를 두고 있다. 그는 인간을 순수하고 사심 없이 사유하는 존재로 본다. 그에게 있어서 인간은 신적인 관점, 즉 시간의 제한을 받는 이성과 정열의 갈등을 극복하고, 감정과 이성의 조화를 이루어낸 영원하고 절대적 관점에 이르는 존재이다. 이렇게 창조자와 피조물이 일치된 관점에서 바라보는 선악은 따라서 대상을 어떻게 바라보느냐에 의해서 결정되는 것이며, 대상 스스로가 선함과 악함을 포함하지 않는다는 것이다. 즉 선악은 인간으로부터 생겨나는 것이지, 사물로부터 오는 것이 아니다.

스피노자의 선악관은 그의 범신론적 종교관에서 살펴보면 그 의미가 더욱 더 분명해진다. 그는 세계의 존재하는 모든 것은 신 속에 있으며, 다시 말하면 신은 이 세계의 모든 존재에 내재하고, 신 없이는 아무것도 존재할 수 없다고 말한다. 즉 세계는 신과 동일한 것으로 신의 필연성에 의해서 생긴 것이고 따라서 인간 또한 신성을 갖고 있는 존재인 것이다.

그러나 동시에 인간은 갈등 속에서 살아간다. 왜냐하면 인간은 자신을 '영원'으로부터 분리된 개별적 존재로 이해하면서 세계를 부분적이고 감각적으로 이해하는 데 익숙하기 때문이다. 그 근본원인을 스피노자는 인간이 갖고 있는 육체와 시간성(유한성)에서 찾는다. 그에 의하면 인간은 시간성과 육체에 의해 얻어진 혼란되고 적확하지 않은 인식을 벗어나서 우리의 진정한 본성을 찾아야 하며, 이것은 바로 신에게로 나아가는 길이다.

스피노자는 그러나 마음과 육체를 분리된 '서로 다른 두 개의 존재'로 보지 않고 서로를 필요로 하면서 조화와 통일을 이루는 하나의 실체로 본다. 그는 육체 없는 정신은 있을 수 없다는 것을 강조한다. 그래서 그는 이성을 통해서 정열과 욕망을 절제하고, 인간의 본래적인 본성을 바로 이해할 때 참된 자유와 행복에 이른다고 말한다. 그러므로 선악은 무조건적인 주관적 판단에 의해서 편리한 대로 결정되지 않는다. 선한 삶은 신의 피조물로서 인간에 대한 참된 이해와 일치된 삶이며, 악한 삶이란 신에 대한 두려움 때문이 아니라 인간의 본성에 스스로 거스르는 삶으로, 인간을 절망으로 끌어가는 삶이다.

4 프로이트와 프롬에 의하면 선악은 억압된 욕망과 좌절에서 생겨난 것이다

"근원적이고 소위 자연스러운 선과 악의 구분 능력은 인정하지 않아도 된다. 악은 종종 자아에게 결코 해롭거나 위험스러운 것이 아니라 반대로 그가 바라던 그 무엇이며, 그에게 즐거움을 제공하는 것이기도 하다. 따라서 거기에는 남의 영향력이 작용한다. 이 영향력이 바로 선과 악의 의미를 결정짓는다. …… 악은 따라서 처음에는 이를 행하면 그 대가로 사랑을 상실할 수도 있다고 위협받는 그 무엇이다. 그러한 상실의 두려움 때문에 사람들은 악을 피하지 않을 수 없다."

― 프로이트, 『문명 속의 불만』 ―

프로이트는 선악의 문제를 사회적이고 문화적인 발전 과정과 깊은 관계가 있는 것으로 본다. 한 개인이 자신이 속해 있는 집단 속에서 어떠한 성장과정을 겪느냐 하는 것에 따라서 선악에 대한 인식이 달라지며, 따라서 선악은 자연발생적인 것이 아니라는 것이다. 인간은 어린아이 때부터 점차적으로 여러 다양한 관계 속에서 대립과 공존 그리고 갈등과 억압을 통해서 본능적인 욕망 대신 도덕과 규범을 배우고 사회공동체가 요구하는 선악의 구별과 내용을 내면화하게 된다.

프로이트에 따르면 어린아이 상태에서 인간은 아무런 통제나 억압이 없는 본능적인 욕망을 통해서 자신을 발견한다. 이때의 인간은 '욕망덩어리'에 지나지 않는다. 어린아이는 욕망의 충족을 통한 쾌락과 불쾌한 일을 회피하는 단순한 행복을 추구한다. 이러한 유아적 욕망과 행복 추구에 있어서는 선악의 구별은 아무런 의미를 갖지 못한다.

그러나 자연적 욕망의 충족은 타인과의 관계 속에서 곧 좌절되거나 또는 포기가 강요된다. 인간은 자신이 원하는 것, 또는 즐거워하는 것들이 자신에게 허락되지 않음을 알게 된 다음, 스스로를 합리화하기 위해 억압된 것을 악한 것이라고 생각한다. 즉 '초자아'라는 사회적 양심을 통해서 선악을 나누어 생각하고 죄의식을 통해서 악을 인식하게 되며, 동시에 행하지 않는 선에 대하여서도 알게 된다. 선악의 구별이 시작되는 것이다.

프로이트는 그의 유명한 '오이디푸스 콤플렉스'로서 이러한 인간의 선악에 대한 근원적 경험을 설명한다. 그리스 신화에 나오는 오이디푸스는 자신의 아버지를 죽이고 어머니를 아내로 삼음으로써 그의 유아기의 억압된 욕망(즉 어머니를 독점하고 아버지라는 경쟁자를 물리치려는)을 실현한다는 것이다. 여기에서 아버지는 권위나 질서, 도덕체계, 규율, 즉 선을 상징한다.

이러한 아버지의 세계가 대변하는 선은 도덕적·사회적 구속력을 갖는다. 그리고 개인은 자신의 욕망을 포기함으로써 아버지의 인정과 사랑, 다시 말해서 공동체에 소속되어 보호와 공존의 약속을 받게 된다는 것이다. 공동체는 어린아이에게 칭찬과 벌을 수단으로 선악을 경험하게 한다. 이러한 프로이트의 이론에 의하면 가족은 어린아이가 선악을 배우고, 배운 것을 행동에 옮기는 최초의 공동체가 된다. 그래서 공동체가 요구하는 기준에 맞춰서 어린아이는 자라면서 점차 선악을 경계 짓고, 거부당하는 것에 대한 두려움으로 인하여 선을 행하고, 권위적인 절대명령에 복종하면서 자신이 욕망하는 것들을 악으로 인식하게 된다는 것이다.

선악의 이러한 구조는 개인과 집단의 삶에서 반복적으로 나타난다.

프로이트가 주장하는 선악의 특징은 인간의 악에 대한 최초의 경험이 어머니에 대한 욕망을 통해서라는 것이다. 이 욕망은 그러나 성적 욕망이므로 억압될 수밖에 없다. 그러나 자신의 어머니에 대한 이러한 욕망이 악으로 단죄되는 것은, 아이의 욕망이 성적 욕망이기 때문만 아니라, 또한 사회질서에 대한 도전으로 보이기 때문이다. 이것은 윤리적 규범과 도덕 그리고 자연적이고 육체적인 욕망 사이에서 일으키는 갈등이 단순히 쾌락의 억압이냐 충족이냐 하는 문제만이 아니고 아버지와 아들 관계와 같은 위계질서를 바탕으로 하는 사회관계의 맥락 속에서 생기는 것을 말해준다. 이러한 프로이트의 주장에 따르면 인간은 내면적으로 '부정할 수 없는 악의 존재'를 갖고 있으며 사회질서를 통해 형성된 초자아를 통하여 공격적 충동으로 나타나는 내면적 악을 억제하거나 승화시킨다는 것이다.

> "파괴 본능은 방해받은 삶의 결과이다. 삶을 촉진시키는 에너지를 가로막는 개인적 사회적 조건이 파괴 본능을 낳으며, 이는 다시 다양한 악의 현상들을 낳는 원천이 된다. …… 우리는 인간이 필연적으로 악한 존재가 아니라 그 성장에 적합한 조건이 결여될 때만 악하게 된다는 것을 상세히 논하였다. 악은 자신만의 독자적인 삶을 영위하지 않는다. 다시 말해 악은 곧 선의 부재(不在)이자 무엇인가를 실현시키려는 시도의 좌절이다."
> – 에리히 프롬, 『정신분석과 윤리』 –

자연적이고 본능적인 인간의 욕망과 도덕적 요구 사이의 끊임없는 충돌은 인간은 어느 한 쪽만의 충족으로는 행복할 수 없는 존재임을 보여준다. 인간은 인간으로서 존재하기 위하여 정신과 육체의 이중적 만족을 필요로 하며 이러한 노력은 자기실현을 위하여 본질적인 것이다. 그러나 인간이 어떤 경우에나 자기를 실현하고, 주체자로서 욕망의 충족과 억제를 조화시킬 수 있는 것은 아니다. 인간에게는 파괴적인 면이 있기 때문이다.

에리히 프롬은 인간의 파괴본능을 인간이 '도덕과 규범' 속에서 자유로운 주체로서 살아갈 수 없도록 만드는 원인이라고 말한다. 그러나 프롬에 의하면, 프로이트와는 달리, 파괴본능이 선천적인 것은 아니다. 그에 의하면 인간이 악을 행하는 것은 본래적으로 악하기 때문이 아니라 결핍을 갖고 있는 좋지 않은 상황 때문이다. 사회적 조건과 구조가 개인의 자유로운 자기발전을 위한 욕구를 억누르는 억압적 체계일 때 개인은 자기성취를 위한 수단을 스스로 결정하지 못한다. 개인은주체로 성장하지 못하고 영원히 예속된 상태 속에 머무르게 된다는 것이다.

그 결과 개인은 억압적 금지명령에 대하여 규범을 벗어난 파괴적 형태로 저항하고 이것은 다양한 악의 형상으로서 드러난다. 다시 말하면 잔인함이나 폭력성 등은 인간의 이러한 억압된 파괴적 성격의 표출인 것이다. 이러한 주장에 따르면 선악은 사회질서와 조건 속에서 생겨난 것으로 개방되고 자유로운 사회 속의 개인은 보다 많은 선을 실현하고, 억압된 사회 구조는 그만큼 많은 악을 양산한다. 악과 선은 서로 다른 근원에서 출발하여 독자적으로 생성되거나 존재하지 않는다. 선악은 사회적 산물인 것이다.

⑤ 니체에 의하면 그 자체로서의 선악은 없다. 다만 인간에 의한 그러한 해석이 있을 뿐이다

"참으로 인간들은 그들의 모든 선과 악을 서로 주고받았다. 진정으로 인간
은 선과 악을 선택하지도 발견하지도 않았으며, 그것들이 하늘의 목소리로
서 그들에게 떨어진 것도 아니었다. 인간이 비로소-자신을 보존하기 위해-
사물에 가치를 부여한 것이다. 그가 비로소 사물들에게 의미를 만들어 준
것이다."

　　　　　　　　　　　　　- 니체, 『차라투스트라는 이렇게 말했다』 -

"차라리 적개심의 도덕이 말하는 의미에서 '악한 자'란 도대체 누구냐고
스스로에게 물어보라. 아주 엄밀히 대답하자면, 그것은 바로 다른 도덕에
서 말하는 '좋은 자(정신적으로 우수한 자)'이며, 바로 그 고결하고 강하
며 지배하는 자이다. 다만 적개심의 독기 어린 눈에 의해 달리 채색되고
새롭게 해석되고 거꾸로 이해되었을 뿐이다."

　　　　　　　　　　　　　　　　　- 니체, 『도덕의 계보』 -

니체는 그의 주장 속에서 일관되게 전통적 선악관에 대하여 그
기준과 의미가 무엇인가를 묻는다. 그의 이러한 물음은 다름 아닌
지금까지 의심 없이 받아들여졌던 '가치의 가치'는 과연 영원한 진
리로서 인간의 주체적 발전을 위한 것인가 하는 데에 대한 격렬한
비판이다. 전통적 도덕과 가치에 대한 니체의 이러한 거부는 지금
까지의 선악에 대한 기준의 허구성을 폭로하고 새로운 가치 질서
를 제시하고자 하는 데 있다.

니체는 선악의 기준은 자기보존의 목적과 수단으로서 이용되어
온 것에 불과하다고 말한다. 더욱이 사람들이 불변의 가치로 믿고
있는 기독교적 선악은 인간을 약화시키고, 강한 사람을 억압하고
통제하기 위한 것으로 이러한 선악은 '신의 편견'에 지나지 않는

것이라 한다. 왜냐하면 기독교적 가치관은 인간을 두려움과 공포에 떨게 함으로써 강하고 고귀한 소수의 사람들을 단죄하고 무지한 다수의 사람들을 '길들이기' 위한 방법으로서, 선악은 기독교 역사 속에서 철저하게 변질되고 왜곡되어서 나타났다는 것이다. 그래서 니체는 기독교의 도덕이 위대한 소수에 대한 시기와 증오에서 나온 것이라고 주장한다.

이러한 선악의 가치는 결국 인간을 신 앞에 '빚진 자'로서 영원한 죄인으로 서게 하며 자유와 자율 대신 스스로 비천해질 수밖에 없도록 만들어 왔다는 것이다. 니체에 의하면 기독교는 선악에 대한 허구적 가르침을 퍼뜨려서 역사를 지배해 왔다. 기독교야말로 행복과 아름다움, 즐거움은 악으로, 가난과 비참함이나 나약함은 선한 것으로 주장해온 위선적인 선악의 계보의 근원지라는 것이다. 왜냐하면 기독교는 자기 근거를 금욕과 희생에 둠으로써 선악에 대하여 이러한 구별을 할 수밖에 없기 때문이다. 따라서 니체는 이 세계에는 선악 그 자체가 있는 것이 아니라, 다만 선과 악으로 나누어보는 왜곡된 해석이 있을 뿐이라고 주장한다.

> "첫 번째 유형의 도덕(주인 도덕)에서 '선과 악'의 대립은 대체로 '고귀함과 비천함'의 대립을 의미한다. …… 두 번째 유형의 도덕(노예 도덕)은 다르다. 저 유명한 선과 악의 대립 개념의 기원이 바로 여기에 있다. 노예의 느낌 속에서 권력, 위협적인 것, 공포를 느끼게 하는 것, 세련된 것, 무시할 수 없는 강력한 힘 등은 모두 악한 것으로 비친다. 그러므로 노예 도덕에 따르면 '악한' 인간이란 공포감을 불러일으키는 인간이다. 그러나 주인 도덕에서는 공포를 불러일으키거나 그러한 의도를 가진 사람이 바로 '선한' 사람이며 반면에 경멸감을 불러일으키는 인간은 '악한' 인간이 된다."
>
> — 니체, 『선악의 피안』 —

니체는 지금까지 기독교가 영혼의 '사시'로 바라본 선악의 가치는 허구인 것을 밝혀내고 진정한 선과 악의 의미를 주인과 노예의 개념으로 설명한다. 사람들이 흔히 선악은 불변의 가치를 갖는다고 생각하거나, 모든 인간들이 동일한 강인함과 자유의지를 갖고 있다고 여기는 것은 니체에 의하면 착각과 허영에 지나지 않는다.

그에 의하면 인간에는 "주인과 노예"의 두 가지 유형이 있다. 이러한 서로 다른 유형이 서로 다른 도덕과 선악의 기준을 갖는 것은 니체에게 있어서는 자명한 일이다. 왜냐하면 선악에 대한 이해는 자의적이기 때문이다. 주인의 유형에 속하는 사람들이란 창조정신과 삶의 진정한 기쁨을 누릴 줄 아는 자유로운 사람들로서 자신의 고통과 희생을 보상받으려 하지 않는다. 또한 이들에게 있어서 사회적 성공이나 타인에 대한 도덕적 평가는 아무런 의미가 없다. 그러나 노예에게 있어서는 순종과 근면함, 인내심과 희생정신이 무엇보다도 큰 미덕이다. 따라서 노예들에게는 자율이나 정직성 또는 품위 대신 부자유와 거짓, 비천함이 뒤따른다.

이러한 차이는 서로 다른 선악의 기준과 의미를 만들어내고, 자신의 영역에 속하지 않는 것을 악으로 규정함으로써 자신에 대한 정당성을 주장한다. 인간은 자신이 높이 평가하는 모든 것을 선이라고 규정하고, 자신이 낮게 평가하는 모든 것을 악이라는 이름으로 부른다는 것이다. 그리고 이 평가는 법이나 도덕으로 변형되어 인간들을 구속한다. 인간은 자기 멋대로 해석한 선악이라는 가치를 통해 자신을 관철하고 나아가 타인을 지배하려 한다. 니체에게 있어서 그래서 선악은 권력의 수단인 것이다.

니체는 각 민족들이 선과 악에 대하여 각기 다른 인식을 갖는 이유도 또한 이러한 지배욕구에서 비롯한 것이라고 말한다. 다시 말하면 선악의 구조는 경쟁, 또는 지배에 대한 의지와 일치한다. 그래서 한 민족에서 악한 것으로 불리는 것이 다른 민족에게서는 선한 것으로 칭송된다.

그러나 니체는 이러한 상대적 가치와 일시적 현상에 매몰되지 말아야 한다고 역설한다. 위대한 인간은 집단적 규범과 판단을 넘어서서 새로운 가치와 창조적 행위를 통해서 자신의 선을 추구해 나가야 한다는 것이다. 이것이 곧 그의 초인사상이다. 그가 말하는 초인은 왜곡된 도덕에 집착하지 않고 선악의 피안에서 '정상까지' 날아오르려는 강인한 정신을 가진 자이다. 초인만이 창조적 영혼으로서, 지배수단으로 이용되는 허구의 선을 넘어서서 강인하고 역동적인 선을 실천할 수 있다고 말한다. 왜냐하면 니체에게 있어서 선이란 '힘의 감정을, 힘에의 의지를, 힘 자체를 고양시키는 모든 것'이기 때문이다. 그러나 니체의 이 초인 사상이 파시즘에 의해서 정치적으로 부당하게 이용되었던 것은 잘 알려진 사실이다.

6 호르크하이머와 아도르노에 따르면 선과 악은 지배 권력과 피지배자에 대한 다른 이름이다

"유대인은 오늘날 잘못된 사회 질서가 스스로 만들어낸 근절 욕구를 자신에게 끌어들인 (실제에 있어서나 이론적으로나) 집단이다. 그들은 '절대적인 악'에 의해 절대적인 악이라는 낙인이 찍혔다. 그런 점에서 그들은 실제로 '선택된 민족'이었다. 지배가 단순한 경제적 영역에서의 문제이기를 그치게 되었을 때 유대인들은, 앞으로의 논의에서 보게 되겠지만, 지배의 절대적 객체 상태에 떨어졌다."
— 호르크하이머와 아도르노, 『계몽의 변증법』 —

"유럽에서 '개인'의 해방은 보편적인 문화 변동 속에서 얻어진 것인데, 외부로부터 육체에 부과되는 강압이 줄어들수록 해방된 인간들의 내부에서는 균열이 점점 더 깊이 파이게 된다. 하층민에게서 착취되는 육체는 악으로 여겨지며 상류층 사람들이 즐기는 '정신'은 최고선으로 간주된다."
— 호르크하이머와 아도르노, 『계몽의 변증법』 —

호르크하이머와 아도르노로 대표되는 계몽의 변증법(즉 이성적 계몽에 대한 허구성의 폭로와 이러한 계몽의 '계몽'을 위한)에서는 선악의 의미를 변증법적 구조를 통해서 밝혀나간다. 이들은 파시즘이 절대적 권력을 갖기 위하여 어떻게 선과 악의 논리를 이용하는가를 추적함으로써, 정치권력에 의하여 체계적으로 전도된 선악의 관계를 폭로한다. 이들에 의하면 선악의 왜곡된 관계를 바로잡았을 때 선악의 의미는 비로소 정확하고 분명하게 드러난다는 것이다.

파시즘에 의한 인류사상 유래가 없는 유대인 대학살을 합리화하기 위한 근거는 호르크하이머와 아도르노에 의하면 선악의 논리이다. 우선적으로 유대인들은 파시스트들에 의해서 절대악으로 규정되었다. 절대악으로 낙인찍힌 유대인들은 따라서 타민족에 대한 불행과 재앙의 근거로서 세계에서 근절되어야 할 '부정의 원리'로 인식되고, 이에 대하여 반유대주의자들은 '긍정의 원리'가 된다. 왜냐하면 세계는 '절대악'이라는 '부정'의 가치가 사라졌을 때 비로소 행복해질 수 있기 때문이다. 반유대주의자들은 유대인이 자신의 순수성만을 고집하면서 지배자 의식에 사로잡힌 위험한 종족이라는 주장으로 자신을 정당화한다.

호르크하이머와 아도르노가 주장하는 선악의 변증법에 의하면 바로 이러한 논리를 뒤집어 볼 때 선악의 진실이 드러난다. 파시스트들이 세계를 향해서 퍼뜨리는 유대인에 대한 주장이야말로 '그들 자신의 본질을 드러내는 자화상'이라는 것이다. 파시즘이 단죄하고자 하는 유대인의 속성은 바로 자신들에 대한 모습이며 악에 의해서 '악으로 정의된' 변증법적 관계 속에서 선과 악에 대한 거짓이 마침내 드러나게 된다. 다시 말하면 스스로를 선으로 인식하는 선과 악에 의해서 악으로 낙인찍힌 악의 관계는 그 자리가 '바꿔치기'된 것이므로 반대로 볼 때 진실관계를 밝혀낼 수 있다는 의미이다.

이러한 선악의 왜곡은 권력의 쟁취를 위한 한 방법으로서 자기와 타자와의 다름을 인정하지 않으려는 지배자의 특성이다. 조직화된 지배 권력 집단은 자신들의 정당성과 도덕성을 인정받기 위해서 언제나 "선"을 필요로 하며 "악의 제거"라는 명분으로 억압과 통제를 합리화한다. 이렇게 선과 악이 전도되고 권력이 선의 이름으로 악을 행하는 시대에 있어서 말은 이제 억압의 수단으로 전락하게 된다. 나아가서 이러한 구조적 선과 악이 지배수단으로 양산되는 파시즘 시대에 있어서 사람들은 자기 스스로와의 분열을 경험하게 된다.

이성의 역사는 정신을 절대화하고 육체와의 관계를 단절함으로써, 이러한 단절은 정신과 육체로 존재하는 인간을 불구로 만들었다는 것이다. 더욱이 육체만 아니라, 육체와 관련된 모든 것조차 왜곡되고 평가 절하되었다. 이와 같은 이유로 인하여 육체를 모든 악의 근원으로 보는 유럽의 역사 속에서 노동은 열등하고 저열한 것으로 취급되지만 그러나 정신은 자신을 위하여 노동을 대신할 노예와 식민지를 필요로 한다. 이러한 자기분열 속에서 파시즘은 '이성과 순수 정신의 대리자'서 타민족과 육체에 대한 증오를 이데올로기화하고 구조화한다. 그러나 이들은 육체를 경멸하면서 악으로 규정하지만, 반면에 육체에 의한 봉사 없이는 정신의 '최고선'은 권력자로서 군림할 수 없는 자기모순을 드러낸다. 이에 대하여 계몽의 변증법은 육체와 정신을 선악의 구조로 환원시킴으로서 파시즘이 도구화한 선악의 허상을 극명하게 밝혀낸다.

■■■ **제3장** 정신과 이성

1. 정신(精神, spirit, Geist, esprit)

① 아낙사고라스에 따르면 정신은 세계의 원인이다

"정신(누스, nous)이 운동을 시작하였을 때, 움직이게 된 모든 것으로부터 정신은 분리되어 나왔다. 그리고 정신이 움직이는 것만큼 만물은 분리되었으며, 사물들이 움직이며 분리되었을 때 순환은 이 분리를 크게 확대시켰다."

— 아낙사고라스, 『단편』 —

"그러나 정신은 무한하며 자기 지배적이며 어떤 것과도 혼합되어 있지 않고, 단지 자기 스스로 있다. 만일 그것이 스스로 있지 않고 어떤 다른 것과 혼합되었다면, …… 그것과 혼합되어 있는 사물은 정신의 활동을 방해할 것이며, …… 왜냐하면 정신은 모든 사물들 가운데에서 가장 섬세하고 가장 순수하며 그것은 모든 것들에 대한 일체의 인식(완벽한 이해) 그리고 가장 큰 힘을 가지고 있기 때문이다."

— 아낙사고라스, 『단편』 —

아낙사고라스는 세계만물이 한정된 원소들에 의해 생겨난 것이 아니라 셀 수 없이 많은 '씨앗'들에 의해 생겨난 것으로 보면서 이들의 운동은 정신의 산물이라 하였다. 그는 운동을 일으키게 하는 원리로 정신이라는 개념을 처음으로 제시한 것이다. 그에 의해서 처음으로 정신은 다름 아닌 세계를 지배하는 원인으로 파악되었다.

아낙사고라스는 정신은 모든 사물들 가운데 가장 순수하고 섬세한 것으로서 태초부터 만물이 질서 있게 순환하도록 원인을 제공하는 것으로 보았다. 그 후에도 정신은 스스로 존재하며 다른 어떤 것과도 혼합되지 않고서 유일하게 혼자서 세계를 지배하는 힘을 가지고 있다. 따라서 정신은 만물에 관해 모든 것을 알고 있으며 나아가 생명을 가진 일체의 만물들을 지배하고 있는 능력이다.

아낙사고라스가 처음으로 제시한 정신이 어떤 특성을 가지고 있는가 하는 문제는 많은 철학자들의 관심을 끈 문제였다. 물질적인 것인가, 아니면 순수하게 정신적인 것인가, 아니면 양자의 성질을 모두 가진 것인가? 먼저 "정신은 가장 섬세하고 순수하다."는 표현을 보면 물질적인 것이 포함되지 않은 순수한 정신 그 자체라고 볼 수 있다. 그러나 가까운 시대에 살았던 소크라테스는 아낙사고라스가 정신이 만물에 질서를 주는 것이며 모든 것의 원인이라고 하면서도 실제로는 공기, 에테르, 물 등을 만물의 원인으로 제시하고 있는 것에 대하여 실망한다. 왜냐하면 이에 따르면 아낙사고라스가 말한 정신을 반드시 비물질적인 것이라고 말하기도 어렵기 때문이다.

② 플라톤에 의하면 정신은 영혼의 구원자이다

"그리고 순전히 정신만을 가지고 탐구 대상의 각각에 나아가고, 사유함에 있어 이성의 활동에다가 시각이나 그 밖의 감각을 끌어들이지 않고 정신 자체의 밝은 빛만으로 참된 존재를 탐구하는 사람만이 그 탐구 대상을 가장 순수하게 인식하게 되는 것이 아닐까? 즉, 눈이나, 귀나, 아니, 온 신체가 영혼과 관련되면 영혼이 진리와 지혜를 얻는 것을 방해한다고 보고 가능한 한 이런 것과 관계를 끊고 이런 것에서 벗어 나온 사람이야말로 참 존재의 인식에 도달할 수 있지 않을까?"

- 플라톤, 『파이돈』 -

"그리고, 사유는 정신이 자기 자신에 돌아갔을 때, 즉 청각이나 시각이나 또 고통이나 쾌락이 정신을 괴롭히는 일이 전혀 없을 때, 가장 잘 되는 거야. 다시 말하면, 영혼이 육체적 감각이나 욕망을 전혀 갖지 않고 참으로 존재하는 것을 추구할 때 가장 잘 사유하게 되는 거야."

- 플라톤, 『파이돈』 -

플라톤의 대화록 『파이돈』은 소크라테스와 파이돈 사이의 영혼에 관한 대화이다. 이 대화는 파이돈이 소크라테스가 죽음을 맞아 친구들과 감옥에서 대화한 최후의 모습을 목격하고 친구의 요청에 의해 다시 들려주는 영혼에 대한 이야기를 플라톤이 정리한 것이다.

플라톤은 『파이돈』에서 인간의 정신은 진리를 인식하는 것인데, 진리를 인식하기 위해서는 육체에 구애받지 않아야 한다고 주장한다. 육체는 감각과 자극의 원인이며 진리를 추구하는 정신과는 반대로 쾌락을 추구하기 때문이다. 그래서 그에 의하면 인간 정신은 순수하게 사유에만 의존했을 때 비로소 진리의 인식에 접근할 수 있다. 진리는 영원한 것으로 순간적인 감각 속에 포함되어 있지 않기 때문에 우리의 정신이 해야 할 일은 이 육체라는 사슬로부터 영혼을 해방시키는 일, 즉 죽음의 연습이라는 것이다.

플라톤에 의하면 육체는 정신이 바른 기능을 제대로 수행할 수 없도록 하는 방해자이다. 그러므로 정신은 육체와 대립할 수밖에 없는 것이다. 정신은 생각하는 힘 그 자체에만 의지해야 한다. 만약 정신이 진리를 탐구하면서 그 자체에 의존하지 않고 늘 변화하는 지각이나 청각 등 다른 감각기관에 의지하게 되면 참된 인식에 이르지 못하기 때문이다.

③ 데카르트에 의하면 정신은 인간 존재 그 자체이다

> "엄밀히 말한다면, 나는 다만 하나의 생각하는 것, 즉 하나의 정신, 나의 오성 혹은 이성일 뿐이다. …… 내가 눈으로 본다고 믿고 있는 것도, 오직 내 정신 속에 있는 판단의 능력만으로 이해하는 것이다."
>
> ― 데카르트, 『성찰』 ―

데카르트는 그의 『성찰』에서 인식에 관한 한 의심할 수 있는 모든 것을 철저히 의심하여, 더 이상 의심의 여지가 없는 명백한 진리만을 찾아내려고 한다. 그는 다른 모든 것들에 대해 그들의 진리성을 의심하는 데서 출발하여 결국 명백한 인식의 바탕을 찾아냈다고 생각한다.

데카르트는 이렇게 의심하고 생각하는 '나'를 정신이라고 보았다. 정신은 하나의 실체로서 그 본질 내지 본성은 생각하는 것이다. 이 정신은 존재하기 위해 심지어는 장소도 필요치 않다고 생각한다. 또한 어떤 물질적인 것에도 의존하지 않는다. 정신 스스로 비물질적인 까닭이다. 그래서 정신은 신체와는 전혀 다른 어떤 것이다. 데카르트는 여기서 더 나아가 정신은 스스로를 보호할 수 있다고까지 생각하는 완벽한 정신·신체의 이원론을 주장한다. 정신의 특징은 사유하는 능력, 신체의 특성은 공간을 차지하는 성질이라 한다.

또한 데카르트는 인간 정신은 그 특성이 판단하는 능력이라 하고 이 능력에 의해 우리는 대상을 인식하게 된다고 주장한다. 그에 의하면 우리가 어떤 대상을 알게 되는 것은 시각의 작용도, 촉각의 작용도, 상상의 작용도 아니다. 우리가 보고 만지는 것도 결국은 내 정신 속에 있는 판단의 능력을 통해서 이해하게 되기 때문에 정신의 통찰만이 대상에 대한 모든 인식을 가능하게 한다는 것이다. 곧 생각한다는 것이 존재하는 것이다.

> "나는 인간 정신없이 어떤 대상을 지각할 수는 없다. 그러나 이 정신 자체에 대하여, 즉 나 자신에 대하여, 나는 무엇이라고 말할 것인가? …… 나는 내 정신보다도 더 쉽게, 그리고 명증적으로 나에게 파악되는 것은 하나도 없다는 것을 분명히 인식한다."
>
> — 데카르트, 『성찰』 —

데카르트는 내 자신과 정신을 동일한 것으로 생각할 때 나는 내 자신의 존재, 즉 내 정신을 어떻게 알 수 있는가 하는 물음을 묻는다. 이에 대해 데카르트는 모든 의심스러운 것을 의심하는 존재로서의 나는 분명히 있으므로 정신은 분명히 존재하고 있음을 주장한다. 나의 의심과 회의가 나의 있음을 증거하기 때문이다.

데카르트는 정신 존재의 자명함을 주장하기 위해 '밀랍의 예'를 든다. 벌통에서 방금 따온 밀랍은 그 맛과 향기, 빛깔 그리고 모양 등을 통해 그것이 밀랍이라는 것을 누구나 알 수 있다. 그런데 밀랍에 불을 가해 맛, 향기 등의 모든 특성을 제거하면 그것이 밀랍이라는 것을 어떻게 알 수 있는가? 그는 경험적인 것에 근거해서는 변해버린 밀랍을 인식할 수 없고 오직 정신의 작용에 의해서만 밀랍을 분명하게 파악할 수 있다고 한다.

데카르트에 의하면 우리가 눈으로 보고, 듣고 함으로써, 즉 감각을 통해서 아는 것은 착각이거나, 허상일 수도 있기 때문에 가장 확실한 인식은 정신에 의한 것이다. 그렇다면 우리는 지각에 의한 판단이 잘못되었음을 어떻게 알게 되는가 하는 것이다. 착각하거나 허상을 본 것에 대한 깨달음은 정신에 의해서 가능하다. 따라서 이러한 정신이 존재한다는 것은 확고부동한 사실이 된다. 다시 말하면 데카르트에 있어서 정신은 정신 자신에 의해 명백한 존재로서 이해된다.

4 스피노자에게 있어서 정신은 육체와 분리될 수 없는 단일체이다

> "육체에 대한 관념과 육체, 즉 정신과 육체는 때로는 사고라는 속성과 때로는 연장이라는 속성 하에서 고려된 하나의 동일한 개체이다. …… 정신에 대한 관념과 정신 자체는 하나이며 동일한 것이다. …… 엄밀히 말하여, 정신에 대한 관념, 즉 관념에 대한 관념은 대상에 대해 전혀 언급하지 않고 사고의 형태로서 고려되는 한, 그 관념의 특징적인 성질에 불과하다."
> ─ 스피노자, 『윤리학』 ─

스피노자는 데카르트와 마찬가지로 우리가 정신을 통해 생각한다는 것은 자명한 일이라는 것에서 출발한다. 그러나 스피노자가 강조하는 것은 인간 정신은 육체를 떠나서는 생각하거나 활동할 수 없다는 것이다. 다시 말하면 인간 정신은 생각하지만 그렇다고 해서 생각하는 능력으로서의 정신의 실체가 육체와 분리되어 따로 존재하는 것은 아니라는 뜻이다. 정신이 활동하는 곳은 육체이다.

그에 의하면 정신과 육체는 한 사물에 속한 두 가지의 서로 다른 속성일 뿐이지 서로 다른 실체로 나누어지지 않는다는 것이다. 이 두 속성은 인간의 서로 다른 측면에 불과하다. 만약 육체와 정신을 따로 분리해서 생각한다면 그 정신은 아무것도 아니다. 정신은 육체 없이 존재할 수 없다. 따라서 정신과 육체는 서로 대립하거나, 독자적으로 존재하는 것은 아니다. 스피노자는 정신과 육체를 서로 다른 것으로 놓고 이를 다시 결합하는 데에서 문제가 발생하는 것이라고 말하고 처음부터 이 두 속성은 하나의 유일한 개체의 분리될 수 없는 '단일체(unity)'라는 주장을 한다.

> "하나의 육체가 많은 작용을 하거나 많은 인상을 받아들이는 데 있어서 다른 육체보다 더 잘하는 것에 비례하듯이, 정신(육체는 정신의 대상이다.)도 똑같이 비례해서 많은 지각을 동시에 형성하는 데 있어서 다른 것들보다 더 낫다."
>
> — 스피노자, 『윤리학』 —

스피노자에 따르면 인간 정신은 육체와 단일체이기 때문에 정신은 육체와 더불어 설명될 수밖에 없다. 우선 육체는 육체 외의 다른 사물들에 의해 영향을 받고 이에 따라 육체에 변화가 일어난다. 그리고 정신은 육체의 변화에 따라 영향을 받기 때문에 육체의 변화는 곧 정신의 변화에로 반영된다. 그리고 이러한 변화는 동시에 일어난다.

스피노자는 정신을 설명하면서 그 특성을 지각 능력에서 찾고 있다. 물론 이때 육체를 배제하고 생각할 수 없다. 지각 능력에서 인간 정신은 다른 사물보다 우월한 점을 갖는다. 또한 인간 정신은 다른 사물들과 달리 능동적이며 수동적이기도 하다. 인간 정신이 육체와 결부되어 있기 때문에 자연의 질서에 따른다는 점에서는 정신은 수동적이지만 특정한 생각들을 논리적으로 배열시킨다는 점에서는 능동적이다. 이는 정신이 갖는 매우 독특한 능력으로 자기 결정의 성질을 의미하며 이를 바탕으로 인간 정신은 자유로울 수 있다. 그러나 스피노자에 의하면 정신의 자유는 논리적 법칙의 질서라는 그 틀을 벗어나지 않는다.

⑤ 헤겔이 생각한 정신은 자기 운동을 전개해서 스스로 자기를 완성시키는 능력이다

> "정신의 힘은 오직 그것이 밖으로 표출된 만큼의 것일 수밖에 없으며 그의 깊이도 또한 정신 스스로가 자기의 참 모습을 밖으로 펼쳐내면서 동시에 그 속으로 자신을 몰입시킬 수 있는 만큼의 깊이를 지닐 수밖에 없는 것이다."
>
> — 헤겔, 『정신현상학』 —

헤겔은 정신을 자연과 대비하여 설명한다. 자연은 단지 반복에 지나지 않으며 하나의 순환에 불과하다. 그래서 자연에 관한 한 태양 아래서는 새로운 것은 일어나지 않는다. 이에 반하여 정신의 빛은 전혀 다르다. 정신의 과정이나 운동은 자기반복이 아니라 항상 새로운 형태로 스스로를 만들어 가는 변화로 나타난다. 그리고 이 변화의 본질적인 모습은 창조이며 진화이다. 정신은 스스로를 창조하여 더 나은 정신에로 발전해 간다. 그러므로 자연이 공간의 원리에 의해 지배를 받는다면 정신은 시간의 원리에 따라 가장 완벽한 정신에로 나아간다. 이러한 정신의 모습은 어떤 것인가?

헤겔이 말하는 정신은 밖으로 드러내면서 표출된 자신의 모습만큼의 힘을 갖는다. 따라서 정신이 자신의 힘을 증가시키기 위해서는 표출이 변화되어야 한다. 반면에 정신의 깊이는 정신의 내적 크기이다. 즉 정신의 깊이는 밖으로 전개된 외적 크기 속에 정신의 본질적 실체가 어느 정도 내면화되어 있느냐에 따라 좌우된다. 정신은 이렇게 함으로써 드러난 현상과 자기 자체 속에서 충족된 내면적 깊이의 총체이다. 따라서 정신의 발전은 이러한 양면적 변화를 의미한다. 즉 정신은 외적 표현 속에서 힘을 드러내고 내적 자기반성을 통해서 자기 발전을 하는, 밖과 안의 통일체이다.

헤겔이 이해한 이러한 정신의 운동은 그러므로 끊임없이 자신을 표현하며, 다시 부족함을 반성하여 돌아봄으로써, 정신은 쉼(자기만족에 빠짐) 없이 점진적·질적 자기 운동을 전개해 나가야 한다. 헤겔은 이와 같은 정신의 질적 운동을 정신이 자신으로부터 자기밖의 타자가 되었다가 다시 이 타자를 극복하고 자신으로 되돌아오는 정신의 변증법적 자기운동이라 표현한다.

> "이렇게 볼 때 정신의 완성이란 곧 자신의 있을 바 그 참 모습을, 즉 그의 실체를 완전히 깨우치는 데 있으므로 모름지기 이러한 지(知)는 정신이 자체 내로 지향함을 뜻하거니와 이럼으로써 또한 정신은 끝내 자기의 현존재로부터 이탈하여 그 자신이 지금까지 가꾸어온 형태를 내면화하고 또 기억의 장으로 넘겨주기에 이르는 것이다."
>
> — 헤겔, 『정신현상학』 —

헤겔이 말하는 정신의 자기운동의 전개과정은 절대정신의 완성으로 실현된다. 절대정신의 모습으로 나타난 정신의 완성은 사실 정신의 자기 자신에 대한 완전한 이해를 의미한다. 이러한 이해는 현재에 머무르는 정지된 것으로서의 자신에 대한 인식이 아닌, 앞으로 있어야 할, 미래 지향적인 의미에서의 자기 자신에 대한 인식인 것이다. 이것은 정신의 자기 인식이지만 시간상으로 보아 자기 전개가 끝난 후의 자기 인식이다. 즉 절대정신의 완성이다.

헤겔이 말하는 절대정신의 실현은 그 자신 완벽한 것으로 자기 내에 있는 자기 외의 외부의 모든 것, 즉 내부의 타자를 지양한 상태로 자신 안에 총체성을 담고 있는 정신이다. 이렇게 볼 때 정신의 총체성은 곧 정신의 대상으로 존재하는 타자들을 극복하여 수용하는 과정에서 얻어지는 것으로, 이것은 정신이 자기 스스로를 들여다보고 인식함으로써 이루어지는 내면화와 동시적으로 일어난다. 이 과정의 끝이 곧 절대정신인 것이다. 헤겔은 절대정신이 세계역사를 통하여 끊임없이 변화와 수정을 거듭해 와 자신의 시대에 정신의 완성이 현실화되었다고 주장하였다.

헤겔의 『정신현상학』 마지막 부분을 장식하는 절대정신에 관한 설명에서 이것은 세계를 초월한 어떤 이상적인 정신이 아니라 현실 속의 진리이며 현실이 그 확실성을 증명하는 정신이라고 한다. 절대정신은 곧 인간의 역사를 끌어가고 완성하는 정신이고, 역사는 곧 현실이기 때문이다. 다시 말하면 정신에서 절대정신에로의 이행 과정을 보면 우선 정신이 현실 속에서 자유롭게 보존되어 나타난 것이 역사이다. 그리고 이렇게 '보존된 역사'를 정신이 개념적으로 다시 파악한 것이 '현상 일반에 대한 지식들에 관한 학문'이 된다. 그런 다음 이들 양자가 변증법적으로 지양되어 '이해된, 파악된 역사'로 드러나는 것이 정신이 현실 속에서 온갖 고통을 이겨내고 획

득한 최종의 완성으로서의 '골고다의 영광'이며, 이는 곧 절대정신
이다. 헤겔은 쉴러의 시, 「우정」을 인용하여 다음과 같이 절대정신
을 노래한다.

"정신의 왕국이라는 술잔에서
절대정신의 무한성이 거품처럼 부풀어 오르네."

2. 이성(理性, reason, Vernunft, raison)

① 플라톤에 의하면 이성은 법과 질서이며, 영혼의 길이다

"'실재하는 빠름'과 '실재하는 느림'이 참된 수와 온갖 참된 도형(圖形, schēma)에 있어서 상호 간의 관계 속에서 운동하며, 아울러 그 안에 실재하는 것들을 운동시키는 그런 운동들에는 말일세. 이것들이야 말로 이성(logos)과 추론적 사고(dianoia)에 의해서 파악되는 것들이지. 시각에 의해서는 파악되지 않는 것들이네. …… 우리가 개개인을 용기 있는 사람이라고 부르는 것도 이 부분에 의해서, 즉 그의 격정적인 부분이 두려워하는 것과 두려워하지 않을 것으로서 이성이 지시하여 준 것을 고통과 쾌락을 통해서도 끝끝내 보전하게 될 때라고 나는 생각하네."
— 플라톤, 『국가』 —

플라톤 이전의 그리스 자연철학자들은 자연의 근원을 물질에서
찾았기 때문에 물체로부터 나와서 정신으로 들어가는 감각에 의한
이미지들 외에는 알 수 없다고 생각하여 이성과 감각을 동일시하
거나 적어도 약간의 정도의 차이가 있을 뿐이라고 생각하였다. 그

래서 이들은 이성이 감각처럼 물질적인 어떤 것이며, 물질과 같은 이성이 같은 성질의 물질을 지각하고 판단하는 것이라고 생각하였다. 이성과 감각을 동일한 것이라고 보았던 그리스의 자연철학자들과는 달리 플라톤은 이성과 감각은 서로 다른 것이라고 말한다.

플라톤은 그의 『국가』에서 이성을 능동적으로 판단하고 지시하는 능력으로 설명하는 반면에 감각은 수동적인 능력이라고 주장하면서 이들을 엄밀히 구별한다. 그에 의하면 사람들이 눈에 보이는 것들 가운데서 가장 아름답고 가장 정확한 것들을 찾아낼 수 있다고 믿는 것은 잘못된 것이다. 예를 들면 사람들은 장대비가 한바탕 쏟아진 후 하늘이 더 푸르고, 먼 산들이 더 아름답고 정확하게 보인다고 믿는다. 이러한 믿음은 사실과 관계없이 우리가 보는 것에 의해서 판단하고 느끼는 것으로 대부분 시각에 의존한 믿음이다. 그러나 플라톤은 이렇게 환경과 주관적 느낌에 의해서 영향 받는 감각적 지식과 판단은 참된 인식에 미치지 못한다고 주장한다. 참된 인식은 눈에 보이고 손으로 만질 수 있는 대상을 넘어서 감각에 의해 파악될 수 없는 대상들을 아는 것이기 때문이다. 그에 의하면 참된 것들은 현상적으로 또는 순간적으로 나타나는 운동이나 변화가 아니다. 바로 우리의 눈앞에 나타나는 현상들을 가능하게 하는 운동들에 관한 지식만이 참된 인식이다. 우리로 하여금 이러한 참된 인식에 도달하도록 하는 것이 바로 이성의 능력이라고 말한다.

플라톤은 이성은 단순히 보고 느끼면서 즉각적으로 갖는 생각이 아니라, 현상과 사물에 대한 추론적 사고를 통해서 판단하고 지시하는 능력이라고 설명한다. 그에 의하면 또한 이성은 옳은 것이 무엇인가를 판단할 뿐만 아니라 자신이 옳다고 생각하는 것을 행하도록 자신에게 지시한다. 그래서 용기 있는 사람은 고통과 쾌락에 대한 유혹을 극복하고 옳다고 판단한 것을 끝까지 추구하면서 이를 실천에 옮기려고 노력한다. 플라톤이 생각하는 올바른 것이 어떤 것인가를 판단할 수 있는 이성은 그래서 자신을 잘 지배하고 조절하며 스스로를 통솔하고 나아가 자신을 잘 조화시키는 능력이다. 그러므로 이성은 참된 것과 거짓을 구별하는 예리한 판단능력이기도 하지만, 동시에 자신을 조화로운 인간으로 만들어가는 행동하는 힘이다. 플라톤은 이러한 생각을 국가에도 적용시켜 이성에 의한 절제와 용기를 갖춘 인간, 그리고 이러한 인간상을 바탕으로 한 조화로운 국가를 지상의 목표로 생각한다.

"그러면 괴로움에 대해 저항하도록 지시하는 것은 이성(logos)과 법(nomos)이지만, 그 쪽(부끄러운 것을 행하는 일)으로 이끄는 것은 감정(pathos) 자체가 아닌가?" …… 그리하여 마침내 하고자 하는 바를 성취하거나, 죽기까지는, 또는, 마치 개가 목자(牧者)에 의해서 진정되듯, 자신에게 있는 이성(logos)의 불러들임에 의해서 진정되기 전까지는 고귀한 행동을 중단하는 일이 없지 않겠는가?

― 플라톤, 『국가』 ―

플라톤은 인간을 몸과 영혼이 결합된 존재로 정의하면서, 그러나 영혼이 몸과의 결합상태를 벗어날수록 더욱 순수해지고, 지혜로워진다고 말함으로써, 영혼과 몸이 서로 대립되는 것으로 말한다. 즉 영혼은 몸을 통해서 일어나는 욕망에 사로잡힌 것이므로 여기에서 벗어날수록 인간의 영혼은 진실을 파악할 수 있다는 것이다.

플라톤이 말하는 영혼(psyche)은 원래 숨, 목숨을 뜻하는 것으로, 생명, 넋을 넘어서 자아, 인격 또는 심리적 상태를 포함하는 것으로 마음 또는 정신으로 말할 수 있다. 그러나 영혼이 몸의 욕구와 욕망을 억제하고 통제하는 역할을 맡고 있지만, 항상 냉철하고 합리적이기만 한 것은 아니다. 영혼 또한 몸과 결합되어 있는 이상 욕망의 충족과 쾌락을 추구하고 싶어한다.

영혼의 또 다른 특징은 감정에 대립되지 않고 오히려 도움을 주지만, 냉철한 판단이 내려지기 이전에, 옳다고 생각하는 것을 감정적으로 실행하려는 격정이다. 이러한 격정은 용기나 기개와 같은 것이다. 예를 들어서 누군가가 부당한 대우를 받거나, 사회적 불의에 대하여 (우리에게 직접적 관계가 없다 할지라도) 불같이 화를 내는 행동은 이성적 판단에 따른 것이라고 할 수는 없지만, 개인의 욕구나 욕망에 따른 것도 아닌 것은 분명하다. 플라톤은 이러한 용기 있는 격정은 영혼의 능력을 강화시키고 보조한다고 말한다.

그러나 영혼의 최대의 능력은 바로 이성에 있다. 플라톤은 영혼을 몸으로부터 최대한 멀리 떨어져서 순수한 상태를 만들어가도록 하여야 할 이유를 바로 이성에서 찾는다. 영혼이 순수하고 명백해진다는 것은 곧 추론(logismos)의 능력을 뜻하는 것으로 이성(logos)의 고유함이기 때문이다. 우리가 눈으로 보거나 듣거나 만질 수 없는 것은, 즉 감각적으로 알 수 없는 것은 생각을 통한 추론에 의해서 알 수밖에 없으며, 영혼은 이러한 것들에 대한 진실을 알고자하는 것이다. 다시 말하면 우리가 진리에 이르는 것은 이성을 통해서이며 영혼은 이러한 이성의 인도에 의해서 욕망의 방해를 이겨낼 때, 진실로 존재하는 것에 이르게 된다.

또한 플라톤에게 있어서 참된 것을 추구하는 일은 이성이 바라는 일을 그대로 따르는 것이다. 이것이 법이고 질서이다. 일어난

일에 대해서 이성이 요구하는 방식에 따라 행동을 하는 것이 가장 바를 행동이라는 것이다. 예를 들어서 큰 사고를 당한 아이의 상처를 붙잡고 울부짖으면서 시간을 보내기보다는 빨리 병원으로 옮긴다든지 하는 식으로 사고에 대처하는 것이 더욱 더 이성적인 일이다. 따라서 플라톤에게 있어서 이성은 법과 질서의 세계에 속하지만, 감정은 혼란과 무질서의 영역이다. 그래서 그는 이성적으로 행위하는 것과 법률에 따르는 행위를 동일하게 생각한다. 그에 의하면 법과 질서에서 가장 멀리 떨어진 것들은 이성에서 가장 멀리 떨어진 것들이다.

② 아리스토텔레스에게 있어서 이성은 보편개념을 만들어내는 빈 칠판과 같은 것이다

"이성이 신체와 결합되어 있다는 것은 불합리하다. 만일 결합되어 있다면, 이성은 차거나 뜨거운 성질을 갖게 되며, 감각적인 능력들처럼 기관을 갖게 될 것이다. 그러나 그러한 것은 없다. …… 모든 자연 안에는 질료와 같고, 기능적으로 유(類)안에 있는 모든 것의 요소가 있으며, 원인이고 행위자로서 그 안에 있는 모든 것을 만드는 어떤 것이 있다. (기술이 그것의 재료와 관계하듯이) 그래서 영혼 안에도 그러한 구별들이 있어야만 한다. 모든 것이 될 수 있는 것으로서의 이성이 있다. 그리고 빛처럼 일종의 상태로서 모든 것에 작용을 하는 것이 있다. 빛은 어떤 방식으로 가능적인 색을 현실적인 색으로 만들기 때문이다."
— 아리스토텔레스, 『영혼에 대하여』 —

아리스토텔레스는 이성이 우리의 몸과 결합되어 있는 어떤 것이라는 주장에 대하여 반박한다. 왜냐하면 이성이 신체와 결합되어 있다는 것은 곧 이성이 물질적인 성질을 갖는 것을 의미하는 것으로, 물질과 같이 공간을 차지하여야 하기 때문이다.

이러한 생각을 바탕으로 아리스토텔레스는 이전의 철학자들과 달리 이성과 감각을 구분한다. 그는 감각은 신체와 깊게 관련되어 있기 때문에 대상이 가진 제한된 조건을 벗어날 수 없다고 한다. 다시 말하면 우리 앞에 놓여 있는 대상이 보여주지 않는 것, 또는 갖고 있지 않는 것을 감각적으로 알 수는 없다. 그래서 감각에 의한 지각은 물질의 개별적 제한과 더불어 나타난다. 그러나 이성은 눈, 코, 귀와 같은 감각기관과 달리 신체에 속하지 않으며(기관에 의한 능력이 아니라는 점에서), 따라서 다른 어떤 것과 혼합되지 않는다. 이성은 신체적인 능력이 아니라 영혼 자체의 능력으로서 물질로부터 자유롭고 순수한 것이다. 이성은 모든 것의 위에서 모든 것을 알기 위해서 모든 것으로부터 자유로운 정신적인 것이어야 하는 것이다. 이성이 만약 다른 것과 혼합되어 있다면 다른 것을 지배하고 아는 데 방해가 되기 때문이다.

아리스토텔레스는 이성이 감각과 달리 스스로 사유하는 정신성이라는 것을 감각과의 비교를 통해 잘 보여준다. 감각들은 하나의 신체적인 성질로서 그 기관이 가진 특별한 감각적인 성질을 떠나 대상을 파악할 수 없다. 예를 들면 청각은 소리를 듣고, 시각은 색을 보게 된다. 이들의 역할은 어떤 경우에도 서로 바꿀 수 없다. 고정된 대로 그대로 받아들여야만 한다. 그래서 아리스토텔레스는 감각에 의한 작용을 정신의 능력이라고 보지 않는다. 감각은 공간이나 시간 안에 들어오지 못하는 것은 받아들이지 못한다. 우리의 신체기관이 가진 능력을 넘어서는 것들은 수용하지 못한다는 것이다.

이성은 신체와 결합되지 않음으로 해서 감각과 다른 능력으로서 이성 자체가 스스로 능력을 가지고 있음을 보여준다. 이와 같이 아리스토텔레스는 이성이 영혼 자체의 힘으로서 신체와 달리 물질성을 갖지 않는 순수한 정신적인 능력이라고 주장한다.

아리스토텔레스에게 있어서 순수한 정신성으로서의 이성은 모든 것이 될 수 있는 가능성으로서의 이성이며 동시에 대상에 의해서만 현실 속에서 작용할 수 있는 사유의 능력이다. 다시 말하면 이성은 무엇을 생각하거나 대상을 이해하기 전에는 현실 속에서 구체적으로 일정한 모습을 갖추고 실재하는 것이 아니다. 이성은 단지 기능적으로만 있는 것이며, 스스로 물질처럼 특정한 본성을 갖지 않는다. 그래서 아리스토텔레스는 이성을 현실적으로 아무것도 쓰여 있지 않은 칠판에 비유한다. 아직 아무것도 쓰이지 않은 칠판에는 모든 것이 쓰일 수 있는 가능성이 있지만, 쓰이기 전까지는 빈 칠판에 지나지 않는다. 마찬가지로 이성은 기능적으로 모든 것에 대하여 사유하지만 실제적으로 사유하기 전에는 사유 대상과 어떤 관계도 맺을 수 없는 것이다. 즉 우리가 친구에게서 받은 장미꽃이나 친구에 대하여 생각하기 전에는 장미꽃이나 친구와의 관계는 생각 속에서 이루어지지 않는다. 그러면서도 이성은 자신이 원하면 빛처럼 모든 것에 작용하여 자신의 능력을 발휘하는 정신적인 활동이다.

"이성적인 능력은 판타즘 안에서 형상을 이해한다. …… 각각의 사유의 대상들은 질료를 가진 사물들 안에 기능적으로 들어 있다. …… 소위 어떤 사람이 '들창코'를 이해할 때처럼, 당신은 추상적인 것을 이해한다. 들창코인 한 분리되지 않지만, 그것이 곡선인 한 그것은 분리된다. 그때 이성이 현실적이라면 정신은 곡선을 그 안에 곡선이 존재하는 살로부터 떼어놓고 생각한다. 그래서 이성은 수학적인 대상을 이해하면서 분리되지 않은 사물들을 분리된 것으로 이해한다."

— 아리스토텔레스, 『영혼에 대하여』 —

아리스토텔레스는 인간이 신체의 한 부분이 아닌 이성을 통해서 사유하기 위해서는 이성이 물질적인 사물들과 관계를 맺어야 한다고 생각한다. 왜냐하면 이성은 감각이 주는 이미지를 이해해야 하기 때문이다. 대상이 우리에게 주는 이미지는 사물의 질료 그 자체는 아니지만 사물의 질료와의 관계에서 생겨난다. 그러므로 이성이 대상을 이해하기 위해서는 질료에만 머무르지 않고, 오히려 질료로부터 벗어나야 한다. 질료로부터 벗어난다는 말은 질료로부터 이성이 얻을 수 있는 사물의 형상을 따로 떼어 이해하는 것을 의미한다. 즉 이성능력은 집, 책상과 같은 구체적인 사물을 통해서 집과 책상의 형상을 파악하고 이 사물들이 만들어진 질료를 벗어나서 집과 책상이라는 일반적 의미를 이해하는 것이다. 아리스토텔레스는 이러한 이성의 작업을 추상이라 한다. 그래서 이성이 사물을 이해한다는 것은 이성이 추상작용에 의해서 구체적인 사물로부터 보편적인 것을 만들어낸다는 것이다. 이러한 과정은 다음과 같다.

아리스토텔레스에 의하면 인간이 감각을 통해 여러 가지 성질들을 느끼게 되면, 이들을 공통으로 묶어서 하나의 개별 대상을 지각하게 된다고 한다. 예를 들면 우리는 하나의 책상이나 집을 보거나 만져봄으로써, 이것을 구체적으로 알게 된다. 이를 통해서 책상과 집이 어떠하다는 이미지(표상)를 갖는다. 지각은 대상에 대한 이미지를 만들어낸다. 그러나 지각이 만든 상들이 모두 이성에 무조건적으로 들어오는 것은 아니다. 능동적인 이성이 감각의 상들에서 보편적인 것을 추려내어 이를 사유의 대상으로 이해하게 되는 것이다. 그래서 아리스토텔레스는 개별자가 그대로 이성에 알려질 수 없고 추상화되어야 이성과 교제할 수 있다고 한다. 이렇게 보면 이성의 추상작용은 이성이 직접적으로 만날 수 없는 질료로부터 이성이 알 수 있는 것을 분리해내는 것으로, 달리 말한다면 보편적인 개념을 만드는 것이다.

아리스토텔레스는 보편적 개념을 만들어내는 추상작용을 수학적 대상을 통해 설명한다. 왜냐하면 수학적 개념이야말로 사물과 분리되어야 이해될 수 있는 가장 분명한 예를 보여주기 때문이다. 우리의 이성이 '들창코'를 '납작하고 위로 올라가는 코'로 이해하여 오뚝 솟은 코가 아닌 납작하게 곡선을 그리는 코를 의미하게 되면, 실제적인 들창코에서 분리된 곡선 개념을 추상한 것이다. 그래서 이제 코를 떠나 곡선만을 사유할 수 있게 된다. '코'에도 마찬가지 논리를 말할 수 있다. 구체적인 수없이 많은 모양의 코들에 대한 지각을 통해 이성은 '코'라는 개념을 만든다. 이렇게 개념을 만든 후에 사용되는 '코'는 구체적인 개별적 코들을 포함한 '보편적인 코'가 되는 것이다. 그래서 우리는 일반적으로 사용되는 '코'라는 개념을 갖게 되고 이를 사용한다. 이와 같이 이성은 질료로부터 개념을 추상화해서 사용가능한 개념을 만드는 능력이다.

③ 데카르트에 의하면 이성은 인간의 조건이다

"이성 즉 양식만이 우리를 인간되게 하는 것으로서 우리를 짐승들로부터 구별되게 하므로 나는 사람마다 그것이 온전히 갖추어져 있다고 믿고 싶으며 ……."
— 데카르트, 『방법서설』 —

"내가 지금까지 옳다고 생각하여 받아들인 모든 견해에 관하여는, 한 번 그것들을 깨끗이 버리고, 그러고 나서, 좀 더 좋은 견해를 채택하거나, 혹은 전과 같은 견해라도 이성의 기준에 비추어 바로잡은 후에 다시 받아들이거나 하는 것이 제일 좋다는 것을 절실히 느꼈다. …… 이 방법이 나를 가장 만족시킨 점은 내가 모든 일에 있어서 내 이성을, 완전하게는 아니지만, 적어도 내 힘이 미치는 한 가장 잘 사용한다고 확신한 것이었다."
— 데카르트, 『방법서설』 —

데카르트를 근대철학의 아버지라고 부르는 이유 중에서 가장 중요한 것은 그가 이성을 근거로 철학하기를 시작했다는 점이다. 이성이 보편적이라는 확신을 가졌던 데카르트는 다른 어떤 것도 전제하지 않고 오직 생각하는 힘, 이성을 근거로 하여 철학의 원리를 규명하고 근본명제들을 정리하여 근세철학의 길을 위해 기초를 세웠다. 데카르트는 '이성을 선도하고 학문 속에서 진리를 발견하기 위한'이라는 부제를 붙인 그의 『방법서설』에서 "나는 내가 가장 확실한 것으로 인정하지 않는 어떤 것도 참이라고 받아들이지 않는다"는 규칙을 가지고 자신의 철학적 사색을 출발한다.

데카르트가 생각한 이성의 기능은 잘 판단하는 것으로, 참과 거짓을 구별하는 것이다. 참과 거짓을 구별하는 이성은 인간과 동물을 구별하는 능력이기 때문에, 데카르트는 이성이 인간이면 누구에게나 고유한 것이라는 사실로부터 이성이 모든 인간에게 보편적으로 주어졌다는 결론을 끌어낸다. 이러한 이유에서 그는 인간의 이성을 인간의 양식(bon sens)과 같은 것으로 생각한다. 따라서 그는 이성을 인간의 조건이라고 생각한다. 누구나 평등하게 가진 이성적 능력에도 불구하고 서로 다른 의견을 갖게 된 것은 이성을 누가 더 많이 가졌느냐, 적게 가졌느냐의 차이에서 나오는 것이 아니라 그것을 어떻게 사용하느냐에 따라 달라지기 때문이라고 한다. 데카르트는 인간의 고유한 특징으로서의 이성에서 핵심적 문제는 그것을 어떻게 잘 사용하느냐 하는 문제라고 주장한다.

데카르트는 서재에서 책만 넘기는 "학자의 사색이란 아무런 결과도 낳지 못한다"는 생각에서 이 세상을 확신을 가지고 살아가기 위하여 참된 것과 거짓된 것을 가려낼 줄 아는 이성의 방법을 탐구한다. 그는 여러 가지 경험을 하면서, 지금까지 옳다고 믿어온 것의 대부분이 습관 혹은 다른 사람의 생각을 그대로 답습한 것에 지나지 않았다는 것을 알게 되면서 이로부터 벗어날 방법을 추구한다. 그래서 데카르트는 관습이나 선례 등을 통해 갖게 된 잘못된 인식들을 버리고 자신의 이성에만 의존하여 "혼자 흑암 속을 걸어가는 사람처럼 천천히" 참된 방법을 찾기 시작한다.

데카르트는 참된 이성적 방법, 즉 "이미 가장 단순하고 알기 쉬운 것부터 시작" 하기 위하여서 수학적 방법으로부터 출발한다. 수학은 확실한 논증에 근거해서 다루어지고 있었기 때문이다. 그가 스물 세 살의 젊은 나이에 찾아낸 이성에 근거한 방법은 네 가지 규칙으로 요약된다. 첫째, 이성이 분명하게 참되다고 하지 않는 것은 어떤 것도 받아들이지 않는다. 이 규칙은 편견을 피하고 속단하지 말 것을 가르치는 것으로 우리의 이성이 명석하고 판명하다고 하는 것만을 받아들인다. 둘째는, 어려운 문제일수록 가능한 한 그것을 작은 부분으로 나누어 생각할 것. 이 규칙은 복잡한 것을 분리하여 문제를 단순한 부분들로 나눌 것을 말한다. 오늘날의 분석적 방법에 해당한다. 셋째는, 생각을 계단을 따라 오르듯 순서를 따라 진행시킨다. 가장 알기 쉽고 가장 단순한 것에서 시작하여 복잡한 것에로 나아가야 한다. 설사 순서가 없어도 순서가 있는 것처럼 진행시켜야 한다고 말한다. 마지막으로 넷째는, 인식의 모든 과정에서 부분을 모두 열거하여 빠진 것은 없는가를 확인하고 이를 전체적으로 항상 통관해야 한다. 그래서 전체에 대해 항상 분명한 확신을 가지고 진행시켜야 한다. 데카르트는 인간이 이러한 방법에 따라 사색하게 되면 우리의 힘이 미치는 범위 안에서 이성을 가장 잘 사용할 수 있다고 확신한다.

그는 우리가 이러한 규칙에 따라 생각하고 판단하면 오류를 피할 수 있다고 주장한다. 우리가 오류를 범하게 되는 것은 이성이 이해하지 않은 것에 대하여 옳고 그름을 판단하기 때문에 일어난다고 말한다. 그래서 오류를 막으려면 이성이 진리라고 아직 생각하지 않은 것에 대해서는 판단하기를 삼가야 한다는 것이다. 다시말하면 옳다는 확신이 들 때 비로소 옳은 것이라는 판단을 내려야 하며, 그 판단의 주체는 나의 이성이어야 한다.

④ 칸트에 의하면 이성은 인식을 체계적으로 통일시키는 최고의 인식 능력이다

"우리의 모든 인식은 감관에서 출발하여 오성으로 나아가고 이성에서 종결된다. …… 이성은 결코 직접 대상에 관계하지 않고 단지 오성에 관계한다. 따라서 이성은 객관의 개념들을 창조하지 않고 개념들을 정돈하여 개념들에 통일을 준다. …… 이성의 통일은 항상 이념을 전제로 한다. 즉 인식 전체의 형식이라는 이념을 전제로 한다."

- 칸트, 『순수이성비판』 -

"이념은 일반적으로 인식에다 특수한 종류의 통일을, 다시 말해 체계의 통일을 줄 수 있는 것이다. 따라서 선험적 이념들은 이성 본래의 본분, 즉 오성사용의 체계적 통일의 원리로서의 이성의 본분을 표현한다. …… 최고 실재는 하나의 선험적 이상이다. 이것은 만유에서 발견되는 철저한 규정의 근저에 있는 것으로서, 만유를 가능하게 하는 최상의 완전한 질료적 제약이 되는 것이다. 그리고 대상일반에 관한 온갖 사고는 대상의 내용면으로 보아서 반드시 이 제약에 귀착하게 된다. 이것은 인간의 이성이 느낄 수 있는 유일한 진정한 이상(Ideal)이다."

- 칸트, 『순수이성비판』 -

칸트의 이성 개념은 오성을 포함하는 넓은 의미의 이성으로 사용하는 경우도 있어 매우 복잡한 개념이다. 칸트는 인간이 무엇인가를 알기 위해 사용하는 능력을 감성, 오성, 그리고 이성의 능력으로 구분한다. 먼저 어떤 것에 대한 인식이 가능하기 위해서는 먼저 감각기관에 의해 지각되고 이것이 오성에 의해 정리되어 종국에는 이성이 이 모든 것을 통일해야 한다는 것이다. 다시 말하자면 우리가 어떤 것을 완전히 안다고 하는 것은 감각적 지각 → 오성 → 이성의 세 과정을 통해서 일어나는 종합적인 과정이다. 이러한 점에서 이성은 감성과 오성의 능력과 구별된다. 따라서 인식에 있어서 감성과 오성은 우리가 경험하는 대상과 직접 관련하는 것으로, 이해의 원천(인식 재료를 제공한다는 점에서)이다. 이에 비해 이성은 대상과 직접 관계하지 않고 오성과 오성이 내린 판단을 바탕으로 활동하는 것으로, 우리가 경험으로부터 시작하는 인식의 내용을 조직하고 통일시키는 역할을 한다.

다시 말하면 감성은 대상과 만나는 최초의 창구 역할을 담당한다. 대상이 우리의 오관의 감각을 자극하는 방식에 따라 우리는 이미지를 얻는 것이다. 그런데 이 자료는 아직 정리되지 않은 다양하고 혼합된 잡다한 내용을 갖는다. 여기에 오성의 능력이 작동한다. 오성은 자신이 보유한 개념(칸트의 범주 개념 참조)을 통해 이 잡다한 것들을 규정하고 통일 시킨다. 이 과정을 통해 잡다한 자료들이 구체적 인식을 위해 필요한 자료로 정리된다. 그래서 모든 인식은 우선 감성과 오성에 의해 일차적으로 성립되며, 인식을 위한 개념이 정립된다.

그러나 칸트는 여기서 인식이 완성된다고 보지 않는다. 그는 오성에 의해서 이루어진 다양한 인식들이 어떻게 서로 관련을 맺어야 하나의 완성된 인식이 될 수 있는가 하는 데 있어서 이성 작용이 필요하다고 생각한다. 칸트에 의하면 이성은 감성과 오성들 위에 있는 능력으로서 최상의 인식능력이기에, 위의 두 능력을 조절하는 인식의 원리이다. 다시 말하면 이성은 경험으로부터 시작되는 이해능력인 오성에 관여하여 오성이 만들어낸 개념들을 정리하고 그 개념들에 통일을 주면서 체계를 세운다. 물론 오성도 인식을 위해 인식 대상에 법칙을 부여하여 통일시키는 작업을 하지만, 이 둘의 통일 작업은 그 내용상 서로 전혀 다르다.

예를 들어 종이 위에 잉크가 번지고 있다고 생각하자. 여기서 우리가 그 현상을 통해 감각적으로 가볍고 희고 사각의 도형 모양의 종이, 그 위에 흐르는 검은 색의 액체 등등을 받아들이는데, 칸트에 의하면 이들은 위와 같은 성질로 개념화되기 전에는 잡다한 것들에 불과한 것이다. 검은 액체, 흰 종이라고 우리가 이미지를 가질 수 있는 것은 다양한 표상들이 먼저 오성에 의해 통일되고 질서 있게 되었기 때문에 가능하다는 것이다. 오성 작용은 '그 잉크', 그리고 '그 흰 종이'라는 개념을 만들어낸다. 이러한 방식으로 우리의 오성은 감각 자료들을 범주와 결합하여 '이 책', '이 컴퓨터' 등의 개념을 만든다. 이렇게 오성은 감각들을 개별적으로 통일시켜 다양한 객관적 개념들을 만들어낸다.

이렇게 해서 잡다한 표상들로부터 개념이 되었지만 아직 체계화된 인식에는 도달하지 못했다고 칸트는 판단한다. 이성에 의한 인식의 통일은 오성이 만들어낸 개념에 서로 연관을 지어 체계를 만드는 통일이다. 여기서 이성의 사유의 능력이 강조된다. 다시 말하면 이성은 개별적인 개념들에 대한 인식을 넘어서서 '인식에 관한 전체'를 그 대상으로 삼는다. 이성은 이제 앞에 놓여 있는 "그 흰 종이"와 "이 책"이라는 질료를 벗어나서, 즉 대상과의 관계를 떠나서 순수한 상태에서 "흰 종이"와 "책"이라는 보편적 인식에 이르는 능력으로 행위에까지도 영향을 미치게 된다. 그래서 종이 위에 번지는 잉크를 어떻게 처리해야 할 것인가를 결정하고 이에 따라 행동한다. 이러한 의미에서 이성은 순수하고 실천적이다. 따라서 이성만이 인간에게 대상과 직접 관계를 맺지 않고도 생각할 수 있는 자유, 정의 또는 신에 대한 사유를 가능하게 한다. 칸트는 이렇게 경험을 초월하여 작용하는 이성능력을 근거로 하여 인간의 도덕성과 윤리적 가치를 확신하게 된다.

⑤ 헤겔에 의하면 이성은 신의 표상이며 따라서 자유이며 실체이다

> "이성은 자유로이 자기 자신을 규정하는 사유이다. 이성은 실체인 동시에 무한한 힘이며, 모든 자연적 생활과 정신적 생활을 산출하는 이성 자체의 무한한 소재인 동시에 무한한 형상. 이 이성에 대한 내용의 진행이라고 하는 것이 철학에 있어서는 사변적 인식에 의해서 증명되기 때문이다."
>
> — 헤겔, 『역사철학 강의』 —

> "특히 학문적인 연구를 할 경우에는 항상 이성을 잠자게 하지 말고, 숙고하게 하라. 세계를 이성적으로 보는 자에 대해서는 세계도 역시 이성적인 모습을 제시한다. …… 이성이 세계를 지배하고 있다. 따라서 세계사도 역시 이성적으로 진행되고 있다."
>
> — 헤겔, 『역사철학 강의』 —

헤겔에게 있어서 이성은 인간의 정신이 스스로를 최고의 형태로 실현한 모습이다. 정신의 가장 고양된 모습으로서의 이성은 따라서 개인적이고 주관적인 능력이 아니라 절대적이고 보편적인 정신활동이다. 인간의 정신 활동은 자신이 처한 상황과 환경 속에서 경험을 바탕으로 이뤄지지만, 그러나 경험을 통해서 얻어진 내용을 정리하고 종합함으로써 새로운 자기실현으로 나아간다. 즉 지금까지의 자신의 지식을 변화시키면서 새로운 인식을 통해서 대상을 변화하게 하며, 이에 따라서 대상과 관계도 달라진다. 세계는 곧 '나'의 정신활동에 의해 이뤄지는 것이며 나의 정신활동은 세계의 주체가 된다.

세계를 변화시키고 진보하도록 하는 것은 이렇게 진보하고 실현하는 절대적 인식과 무한한 성장을 위해서, 스스로 모든 것을 결정하고 진행해 나가는 '자유정신' 없이는 불가능하다. 그러므로 헤겔에 있어서 이성은 곧 자유이다. 그는 다시 자유를 '필연에 대한 이해'라고 말한다. 자유는 모든 것을 마음대로 하는 주관적 판단이 아니라 관련 법칙을 아는 것이다. 예를 들면 인간이 전기가 발생하는 과정에 대해 아무것도 모를 때 벼락은 신의 분노로서 이해될 수밖에 없었던 것이다. 그러나 자연의 필연적 법칙에 대하여 알면서 인간은 신의 분노에 대한 공포로부터 자유로울 수 있게 되었다.

이성은 우연 속에 숨겨진 필연을 찾아내고, 무질서한 자연 세계에 질서를 부여하면서 세계를 지배하게 된다. 그래서 이에 따르면 이성은 전능하므로, 스스로 무한한 힘이며, 자신과 관계하는 것을 변화시키며, 오직 스스로의 힘으로만 변화하므로 실체, 즉 진실로 있는 것이다. 우리가 살아가는 세계 속에서 일어나는 모든 것은 이성이 자신을 드러내고 표현하는 도구이며 수단이다. 즉 이성은 현실세계를 통해서 모습을 나타내고 이러한 의미에서 역사는 이성에 의해서 진행된다.

절대적이고 전능한 이성을 통해서 인간은 창조물로서가 아니라, 지배자로서 절대자의 위치에 오르게 되면서 인간과 절대자는 차이가 없게 된다. 인간의 이성이 인간을 신적 존재로 만들기 때문이다. 이성이 지배하는 세계는 따라서 합리적이며, 최선의 것이 될 수밖에 없다. 그러나 헤겔이 주장하는 이성은 때때로 인간을 기만하고, 개별적인 인간들은 희생되기도 한다. 이성은 절대적 권한을 가진 지배자이기는 하지만 자신의 목표를 달성하기 위해서는 개별적이고 구체적인 도구가 필요하고, 도구는 목표를 위해서 희생되기 때문이다. 이러한 의미에서 역사적인 인물들은 (예를 들면 케사르나 나폴레옹) 절대 이성의 필요에 의해서 선택된 도구일 뿐이다. 이성이 뛰어난 열정을 가진 개별적 영웅들을 통해서 추구하는 것은 자신의 발전과 진보일 뿐이다. 헤겔은 이성의 이러한 교활함을 '이성의 간지'라고 말한다.

　다시 말하면 헤겔에 의하면 이성은 모든 것을 포함하며, 모든 것의 안에서 우리가 살고 있는 세계를 만들어내는 힘이다. 따라서 이성은 역사적으로 논리적으로 항상 정당하다. 우리는 이성의 합리성을 다만 이해하지도 또 다 알지도 못할 뿐이다.

⑥ 아도르노와 호르크하이머에 의하면 현대의 도구화된 이성은 스스로를 파괴한다

"이성 자체가 모든 것을 포괄하는 경제 기구의 단순한 보조 수단이 됨으로 말미암아, 주체가 의식으로부터 제거된 후 즉물화된 형태인 '기술적 과정'은 신화적 사유의 다의성으로부터도, 또한 모든 의미로부터도 자유롭게 된다. 이성은 다른 모든 도구를 제작하는 데 소용되는 보편적인 도구로 쓰인다."

　　　　　　　　　　　　　　 — 아도르노/호르크하이머, 『계몽의 변증법』 —

"사유는 '반성'의 계기를 상실했으며, 기계는 오늘날 인간을 먹여 살리기는 하지만 인간을 불구로 만든다. 기계의 형태를 취하는 소외된 '합리적 이성'은 하나의 사회, 즉 물질적이면서 또한 지적인 장치로 굳어진 사유를 해방된 삶과 화해시키고는 이 사유를 사유의 실제적 주체인 사회 자체와 연관시키려는 사회를 향해 나아간다."

— 아도르노/호르크하이머, 『계몽의 변증법』 —

아도르노와 호르크하이머에 의하면 스피노자의 "자기를 유지하려는 노력은 덕의 유일한, 또는 제1의 기초다"라는 생각은 서구의 문명역사를 이끌어 온 지도이념이며, 자연과의 관계를 맺는 서구적 방법의 원칙이다.

이러한 주장 속에서 계몽주의자들과 프로테스탄트주의자들은 이성을 절대적으로 숭배하고 자신의 보존을 위해서 지배를 목적으로 하는 논리를 정당화할 수 있는 근거를 발견하였다. 이에 따르면 나를 둘러싼 모든 대상은 이성적 근거를 가질 때에만 받아들일 수 있는 것이며, 의미 있는 것으로 인정된다. 다시 말하면 나와의 관계 속에서만 대상은 가치를 가지며, 대상의 의미는 나의 이성에 의해서 결정되는 것으로 '나'에 있어서 대상은 궁극적으로 지배하기 위해서 있는 것이 된다.

그래서 계몽적 이성은 논리와 과학적 설명보다는 상징과 은유로 표현되는 비합리적인 신화와 자연현상을 쓸데없는 황당한 이야기와 미신이라고 심판한다. 과학적 분석과 논증에 의하여 필요한 곳에 사용될 수 있는 유용함을 최고의 가치로 여기는 이성은 애매하고 무질서해 보이는, 그래서 잘 알 수 없는 신화와 자연은 인간의 발전과 성장에 방해가 되는 것으로, '원시적인 것'에 지나지 않는다. 따라서 삶에 있어서 빈틈없는 정확성과 수학적 예측보다는 다양한 의미와 신비로움을 받아들이는 것은 '원시인'의 자세인 것이다.

아도르노와 호르크하이머에 의하면 이로써 인간은 스스로를 자기의 의식 밖으로 몰아내어, 마치 물건처럼 다루면서 도구화하기에 이르렀다. 이제 이성은 세계의 다양한 의미를 이해하고 주체와 의식이 일치하는 총체적인 삶보다는, 목적과 필요성의 추구를 최고의 미덕으로 여김으로써 삶은 하나의 수단에 지나지 않게 되어, 이성이 계산하고 예측할 수 있다고 주장해온 인류의 미래는 어디를 향해서 가고 있는지 모르게 되었다는 것이다. 따라서 이들은 이러한 독선적인 이성의 지배 아래 놓인 세계는 발전과 진보 대신 그 결과를 알 수 없는 길로 들어섰으며, 이성은 물질을 현대의 절대자로 만듦으로써 스스로 물질의 노예로 전락하고 말았다고 비판한다.

이성이 도구화된 결과로 인간은 이제 기계와 물질에 의존해서 자신들의 삶을 이끌어 나가고 인간의 고유함인 사유능력은 주체성을 상실하게 된 것이라고 말한다. 왜냐하면 이성은 자신이 추구하는 목표를 위해서 고정된 역할을 담당하는 하나의 기계가 되었으며, 따라서 스스로를 비판하고 반성하고 고발하는 능력을 상실하였기 때문이다. 이러한 현대의 이성을 아도르노와 호르크하이머는 물질적이며 또한 동시에 지적인 '불구'의 모습으로 인류의 해방보다는 재앙을 초래하는 '폭군'이라고 주장한다. 이러한 기형적 폭군으로서의 이성은 자신을 스스로 파괴하고 소외시키는 파국을 맞을 수밖에 없다는 것이다. 왜냐하면 자신에 의해 설명되지 않는 신화와 자연의 세계를 어둠의 세계로 낙인찍는 이성은 스스로를 모든 것을 밝히는 태양의 위치에 자리매김하면서 그들을 획일적으로 규격화하여 또 다른 억압과 야만의 역사를 진행시키기 때문이다.

3. 인식(認識, cognition, Erkenntnis, connaissance)

① 헤라클레이토스에 의하면 참된 인식은 신적 능력이며, 인간은 신적 특성을 갖고 있다

> "인간은 참된 인식의 척도를 가지고 있지 않으나, 신적 존재는 그것을 가지고 있다."
>
> — 헤라클레이토스, 『단편』 —

소크라테스 이전의 철학자 가운데서 현대에 이르기까지 큰 영향을 미치고 있는 헤라클레이토스는 만물은 변화하고 생성한다는 사상을 가진 에페소스의 철학자이다. 그의 "우리는 동일한 강물에 두 번 들어갈 수 없다"는 말은 만물유전의 사상을 한마디로 요약하여 표현하는 것으로 유명하다. 그러나 그의 사상이 보여주는 진정한 독창성은 대립에 대한 생각이다. 그는 대립이야말로 세계의 근원이며, 변화와 생성의 조건으로 보았다.

대립은 세계를 단순히 적대관계에 빠지게 하는 것이 아니라, 오히려 서로를 보완하고 지탱시키며, 더욱 풍요롭게 한다는 것이다. 예를 들면 밤과 낮, 사랑과 미움, 질서와 무질서와 같은 반대개념은 서로에 대한 배타적인 개념이 아니고, 서로를 통해서 그 의미가 더욱 확실해지고 풍부해지는 것으로, 이들은 전체에 대한 부분들로서, 하나의 커다란 체계 속에서 조화를 이룬다.

인식, 곧 앎이라는 문제에 있어서도 헤라클레이토스는 전체와 부분의 관계를 중요한 기준으로 삼는다. 서로 대립되는 부분들의 전체적 체계에 대한 인식을 그는 신적인 능력으로, 이것이야말로 참된 인식으로 이해한다. 참된 인식은 세계의 내적 동일성과 공평함을 깨닫는 것으로, 표면적인 현상에 그치지 않고 전체적인 것을 동시에 통찰하는 지혜이다. 신은 "전체로서, 보고, 전체로서 생각하며, 전체로서 듣는다"는 크세노파네스와 유사한 입장을 가졌다.

그러나 부분들의 관점에서 사물을 인식할 때, 세계는 이해할 수 없는 혼란과 부조화로 가득 찬 모습으로 나타난다. 이러한 부분적 인식을 그는 인간의 인식 능력이 갖는 한계로 보았다. 신적 인식은 즉 전체에 관한 인식이고, 인간의 인식은 부분적 인식이라는 것이다. 부분적 인식에 그치고 마는 인간은 신의 입장에서 볼 때, 성인의 눈에 비치는 어린아이와 같은 존재이다. 왜냐하면 인간의 인식은 개별적이고, 개인적인 관점에 머무르는 것으로, 보편적이고 우주적인 인식을 통해서 이루어지는 진리에 대한 통찰에 이르지 못하기 때문이다. 다시 말하면 세계 만물이 곧 하나라는 신적 인식은 논리적 인식 방법으로서가 아니라, 사물을 지배하는 원리와 이치에 대한 깨달음으로 잡다한 많은 지식보다는 지혜를 필요로 한다. 이러한 지혜야말로 신적 능력으로, 이성 또는 로고스의 법칙에 의해서만 가능하다고 헤라클레이토스는 말한다. 전체로서의 세계의 질서는 신적 이성, 다시 말하면 참된 인식능력에 의해서만 인식이 가능한 것이지만, 그러나 인간의 로고스는 신의 로고스와 서로 내재된 관계를 갖고 있다는 것이다. 인식 능력인 지혜에 있어서 인간은 어린아이와 같기는 하지만, 이는 또한 성장가능성을 뜻하는 것이기도 하기 때문이다. 이러한 의미에서 그는 인간의 특징을 '신적인 것(daimon)'이라고 말하였다. 신적 능력이란 곧 인간의 이성, 사유

능력을 의미한다.

> "사람은 자신을 인식하는 능력과 사려 깊음을 모두 가지고 있다."
>
> — 헤라클레이토스, 『단편』 —

헤라클레이토스에 의하면 인간은 신과는 달리 진리를 부분적으로 인식하는 미성숙함과 부족한 지혜에도 불구하고, 자기인식의 특성을 갖고 있다. 자신에 대한 탐구와 인식은 자신의 문제를 생각해보고 자신의 행위를 돌아보는 사유능력의 바탕 위에서 가능해진다. 그에게 있어서 이렇게 사유를 통한 자기인식은 우주의 질서와 자연현상에 내재된 법칙을 깨닫고 인식하게 되는 통로로서, 만물일체설로서 나타난다.

인간은 곧 자기 자신에 대해서 물음을 던지고 자신에 대한 인식과정을 통해서, 인간이 가진 로고스와 그의 힘을 인식하게 되며, 자신을 로고스의 참된 주체로 이해하게 된다. 이렇게 로고스에 의한 인간의 자기인식은 나아가서 자신의 내면적 다양함과 자연현상의 변화와 생성을 규제하고 결합하는, 그 무엇에 대한 물음을 제기하는 능력이다. 헤라클레이토스는 이러한 로고스의 참된 주체를 영혼으로 이해하였다. 그러나 그에 의하면 영혼이 받아들이는 모든 경험이 곧 인식에 이르게 되지는 않는다.

경험이 참된 인식이 되기 위해서는 자신의 경험을 타인의 경험과의 관계 속에서 바라보고 공통의 것을 찾아낼 수 있는 사려 깊은 이성 작용을 필요로 한다는 것이다. 이러한 이성 활동에는 외부세계를 접촉하는 감각과 주관적이고 부분적 인식을 벗어나기 위한 언어 표현이 중요한 조건이 된다. 감각과 지각이 없이는 외부와 단절될 수밖에 없고, 언어를 통한 의사소통이 불가능하다면 공통적이고 전체적인 인식으로 나아가지 못한 채 맹목적인 사유에 갇혀버리기 때문이다.

그러나 헤라클레이토스는 앞서 말한 것처럼 인간이 신적 특징을 가졌다고 말함으로써 인간은 신적 인식, 즉 참된 인식에 이를 수 있다는 점을 말하고 있다. 이성과 지혜와 성숙을 통해서 신의 이성과 인간의 이성이 만날 수 있으며, 인간의 인식이 신적 인식에 도달할 수 있다는 것이다.

② 플라톤에 의하면 인식은 상기(기억)하는 것이다

"인식은 상기 이외의 다른 것이 아니다."

− 플라톤, 『테아이테토스』 −

"또한 우리는 '동일한 것들'은 '동일함 자체'에 비하여 무엇인가 불완전하다는 느낌을 경험하게 될 것이다. 불완전하다는 경험은 감각적 지각에 앞서 '동일함 자체'를 보지 않았다면 불가능한 것이다. 그렇다면 감각하기 전에 '동일한 자체'에 대한 인식을 미리 갖고 있어야만 할 것이다. 보거나, 듣거나, 기타의 감각들은 출생과 더불어 갖게 되는 것인데 그렇다면 감각에 앞서 갖는 인식은 출생 이전에 갖고 있는 것이어야 할 것이다."

− 플라톤, 『파이돈』 −

플라톤은 인간의 인식활동은 생전에 이미 알고 있었던 것을 다시 기억하는 것이라고 말한다. 인간이 이 세상에서 할 수 있는 인식은 생전에 완전하고 영원한 순수 이데아의 세계에서 이미 보았지만 잊어버렸던 것을 다시 상기하는 것이라고 한다. 이를 가리켜 상기설(anamnēsis)이라 한다. 그는 이 상기설에 대한 이론을 대화록

『메논(Menon)』과 『파이돈(Phaedon)』에서 자세히 다루고 있다.

상기설은 인간이 전혀 새로운 어떤 것을 어떻게 아느냐에 관한 설명이다. 플라톤에 의하면 인식능력과 사유능력이 인간에게 이미 내재해 있기 때문에 '앎'이란 이미 알고 있는 것을 기억하는 것이고, 무지란 바로 망각에서 오는 것이다. 플라톤의 인식에 대한 이러한 생각은 존재문제에 관한 그의 생각과 깊은 관계를 맺고 있다. 그에 의하면 존재하는 것들은 두 종류가 있는데, 눈으로 볼 수 있는 가시적인 것과 볼 수 없는 비가시적인 것으로 나누어진다. 전자는 '감각을 통하여 알 수 있는 것'이고 후자는 '정신을 통하여 알려지는 것'이다. 이를 바탕으로 플라톤은 인식을 '참된 인식'(epistēmē)과 '일상적 의견'(doxa)으로 나눈다. 인식이라 함은 정신을 통한 참된 인식만을 의미하고 감각에 좌우되는 일상적 의견은 인식이라 할 수 없다는 것이다.

인식은 참으로 존재하는 것들에 관한 것이기 때문에 거짓이 있을 수 없지만, 일상적 의견은 진실한 의견도 있을 수 있고 거짓된 의견도 있을 수 있기 때문에 인식이라 할 수 없는 것이다. 진정으로 존재하는 것은 생겨나거나 사멸하는 것이 아니라 언제나 항상 존재하는 영원불변의 것이다. 바로 이러한 존재에 대한 앎이 플라톤이 말하는 의미에서 인식이다.

그에 있어서 진정으로 존재하는 불변의 존재는 이데아뿐이다. 여기서 우리의 인식이 가능하기 위해서는 인식의 주체인 영혼이 인식의 대상인 이데아와 직접 만나야 한다는 것이다. 그러나 이 세계의 현실에서는 이데아가 존재하지 않고 또 우리의 영혼은 육체라는 감옥에 갇혀 있기 때문에 이들은 서로 직접 만날 수가 없는 것이다.

플라톤은 육체라는 감옥에 갇힌 인간의 정신이 현실 속에서 이데아를 직접 만날 수 없음에도 불구하고 감각적 배움을 통하여 그것을 인식하게 되는 것은, 언젠가 우리가 그것을 알았다는 전제 아래서만 가능하다고 말한다. 그리고 이것은 현실 세계 안에서는 불가능하기 때문에 영혼이 이 세상에 태어나기 전에, 즉 우리의 생전에 저 이데아의 세계에서 살면서 경험했었고, 그것에 대한 완성된 인식을 가지고 태어나게 되었다는 것이다. 그래서 이 땅에서 감각적 경험들을 하면서 이데아의 세계의 내용들을 떠올리게 된다는 것이다.

그러나 플라톤에 의하면 우리가 생전에 이미 이데아의 세계에 대한 앎을 가지고 있었다 해도 이 세상에서 다시 그것을 상기해내는 일은 결코 쉬운 것이 아니다. 이데아의 세계에서 이미 완성된 내용으로 경험했으나 그 기억이 희미해졌으므로 다시 떠올리는 일은 용기와 끊임없는 탐구를 필요로 하게 된다. 특히 상기는 일순간에 이뤄지는 것이 아니라고 경고한다. 상기를 제대로 하기 위해서는 가능한 한 '감각적인 것'을 멀리하고 '영혼을 가까이서 보살핌'이 필요하다. 영혼을 보살핀다는 것은 육체적이고, 감각적인 것에 오염된 인간 정신을 정화하고 이데아 세계에 속해 있는 망각된 것을 상기를 통해 다시 찾아가는 것을 의미한다.

③ 데카르트에게 있어서 인식은 방법으로부터 출발하며, 회의의 종말이다

"그러나 나는 나의 젊은 시절부터 내가 하나의 방법을 형성하기 위하여,

나를 숙고와 격률로 인도하는 여러 가지 길을 추구하는 데 많은 시간을 허비했다고 말하는 것을 두려워하지 않는다. 그런 방법에 의하여 나는 단계적으로 나의 인식을 증가시키는 수단을 가지게 되었고, 또 나의 정신의 평범성과 내 인생의 짧은 생애가 도달할 수 있는 가장 높은 단계까지 점차적으로 나의 인식을 높이는 수단을 갖게 된 것같이 여겨진다."

― 데카르트, 『방법서설』 ―

데카르트는 사람들이 참과 거짓을 혼동하거나, 쓸데없는 헛수고를 하는 일 없이 참된 인식에 도달하기 위해서는 확실하고 분명한 방법에서 시작되어야 한다고 생각하였다. 인식은 방법이므로 어떠한 방법을 적용하느냐에 따라서 '명석하고 판명한 인식'에 이를 수 있는가 하는 문제는 좌우된다는 것이다. 그에 따르면, 그 이유는 참과 거짓을 구별하는 이성은 누구에게나 있지만, 그러나 보다 더 중요하고 원칙적인 것은 이러한 이성을 잘 응용하는 데 있기 때문이다.

이렇게 데카르트가 인식을 방법의 문제로 보는 것은 지금까지의 철학에 대한 비판과 불신에서 기인한다. 그에 따르면 철학의 방법에 있어서 확실하지 못한 전통적인 철학은 진실하고 참다운 진리를 발견할 수 없었고 결국 무의미한 엉터리 학문에 그치고 말았다는 것이다.

이러한 비판을 바탕으로 데카르트는 인식을 위한 하나의 확고부동한 방법을 제시함으로써 서재 속에서 이루어지는 관념적 추리와 상상이 아닌, 과학적 검토를 통한 확실성을 가진 인식에 도달하는 길을 열고자 하였다. 그는 인식의 방법이란 확실하고 쉬운 규칙이라고 정의한다. 인식의 규칙이 확실하고 쉬운 것이 되기 위해서는 우선적으로 인식의 대상이 갖고 있는 성질을 단순한 것들로 환원한 다음, 단순한 것들에 대한 직관으로부터 다시 단계를 높여서 전체적 인식으로 올라가야 한다는 것이다.

무엇보다도 그는 단순한 것과 복잡한 것을 분리시켜서, 가장 단순한 것에서부터 인식활동이 시작되어야 하며, 하찮고, 또 가장 쉬운 것들에 대하여서 참과 거짓이 분명하게 드러날 때까지 오랫동안 사고하고 검토해야 한다고 말한다. 추측이나 다른 사람들의 생각을 그대로 받아들이는 것은 결코 참된 인식이 아니며, 자기 스스로가 분명하고 명백하게 직관하거나 연역할 수 있는 것을 위해서 노력할 때만이 참된 인식은 가능하다.

여기에서 데카르트가 사용하는 직관의 의미는 더 이상 의심할 수 없는, '맑고 주의 깊은 지성'에 의한 판명을 말하는 것으로 이성의 활동이다. 또한 연역은 확실하게 알려진 하나의 사실로부터 끌어내는 필연적이고 단계적인 추리로서 그 자체로서 명백하지 않은 어떤 것을 확실히 알게 되는 방법이다. 연역적 방법을 통해서 맨 마지막 단계의 인식이 맨 처음의 인식과 이어져 있음을 알게 된다.

이러한 원칙을 바탕으로 하는 데카르트의 방법에 있어서 중심적 내용은 명증, 분석, 종합, 열거의 개념을 통해서 나타난다. 데카르트는 이 두 방법이야말로 과학에 이르는 가장 확실한 길이며, 지성은 더 이상 다른 것들을 용납해서는 안 된다고 주장한다. 이러한 그의 과학적 인식 방법은 수학이 갖고 있는 확실성과 명증성에 기초를 두고 있다. 수학의 참다운 응용이야말로, 지금까지 불확실한 근거 위에 세워진 철학을 위해서 반드시 필요한 것이라고 데카르트는 주장하였다.

"나는 생각한다. 그러므로 나는 존재한다.' 라는 명제를 체계적인 방법으로 철학하는 사람들에게 나타나는 최초의, 그리고 가장 확실한 것이라고 말했을 때, 나는 그럼에도 불구하고 우리가 우선 인식이란 무엇인가, 현존이란 무엇인가, 그리고 확실성이란 무엇인가를 알아야 하며, 또 사유하기 위해서 우리는 존재하지 않으면 안 된다는 것과 이와 유사한 것들을 부인하지 않았다."

– 데카르트, 『성찰』 –

이성의 인식과 지성적 직관에만 의존해야 한다는 데카르트가 그렇다고 해서 과학에 대한 맹목적 신뢰를 보이는 것은 결코 아니다. 그는 과학 또한 회의의 대상으로서 본다. 왜냐하면 그에게 있어서 회의란 방법으로서 회의이며, 의심이므로 인식의 모든 대상은 일단 회의와 의심을 통해서 검증되고 탐구되어야 하기 때문이다. 데카르트는 이러한 방법적 회의를 새로운 인식도구와 사유방식으로 제시함으로써, 인간이 갖고 있는 습관적 선입견과 미신적 사고로부터 벗어날 수 있는, 최초의 확실한 인식의 출발점을 세운다.

의심하는 자는 더 이상 의심할 수 없는 분명한 명제에서부터 인식과정을 시작할 수 있기 때문이다. '의심하는 내'가 있음은 확고부동하고 명증적이기 때문이다. 데카르트는 이러한 의미에서 "나는 존재한다."를 최초의 확고부동한 인식의 근거로 간주하고, 나의 존재로부터 물체가 아닌 비물질적 사유, 순수한 정신을 도출한다.

회의하고 의심하기 위해서는 먼저 회의하는 자아가 존재해야 한다는 이 평범한 원리는 그에 의해서 체계적이고 과학적인 방법으로, '이성의 빛'에 의해서만 인도되는 근대철학의 유일한 길로써 제시되었다. 이러한 방법적 회의를 통해서만 우리는 육체적이며 감각적인 혼동에서 비롯된 오류로부터 벗어날 수 있다는 것이다. 의심이 끝나는 곳에서 비로소 확실성이 시작되며, 이렇게 해서 의심은 보편적 진리를 인식하기 위한 방법이 된다.

4 로크에 따르면 인식은 경험에 기초하며 경험으로부터 생겨난다

> "모든 것들을 인식하고자 하는 것이 아니고 우리의 행위에 관심 갖는 것을 인식하고자 하는 것이다. 만일 우리가 그 수단을 발견할 수 있고, 이 세계에 인간이 존재하는 상태로 놓여 있는 합리적인 생물이 그 견해와 그 견해에 의존하는 행동을 그 수단에 의해 지배할 수 있고 지배해야 한다면 몇몇 다른 것들이 우리의 지식을 벗어난다는 것에 대해 우리가 괴로워할 필요가 없다."
>
> — 로크, 『인간 오성론』 —

로크는 인식론에 관해서 대륙의 합리론자들과 달리 형이상학을 불신임하고, 인간의 이성으로 얼마만큼 이해가 가능한가 하는 문제, 즉 인식의 범위와 넓이를 논의하는 영어권 철학의 전통을 세웠다. 로크는 데카르트처럼 철학이 수학에서 얻을 수 있는 인식의 확실성에 근거해야 한다고 생각하지 않았다. 로크는 형이상학적 물음이란 경험적 지식의 한계를 초월하는 물음으로서 우리의 인식 안에 들어올 수 없는 것이라고 생각하며 경험적 지식만이 인간에게 가능한 유일한 종류의 지식이라고 주장한다.

로크는 인식에 관한 탐구가 인간의 인식 능력이 미치는 범위 내에서 이루어져야 한다고 생각하여 그 한계를 정하는 것이 인식문제에서 가장 급한 일이라고 보았다. 그렇게 함으로써 우리가 해결할 수 없는 문제를 논쟁하면서 시간을 보내는 일이 없이, 지식을 얻을 수 있는 한계 안에서 지식을 확장하는 일이 이루어지도록 해야 한다는 것이다. 이를 위해 그는 『인간 오성론』에서 경험된 것들을 정리하는 정신 능력으로서의 오성을 말하고 오성이야말로 정신이 가진 가장 고양된 능력이라고 강조한다.

세계에 대한 인식을 탐구할 때 인간 오성은 모든 것을 알려고 하는 것은 아니다. 우리는 오성이 할 수 있는 한, 주어진 경험적 자료와 검증의 기준을 바탕으로, 인간의 인식 능력이 미치는 범위 안에서 지식을 탐구하고, 그러다가 우리 능력의 범위를 뛰어넘는 것을 발견하면 조용히 모르는 채 앉아 있는 것이 유익하다는 것이다. 로크는 이러한 오성의 한계 안에서의 인식의 탐구는 우리를 기쁘게 할 뿐만 아니라 실제로 필요한 지식을 충족시켜 준다고 생각한 것이다. 그러므로 인간의 인식에 있어서 우선적으로 시작되어야 할 것은 인간 인식의 본질과 범위, 그리고 한계를 정하는 것이라고 보았다.

> "이에(정신이 관념을 어떻게 얻는가? 라는 물음) 대해 나는 한 마디로 경험으로부터라고 대답한다. 우리의 모든 지식(인식)이 경험 안에 기초해 있으며, 지식(인식) 자체가 궁극적으로 경험으로부터 나온다."
>
> — 로크, 『인간 오성론』 —

로크에 의하면 인식은 명제들로 표현되고 명제는 관념들로 이뤄진다. 관념들은, 특히 추상적인 원리에 속하는 관념들은 아이들이 태어나면서부터 갖게 되는 것이 아니라고 말한다. 왜냐하면 새로 태어난 아이들에게서 어떤 확립된 관념들의 모습을 볼 수 없기 때문이다. 따라서 로크는 어떠한 관념도 생득적일 수 없다는 주장을 한다. 이러한 이유에서 로크는 관념들이 정신 안에 들어오는 것은 경험에 의해서만 가능하다고 주장한다. 인간 인식의 관념은 경험하지 않은 것으로부터 생겨나지 않으며 또한 경험보다 더 많은 것을 얻을 수 없다는 것이다.

인식을 구성하는 관념들은 경험에 의존하게 되므로, 또한 모든 인식은 경험에 근거하며 나아가 인식 자체가 궁극적으로는 경험으로부터 나온다고 말한다. 여기서 로크가 말하는 경험은 두 종류의 근원을 갖는다. '외부 감각과 내부 감각'이 그것이다. 외부 감각은 육체적 감각을 말하고, 내부 감각은 육체적 감각에서 생긴 관념에 기초하여 정신이 행한 반성을 의미한다. 그래서 '외부 감각과 내부 감각'만이 정신이라고 하는 어두운 방에 빛을 들여보내는 창이라는 것이다. 이 두 가지 근원, '감각과 반성'이 인간의 모든 관념을 만들어내고 이를 통해서 비로소 인식이 생겨난다는 것이다. 그래서 로크는 "구름 위로 떠오르는 …… 모든 장엄한 사상은" 바로 감각과 반성이 제공한 관념들에서 발생한다고 말한다.

5 칸트에 따르면 인식은 경험과 오성 능력의 종합 작용이다

"우리의 모든 인식이 경험과 함께 시작되는 것이라 하더라도, 모든 인식이 바로 경험에서 생기는 것은 아니다. …… 우리들의 인식은 마음의 두 근원에서 생겨난다. 그 첫째의 근원은 표상을 받아들이는 능력(인상에 대한 감수성)이며, 둘째의 근원은 이러한 표상을 통하여 대상을 인식하는 능력(개념을 구성하는 자발성)이다. 전자에 의해서 우리에게 대상이 주어지며 후자에 의해서 이 대상이 이러한 표상(마음의 단순한 규정으로서의)과의 관계에 있어서 사유되는 것이다. 직관과 개념은 따라서 우리들의 모든 인식의 요소를 구성하는 것이므로 어떤 방식으로 자기에게 대응하는 직관을 갖지 않는 개념도 또한 개념을 갖지 않는 직관도 모두 인식을 성립시킬 수 없다."

— 칸트, 『순수이성비판』 —

칸트는 "우리는 무엇을 아는가?"라는 질문으로 인간이 지닌 인식의 한계를 물음으로써, 인식의 분야에서 근대 철학의 새로운 방향을 개척하였다. 그는 인간의 인식능력에 있어서 이성에 대한 비판적 검토를 행하였다. 이러한 그의 비판은 이성에 대한 회의적 거부가 아니라, 이성의 한계점은 어디인가 하는 것을 검토하고자 하는 것이다.

그는 우리가 대상을 인식하기 위해서는 감각을 사용한다는 것을 분명히 한다. 인식활동은 감각에서 출발하여 정신의 사유로 나아간다는 것이다. 이 점에서 칸트는 플라톤의 인식론적 전통을 잇고 있다. 칸트가 제시하는 인식 방법은 지금까지 주류를 이룬 철학의 두 방향, 즉 인식의 근원을 순수 관념에서 찾는 데카르트를 중심으로 하는 합리주의와 감각의 경험에서 구하는 영국의 경험주의를 종합하는 방식이다. 우리의 마음을 자극하는 감각적 경험과 자발적으로 사유하는 오성 능력이 종합적으로 작용하여 인식이 이루어진다고 하는 것이다.

칸트에 따르면 경험에만 좌우되는 판단은 경험마다 다른 내용을 옳다고 판단하기 때문에 모든 사람이 동의할 수 있는 공통된 내용을 끌어낼 수 없다. 이러한 생각을 바탕으로 그는 경험적 판단과 선천적 이성 능력이 결합하는 곳에서 비로소 올바른 인식을 구할 수 있게 된다는 결론을 얻는다. 이를 칸트는 "내용 없는 사고는 공허하고, 개념이 없는 직관은 맹목이다."고 단언적으로 표현하고 있다.

칸트의 인식 이론은 하나의 획기적인 전환이며, 사유 방법의 전도이다. 세계에 대한 칸트 이전의 설명은 인식의 대상을 가운데 놓고 인식의 주체인 우리는 그 주위에 있다고 생각해왔다. 다시 말하면 지금까지의 방법이 천동설과 같은 것으로 대상을 지구처럼 중심에 놓고 우리의 인식은 태양처럼 그 주위를 돌면서 이해하려고 노력해 왔다면, 칸트는 대상을 알기 위해서는 인식 대상의 성질이 우리가 갖고 있는 생각하는 능력과 맞아 떨어져야 한다고 본 것이다.

따라서 인식 대상 자체가 기준이 되는 것이 아니고, 생각하는 능력인 오성이 인식의 중심에 서게 된 것이다. 우리가 어떤 것을 인식할 수 있기 위해서는 이 대상이 먼저 우리의 인식 능력의 틀(범주) 안에 들어와야 되는 것이다. 이것은 어떤 대상 자체가 우리의 인식을 결정하는 것이 아니라, 인간의 인식능력과 기능이 대상을, 즉 "우리가 무엇을 알 수 있는가" 하는 것을 구성한다는 것을 의미한다. 이러한 칸트의 생각은 비록 모든 인식이 경험에서 시작한다고 하더라도 인식 전체가 경험으로부터만 얻어지는 것이 아니라는 의미이다. 이로써 칸트는 18세기에 지배적이었던 경험론에 대한 비판적 입장을 취한다. 칸트는 이러한 인식 방식의 전환을 '코페르니쿠스적 전환'이라 하며 이는 철학사에서 '혁명적'이라는 평가를 받는다.

> "우리가 비록 이 대상들을 물자체로서 인식할 수는 없다 하더라도 우리가 적어도 그 대상들을 물자체로 생각할 수 있음에 틀림없다. 그렇지 않으면 우리는 나타나는 것이 전혀 없어도 현상이 존재할 수 있다고 하는 터무니없는 결론에 도달할 것이다."
>
> — 칸트, 『순수이성비판』 —

칸트는 인간의 인식능력에 관하여 "어떤 대상을 인식할 수는 없어도 생각할 수는 있다"는 말을 하고 있다. 즉 그 대상이 무엇인지 우리는 알 수 없지만 그 대상에 대해 생각할 수는 있다는 말이다. 바로 그 어떤 대상에 속한 것이 칸트의 '물 자체' 개념이다. 물 자체는 대상의 본질을 가리키는 말로 바로 그 대상 자체라는 뜻이다. 예를 들어 '책상 그 자체'라고 한다면 우리가 감각을 통해서 경험하는 책상에 관한 것들과는 다른 책상의 그 어떤 본질을 '책상 그 자체'라 할 수 있다. 그런데 칸트에 의하면 우리는 책상 그 자체가 무엇인지 직접적으로 인식할 수 없다는 것이다. 다만 우리가 인식할 수 있는 것은 감각을 통해 얻은 재료(단단함, 사각형 등)를 가지고 우리의 오성이 결합한 내용(즉 이 책상은 갈색이다)일 뿐이지, 책상이라는 '물 자체'는 우리의 인식능력에 들어오지 않기 때문에 인식할 수 없다는 것이다. 우리는 다만 현상에 대하여 인식할 뿐이라는 것이다.

그러나 칸트가 '책상 그 자체'의 존재를 부인하는 것도 아니다. 왜냐하면 우리가 어떤 존재를 부인하기 위해서는 그것이 무엇인지 먼저 알아야 하는데, 그것을 알 수 없기 때문에 알지 못하는 것을 있다거나 없다고 우리는 판단할 수도 없다는 것이다. 경험의 대상으로 들어오는 것이 없기 때문에 인식 또한 성립할 수 없다는 의미이다. 그래서 '물자체'는 다만 생각할 수 있을 뿐이지 안다고 말할 수 없는 것으로 남게 된다. 이에 따르면 우리는 다만 시간과 공간의 테두리 속에서 현상으로 감지된 대상에 대해서만 알 수 있다는 결론에 도달한다.

칸트는 우리가 인식할 수 있는 한계가 감각의 영향권 안에 있는 현상계에 한정되어 있기 때문에 그 배후에 있는 '물자체'에 관한 인식은 처음부터 불가능한 것이라고 말한다. 그러나 알 수는 없다 해도 그 물자체의 세계는 존재할 수밖에 없다는 것이다. 왜냐하면 현상이 가능하려면 그 현상을 있게 만드는 어떤 배후의 세계가 존재해야 하기 때문이다. 우리는 감각을 통해 현상이 존재하는 것을 부인할 수 없는 것이고, 현상이 존재한다는 것은 또다시 현상을 가능하게 한 배후의 세계가 존재할 수밖에 없다는 논리를 인정하지 않을 수 없는 것이다. 그래서 칸트는 물자체의 세계에 대하여 "그 자체로는 실재하는 것으로 그러나 우리에게 알려지지 않은 것으로 남겨두어야 한다."고 주장한다.

⑥ 실존주의자들에 의하면 인식은 지향하는 것이며, 참여이다

> "인식한다는 것, 그것은 '무언가를 향하여 산산이 부서지는 것', 저기, 자기 아닌 어떤 것에 질주하기 위하여 습한 내면을 뽑아내어 자기를 넘어서는 것, 그래서 저 너머 자기를 벗어난 어떤 곳을 향하는 것이다. 그럼으로써 그것이 나를 벗어나고 나를 고양시켜서 나에게서 결코 감소되지 않는 그 속에 다다를 때 나는 그에게서 더 이상 상실을 경험하지 않는다."
> ― 사르트르, 『상황』 ―

사르트르에 있어서 인식은, 알고자 하는 대상으로서의 '무엇'과 그것을 알고자 하는 주체로서의 나와의 관계 속에서 이루어진다. 주체인 '나'는 무엇인가를 알고자 함으로써, 의식 활동을 하고, 나의 의식은 밖에 있는 일정한 대상을 향한 것으로, 내 안에서 머물러 있지 않는다. 의식 활동의 이러한 태도를 지향성이라고 한다.

지향성은 훗설의 현상학에서 결정적인 의미를 갖는 개념으로, '드러나 있는 것'인 현상 속에서 본질을 보아야 한다는 입장이다. 다시 말하면 의식이란 무엇인가에 대한 '나'의 의식이며, 인식은 '무엇'인가에 대하여 아는 것으로, 외부와 관계없이 어두운 내부에서만 일어나는 활동이 아니다. 사르트르는 인식이라는 것은, 우리의 의식이 외부의 어떤 대상을 향하여 '달려 나가는 것'이라고 규정한다. 사르트르의 인식에 대한 이러한 정의는 그가 현상학적 관점에서 인식을 이해하고 있다는 것을 뜻한다. 이러한 인식론적 입장은 우리의 의식에 나타나는 대상의 모습이 곧 현상이며, 이 현상은 곧 사물 자체를 드러내고 있다는 점을 강조한다.

따라서 우리가 더 이상 인식할 수 없는 '물 자체'가 칸트가 말하듯이 어딘가에 따로 있는 것이 아니라, 우리의 의식에 의해서 파악된 모습이 곧 사물의 본질이라는 것이다. 이렇게 볼 때, 세계는 다름 아닌 우리에게 인식되고, 드러나는 만큼의 존재인 것이다.

사르트르는 따라서 인식의 의미를 '나'라는 주체가 '나'의 밖을 향해서 사물들 속에서 자기를 스스로 떠나고 초월하는 행위로 본다. 인간은 참된 인식에 도달하기 위해서는 깊은 내부의 은신처에서 나와, 밖을 향하여 나아가면서 자기를 투신해야 한다는 것이다. 왜냐하면 인간은 세계 속에서 인식하며, 세계에 대한 자신의 개방을 통해서만 자신을 발견할 수 있기 때문이다.

그가 말하는 의미에서 인식은 따라서 맹목적이고 무의식적인 자기 존재를 넘어서서, 알고자 하는 대상에게 자기를 던짐으로써 얻어지는 자기의 초월이다. 그래서 또한 인식은 타인과의 관계에 대한 의미 부여이며, 과거와 미래에 대한 개방이기도 하다.

따라서 우리가 무엇인가를 향하여 의식하고, 그것에 대한 인식 속에서 자기 자신을 넘어선다고 하는 것은 타인의 문제에 대한 인식이다. 그러나 이것은 궁극적으로 '나'는 타인이라는 또 다른 '나'와의 본질적인 관계 속에서 이루어지는 '상호주관적' 행동이다.

> "인식 행위에는 신비성이 존재하며, 인식은 참여의 양상과 결속되어 왔는데, 이 양상은 인식론으로는 결코 설명할 수 없다. 왜냐하면 인식이란 바로 참여를 의미하기 때문이다."
> — 마르셀, 『존재론적 신비의 위치와 그것에로의 구체적 접근』 —

또 다른 중요한 프랑스 실존주의 철학자인 가브리엘 마르셀(1889~1973)은 무와 부조리에 커다란 의미를 두는 사르트르와는 달리 유신론적 입장에서 독자적인 길을 걸었다. 실제로 그는 실존주의자로 불리는 것을 좋아하지 않았다고 한다. 그는 사르트르의 실존주의에 대하여, 그 중요성은 인정하면서도, 부정적이었다. 마르셀은 사르트르의 허무주의적 철학이 인간을 헐뜯는 '중상의 기술'이라고 비판하였다. 따라서 그의 철학적 입장도 사르트르와는 큰 대조를 이룬다.

마르셀은 인식문제를 현대사회 속에서 나타나는 인간의 정체성 문제와 관련시켜서 전개한다. 과학과 기술은 현대사회에서 자신들의 고유한 한계를 넘어서, 인간의 영역까지 깊숙이 들어와 인간의 의식과 사유에 결정적인 역할을 하고 있다는 것이다.

현대에 와서 사회가 파편적으로 분화되고, 인간에 대한 이해는 기능적이고 기술적으로 변화되면서, 인간은 자신의 역할이나, 직업 또는 위치에 따라 평가되는, 원자론적이고 소외된 개인으로서 살아간다고 그는 말한다. 이러한 사회변화는 인간도 기계와 같이 마찬가지로 효과적인 기능을 발휘해야 하며, 이를 위해서는 분해, 또는 수리될 수 있다는 인식을 갖게 하며, 또한 죽음은 단순히 기계의 기능이 멈춘 것으로 생각되게 한다.

마르셀에 따르면 이러한 인식의 결과는, 모든 것을 '문제'로만 보도록 만들며, 세계를 하나의 문제로 환원시킴으로써, 세계와 존재의 근원이 되는 '존재의 신비'는 상실되고, 부정되는 것에서 나타난다.

문제란, 그에 의하면, 내 앞에 놓여 있는 것으로, 단순히 나의 나아감을 방해하는 "장애"로서, 나에게 낯설고 생소한 외부의 것이다. 이것은 해결되고, 제거되어야 하는 것을 의미한다. 그러나 '신비'는 나의 안의 것으로, 내가 관계 맺고 얽혀 있는 것으로, 나에게 대립적이지도 적대적이지도 않다.

마르셀은 인간은 이러한 '신비'를 존재로부터 모두 제거한 채 '문제'로만 삶을 취급함으로써, 자신들이 살아가는 세계를 '부서진 세계'가 되도록 파괴하였다고 비판한다. '부서진 세계' 속에서 인간의 삶은 존재하기보다는 '부재'하는 것으로 규정된다. 인간은 함께 있으면서도 서로에게, 또 스스로에게 부재하며 절망하며 살아간다. 이러한 현상은 참된 인식의 결핍, 즉 참여의 결핍에서 온다는 것이다.

인간이 자기 자신을 다시 회복하기 위해서는 '존재의 신비'에 대한 인식 속에서 존재 전체에 대한 참여의 의미를 깨달아야 한다는 것이다. 왜냐하면 마르셀에 따르면 "나는 누구인가" 하는 물음에 대한 깨달음은 존재 전체에 대한 참여의 가치와, 자발적인 참여의 중요성을 인식할 때만 얻어지기 때문이다. 자신에 대한 인식은 외부로부터 강요될 수 없는 자율적인 참여를 통해서만 가능하다.

마르셀의 관점에서 볼 때 '나'의 존재는 오로지 세계와의 관계 속에서 가능하며, 존재는 '신비'에 근거하므로, 타인이란 사르트르가 말하듯이 '지옥'이 아니라, 존재의 신비를 알게 하는 또 다른 '존재의 신비'이다. 그러므로 타인은 참여를 촉구하는 존재이며, '나의 참여'의 장소이기도 하다.

이렇게 우리가 '문제'보다는 '신비'를 인식할 때, 인식은 참여의 의미를 확인해주며, 이러한 참여는 인간의 잃어버린 존재성을 회복시킬 수 있다. 다시 말하면 참여에 의해서만 파괴된 세계 속의 개별적인 실존을 서로 교류하는 공존으로, 인간의 부재는 현존으로, 절망은 희망으로, 부정은 신앙으로, 그리고 배반은 성실로 회복될 수 있다는 것이다. 이러한 이유로 '성실성'은 마르셀의 철학을 대표하는 개념으로 이해된다. 결국 인식은 우리의 삶과 존재가 우리의 고유한 것이 되도록 하는 행위로, 존재 전체와의 관계에 대한 실천적 인식이며, 모든 것을 문제로 바라보는 외부자의 시선이 아니라, 나의 존재가 관여하고 있는 '신비'를 깨닫는 '참여자의 성실성'이다.

4. 지각(知覺, perception, Wahrnehmung, perception)

[1] 엠페도클레스에 의하면 지각은 인식의 출발이다.

> "왜냐하면 신체의 각 부분에 퍼져 있는 힘들(감각과 지각의 기관들)은 제한적이어서 사고를 가로막고 무디게 하는 불행한 일들(을 조장하는 경우가)이 많다. 인간은 사는 동안 삶의 아주 작은 부분을 보게 되며, 저마다 모든 방향을 돌아다니면서 만나게 된 하나의 것만을 믿으면서 덧없이 죽어 연기와 같이 사라져 버린다. 하지만 저마다 전체를 발견하였다고 으스대는 것이다."
>
> — 엠페도클레스, 『단편』 —

> "엠페도클레스는 어떤 사물이 감각들 가운데 어떤 것의 경로들과 맞아떨어질 때 지각이 발생한다고 주장한다. 즉 그는 모든 감각에 대한 동일한 이론을 가지고 있다. 이것은 하나의 감각이 다른 감각의 대상들을 판단할 수 없는 이유인데, 왜냐하면 대상을 지각하기에 어떤 것의 통로들은 너무도 넓고 다른 것의 통로는 너무 좁기 때문에 그리고 어떤 것들은 접촉 없이 곧장 통과하나, 다른 것들은 결코 들어가지 못하기 때문이다. …… 마찬가지로 그(엠페도클레스)는 사고와 무지에 대하여 말하고 있다. 사고하는 일은 같은 것에 의한 같은 것에 관한 것이며, 무지하다는 것은 같지 않은 것에 의한 같지 않은 것에 관한 것으로, 사고는 지각과 동일하거나 밀접하게 닮은 것이다."
>
> — 테오프라스토스, 『감각』 —

사랑과 미움에 관한 독특한 주장으로 유명한 소크라테스 이전의 고대 그리스 철학자 엠페도클레스는 『자연에 관하여』라는 시 형식의 저술에서 지각능력에 대하여 자세하게 다루고 있다. 이 단편시들은 제자 파우사니아스에게 말하는 형식으로 쓰였는데, 여기서 엠페도클레스는 지각과 인식의 관계를 말한다. 그는 지각을 무엇보다도 감각기관에 의한 것으로서 인식의 시작으로 본다. 그에 의하면 청각, 미각, 시각 등 감각에 의한 지각은 제한되기는 하지만 감각된 것들, 즉 보고, 듣고 한 것들은 인식을 위해서 신뢰할 만한 가치가 있다고 말한다. 그리고 각각의 감각 기관들이 제공하는 감각은 똑같은 가치와 비중을 갖고 있고, 그래서 또한 같은 신뢰를 받아야 한다고 주장한다.

엠페도클레스에 의하면 감각적 지각이 일어나는 일정한 방법이 있다. 인간의 감각기관은 제각기 지각하기에 알맞은 통로를 갖고 있기 때문에 한 감각은 다른 통로로 들어갈 수 없다. 따라서 지각이 생기기 위해서는 각 사물이 감각의 바른 경로로 들어와야 한다. 한 가지의 감각기관이 다른 감각 대상들을 파악할 수 없는 것이다. 예를 들면 눈은 소리를 지각할 수 없고 귀는 대상을 볼 수 없다. 이러한 의미에서 엠페도클레스는 지각은 같은 것과 같은 것 사이에서 일어나는 것으로 생각한다. 소리는 소리를 들을 수 있는 청각에 의해 지각되며, 색과 모양은 볼 수 있는 시각에 의해서만 지각된다는 것이다. 그러면서도 엠페도클레스는 특히 눈의 구조가 호롱불과 비슷하다고 말하면서 시각의 의미를 강조한다.

엠페도클레스에 의하면 지각이 일어나는 과정과 현상은 사고와 지성의 과정과 매우 비슷하다. 지성적인 인식을 하는 것도 각각의 요소가 받아들일 수 있는 부분들을 통해서 전체적 인식으로 나간다. 마찬가지로 우리는 각 부분을 통해 보고 듣고 만지고 냄새를 맡고 그래서 사물을 지각하고 느끼게 된다. 그리고 이들을 통해서 기쁨과 고통을 느끼고 생각하게 되기 때문에 대상에 대한 분명한 지각은 명확한 인식으로 연결된다. 이것은 곧 지각을 지성적으로 사용함으로써 최상의 지성인이 될 수 있다는 것을 의미하게 된다. 그에 따르면 사고는 지각과 같거나 비슷한 것이다. 그는 특이하게도 인간의 사고는 피를 통해서 하는 것이라고 주장하는데, 그 이유는 혈액 속에는 많은 다른 요소가 섞여 있기 때문이라는 것이다. 인간의 사고 능력은 심장 주변에 있다는 것이다.

지각을 인식과 관계되는 것으로 보면서도 한편으로 그는 지각을 통해서 얻을 수 있는 것과 지성을 통해서만 얻을 수 있는 것들을 구분하여 지각과 지성의 차이를 명백히 한다. 예를 들면 엠페도클레스는 신성에 대한 것은 시각 안으로 불러올 수도 없고 손으로도 만지게 할 수도 없다고 말한다. 인간은 오직 정신에 의해서만 신을 파악할 수 있는 것이다. 따라서 감각에 의한 인식과 지성에 의한 인식은 서로 다른 점을 갖는다.

반면에 비슷한 시기의 자연철학자인 아낙사고라스는 엠페도클레스의 다원론적 철학을 주장하면서도, 감각기관을 통한 지각이 일어나는 원리에 대하여서는 전혀 다른 입장이다. 아낙사고라스에 의하면 지각은 같은 것 사이에서 일어나는 것이 아니고, 서로 대립되는 것들에 의해서만 가능하다. 같은 것들은 서로에게 영향을 줄 수 없다는 것이다. 예를 들면 미각과 촉각에 있어서도 뜨겁고 찬 것, 또는 쓰고 단 것들은 서로 다르기 때문에 지각된다는 것이다. 이에 따르면 모자라는 것에 대해 반응하는 것이 지각이다.

이러한 생각의 차이에도 불구하고 엠페도클레스와 아낙사고라스는 감각에 의한 지각이 완전히 잘못된 것은 아니지만, 그러나 정확한 진리를 판단하고 인식하는 기준이 될 수는 없다는 데에 대하여 같은 생각을 가졌다. 그리고 또 다른 다원론자로서, 세계를 다양한 원자들에 의한 것으로 설명할 뿐만 아니라, 허공이라는 빈 공간 개념을 인정하는 데모크리토스도 이 점에 있어서 같은 생각을 가졌다. 그 역시 지각이 인식의 출발점이기는 하지만, 지각만으로는 참된 인식이라 할 수 없다고 말한다. 그래서 데모크리토스는 인식을 참된 인식과 어두운 인식으로 나누고, 어두운 인식이 감각지각을 넘어섰을 때 참된 진리를 탐구할 수 있다고 주장한다.

고대 그리스의 자연철학자들이 말하는 지각은 이러한 의미에서 무엇보다도 감각을 바탕으로 하는 것으로 인식을 위한 필요조건이다. 이들 자연철학자들은 자연과 인간은 서로 분리될 수 없는 관계 속에 있기 때문에, 자연에 대한 이해는 곧 우주의 질서를 아는 것이고, 인간에 대한 인식을 뜻하는 것으로 생각하였다. 자연을 알기 위해서는 인간은 신과 달리 제한된 능력 때문에 언제나 부분적으로 보고, 듣고, 지각하는 것에서 출발할 수밖에 없다는 것이다. 다시 말하면 자연 중심의 인식에서 시작하면서 "보이지 않는 것을 보기 위하여, 보이는 것을" 사용하지 않으면 안 된다는 것이다. 이러한 이유로 인하여 인간의 감각지각이 불완전하다고 할지라도, 지성적 사고와 인식을 위해서 내딛는 첫걸음일 수밖에 없다.

② 로크에 의하면 지각을 통해 지식을 얻는다

"우리 자신의 존재에 대하여 우리는 그것을 매우 분명하게, 그리고 매우 확실하게 지각하므로 어떤 증명을 할 필요도 없고 할 수도 없다. 왜냐하면 어떠한 것도 우리 자신보다 우리에게 더 분명한 것은 있을 수 없기 때문이다. 나는 생각하고 추리하고 쾌락과 고통을 느낀다. 이것들 중 어떤 것이 나 자신의 존재보다 나에게 더 분명할 수 있겠는가? …… 그 경우 우리는 우리 자신의 존재에 대해 직관적인 지식을 가지며, 우리가 존재한다는 내적으로 분명한 지각을 갖는다는 것을 경험에 의해 확신하게 된다.”

— 로크, 『인간 오성론』 —

로크는 인간이 태어날 때의 정신은 ‘백지 상태(tabula rasa)’와 같다고 하는 주장으로 잘 알려진 영국의 대표적 경험주의자이다. 로크는 ‘백지이론’을 통해서 인간은 태어날 때부터 이미 이성을 가지고 있어서, 세계의 진리를 인식할 수 있다는 ‘생득관념’을 비판한다. 생득관념은 인간이 선천적으로 가지고 태어나는 생각이다. 그는 따라서 경험이 지식에 미치는 영향을 절대적인 것으로 본다. 그에 의하면 태어났을 때 ‘백지’와 같은 우리의 정신에 경험이 쌓여가면서, 말하자면 백지 위에 글자가 써지듯이 지식 또한 늘어난다. 그래서 이 백지에 무엇이 써지느냐에 따라서 우리는 바른 지식을 갖기도 하고 잘못된 지식을 갖기도 한다. 경험에서 지식이 온다고 주장하는 로크의 생각에 의하면 지식이란, 대상에 대한 지각에 의하여 경험이 하나씩 쌓여가는 것을 의미한다. 다시 말하면 지각을 통해서 세계에 대한 경험을 ‘백지’에 새기고 채워가는 것이 지식이 되는 것이다.

로크의 이러한 생각은 데카르트와 큰 차이를 갖는다. 데카르트는 선천적으로 주어진 ‘자연의 빛’인 이성을 통해서 세계에 대한 명확한 생각을 가질 수 있고, 그래서 명확하게 생각하는 정신만이 유일하게 믿을 수 있는 것이라고 말한다. 안다는 것은 정신이 신으로부터 받은 ‘생득관념’을 깨닫는 것이다. 그러므로 지각은 인간에게만 있는 특별한 능력이라고 생각한다. 반면에 로크는 지각은 모든 종류의 동물들에게 어느 정도는 있는 능력이라고 말한다. 동물들도 감각을 가지고 있기 때문이다. 그렇다고 해서 동물들이 지각을 통해서 곧 대상에 대한 인식을 갖는다고는 말하지 않는다. 왜냐하면 인간의 지각능력은 다른 정신적인 능력과 함께 작용하면서 지식을 얻어내기 때문이다. 지각 그 자체가 바로 지식은 아니라는 것이다. 예를 들면 인간과 동물은 뜨겁거나 차가운 어떤 물체에 대하여 같은 지각을 한다 하더라도 동물은 뜨겁다든지, 차가운 것에 대하여 다른 상황에도 적용할 수 있는 일반적 지식을 갖지 않는다.

로크는 지각을 지식으로 만들기 위해서는 다른 중요한 조건들이 필요하다고 말한다. 예를 들면 기억능력을 꼽는다. 기억능력은 지각에서 얻어진 내용을 기억하고 정신에 저장한다. 그래서 우리는 같은 대상을 다시 경험하게 될 때, 그것이 그 이전에 어떠어떠하였다는 기억을 다시 그 대상에 적용하면서 점차 지식을 얻게 된다. 그러나 기억능력은 경험을 통해서 대상이 어떠어떠하다고 다시 생각해 내는 것에 그친다. 로크는 이 정도의 기억능력은 다른 동물에서도 나타난다고 말한다.

로크가 말하는 두 번째의 중요한 능력은 지각을 통해서 얻어진 것을 다른 경험과 구별하고 그 특성이 무엇인가를 아는 것으로, 다른 것과 비교할 줄 아는 능력이다. 예를 들면 뜨거운 것과 차가운 것의 차이와 특성을 구별할 수 있는 능력이 여기에 해당된다. 그리고 또 다른 정신력은 지각된 것들을 종합 구성할 줄 아는 것으로, 단순한 것으로부터 복잡한 내용으로 나아가는 것이다.

그러나 인간의 가장 뛰어난 정신적인 힘은 추상능력이다. 우리가 무엇인가를 추상한다는 것은 어떠한 대상을 실제인 상황 속에서 지각하는 것을 바탕으로 같은 종류의 대상에 대하여 같은 생각이나 판단을 갖는 것이다. 다시 말하면 불의 뜨거움이나 얼음의 차가움, 또는 꽃의 향기와 같은 구체적인 대상에 대한 지각을 가질 때, 우리는 직접 경험한 불이나 얼음 또는 꽃에 대해서만 뜨거움과 차가움 그리고 향기를 인식하는 것이 아니라, 다른 불과 얼음, 꽃에 대해서도 같은 판단을 갖는 것이다. 이러한 정신활동이 종합적으로 이루어져서 대상에 대한 지식을 얻게 된다.

그럼에도 우리가 갖는 지식은 기본적으로 경험에서 나오고, 경험이 정신의 많은 활동을 포함하며, 가장 근본적이고 결정적인 지식의 출발점은 지각이다. 왜냐하면 로크에 따르면 우리는 여러 가지의 정신활동에 다양한 자료가 필요하고, 이러한 자료는 감각을 통해서 우리에게 지각되는 생각이기 때문이다. 즉 정신은 정신활동을 하기 위해서는 감각적인 자료가 필요하고, 지각은 정신이 활동을 하면서, 대상에 대하여 우리가 지각한 것을 인식으로 받아들일 때에만 일어난다. 예를 들면 불이 뜨겁다거나, 어떤 꽃이 향기롭다고 여기는 지각은 감각하는 것에 그치지 않고 정신이 이러한 인상을 받아들여야만 가능하다.

이러한 지각은 우리의 주관적 감각에 의해서 영향을 받기도 한다. 그래서 엄밀하게 말해서 지각과 감각은 일치하는 것은 아니지만, 로크는 지각을 대부분 감각과 같은 의미로 쓴다.

지각으로부터 지식이 얻어진다고 보는 로크에 의하면 지각을 통해서 얻을 수 있는 가장 확실한 지식은 바로 우리 자신에 관한 것이다. 다시 말하면 우리에게 여러 가지의 지각과 이를 바탕으로 하는 지식을 통해서 생기는 가장 확실한 인식은 우리 자신의 존재에 대한 지식이라는 주장이다. 이렇게 해서 로크는 데카르트처럼 나의 존재를 '생각한다'는 것으로부터 추리하는 것이 아니라, 지각하는 것으로부터 확인한다. 곧 나의 존재는 내가 회의하거나, 생각하거나, 느끼는 것을 지각하는 것으로서 증명이 필요 없다. 나의 존재는 내가 지각하는 것 전체라는 의미이다.

이때 지각한다는 것의 의미는 무엇인가? 우리는 '존재' 자체를 지각할 수는 없다. 존재하는 어떤 것을 지각할 뿐이다. 이러한 의미에서 우리가 지각하는 것은 존재하는 우리 자신, 즉 존재하는 나를 지각하는 것으로, 우리는 지각에 의해서, 우리의 '있음'을 확인할 수 있으며, 우리가 존재한다는 것에 대한 분명한 지식을 가질 수 있다.

> "개별적인 감각 대상들에 친숙한 우리의 감각 기관들이 그 대상들이 그것들에 영향을 미치는 방식에 따라서 마음에 사물의 여러 다른 지각을 전달한다. …… 내가 감각 기관들이 마음에 전달한다고 말할 때, 나는 그것들이 거기에서 그 지각들을 산출한 것을 외부 대상으로부터 마음에 전달한다는 것을 의미한다. …… 지각이 제공하는 관념은 단지 마음이 그 자신의 작용을 자체 내에서 반성함으로써 얻는 것과 같은 것이다. …… 마음이 본래 지각하는 것이 무엇이든지, 또는 지각, 사고, 오성의 직접적인 대상이 무엇이든지 나는 그것을 관념이라 부른다."
>
> — 『로크, 인간 오성론』 —

> "지식은 우리의 관념들 중 어떤 관념들의 관련과 일치 혹은 불일치와 모순에 대한 지각일 뿐[이다]. 지식은 오직 이것에 의해 구성된다. 이 지각이 있는 경우 지식이 있게 되며, 지각이 없는 경우 우리는 항상 지식을 갖지 못한다."
>
> — 로크, 『인간 오성론』 —

로크는 지각을 통해서 만들어지는 것이 곧 지식이라고 하는 주장을 통해서, 우리가 가지는 관념, 즉 무엇인가에 대한 생각의 내용 또한 지각으로부터 시작된다고 하는 입장을 취한다. 관념은 지각에 의해서 만들어지고, 그리고 관념은 다시 지식과 관계를 갖는다. 왜냐하면 지식은 우리의 생각에 의해서 얻어지는 것이며, 또한 우리가 갖고 있는 관념에 대하여 분명하게 아는 것이기 때문이다. 따라서 지각이 만들어내는 것 또한 관념이다.

　로크에 의하면 감각과 반성을 통해서 관념들이 끌어내어진다는 것은 각각의 물체에 대하여 듣고 보고 맛보는 등, 여러 가지 감각기관들이 반응하고, 감각한 내용이 우리의 마음에 일정한 지각으로 전달된다는 것이다. 다시 말하면 어떤 것이 뜨겁다거나, 쓰다고 할 때, 대상을 그렇게 느끼도록 하는 것을 우리 마음에 전달하는 것이 곧 감각이다. 반면에, 대상에 대한 지각을 바탕으로 사고하고, 의심하며, 우리의 의지를 작용하게 하는 것이 반성이다. 뜨거운 것은 화상을 입지 않기 위해서 피해야 한다거나, 차가운 것에 대하여 왜 차가울까를 생각해봄으로써 그 원인과 결과를 찾아보는 것 등이 그것이다.

　여기에서 로크가 말하는 경험의 의미가 잘 나타난다. 그가 말하는 경험은 단순히 외적인, 즉 감각적인 것만이 아니라, 반성을 통한 내적 경험까지 포함한다. 관념은 이 두 가지의 작용에 의해서 만들어지는 것이지만, 그러나 대상이 갖고 있는 고유한 힘, 또는 성질에 의해서 영향을 받는다. 예를 들면 눈은 희다는 관념은 눈이 우선적으로 흰 성질을 갖고 있어야 하며, 이것은 지각을 통해서 우리의 마음에 전달된 것이다. 이렇게 볼 때 인간의 지각은 우리의 눈앞에 있거나, 직접 접할 수 있는 사물에 대한 개별적인 지각이며,

따라서 관념 또한 개별적인 것이다. 눈이 희다는 지각은 눈에 대한 경험 없이는 불가능하기 때문이다.

그러나 우리는 여기에서 하나의 문제점을 보게 된다. 관념이 만들어지는 과정이 개별적인 지각에 의한 것이라면, 그래서 지식 또한 우리의 경험에서 오는 것이라고 한다면 그러한 지식은 객관성을 주장할 수 없지 않는가? 그러나 지각은 사람에 따라 다를 수 있지만 지식은 객관적인 타당성을 가져야 한다. 지식이란 누구에게나 공통적이어야 하기 때문이다. 더욱이 자연과학과 같은 학문에서 보는 우리가 직접 지각할 수 없는 관념들에 대하여 어떻게 보편타당성을 말할 수 있을 것인가?

로크는 이에 대하여 물체가 가지는 성질에 의해 관념이 만들어진다는 것이 인간의 마음속이 아닌 외부에 객관적 사물이 존재하는 것을 증명한다고 말한다. 다시 말하면 세계는 우리의 마음속이 아닌 외부에 분명히 존재한다는 것이다. 이 외부 세계에 있는 사물은 어떤 영향에도 변화하지 않는 일차 성질과 일차 성질에서 생겨난 여러 가지 이차 성질을 갖는다. 예를 들면 돌의 정체성, 모양, 공간을 차지하는 성질 등은 변화하지 않는 일차 성질이다. 반면에 이차 성질은 우리의 지각과 관련되는 것으로, 이 성질은 물체 그 자체 속에 있는 것이 아니면서 우리에게 다양한 지각, 즉 색깔, 맛, 냄새 등을 감각하도록 한다. 따라서 일차 성질은 객관적이고, 이차 성질은 주관적인 것이라고 말할 수 있다.

그러나 물질의 성질이 관념을 만들어내는 데 영향을 미친다 하더라도, 여기에 대응하는 감각이나 지각이 없이는 관념은 산출되지 않는다. 로크는 여기에서 관념과 사물 또는 대상과의 구별을 강조한다. 외부대상은 지각을 일으키는 것이지만, 그러나 그것이 곧 관념은 아니다. 다시 말하면 장미에 대한 관념은 우리가 장미를 지각함으로써 생기지만, 그 장미꽃 자체가 우리의 마음속으로 들어와서 관념이 되는 것은 아닌 것과 같다. 관념이란 대상에 대하여 우리가 지각하는 내용이므로, 즉 감각과 반성에 의해서 만들어진 종합적인 것으로, 정신의 능동성을 반드시 필요로 한다. 정신은 외부에서 들어오는 자극을 받기만 하지 않고, 여러 가지의 관념을 다시 묶고 종합해서, 분리하고 추상화시킨다. 이러한 의미에서 "정신에 의해서 지각되지 않은 관념은 정신 안에" 있지 않으며, 정신 안에 있는 관념이 현실적인 지각이라고 말한다.

③ 버클리에 의하면 지각된 것이 곧 사물이고 관념이다

"우리는 육체와 연결되어 있다. 즉 우리의 지각은 육체적 운동과 연결되어 있다. 우리는 우리의 본성의 법칙에 따라 감각적 육체의 신경 조직에서 일어나는 모든 변화에 의해 영향 받는다. …… 옳게 말한다면, (우리의) 감각적 육체는 정신에 의해 지각되는 것과 구별되는, 존재를 가지지 않은 그러한 성질들이나 관념들의 복합물에 지나지 않는다. 그러므로 감각과 육체적 운동의 이러한 결합은 관념의 두 측면이나 직접 지각할 수 있는 것들 사이의 자연의 질서에 따른 대응을 의미하는 것에 불과하다."
— 버클리, 『하일라스와 필로누스의 세 편의 대화』 —

"내가 취하는 이 중요한 진리, 즉 세계의 거대한 체계를 구성하는 모든 문제는 정신 없이는 존재하지 못한다는, 다시 말해서 그것들의 존재는 지각되거나 알려진다는 데에 있다는 진리도 마찬가지이다. …… 지각되는 것과 어떠한 관계도 없는 사유하지 않는 사물들의 절대적 존재는 더할 나위 없이 이해하기 어렵게 보인다. 그것들의 존재는 지각되는 것이다. 그것들이 그것들을 지각하는 마음들 또는 사유하는 사물들 밖에 어떤 존재를 갖는다는 것은 불가능하다."

— 버클리, 『인간 지식의 원리들』 —

버클리는 철학사에서 어떤 물질도 정신을 떠나서 독립적으로 존재할 수 없다는 유심론의 대표자이다. 그는 세계는 오직 신고 정신과 그리고 관념만이 존재한다고 믿었다. 이의 이러한 이론은 너무나 독특하기 때문에 많은 사람들의 흥미와 조소를 동시에 받았는데, 본인은 자신을 이상하고 난해한 형이상학을 추방하는 가장 상식적인 사람으로 간주했다고 한다.

버클리는 물질과 구체적 대상들이 우리의 지각하는 마음에 의존한다고 생각하였다. 예를 들면 아무도 지각하는 사람이 없는 방안에 있는 책상은 없다는 것이 아니고, 이때 방 안에 있는 책상이 있다고 하는 것의 의미가 무엇이냐 하는 것이다. 또 이때 방 안에 누군가가 들어와서 책상을 지각한다고 해서, 책상의 존재에 어떤 변화가 일어나는가 하는 문제이다.

버클리가 말하고자 하는 것은 '존재'의 의미와 용법이다. 그는 실제의 세계가 사물들로 이뤄져 있다는 생각을 부정하고, 존재의 의미와 본성은 인간의 의식과 지각을 벗어나서는 나타나지 않는다는 것이다. 우리가 어떤 것이 '있다' 혹은 '존재한다'고 말한다면, 그것이 우리에 의해서 지각되는 것을 의미한다는 것이다. 감각적인 사물이 존재한다고 할 때, 다시 말하면 책상 위에 하나의 사과가 있다고 말할 때, 그것의 의미는 우리가 책상 위의 사과를 지각한다는 것을 뜻한다. 따라서 그는 사물들은 지각되는 것과 떨어져서 별개로 존재하지 않으며 존재할 수도 없다고 주장한다. 이러한 그의 철학적 입장은 "존재하는 것은 지각되는 것이다(esse est percipi)"라는 그의 주장이 간단명료하게 말해준다. 그는 사람들이 지각하는 것과 별도로 사물들이 자연스럽고도 독립적으로 존재한다고 하는 주장은 잘못된 것이라 한다. 집과 산들은 우리의 감각기관을 통해 보고 지각하는 사물들이다. 그런데 우리가 지각하는 것은 그 대상들 자체가 아니라, 집 또는 산이라는 관념들과 감각들이다. 이러한 우리의 관념과 감각은 정신의 밖에 있는 것이 아니고, 정신의 내부에 있다. 왜냐하면 관념은 곧 우리가 직접적으로 지각하는 것으로 이뤄지기 때문에, 지각하는 것은 무엇이든 우리의 정신 안에 있게 된다. 그러므로 집과 산이라는 사물은 오직 우리의 정신 안에 있게 된다고 버클리는 주장한다. 지각되는 존재에 대하여 지각하는 존재가 있어야 한다는 것이다. 예를 들면 지각되는 장미는, 지각하는 우리가 있어야 한다는 의미이다. 버클리의 이러한 주장에 따르면 지각은 지각하는 주체의 행동이 우선적으로 있어야 지각되는 대상의 존재는 의미 있는 것이 된다. 따라서 어떤 것이 존재한다는 것은 지각되는 것이거나 지각하는 정신이다. 그러므로 실제로 있는 것은 관념과 관념들을 지각하는 정신으로 정신을 떠난 물질적 존재는 단독으로 있을 수 없다고 말한다.

그래서 버클리는 사실 우리들에게 내가 지금 쓰고 있는 책상에 대해 "책상은 존재한다"라는 말 대신 "책상은 지각되거나 지각 가능하다"라고 말할 것을 요구한다. 처음의 질문으로 돌아와서, 사람이 흔히 말하는 것처럼 방에 아무도 없을 때도 책상은 존재한다고 말하는 것은 말할 것도 없이 참이다. 왜냐하면 버클리에 따르면, 우리가 책상이 지각으로부터 독립하여 존재한다고 상상할 수 없는 이유는 내가 아니더라도 또 우리가 지각하지 않아도, 그 누군가는 지각할 수밖에 없기 때문이다. 반드시 지각하는 사람이 내가 아니어도, 세계의 사물은 누구인가에 의해서 지각될 수밖에 없기 때문이다. 이러한 주장을 통해서 버클리는 사물들은 그들을 지각하는 마음들을 떠나 어떤 존재의 의미를 가질 수 없음을 강조한다. 이렇게 지각하는 주체가 없이 어떤 것이 있다고 하는 말의 무의미함을 버클리가 강조하는 이유는 대상과 사물의 실재적 의미를 부인하는 것이 아니고, 언어의 의미를 규명하려는 것이다. 그래서 그는 이렇게 말한다. "내가 존재를 제거한다고 말하지 말라. 나는 내가 그것을 파악할 수 있는 한 단지 낱말의 의미를 선언하는 것이다."

유심론자인 버클리가 이 세상의 사물에 관하여 "존재하는 것은 지각된 것이다"라고 천명하면서 지각하는 주체를 인간 자신에게만 한정하지 않은 것은 당연한 일일 것이다. 그에 의하면 깊은 숲 속에 핀 한 송이 이름 없는 꽃이 비록 사람들에 의해 지각되지 않을지라도 신에 의해 지각될 수밖에 없다는 것이다. 어떤 사물이 우리의 정신 안에 아직 없거나 있다가 사라졌어도 신의 정신 안에는 여전히 지각되고 있다는 것이 그의 생각이다. 이렇게 해서 버클리는 사물들이 지각하는 주체를 떠나서 스스로 독립적으로 존재한다고 생각하지 않으면서도, 그러나 그들이 실제로 존재하고 있음을 논증한다. 이러한 논증은 그가 세계의 실재를 보증하는 신이라고 하는 절대적 정신을 필연적인 것으로 상정하기 때문에 가능한 일이다.

버클리는 신의 존재를 이 세계 전체의 사물을 지각하는 '무한한 마음'으로 봄으로써 우리의 개개인에 의해서 지각되지 않는 사물들이 실제로 존재할 수 있는 근거를 마련한다. 그래서 그는 사물이 마음의 밖에, 즉 지각되지 않고 존재한다는 것을 부정할 때, "나는 특별히 내 마음을 의미하는 것이 아니라, 모든 마음을 의미한다."고 말한다. 즉 모든 사물을 알고 파악하고 지각하며, 우리에게 모든 사물을 보여주는 하나의 영원한 마음, 신에 의해서 사물들은 실제로 존재한다는 것이다.

④ 메를로퐁티에 의하면 지각은 진리의 발원지이며, 세계 와의 관계이다

"신체 도식의 이론은 암시적으로 지각의 이론이다. 우리는 우리의 신체를 감각하는 법을 다시 배웠고 신체에 대한 객관적이고 분리된 지식 아래에서 바로 그 신체에 대해 그와는 다른 지식을 다시 발견했다. 이것은 신체가 언제나 우리와 함께 있다는 것 때문이고, 우리가 신체라는 것 때문이다. 동일한 방식으로, 우리가 우리의 신체에 의해서 세계에 존재하는 한, 우리의 신체로 세계를 지각하는 한, 세계의 경험을 세계가 우리에게 나타나는 대로 소생시키는 것이 필요할 것이다. 그러나 신체 및 세계와의 만남을 이와 같이 재파악하면서 우리가 발견하게 될 것은 역시 우리 자신이다. 왜냐하면 사람들이 자신의 신체를 가지고 지각한다면 신체는 자연적 자아이자 말하자면 지각의 주체이기 때문이다."

— 메를로퐁티, 『지각의 현상학』 —

"나는 빛이 나의 눈에 비친다는 것, 그 접촉들이 피부에 의한다는 것, 나의 구두가 나의 발에 아픔을 준다는 것을 알기 때문에. 나의 영혼에 속하는 지각들을 나의 신체에 분포시키고 지각을 지각된 것에 놓는다. 그러나 그것은 의식 행위의 시공간적 항적일 뿐이다. 내가 그것을 내부에서 고찰한다면 나는 장소 없는 특이한 인식, 부분 없는 영혼을 발견한다. 보는 것과 듣는 것 사이처럼 사고하는 것과 지각하는 것 사이에 어떤 차이도 없다. 우리는 이러한 조망을 고수할 수 있는가? 내가 나의 눈으로 보지 못한다는 것이 사실이라면 어떻게 내가 그러한 진리를 무시할 수 있었는가?"

— 메를로퐁티, 『지각의 현상학』 —

"지각에서 우리는 대상을 사고하지 않으며, 대상을 사고하면서 우리 자신을 사고하지 않는다. 우리는 대상에 속해 있으며 사람들이 종합해야 하는 세계, 동기, 수단에 대해서 우리가 아는 것보다 더 많이 아는 신체와 뒤섞여 있다."

— 메를로퐁티, 『지각의 현상학』 —

프랑스 태생의 메를로퐁티는 현대철학에서 가장 독특하고도 천재적 철학자 중의 한 사람으로 평가받는다. 그는 철학의 다양한 분야, 인식론, 존재론, 사회정치 철학에 걸쳐서 획기적인 방법으로 자신의 독자적인 위치를 확고히 하였다. 메를로퐁티는 현상적 전통을 후설로부터, 실존주의적 전통은 하이데거로부터 영향 받고, 정치적으로는 마르크스를 비판적으로 수용한다. 또 그는 구조주의적 언어학자인 소쉬르에게서 적지 않은 자극을 받은 것으로 알려졌다. 그러나 그는 이 가운데 어느 한 가지만을 계승하거나, 발전시키지 않고, 계승과 비판, 수용과 해체를 동시에 함으로써 자신의 독창적 철학을 탄생시켰다. 그래서 그는 대단히 난해하고도 신비롭고, '프랑스 현상학의 최대 거장'이며, 무자비한 마르크스 비판자이며, '현기증 나는 언어'를 사용하는 철학자로 알려져 있기도 하다.

메를로퐁티는 사르트르와 서로에게 일생을 통해서 영향을 주고받으면서 동반자인 동시에 대립의 길을 걷는 사이였다. 그는 사르트르와 함께 「현대」지를 공동 창간하고 편집하지만, 1950년에 발발한 한국 전쟁에 대한 의견 차이로 서로 적대자로 돌아서게 된다. 그럼에도 메를로퐁티는 당대의 유명한 사상가들, 특히 코제브, 레비 스트로스, 레이몽 아롱, 자크 라캉, 시몬느 드 보봐르 등과 폭넓은 교우관계를 가졌고, 고등학교와 대학교에서 철학을 가르쳤다. 그는 『행동의 구조』, 『지각의 현상학』, 『의미와 무의미』와 같은 저서를 남기고 1961년 심장병으로 53세의 나이로 갑작스럽게 생을 마감하였다. 그래서 그의 죽음에 대하여 신이 그의 천재성을 질투한 것이라고 말하기도 한다.

메를로퐁티의 철학적 핵심은 서양철학사를 지배해온 『정신』에 대한 근본적인 반성과 비판에 있다. 서양철학은 정신을 절대화함으로써, 정신 내적인 세계를 참되고 우월한 세계로, 반면에 우리가 살아가는 외적 세계를 우리가 극복하고 지배해야 하는 타자의 세계로 간주한다. 그러나 그는 이와 같은 "안과 밖의 논리"를 거부하고, 인간의 실존, 다시 말하면 인간이 어떻게 이 세계 속에서 세계를 체험하고, 세계가 우리에게 요구하는 것을 만족시키면서, 또 사회 역사적으로 살아가는가 하는 것을 우리의 삶이 전개되는 구체적인 현장과 상황 속에서 풀어간다.

메를로퐁티에게 있어서 세계는 우리의 '모든 분석에 앞서서 거기에' 있기 때문에, 생각하는 행위와 개념에 의해서 설명되거나 구성되는 그런 것이 아니다. 의식은 내가 경험한 세계를 다만 정리하고 배치해서 '나'의 세계를 만들어내는 것뿐이다. 다시 말하면 우리에게는 의식하기에 앞서서 세계에의 체험과 감각이 있고 우리의 실존은 '생활세계' 안에서 이루어지는 구체적이며, 매 순간적인 체험이라는 것이다. 메를로퐁티의 이러한 생활세계의 개념은 그가 결정적인 영향을 받은 후설의 현상학에서 유래한다. 후설에게 있어서 구체적으로 발전되지 않은 생활세계의 의미가 메를로퐁티에 의해서 현대철학의 핵심적 개념으로 발전되었다.

후설은 현상학적 탐구에 의해서 우리는 개념과 이론에 앞서서 있는 직접적이고 경험적인 생활세계를 벗어나서, 살아갈 수 없음을 밝혀냈지만, 그러나 '사태 그 자체로', 다시 말하면 본질로의 환원을 추구하면서 순수의식에 도달하고자 한다. 이에 반하여 메를로퐁티는 후설이 말하는 '환원의 위대한 교훈', 즉 순수하고 투명한 의식으로 완전히 돌아가는 것은 불가능한 것이라고 말한다. 이로써 메를로퐁티는 자신의 현상학을 후설의 것과 분명하게 구별 짓는다. 그는 모든 것에 앞서서 이미 존재하는 세계 속에 사는 '나'는 의식과 반성의 결과로 나타난 의미와 관념으로는 이해될 수 없는 존재이며, 따라서 정확한 범위 내에 이루어지는 '학문의 세계에 가두어 둘 수 없는 존재'라는 것이다.

이 세계 속의 '나'는 바로 신체를 가진 나로서, 몸 전체로 살아가는 존재이기 때문이다. 메를로퐁티는 '신체 없이도 존재할 수 있는' 순수의식 대신에 신체를 떠나서는 존재할 수 없는 신체적 실존을 말하며, 신체가 직접적으로 체험하는 세계를 '지각된 세계'라고 부른다. '지각된 세계'는 후설의 생활세계와 같이 분명한 인식 이전의 세계로, 곧 '환경세계'이다. 우리는 신체를 가졌을 뿐만 아니라, 신체가 바로 우리 자신인 것이다. 그리고 신체는 감각기관이다. 신체는 감각을 통해서 외부에 있는 것들을 지각하고 세계와 교류하며 관계를 맺는다. 이에 따르면 신체는 세계를 향한 통로이며, 지각은 곧 세계와의 소통방식이다. 그래서 그는 인간이 이 세계를 어떻게 체험하고 지각하면서 살아가는가를 알기 위해서 인간과 가장 단순한 감각기관을 가진 아메바를 비교하는 것도 서슴지 않는다.

이에 따르면 모든 생물은 자신의 세계, 곧 환경을 가지며, 그 환경 안에서 투쟁하고 화합하면서 살아간다. 아메바는 주변 환경이 자신에게 불리해서 생존이 어려워지면 자신의 몸을 길쭉하게 만들어서 다른 곳으로 옮겨 간다. 이러한 몸-다리 기능을 위족기능이라 한다. 그렇다면 인간은 자신의 환경이 실존과 갈등을 일으킬 때 어떻게 하는가? 메를로퐁티에 의하면 인간은 자신의 온 몸을 사용하여 정신을 만들어낸다. 정신은 아메바의 몸이 길쭉해져서 자신의 생존을 지켜내듯이, 우리의 몸으로부터 뻗어 나와서 외부를 향하여 작용한다. 이러한 이유에서 그는 우리의 몸이 생각의 원천이라고 한다. 사유와 반성 같은 정신은 우리의 몸에 녹아 있는 상태로, 몸은 결코 단순한 물질이 아니며, 몸이 생각한다고 주장한다. 다시 말해서 우리는 익숙한 어떤 일을 할 때, 예를 들면 자전거를 타거나, 수영을 할 때, 매 순간 생각하고 반성한 다음 몸에 명령을 내린 후에 행동하는 것이 아니라, 몸은 스스로 알아서 결정하고 움직인다. 메를로퐁티는 이것을 가리켜, 몸이 생각한다고 말하는 것이다.

우리는 세계 속에서 몸으로 정신을 융기하고, 정신의 활동은 오히려 이차적이다. 이러한 몸의 기능을 메를로퐁티는 몸의 원초적 기능이라고 말하는데, 몸이 하는 생각은 지각에서 시작된다. 세계를 지각함으로써 몸은 세계에 대하여 어떻게 반응하고 적응해야 하는지 알기 때문에, 우리가 흔히 '아무 생각 없이'라고 말하는 상태에서 몸은 '몸의 생각'에 따라 움직인다. 이러한 몸의 기능을 메를로퐁티는 철학의 주제로 삼고 지각을 의식과 인식에 앞서서 일어나는 가장 근본적이며 일반적인 세계와의 의사소통으로 본 것이다. 몸은 지각을 통해서 세계와 관계를 맺고, 지각함으로써 세계와 하나가 되기도 하고 분리되기도 한다. 지각은 몸의 생각 방식이며 세계는 인간의 몸을 통해서 파악되고 '서로에 대한 정보'를 교환하는 또 다른 거대한 몸이다.

후설에게 있어서 참된 세계는 의식의 순수체험에서 떠오르는 것이라면, 세계의 주체도 의식일 수밖에 없다. 이러한 생각은 인간의 정신이 세계를 만들어감으로써, 인간은 세계를 갖는다고 보는 점에서 칸트와 헤겔의 주장과 비슷하다. 후설의 제자인 하이데거는 한 걸음 더 나아가서 인간을 '세계 내의 존재'라는 개념을 통해서, 이미 존재하는 세계에 내던져진 불안하고 불완전한 존재로 파악한다. 하이데거는 불안에 직면하는 인간은 실존을 위해서, 엄습해 오는 현실의 세계를 뛰어넘어야 한다고 말함으로써, 구체적이고 일상적인 지각세계는 오히려 극복되어야 할 대상으로 이해한다.

그러나 메를로퐁티는 우리를 압도하고 사방에서 엄습하는 구체적인 세계가 바로 우리가 살아가는 우리 자신의 세계이며, 따라서 진리의 근원이며, 또한 신체를 가진 인간의 존재가 살고 있는 실존적 장소라고 말한다. 메를로퐁티는 이러한 세계를 지식의 대상으로 보는 정신의 오만함과 그럼에도 불구하고 그 깊이를 다 설명할 수 없는 철학적 사고의 무력함을 비판한다.

그에 따르면 존재하는 유일한 이성(로고스)은 세계 자체다. 이러한 세계는 인간의 몸을 중심으로 해서 또 몸을 바탕으로 하는, 다시 말하면 몸과 대화하는 구조를 가지고 질서체계를 유지한다. 몸이 하는 대화는 말할 것도 없이 지각이다. 그래서 메를로퐁티가 말하는 세계와 우리 몸이 갖는 관계는 어느 한 쪽이 우세하거나 지배적인 것이 아니라, 이 둘은 서로 이중적 방식으로, 서로를 교환하면서 세계는 우리 몸속에 들어와 있고, 우리는 몸을 통해서 세계 속에서 살고 있다. 다시 말하면 몸은 세계 속에서 중심이 되지만, 그러나 동시에 세계에서 떨어져 나와서, 다시 이 세계로 향한다. 이러한 인간을 메를로퐁티는 '세계 내의 존재'가 아니라, '세계에의 존재'라고 규정한다. 다시 말하면 세계는 몸을 통해서 우리와 연결되어 있고, 몸은 지각을 통해서 '세계에 거주한다'는 것이다. 몸이 세계에 거주한다는 것은, 마치 우리가 집에서 살면서, 친숙함과 안온함을 느끼고, 살고 있는 집을 점점 더 집다운 집으로 만들어 가고 고쳐가듯이, 우리는 환경이 우리에게 맞지 않으면 아메바처럼 그곳을 그냥 떠나서 다른 곳으로 옮겨 가는 것이 아니고, 환경을 바꾸거나, 우리의 몸을 적응시킨다. 또한 세계 속에 거주한다는 것은 우리가 단순히 시간과 공간 안에 있는 것이 아니고 "공간과 시간에 거주한다"는 의미다. 즉 우리는 세계, 곧 공간과 시간 속에서 지각을 통해서 '집'을 짓고 살아가는 것이다.

몸은 세계 속에서 거주하기 위해서 여러 가지의 지각과 감각의 내용들을 자기 속에서 하나로 통일한다. 이것은 예를 들면 우리가 어떤 음악을 들을 때, 눈으로 보는 풍경과 귀로 듣는 음률과 피부의 촉감이 하나로 통일되는 것과 같다. 즉 지각은 이처럼 몸의 각 부분이 따로 노는 것이 아니라, 온 몸이 하나로 통일되어 지각이라는 공통 작업을 하는 것이다. 메를로퐁티는 몸이 이렇게 세계를 하나로 지각하는 것을 '몸의 도식'이라고 한다. 이는 몸이 세계를 체험하고 서로를 주고받는 방식을 뜻하는 것으로 곧 지각의 방식이다. 세계를 하나의 질서로 감각하는 지각의 방식을 통해서 세계는 우리에게 혼란스럽지 않게 받아들여진다. 지각은 세계를 자기와 친숙한 것으로 만들어서 이 세계를 지금 우리가 일상적으로 살아가는 지각하는 세계로 만들기 때문이다. 그래서 예를 들면 손이나 발이 절단된 사람도 예전의 익숙한 지각 질서에 따라서 가려움이나 통증을 느끼거나, 또는 모자 쓰는 습관을 가진 사람은 무의식적으로 허리를 굽히고 문을 지나간다. 손이나 발이 잘린 후에, 몸은 아직 새로운 세계를 갖지 못했기 때문에 그 전의 세계에 머무르고 있는 것이다.

그러나 몸과 세계는 관계를 일방적으로 만들어가는 것이 아니므로, 몸이 세계와 하나가 되고자 할 때, 반대쪽에서는 세계가 몸을 향하여 다가온다. 그래서 우리는 예를 들면 피아노를 치는 사람은 피아노 연주를 잘할 수 있는 형태로 몸의 구조를 만들어가고, 운동을 하는 사람은 운동에 알맞은 몸으로 자신을 변화시킨다. 이러한 몸과 세계의 관계는 안과 밖에 따로 구분되어 있는, 주체와 객체, 또는 의식과 사물의 관계가 아니고, 마치 뫼비우스의 띠처럼 안쪽과 바깥쪽이 서로 깊이 연결되어 있다. 안과 밖은 분리되어 있지 않고, 안은 밖으로 연결되어 있기 때문에 안과 밖은 그 경계를 준명하게 설정하지 않은 채로 서로 교환되고 주고받는다.

따라서 메를로퐁티에 의하면 우리가 사는 세계는 보고, 듣고, 느끼고 하는 지각된 세계이고, 이러한 세계야말로 원초적이며 참다운 세계이며, 오히려 이성과 과학적 지성으로 파악되는 세계야말로 정신에 의해서 만들어진 관념적인 세계다. 그는 순수한 관념이나 순수한 정신은 없다고 생각하는 이유로, 우리가 뇌나 몸에 손상을 입었을 때, 우리는 우리의 환경세계에 다르게 접근하면서 자신을 변화시킨다는 점을 든다. 인간의 실존은 '우리가 살아내는 세계'에서만 가능하며, 따라서 이러한 지각된 세계가 참된 세계라는 것이다. 즉 메를로퐁티는 참된 실존을 위해서라면 지각세계로 돌아갈 것을 말한다. 그가 말하는 이 지각세계는 감각과 개념이 분리되기 이전의 하나로 통일된 세계다. 메를로퐁티는 지각은 우리 앞에 놓인 감각자료의 의미를 '단숨에' 만들어내는 행위로, 이성에 의한 판단과 의식에 의존하지 않고 우리의 몸이 처한 상황에 의존한다. 따라서 그에 의하면 지각은 이미 단순한 감각을 넘어서서 의식과 맞닿아 있고, 또한 의식은 언제나 지각을 포함하는 지각적 의식이다. 다시 말하면 '나'는 생각하는 주체로서도 나의 '지각'을 여전히 가지고 생각하며 의식한다는 것이다.

그러므로 지각은 감각적으로나, 지성에 있어서 또한 실존의 의미에 있어서 참된 세계로 열려 있는 몸의 대화 방식이다. 순수 주체를 고집하면서 자기 세계에 갇힌 고독한 '순수의식'이 아니기 때문에 타인에게로 넘어갈 수 없는 '유아론'을 거부한다. 이러한 지각 세계에서는 따라서 감각하는 자와 감각적인 것이 서로 대립하기보다는, 교감하며, 서로에게 속하는 하나의 쌍이다. 메를로퐁티는 이러한 관계에서 주체와 객체를 나누고, 정신과 육체, 능동과 수동이라고 말하는 것은 무의미한 일이라는 것이다. 또한 그는 같은 의미로 '나'는 '타인'과, '타인'은 '나'와 구별되지 않으며, '나'는 다른 '나'들의 '교차점'이라고 말한다. 이러한 의미에서 그는 진리를 발견하기 위해서 보다 더 "네 자신 속으로 들어가라!"는 후설의 신조를 거부한다. 나는 타인에게 지각됨으로써, 타인은 나에게 지각됨으로써, 자신의 존재를 갖는다. 이것은 마치 악수를 할 때처럼, 주체와 대상이 서로 교환되는 것과 같다. 그러므로 메를로퐁티는 존재의 근원을 "나는 생각한다" 대신에 "나는 지각한다"에서 발견하고, "진정한 철학적 인식은 지각이다"고 말한다. 그에 따르면 지각이야말로 "모든 행위의 기초이며 모든 행위가 전제하고 있는 것"이기 때문이다.

5. 말, 언어(言語, language, Sprache, language)

① 아리스토텔레스에 따르면 언어는 인간에게만 고유한 것이다

"인간은 꿀벌을 비롯해 집단생활을 하는 어떤 사회적 동물보다도 더 정치적인 동물이다. 자연은 쓸데없는 짓을 하지 않는다. 그리고 동물 가운데 오직 인간만이 언어를 사용한다."

— 아리스토텔레스, 『정치학』 —

"물론 우리는 다른 동물에게서도 고통과 쾌락의 소리, 기호를 본다. 그러나 인간의 언어는 좋은 것과 나쁜 것, 옳은 것과 그른 것을 말한다. 이것이 인간을 다른 동물과 구분해준다. 그래서 이 같은 관념들을 가질 수 있는 것이야말로 가족이나 도시가 성립할 수 있게 하는 것이다."

— 아리스토텔레스, 『정치학』 —

아리스토텔레스는 언어사용 능력을 동물과 구별되는 인간만이 갖는 특성이라 한다. 그는 인간의 고유함으로써의 언어를 사용할 줄 아는 능력은 동물들이 사용하는 소통방법과 근본적인 차이가 있다고 말한다. 인간이 아닌 다른 생물 역시 일정한 방법을 통해서 서로가 소통할 수 있거나, 신호를 보내거나 또는 자신의 상태를 표현할 줄 아는 능력을 갖고 있지만, 그들의 방법은 단순하고 자연적인 '소리'에 지나지 않는 것이라는 점이다. 동물들도 발성기관을 갖고 있기 때문이다. 그래서 우리는 예를 들어서 꿀벌과 같은 동물들이 내는 소리가 하나의 소통방식임을 잘 알고 있다.

그러나 언어를 사용하는 인간의 소통방법과 꿀벌들의 방식은 결정적인 차이를 갖고 있다. 즉 이성, 사고 능력의 차이이다. 인간의 언어능력은 단순히 개인적인 감정과 상태를 표현하고 전달하는 정도를 넘어서서 생각, 말하는 사람의 판단을 담아내는 방법이라는 것이다. 꿀벌들의 소리는 그래서 집단생활을 하는 데 유용한 기능이지만, 꿀벌들 간의 생각의 교환이나, 다른 꿀벌들에 대한 어떤 판단이 들어 있는 것은 아니다. 이에 비해서 인간의 언어는 곧 옳고 그름을 구별하고, 좋고 나쁜 것의 차이를 표현하는 것으로 인간에게 있어서 결정적인 것이다. 인간의 언어능력은 곧 사고 능력을 의미하는 것으로, 이것은 다시 이해하고 인식할 수 있는 능력이다.

이러한 참된 것에 대한 인식은 무엇이 선한 것이며 그릇된 것이 무엇인가를 알게 하며, 다른 사람과의 소통이 하나의 판단활동이 되도록 하는 근본조건이 되는 것으로, 인간의 사회적 특성과 깊게 맞물려 있다. 아리스토텔레스에게 있어서 언어는 인간의 정치성과 사회성을 뒷받침하고 함축하는 특성이다. 인간은 언어를 통해서 공동체의 삶을 발전시키고 실현할 수 있으며, 공동체의 관심과 유익함을 판단할 수 있다. 다시 말하면 언어를 통해서 인간은 공동체 안에서 자신이 존재하는 이유와 목적을 발견해내고 타인과 더불어 이러한 목적을 실현할 수 있기 때문이다.

이러한 의미에서 언어는 사회적 삶을 위한 조건이며, 인간의 자기실현을 위한 좋은 삶은 의사소통을 통해서 가능해진다. 또한 인간의 정치행위의 본질이 의사소통에 있음을 말하는 것이기도 하다. 이러한 그의 주장은 언어는 하나의 협약이라고 보는 생각과 무관하지 않다. 언어가 정치적 사회적 공동체의 조건인 만큼, 언어 또한 사회적 정치적 영향을 받는 것으로 보며, 언어의 발생은 사람들 사이의 합의와 약속으로 보는 것이다. 이에 따르면 사회의 변화에 의해 언어도 변화한다.

② 데카르트에 의하면 언어만이 인간이 사고하는 존재라는 사실을 증명한다

"언어나 그 밖에 인간의 의지와 관련된 주제들을 표현하는 기호들을 제외하고는, 우리의 신체가 단순히 자체로 작동하는 기계가 아니며 내면에 사고하는 정신이 존재한다는 것을 보증할 수 있는 외적 행위란 아무것도 없다."

— 데카르트, 편지 —

"언어를 사용하거나 심지어 기관의 움직임을 야기하는 신체적 행동들에 대해 무언가를 발설하도록 고안된 기계를 생각해 볼 수 있다. 이러한 기계는 특정 부분을 만지면 무엇을 원하는지 묻는다든지, 때리면 비명소리를 낸다든지 이외에도 이와 비슷한 반응들을 할 수가 있다. 그러나 기계는 자기 의사대로 이들을 조절하지는 못한다. 반면에 인간은 아무리 얼빠진 사람이라도 언어를 사용하는 능력을 갖고 있다."

— 데카르트, 『방법서설』 —

데카르트에게 있어서 언어는 인간의 내면, 정신활동을 밖으로 표출하는 기호이다. 언어는 이러한 의미에서 우리의 내면에 가려져 있는 것과 외부에 있는 기호들의 만남이고, 이렇게 해서 인간의 정신은 비로소 자신을 밖으로 표현한다. 다시 말하면 언어는 우리의 정신이 남에 의해서 이해되고, 전달될 수 있도록 하는 것으로, 우리의 생각에 모양을 부여하는 것으로 생각할 수 있다.

이에 의하면 사고하는 능력은 인간의 속성으로, 사고하는 정신과 언어는 분리되지 않는다. 이러한 사유능력을 바탕으로 모든 사람은 개인, 문화, 사회적 차이에도 불구하고 제각기 언어를 습득하여 사용할 수 있으며, 또한 문화마다의 서로 다른 언어체계에도 불구하고 외국어의 번역과 해석도 가능하게 된다.

데카르트는 기호체계로서의 언어와 언어사용 능력을 구별한다. 기호 그 자체는 스스로 의미를 갖지 않기 때문에 기호가 곧 사고하는 정신과 대응하는 것은 아니다. 인간의 언어능력은 의미부여와 의미이해라는, 즉 사고력을 전제로 하는 특성을 바탕으로만 설명할 수 있는 것이기 때문이다. 우리의 생각을 의미 있게 표현하기 위해서는 어떤 기호체계든지 그것들이 조합되고 배열되어서 질서를 가져야 한다. 다시 말하면 언어의 역할은 기호들이 일정한 질서에 따라서 의미 있게 사용되면서 전달하고자 하는 것을 담아내는 것으로, 볼 수 없는 인간정신은 언어의 기호에 의해서 자신을 드러낸다. 예를 들면 인간과 유사한 원숭이가 지르는 소리의 경우, 설령 그 소리가 어떤 일정한 뜻을 갖고 있다할지라도, 의미하고자 하는 것을 질서에 따라서 표현하는 것이 아니고, 어떤 것이나 생태에 대한 본능적이고 즉각적인 반응으로서, 사고하는 정신을 바탕으로 한다고 보기 어렵다. 따라서 이러한 '소리' 속에는 듣는 사람의 해석에 의해서 다양하게 이해될 수 있는 상징성도 은유도 들어 있지 않는, 자연적인 요소가 있을 뿐이다.

인간이 사용하는 언어의 또 다른 특징은 자신의 의지와 주체성을 바탕으로 한다는 것이다. 그래서 인간은 외부의 어떤 자극이나 영향에 대하여 동물처럼 즉각적으로 반응하거나 기계처럼 자동적으로 대응하지 않는다. 인간은 어떻게 반응해야 할 것인지, 어떤 언어사용이 적절한 것인지 생각해보고 판단한 후에 행동에 옮긴다. 따라서 동물이 인공적으로 만들어진 기호나 언어를 사용한다 하더라도, 이러한 언어사용은 지적능력과 자율적인 결정을 내릴 수 있는 주체성이 없다는 점에서 메아리와 크게 다르지 않다. 따라서 언어는 단순히 소리를 낼 수 있는 발성 기관만으로 가능한 것이 아니라는 것을 알 수 있다. 인간의 언어는 창조적이고 자유의지적인 것으로 물리적, 또는 기계적으로 작동되지 않는 인간의 비물질적인 특성이다.

③ 루소에 따르면 언어발달은 사회발달과 불가분의 관계에 있다

"인간의 최초 언어, 가장 일반적이고 가장 힘찬 언어, 모여 있는 사람들에게 자신을 납득시켜야 하는 일 이전에 필요한 유일한 언어, 그것은 자연적인 외침이다. 이러한 외침은 매우 위급한 상황에서 도움을 간청하거나 격렬한 고통을 경감시키기 위한 경우처럼 매우 절박한 상황 속에서 일종의 본능에 의해 터져 나오는 것이기 때문에, 다소 절제된 감정의 지배를 받는 일상적인 생활에서는 그다지 많이 사용되지는 않는다. 인간의 사고가 발전하고 증가하기 시작하면서, 그리고 인간들 사이에 더욱 밀접한 대화가 이루어질 때, 인간은 더욱 많은 수의 기호와 더욱 폭넓은 언어활동을 강구한다. …… 만일 인간이 사고하는 법을 배우기 위해서 말이 필요하다면, 말하는 기법을 찾아내기 위해서 더욱더 사고하는 법을 알아야 할 필요가 있다."

― 루소, 『인간불평등기원론』 ―

"늘어만 가는 어려움에 겁을 집어먹고, 언어란 순수하게 인간적인 방법들을 통해서 탄생하거나 설정될 수 없다는 것을 깨달은 나는 이 어려운 문제에 대한 논의를 장차 다시 이 문제를 거론하게 될 사람에게 남겨둔다. 이러한 난제는 언어들이 설정된 때 이미 관련이 맺어진 사회나 혹은 사회가 형성될 때 이미 만들어져 있었던 언어의 경우에 가장 불가피한 문제들이다."

― 루소, 『인간불평등기원론』 ―

루소는 언어가 최초에 어떻게 해서 생겨났는가 하는 문제를 제기함으로써 언어가 인간에게 갖는 의미를 밝히려고 하였다. 그에 의하면 언어의 기원은 시민사회의 기원을 설명하는 열쇠가 된다. 오직 본능적으로 행동하는 원시인은 언어에 있어서도 동물과 다르지 않다. 사람들 사이의 관계가 아직 지극히 단순하여 주장을 내세우거나 설득할 필요가 없을 때의 언어란 "동물적인 언어"에 머물렀다는 것이다. 자연 상태에서 필요로 하는 언어는 단지 자신의 위급한 상황이나 도움을 필요로 할 경우, 즉 감정을 절제하지 않은 상태에서 사용되는 언어였다고 루소는 말한다.

자연적 상태에서 보다 복잡한 사회적 관계로 변화되면서 인간은 감정을 억제하고 본능을 감추면서 자연적 언어는 사회적 언어로 변화되었다는 것이다. 인간은 이제 복잡해지고 사고에 걸맞은 더 많은 기호와 언어활동을 필요로 하게 되었다는 것이다.

이러한 가정 위에서 루소는 체계적인 언어란 인간들이 상호 간의 교신을 위해서 만들어낸 발명품이라고 말한다. 루소의 이러한 주장은 언어활동은 시회발전과 기술의 발달을 전제로 있으며, 인간은 사회의 발달로 인해서 점차 본능과 자연스러운 감정을 억제하면서 오히려 순수함은 잃게 되었다는 것을 암시한다. 그럼에도 루소는 언어의 기원에 대하여서 명확한 결론을 내리기는 어렵다는 것을 인정한다. 왜냐하면 언어활동과 사고 그리고 사회는 서로 분리되기 어렵기 때문이다. 언어의 절대적 기원은 밝혀낼 수 없지만, 언어와 사회가 기술발달과 불가분의 관계에 있다는 사실을 통해서 인간의 언어활동은 동물의 소통방법과는 근본적으로 구별되는 것임을 알게 된다.

4 훔볼트에 의하면 언어는 민족의 영혼이며 정신의 기관(organ)이다

"그러나 한 가지만은 반드시 다양한 속성을 갖는데, 그것은 생명의 숨결, 곧 민족의 혼으로, 이것은 언제나 어떤 것과 함께 하면서, 영향을 주는 것으로 보이든, 받는 것으로 보이든지, (민족에 관한) 연구를 지속적인 한 영역에서 맴돌게 한다. 그것은 바로 언어다. 언어 없이는, 언어를 보조수단으로 사용하지 않고는 민족의 특성에 관한 연구는 헛될 것이다. 왜냐하면 오로지 언어 안에서만이 전체 성격이 명백해지고, 동시에 개별적 개체성은 민족의 공통된 이해수단인 언어 속에서 명백해지고, 보편적인 것의 가시화를 위해서 사라진다. …… 언어를 통해서 민족이 생겨나기 전에는 혈통은 효력이 없다."

— 훔볼트, 『일반적인 언어의 본성에 관하여』 —

"언어는 바로 사고의 완성이며, 외적 인상과 어두운 내면적 감성을 분명한 개념으로 끌어올리고, 또한 이 양자를 새로운 개념의 창조를 통해서 연결시키기 위한 노력이다. 언어는 그렇기 때문에 이러한 양자의 영향과 반작용을 서로 상호 간에 촉진시키기 위해서 세계와 인간이 갖고 있는 양면적 특성을 갖는다. 또한 자신의 새로운 속성을 창조 속에서, 두 가지의 속성, 객관적 주관의 현실을 극복하고, 오로지 이상적인 형식만을 보존해야 한다."

— 훔볼트, 『일반적인 언어의 본성에 관하여』 —

훔볼트는 언어의 본질이 민족의 정신과 사고의 표현에 있다고 말한다. 언어는 인간의 살아가는 환경 속에서 다양한 형식을 취하면서, 여러 가지의 언어형태를 가지지만, 모든 언어는 민족성을 담아내는 살아 있는 생명체라는 것이다. 언어와 민족은 훔볼트에게 있어서 분리되지 않는 상호영향관계에 있기 때문에, 언어는 곧 민족의 정신이다. 이것은 언어의 역사성을 뜻하는 것이면서, 동시에 언어 스스로 자기 자신을 만들어가는 창조적인 힘과 형식을 가졌음을 말한다.

언어는 다름 아닌 그 스스로 '행위(Energeia)'라는 것이다. 그래서 훔볼트는 언어를 민족의 정체성을 결정하고 민족의 세계관을 내비추어주는 힘을 갖고 있는 것으로 규정한다. 이에 따르면 언어의 규칙은 곧 인간의 사고방식을 모사한 것이며, 언어는 세계 현상을 분리하고 구성하는 힘으로, 독립적이고 자율적인 능력이다. 이러한 언어의 힘은 우리에게 정서적으로, 심리적으로, 그리고 가치관에 있어서 결정적인 영향력을 미친다.

훔볼트는 언어와 민족, 그리고 개인의 관계를 분명한 하나의 틀 안에서 이해한다. 언어는 민족의 영혼이며, 개인의 세계관은 근본적으로 이러한 언어에 의해서 형성된다. 아마도 그 좋은 예를 우리말에서 들어본다면 '한(恨)' 또는 '정(情)'이라는 단어일 것이다. 이 단어들은 다른 언어로는 번역되기 어려운 내용과 고유한 가치를 담고 있는 것으로, 우리 민족의 정신세계를 비춰준다.

훔볼트에 의하면 한 언어의 단어들은 다른 언어권의 단어와 일치될 수 없는 것으로, 그 안에 고유한 가치관과 정서를 함축하고 있다. 이렇게 각각의 언어 속에 담겨 있는 세계에 대한 가치관을 훔볼트는 언어의 내면 형식이라고 말한다. '행위'로서의 언어는 세계 각국의 다양한 언어들이 함축하고 있는 서로 차이 나는 민족성이 성립되는 데 있어서 근원적인 힘이다.

언어는 언제나 창조하는 과정 속에서 또 스스로 자신을 창조하면서, 무한한 사용가능성을 만들어간다. 즉 언어는 창조된 것이 아니고 창조하는 행위, 바로 그것으로서 무한하게 사용할 수 있다. 이 말의 의미는 정신과의 관계에서 언어가 수동적인 영향을 받는 것이 아니라, 외부에서 우리의 마음과 정신 속으로 들어오는 사물에 대한 인상을 사고의 틀로 바꾸어 주는 것을 말한다. 언어는 정신과 자연의 매개자이며, 동시에 우리가 내면에 갖고 있는 가려진 것을 밖으로 드러내도록 하는 힘이다.

그러므로 언어는 정신을 완성시키는 기관이면서, 또한 우리의 마음속에 있는 혼란스럽고 명확하지 않는 막연한 생각들을 개념을 통해서 하나의 질서를 만드는 형식이다.

훔볼트에 있어서 언어는 결국 단순히 상호이해의 수단이 아니라 말하는 사람의 정신과 가치관을 비추는 거울이며, 개인이 속한 공동체의 숨결과 같은 것이다. 이러한 의미에서 "인간은 언어를 통해서만 인간이며, 그러나 인간은 언어를 발명하기 위해서 이미 인간이 되어야 한다."라는 그의 말을 이해해야 할 것이다.

⑤ 소쉬르에 의하면 언어는 기호에 의한 차이의 체계이다

"전체적으로 보아 언어활동은 다면적이며 혼질적이다. …… 그것은 인간적인 사실의 어떠한 범주 속에서도 분류되지 않는데, 그 이유는 그 단위를 어떻게 끌어내야 할 것인지를 모르기 때문이다. 이에 반해서 랑그는 그 자체로서 하나의 전체이며 분류원리인 것이다."
— 페르디낭 드 소쉬르, 『일반언어학 강의』 —

"언어(랑그)는 인간언어의 사회적 부분이고 언어를 창조하거나 변형시킬 수 없는 개인과는 독립적으로 있다. 랑그는 구성성과 언어공동체 사이의 관계에 의해서 존립한다. 개인은 규칙놀이를 배우는 데 시간을 필요로 한다. 어린아이는 언어를 점차 배울 수 있는 것이다. …… 파롤과는 분명히 구분되어 있는 언어는 하나의 객체로, 그것은 분리되어 연구될 수 있다."
— 페르디낭 드 소쉬르, 『일반언어학 강의』 —

제네바 출신의 언어학자 소쉬르는 현대 언어학의 중요한 이론인 구조주의의 창시자이다. 그는 언어란 쉽게 정의하기 어려운 특성과 다양성을 갖고 있다고 말한다. 소쉬르는 무엇보다도 언어를 중요한 세 가지의 특성에 따라 언어, 발화 그리고 언어사용 능력 이렇게 나눈다. 우선 우리가 일반적으로 말하는 언어는 하나의 기호체계로 서, 이것은 사회적 약속이며 합의이다. 이 기호체계가 곧 한국어, 중국어와 같은 세계의 다양한 언어체계이다. 따라서 사회구성원이 함께 공유하는 사회적 규칙이며, 언어사용의 시스템이다. 다시 말하면 각 나라의 다양한 말이다. 그래서 이 언어 시스템은 자의적이며 시간과 문화 속에서 변화되어 온 역사적 산물이라고 소쉬르는 말한다. 예를 들면 우리는 어떤 이러이러한 꽃을 '장미'라고 하지만 영어로는 'rose'라고 하는 것은 서로 다른 언어체계 때문인 것이다. 또는 교통신호로서 빨간불과 초록불은 멈춤과 가다를 뜻하지만, 교통신호가 아닌 보통의 색깔로는 그런 의미를 갖지 않는다.

반면에 발화(파롤)는 개개인의 실제적인 '말하기'로서 언어체계의 개인적 사용이다. 개인적인 언어사용은 언어의 체계(랑그)에 기초하여서 만들어지는 언어실현으로 언어체계에 어긋나지 않는 한 나이, 지역 그리고 문화에 따라 무한하게 변화될 수 있다. 그러나 파롤은 언어체계의 제한을 받으므로 랑그에 종속된다고 볼 수 있다.

그래서 언어사용 능력은 언어습득 과정을 통해서 무의식적으로 습득된 모국어에 대한 지식이다. 랑그로서의 언어가 필요로 하는 기호는 다시 기표(signifiant)와 기의(signifie)로 나누어지는데 기표는 표시하는 것(문자, 음성 등), 기의는 표시하는 내용(의미, 내용)을 가리킨다. 이러한 기표들은 차이와 관계에 의해서 의미를 만들어간다.

예를 들면 '학교'는 '학'과 다른 기표들의 차이에 의해서, 즉 '교'자 대신 '생'자가 쓰임으로 해서, 다른 의미를 갖는다. 따라서 의미는 언어 속에 본래적으로 있는 것이 아니라 차이관계에 의해서 결정된다. 예를 들면 "나는 너를 매우 사랑한다."와 같은 문장에서 보면 '나'의 자리에는 너, 그, 우리 혹은 다른 많은 기표가 올 수 있다. 즉 무엇이 오느냐에 따라서 언어배열이 결정되는 것이다. 이렇게 볼 때 언어는 그 자체에 본래적으로 의미가 담겨 있는 것이 아니라 관계와 차이에 따른 기호배열에 따라서 결정되는 하나의 구조이다. 즉 인간은 언어에 의해서 사물이 갖는 의미의 차이를 구별하며, 현실에 대한 인식도 달라진다. 한국인의 특이한 표현인 '정(情)'이나 '한(恨)'과 같은 단어의 의미는 한국인의 현실을 표현하는 방법인 것이다. 이와 같이 언어를 기호 구조로 보면서, 차이체계가 곧 의미를 만든다는 이론은 구조주의의 기본을 이루는 것으로, 소쉬르의 이론은 언어학을 넘어서, 철학, 정신분석학 그리고 문화인류학에 커다란 영향을 미쳤다.

6 하이데거에 의하면 언어는 존재의 집이며, 존재가 인간에게 드러나는 통로이다

"말과 언어는 쓰고 말하는 사람들의 교섭을 위해 사물들을 포장하는 포장지가 아니다. 오히려 사물들을 존재케 하고 또 그 사물들이 사물로서 존재할 수 있도록 하는 것이 바로 말과 언어이다."

                            - 하이데거, 『형이상학 입문』 -

"만일 우리의 본질 속에 언어능력이 들어 있지 않다면 모든 존재자는 우리에게 은폐될 것이다. 그리고 우리 자신은 더 이상 현재와 같은 우리로 존재하지 않을 것이다. …… 왜냐하면 인간으로 존재한다는 것은 다름 아닌 말하는 것이기 때문이다."

—『하이데거, 형이상학 입문』—

하이데거는 우리가 매일 쓰면서 살아가는 언어와 존재의 관계가 무엇인가를 묻는다. 그에 따르면 언어가 없이는 존재란 공허한 개념에 지나지 않고 아무것도 의미하지 않는다. 존재는 자기 스스로를 언어가 없이는 드러낼 수 없다. 즉 언어는 존재를 드러내고 나타내는 조건이다.

언어는 말하는 것만이 아니라, 이해를 가능하게 하며, 더욱이 침묵하는 것까지도 포함한다. '나'는 언어를 통해서 나의 존재를 드러내고, '너'와 너의 상황을 이해하며, 그러한 너를 어떠어떠한 사람으로 해석한다. 다시 말하면 우리가 누군가를 이해하고 의미를 부여하고 관계를 맺는 것은 언어를 통한 언어적인 행위이다. 그래서 하이데거는 존재는 곧 언어적이고, 우리는 언어를 통해서 세계와 타인을 만나고, '세계 안의 존재'로서 살아간다. 이때의 세계란 누구에게나 공통되는 전체로서가 아니라, 내가 '항상 그리고 이미' 처해 있는 상황의 전부이다. 즉 지금의 나의 세계는 내가 쓰는 언어와 내가 속한 역사의 결합이며, 그것이 또한 나 자신이다. '나'는 '내'가 살아가는 세계와 분리될 수 없는 것이기 때문이다. 이러한 의미에서 언어는 "존재의 집이다."라는 그의 유명한 말을 이해할 수 있다. 그래서 그는 우리가 결코 언어를 창조하지 않았을 뿐만 아니라, 심지어는 말을 하는 것도 아니라고 주장한다. 언어 자체가 말을 한다는 것이다. 말은 소리 없이도 행해지는 것으로, 우리는 다만 언어에 순응하면서 참여할 뿐이라는 것이다.

하이데거는 언어를 단순히 의사소통의 수단으로 보는 것은, 언어와 존재의 관계를 주관과 객관의 관계로 이해하거나 또는 주관이 객관에 대하여 갖는 지배욕구에서 비롯한 왜곡된 견해라고 비판한다. 언어는 단순한 수단이 아니고, 우리 자신을 타인에게 개방하고 표현하고, 그래서 서로를 이해하면서 의미를 만들어가는, 가다머의 표현으로 말하자면 '열려진 장소'이기 때문이다.

이러한 맥락에서 하이데거는 말과 잡담을 차이 두어 말한다. 언어의 본래적인 형태를 말로서, 그리고 지금 현재의 세계 안의 존재로 살아가지 않고, 자신의 뿌리를 상실한 존재자의 언어를 잡담으로 규정한다. 하이데거는 언어는 스스로 보는 눈을 갖고 있으며, 세계를 드러내는 말하는 힘이므로, 인간은 언어에 대하여 이해하는 것이 아니라 언어를 통해서 세계를 이해하면서 주관과 객관의 통일을 지향한다고 말한다. 다시 말해서 언어는 존재의 진리를 드러내는 방식이라는 것이다. 이러한 의미에서 하이데거는 "인간은 이 땅 위에서 시적으로 거주한다."라고 말한 횔덜린의 구절을 인용한다.

７ 비트겐슈타인은 언어는 세계에 대한 그림이며, 언어의 의미는 그 쓰임에 있다고 말한다

"명제들의 총체가 언어이다. …… 나의 언어의 한계는 나의 세계의 한계를 의미한다."

― 비트겐슈타인, 『논리 철학 논고』 ―

20세기의 가장 중요한 철학자 중의 한 사람으로 평가되는 오스트리아의 비트겐슈타인의 관심은 언어이다. 그의 철학은 일반적으로 전기와 후기로 나누어지고, 이에 따른 관심의 방향도 변화한다.

비트겐슈타인이 전기로 분류되는 시기에 그의 철학적 과제로 삼았던 것은 언어와 세계의 관계이다. 그에 따르면 언어가 하는 일은 세계에 대한 그림을 그려내는 일이다. 이를 언어그림 이론 또는 모사 이론이라고 한다. 우리는 언어가 그려내는 그림을 통해서 세계와의 관계를 맺으며, 사실관계가 참인지 거짓인지 판단한다. 다시 말하면 언어는 어떠어떠한 상황 속에 있는 사물에 대하여 기술할 수 있을 뿐이지 그것이 무엇인가를 말해주는 것은 아니다. 그래서 우리의 어떤 것에 대한 혼란스러운 지식은 곧 언어가 그려내는 부정확함에서 오는 것이다. 이것은 잘못 그려진 지도가 길 안내를 정확히 할 수 없는 것과 같은 이야기다.

비트겐슈타인은 세계를 단순히 사물들의 전체로 이루어진 것으로 이해하지 않고, '사태(아무런 관련이 없는 독립적 사물들이 하나의 관계를 구성하고 있는 것)'가 그려내는 사실들에 의한 것으로 본다. 그래서 세계는 다시 이러한 사실로 나누어질 수 있다. 예를 들면 "책상 위에 책이 놓여 있다"거나, "고양이가 낮잠을 잔다."거나 하는 문장은 책상과 책, 고양이와 낮잠과 같은 서로 상관없는 사물들이 일정한 사태 속에 있는 것이며, 언어가 그려내는 것은 책상과 책, 또는 고양이와 같은 것들이 아니고 그것들이 처해 있는 전체적인 "사태"이다. 어떠한 사태에 대한 주장이 명제이고, 이것이 곧 언어이며, 이 언어가 바른 형식을 가지고 세계를 이루는 사태를 모사할 때 언어는 의미를 갖는다. 한 명제는 한 사실에 대한 그림이며, 이 명제는 묘사된 사실과 같은 논리적 구조를 가져야 '무엇이 어떠하다는 사실에 대하여' 말할 수 있다.

비트겐슈타인에 따르면 복잡한 명제라고 하더라도 아주 간단하고 명쾌한 명제, 사실과 1:1로 대응하는 '요소명제'로 분석한다면, 우리는 명제가 참이거나 또는 거짓인지를 알아낼 수 있다는 것이다. 비트겐슈타인은 이처럼 언어는 세계를 그리는 것으로 이해한다. 따라서 우리가 사용하는 언어는 사실을 표상하는 것이고, 그 무엇인가가 이 언어가 의미하는 것이 되기 위해서는 그것이 검증 가능한 사실에 대한 것이어야 한다. 예를 들면 "책상 위에 두 권의 책이 놓여 있다"는 문장과는 달리 "고양이에게도 영혼이 있다"는 문장은 의미 있는 명제를 만들 수 없다. 검증될 수 없기 때문이다. 그래서 요소명제로 판단할 수 없는 개념과 형이상학, 관념과 윤리에 관한 문제는 언어의 한계 너머에 있다고 비트겐슈타인은 말한다. 이러한 의미에서 그는 인간세계는 언어로서 '말 할 수 있는 것'과 '말 할 수 없는 것'이 있다는 주장과 더불어 말할 수 없는 것에 대하여서는 '침묵하라'고 요청한다.

참인지 거짓인지 검증이 불가능한 문장은 의미가 없는 '헛소리'이기 때문이다. 따라서 언어가 그려내는 그림이 없는 명제는 공허하고 언어의 한계는 곧 세계의 한계이다. 이러한 명제는 세계의 어느 것도 모사하지 못하기 때문이다. 또한 이것은 언어의 한계는 사고의 한계이며, 나의 언어의 한계는 세계에 대한 나의 한계임을 의미한다.

"나는 언어와 그 언어에 연관된 행위로 구성된 전체를 '언어게임'이라 부를 것이다. …… 언어게임들은 우리가 고도로 복잡한 일상 언어의 기호들을 사용하는 방식들보다 더 간단하게 기호들을 사용하는 방식들이다. 언어게임들은 언어의 형식들이며 이것들을 가지고 어린아이들은 단어를 사용하기 시작한다. 언어게임을 연구하는 것은 언어의 원초적 형태들 또는 원초적 언어들을 연구하는 것이다. 만일 우리가 참과 거짓의 문제들, 명제와 실재의 일치와 불일치의 문제들, 주장, 가정, 질문의 본성에 관한 문제들을 연구하고 싶다면, 이런 사고의 형태들이, 고도로 복잡한 사고 과정이 갖는 혼란스런 배경 없이 나타나는, 언어의 원초적 형식들을 연구하는 것이 큰 도움이 될 것이다."

— 비트겐슈타인, 『청색본』 —

비트겐슈타인은 후기에 쓴 『청색본』에서 언어철학의 중요한 개념인 '언어게임'이라는 표현을 사용한다. 비트겐슈타인은 지금까지의 철학이 과학적 탐구의 방법에서 벗어나지 못하고 있다고 비판하면서 언어를 도구와 게임에 비유한다.

언어게임은 언어와 언어에 얽힌 행위에 관한 모든 것을 뜻한다고 생각하면 된다. 언어는 도구상자와 비슷해서 여러 가지의 기능과 도구를 가지고 있다. 도구상자에서 우리가 무엇을 꺼내어 사용하느냐에 따라서 결과는 달라진다. 이것을 어떻게 사용하느냐 하는 절대적인 방식이 정해져 있는 것이 아니라는 의미이다. 언어게임이란 다시 말하면 문장을 도구로 해서 목적과 상황에 따라서 의미의 쓰임이 달라지는 것을 말한다. 언어의 의미는 언어가 사용되는 문맥에 따라서 달라진다. 언어의 기호 그 자체로는 '죽은 것'이기 때문이다. 언어의 생명은 쓰임이고, 언어의 의미는 소통에서 살아나기 때문이다.

이러한 언어게임에 필요한 놀이규칙이 문법적 규칙이다. 놀이규칙에 따라 놀이하듯이 우리는 언어를 다양한 문법적 규칙들에 따라서 사용한다. 그러나 그는 지금까지의 많은 문제는 모두에게 공통된 절대적인 것을 찾으려는 데서 비롯되었다고 말한다. 언어의 절대적 규칙은, 놀이에 그러한 것이 없듯이 없을 뿐만이 아니라, 단 한 가지만의 규칙 적용은 놀이에 방해가 되듯이, 언어의 쓰임에도 방해가 된다. 놀이 규칙은 다양하게 적용될 수 있고, 언어는 다양한 방식으로 의미를 전달할 수 있다는 것이다. 이러한 의미에서 비트겐슈타인은 다양하게 쓰이며, 다양한 의미를 함축하는 일상언어를 '단 하나의 언어'라고 말한다. 이제 철학자들이 해야 할 일은 공통된 어떤 것(본질)을 찾느라고 일상 언어를 거부하는 것이 아니라, 철학적 관심을 일상언어 속으로 끌어들여, '파리가 파리통에서 벗어나는 길'을 보여주기 위해서 언어의 사용에 대한 정확한 이해를 돕는 것이다. 이러한 의미에서 그는 이렇게 말한다. "우리가 말하는 것은 쉬운 일이지만, 우리가 왜 그것을 말하는지를 아는 것은 아주 어려운 일이다."

비트겐슈타인의 언어게임 이론은 "언어는 세계의 그림이다"라는 관점을 넘어서서 언어가 정해진 틀에 매이지 않고도 소통적 기능을 다한다면 비로소 언어의 의미가 있다고 하는 급진적인 생각으로, 이는 자신의 전기 철학에 대한 비판이기도 하다.

제4장 존재와 진리

1. 존재(存在, being, Sein, etre)

① 파르메니데스에 따르면 존재하는 것은 생각하는 것과 동일하다

"생각할 수 있는 것과 존재하는 것은 동일하다."

— 파르메니데스, 『단편』—

그리스의 철학자 파르메니데스는 65세의 나이에 아테네를 방문하여 20대의 소크라테스와 철학적 문답을 했다는 기록이 남아 있다. 파르메니데스는 그리스 철학에서 형이상학의 근본적인 물음, 즉 "참다운 존재란 무엇인가?"라는 존재 물음에 관심을 보인 최초의 철학자였고 후세에 커다란 영향을 미쳤다.

파르메니데스는 어떤 것이 존재하지 않으면 이야기될 수도 생각될 수도 없다고 한다. 즉 존재하는 것만이 생각될 수 있고 이야기될 수 있다는 것이다. 사유와 존재를 동일한 것으로 보고 있는 것이다. 그가 말하는 존재는 사유의 주체이면서 동시에 대상으로서의 '존재'이다. 따라서 그의 주장은 오직 존재하는 것만이 스스로 생각하고, 대상으로 생각될 수 있다는 의미로 해석된다. 파르메니데스는 관념적 의미의 사유를 말하는 것이 아니고 탐구의 길을 위한 전제를 제시한 것이라고 할 수 있다.

사고와 언어의 대상만이 존재하며, 존재하지 않으면 탐구할 수 없다는 의미에서이다. 그는 또한 경험 세계의 존재도 부인한다. 존재의 실재는 정신을 통해서만이 파악할 수 있다는 것이다.

> "말할 수 있고 생각할 수 있는 것은 존재하지 않으면 안 된다. 왜냐하면 존재하는 것은 있는 것이지만, 없음은 있는 것이 아니므로 이것을 그대가 생각할 것을 나는 명하노라."
>
> — 파르메니데스, 『단편』 —

파르메니데스에 의하면 탐구의 길은 두 가지가 있다. 먼저 첫 번째 길은 "있음의 길로, 그것은 비존재일 수 없는" 길이다. 두 번째 길은 아예 탐구가 되지 않는 길이다. "있지 않은 그래서 필연적으로 비존재인" 길이다. 왜냐하면 생각하는 것과 존재하는 것은 같기 때문에, 비존재를 안다는 것과 그것을 표현하는 것은 모두 불가능한 일이 된다.

파르메니데스는 존재와 비존재를 구분하면서, 변화, 즉 생성과 소멸을 부정한다. 불변의 동질적인 실재와 오로지 하나의 절대적 존재자를 주장한다. 생성과 소멸은 존재하지 않는 어떤 것을 전제해야 하는데, 존재하지 않는 것을 어떻게 인식하며 가르칠 수 있느냐는 것이다.

"없음"에서 "있음"이 나올 수 없으며, 존재하지 않는 것은 전적으로 생각할 수 없기 때문에, 존재하는 것은 성장이 없으며 따라서 소멸도 없다는 것이다. 그에게 있어서는 "존재하거나 존재하지 않거나"이다.

존재는 그 특성상 분리할 수 없다. 그것은 하나이며, 지속적인 것이다. 존재하는 것은 동일한 방식 하나로 존재하기 때문에 분리할 수 없으며, 분리가 없기 때문에 단일한 전체로서 존재한다. 다시 말하면 그는 존재와 실존을 철저하게 동일한 것으로 이해한다.

2 아리스토텔레스에 의하면 존재는 구체적인 존재자로서 존재의 본질은 발전되는 양태이다

> "참된, 그리고 일차적이며 엄밀한 의미에 있어서, 존재는 한 주체에 대해 술어적인 것도 아니고, 하나의 주체 속에 현존하는 것도 아니다. 그것은 예를 들면 개별적인 하나의 말이거나 한 사람이다."
>
> — 아리스토텔레스, 『범주론』 —

아리스토텔레스도 그의 스승 플라톤과 마찬가지로 존재하는 것, 즉 '우시아(ousia)'에 관심을 갖지만, 스승과는 전혀 다른 결과를 보인다. 아리스토텔레스는 플라톤이 존재의 세계를 양분하여 관념(이데아)의 존재 세계와 현실의 존재 세계로 구분한 뒤, 이 두 세계는 서로 아무런 관련도 없다는 이원론의 입장을 비판한다.

아리스토텔레스는 실제로 존재하는 것에 관한 물음을 존재하는 것의 성질도 아니고, 존재하는 것의 본질적인 요소도 아닌, 구체적인 이 사람, 이 나무처럼 개별적이고 현실적으로 존재하는 것으로 시작한다. 그래서 존재의 문제는 구체적으로 사물 속에 있는 어떤 것, 즉 그 사물로 하여금 그 사물이 되게 하는 것을 찾는 문제라고 생각한다.

따라서 존재란 개념이 아니라 개별적으로 있는 존재 그것이다. 그는 이를 '우시아'라고 한다. '우시아'는 구체적인 존재 안에서 발견되는 것이다. '우시아'는 우리 주변에 존재하는 우연적 존재이면서 동시에 하나의 사물이 되기 위해서 필요한 모든 것을 가지고 있는 존재이다. 그러므로 아리스토텔레스가 말하는 '우시아'로서 존재란 막연한 어떤 사람이나 돌 같은 추상적인 관념이 아니라, 한 사물이 현실적으로 실재하는 것으로 한 사람, 한 개의 돌을 의미한다. "아픔이란 것은 없고 오직 아픈 사람들만이 있다"는 문장은 아리스토텔레스에 의해서 나온 말은 아니지만 그의 존재에 관한 생각을 잘 표현하고 있다.

> "항상 존재가 무엇인가 하는 의심의 주제가 되고 있는 물음은 바로 다음과 같은 것이다. 실체란 무엇인가? 왜냐하면 이것은 어떤 사람은 하나라고 주장하고, 다른 사람들은 하나 이상이라고 주장하는 것이며, 또 어떤 사람은 수에 있어서 제한되어 있다고, 다른 사람들은 무제한적이라고 주장하는 것이기 때문이다. 그래서 우리는 또 한 무엇이 이러한 의미에서 있는가를, 일차적으로 또한 주로, 그리고 거의 배타적으로 고려해야만 한다."
> — 아리스토텔레스, 『형이상학』 —

아리스토텔레스에게 있어서는 일반적 의미의 사람이 아니라, 구체적인 실제로서의 '이 사람'이 존재한다고 할 때, 이 사람이란 무엇인가? 다시 말하면 어떤 것을 바로 이 사람이라 하는가? 이에 대하여 아리스토텔레스는 모든 구체적 모습은 재료와 형상으로 이뤄졌다고 한다. 예를 들면 철과 시멘트는 재료이고, 이 재료를 어떤 목적에 따라 만든 것이 학교도 되고 교회도 되는 구체적 존재이다. 위의 재료를 어떻게 쓰느냐 하는 목적에 따라 형상이 드러나게 되는 것이다. 아리스토텔레스는 이렇게 재료와 형상이 서로 결합되어 존재를 결정하게 되며, 이 둘은 서로 분리될 수 없는 것으로 보았다.

그리스 자연철학자들이 존재의 본질은 하나다, 혹은 다양하다는 주장을 했지만, 아리스토텔레스는 그렇게 생각하지 않았다. 그의 생각에 따르면 존재의 본질은 존재 그 자체 안에만 있을 수 있다고 생각한다. 그래서 순수한 형상 혹은 순수한 재료들을 따로 찾아볼 수 없는 것이다. 이 양자가 함께 나타나야 존재가 되는 것이다.

존재의 본질은 다만 가능한 상태(가능태)로 재료 속에 내재해 있기 때문에, 형상을 통해 현실로 나타나야(현실태) 존재의 본질이 드러나는 것이다. 그러므로 재료 속에 들어 있는 가능태와 무관한 형상 또한 생각할 수 없으며, 형상(그것은 무엇인가?)은 재료의 성질을 드러내는 설명방식이 된다. 아리스토텔레스는 존재의 본질을 이와 같이 발전되는 것으로 파악한다. 그리고 이 과정은 목적이 무엇인가 하는 것에 의해서 이뤄진다. 그래서 아리스토텔레스는 목적 없이는 어떤 존재도 존재할 수 없다는 목적론적 사고를 전개한다.

③ 데카르트에 의하면 나는 생각함으로서 존재한다

"그렇다면 생각은? 여기서 나는 발견한다. 생각이 바로 그것이다. 이것만이 유일하게 나로부터 떼어낼 수 없는 것이다. 나는 있다. 나는 존재한다. 이것은 분명하다. 그러나 언제부터인가? 물론 내가 생각하는 한에서이다. 왜냐하면 만약 내가 완전히 생각하기를 그친다면, 그 순간 내가 전적으로 존재하기를 그칠 수도 있겠기 때문이다. 따라서 나는 단적으로 생각하는 존재이다. 즉 나는 정신 혹은 지성 혹은 이성이다. 그리고 이런 말들은 이전에는 내게 그 의미가 알려지지 않았던 것들이다. 그러나 나는 참된 존재자, 참으로 실존하는 존재자이다. 그러나 어떤 존재자인가? 나는 말했다.
생각하는 것이라고.”

— 데카르트, 『성찰』 —

데카르트는 존재하는 것과 생각하는 것 사이의 불가분의 관계를
파악함으로써 근대철학의 첫발을 내딛었다 할 수 있다. 확실한 것
을 얻기 위해서 수학자이기도 한 그는 철학에서도 생각하는 주체
인 '나'를 먼저 확실하게 세움으로써 지식의 확실성을 얻고자 했다.

그는 생각하는 방법, 즉 의심을 철학의 출발점으로 삼는다. 의심
은 곧 생각과 이해의 시작인 것이다. 즉 더 이상 의심할 수 없이
확실한 것을 얻기 위해 의심되는 모든 것을 의심해야 한다. 의심과
회의는 확실한 진리를 추구하는 최선의 합리적 방법이기 때문이다.
의심의 사유는 어떤 존재를 부정할 수 있지만, 그러나 어떤 대상을
의심할 때 더 이상 의심할 수 없는 사실은 이 의심하는 사람이 확
실히 있다는 것이다. 이 '의심하는 나' 없이는 의심하는 행위는 이
루어질 수 없으므로, 데카르트에 있어서 의심은 하나의 사유의 방
식을 넘어서서 존재의 양상이 되고, '나'는 모든 다른 존재를 파악
하는 근거와 출발점이 된다.

“나는 존재한다는 명제는 내가 이것을 말할 때마다 혹은 정신에 의하여
파악할 때마다 필연적으로 참이다.”

— 데카르트, 『성찰』 —

데카르트의 '의심하는 나'에 대한 확신을 통해서 그의 유명한
“나는 생각한다. 그러므로 나는 존재한다(cogito ergo sum).”가 도출
된다. 이 원리는 나의 존재를 증명하는 최초의 확실성이고 흔들림

없는 아르키메데스 점이다.

그렇다면 데카르트가 말하는 '나의 존재'는 무엇인가? 육체와 정신을 모두 가진 '전체로서의 나'가 아니라 '생각하는 나' 곧 '이성을 지닌 나의 존재'를 말한다. 이를 데카르트는 '사유하는 존재'라 한다.

데카르트는 사유하는 존재에 대립하는 '물질로 있는 존재'를 말한다. 이는 신체적이고 외적인 특징을 갖고 있으면서 공간을 차지하는 특성을 갖는다. 따라서 모양과 수를 가지며, 시간과 공간의 지배를 받는다. 인간 존재는 특이하게도 생각을 가진 존재와 물질을 가진 존재로 양분되면서 신과 통하는 정신과 신체라는 물질을 가진 존재로 분리되어 각각 서로 다른 영역의 지배를 받는다고 한다. 이렇게 데카르트는 인간 존재를 정신과 물질로 나누어 정신의 본질은 생각, 이성 그리고 물질의 본질은 자연 법칙의 영역에 속한다고 보았다.

④ 스피노자에 의하면 모든 존재는 신의 창조물이며 자신의 존재를 지속하려고 한다

"존재하는 모든 것은 하느님 안에 있고 어떠한 것도 하느님 없이는 존재할 수도 파악될 수도 없다. …… 하느님은 창조하는 자연이며 존재하는 모든 것은 하느님에 의해 이루어졌고 하느님에 의해 존재 안에 보존된다."
— 스피노자, 『윤리학』 —

우리에게 "세계가 내일 멸망한다 해도, 나는 오늘 한 그루의 나무를 심겠다."는 가르침으로 유명한 스피노자는 한편으로는 신에 도취되고, 다른 한편으로는 유일신을 부정하는 무신론적이고 어두운 범신론자로 이해된다.

스피노자는 모든 존재에 영혼이 내재한다는 기본 생각을 가지고, 존재하는 모든 것은 신 안에 있으며, 어떤 존재도 신을 떠나 존재할 수 없다고 주장한다. 그래서 존재하는 것은 존재 그 자체로 신의 신성함과 무한함을 표현하는 것이다. 다시 말하면 존재하는 모든 것은 신의 손길이 닿은 것이라는 것이다. 그러므로 세계는 우연한 것도 무의미한 것도 아닌 필연적인 목적을 가지며 신으로부터 부여받은 가치를 갖는다.

그러나 신과 존재들의 관계는 종속의 관계가 아니라 대등한 관계이다. 왜냐하면 영혼은 신적인 것이 되고 육체는 영혼이 물질로 표현된 것으로 이 둘은 평등한 관계를 이룬다. 스피노자는 한 존재 안에 들어 있는 정신과 육체는 둘 다 신의 속성을 나타내고 있다는 '범신론'과, 육체와 영혼을 상하의 관계가 아닌 평행선의 관계로 보는 '심신평행론'을 말하였다. 이러한 그의 주장이 당시의 권위적인 신학에 어떠한 파문을 던졌을 지는 상상하기 어렵지 않을 것이다.

"각 사물은 될 수 있으면 자신의 존재를 지속하려고 한다.
— 스피노자, 『윤리학』 —

스피노자는 그의 윤리학에서 모든 사물은 자신의 존재를 보존하려고 한다고 정의한다. 이 자기보존의 노력은 인간의 감정을 통해서 나타나며, 감정은 인간의 영혼과 신체를 포함한 자기보존에 대한 욕구의 표현 방식이다. 그는 이러한 감정(스피노자의 용어로는 情念, Affekt)이 영혼에만 관계될 때 "의지"라고 하는 반면 영혼과 신체에서 나타날 때 "충동"이라고 정의한다. 자기 자신을 의식하여 보존하려는 욕구와 관계되는 감정에 기쁨과 슬픔이 포함된다. 그는 기쁨을 통해서 자기 보존의 노력이 활성화되고 영혼이 능동적으로 되는 것으로 보았다. 그러나 슬픔은 자기 보존의 노력이 실현되지 못하는 경우에 나타나는 감정으로 영혼을 수동적으로 만든다. 그는 욕망, 기쁨, 슬픔을 존재와 관련되는 기본적 정념으로 보며, 자기 보존의 본성을 드러내는 것이라고 말한다. 이러한 정념은 결국 존재의 본질로서 계속해서 존재하려는 존재의 의지는 이러한 정념을 통해서 표현된다는 것이다.

스피노자에 있어시 존재를 지속한디는 것은 존제의 필연성을 인식하여 자신을 완전하지 못하게 하는 정념으로부터 벗어나는 것을 의미한다. 그래서 스피노자는 존재를 지속하도록 하는 것은 결국 신을 인식하고 그에게 자신을 내맡기는 자유를 통해 이루어진다고 말한다.

⑤ 하이데거는 존재와 현존재로서의 존재자를 구별한다

"현존재는 그러한 존재에서 고유한 존재로서의 존재가 문제되는, 이해하는 존재 능력으로서 존재한다. …… 현존재가 이렇게 혹은 저렇게 태도를 취할 수 있는 그러한 존재 자체를 실존이라 부른다."
— 하이데거, 『존재와 시간』 —

"존재 자체는 빛인 반면, 그 빛으로 현존재를 나타내게 하는 것은 '존재자'이다."
— 하이데거, 『존재와 시간』 —

하이데거는 그의 주저 『존재와 시간』에서 존재의 의미에 대한 물음을 새롭게 제기한다. 모든 시대는 존재에 대한 특정한 이해를 전제하고 시작한다는 것이다. 하이데거의 출발점은 '현존재'라는 개념으로 파악된 인간이다. 현존재란 지금, 여기에 있는 한 인간을 말한다. 이는 통일된 모습을 가지고 설명되는 존재가 아니라, 각자의 삶의 모습에 따라 이해되는 존재이며, 인간 존재에 대한 이해는 인간 존재의 삶에 대한 이해로부터 시작한다. 그리고 이러한 존재의 모습을 그는 '실존'이라 부른다.

하나의 실존 모습은 이 세계 속에서 존재로서 사는 나의 모습이다. 이에 대하여 하이데거는 '존재'와 '존재자'를 구별함으로써 '존재함'과 '존재하는 어떤 것'과를 차이 짓는다. 수많은 존재자 가운데 자신의 존재의 의미를 묻는 것은 오직 인간뿐이며, 존재자는 자기로부터 존재의 의미를 물음으로써 존재의 길로 나간다는 것이다. 이것이 다름 아닌 '현존재', 즉 '그곳에 드러나 있는 존재'인 것이다. 그에 의하면 지금까지의 철학은 존재와 존재자를 혼동함으로써, 존재를 사유하지 못하였고, 존재자 속에 주어진 존재의 의미를 발견하지 못하였다는 것이다.

하이데거는 존재의 모습이 갖는 경향을 두 가지로 나누어 생각한다. 하나는 남에 대한 배려나 걱정을 통해서 이뤄지는 사회적 관계 안에서의 현존재이다. 이러한 현존재는 남과의 관계와 일상에 매여서 자신의 고유함을 잃고 '비본래적'인 삶을 통해서 자신의 현존재의 의미로부터 도피한다. 이러한 현존재를 'man(보통사람)'이라 한다. '보통사람'은 공허함과 권태 속에 자신의 존재의 본질을 묻어버리고 진정한 존재방식을 추구하지 않는다.

또 다른 현존재의 모습은 이해하는 능력을 가진 현존재이다. 이해하는 현존재는 자신의 고유함을 이해하고 자기와 세계가 어떤 관계 속에 놓여 있는가를 이해한다. 인간 존재가 이 세계 속에 내던져졌다는 냉혹한 현실, 불안과 죽음에 대한 공포, 인간 존재의 무력함에 대한 진정한 인식을 갖는 것이다. 이러한 인간의 상황이 우리에게 무엇을 의미하는 것이며, 인간 존재가 무엇을 위해 자유로워야 하는가를 물어야 한다는 것이다. 이러한 물음은 인간에게 세계 속에 던져진 존재로서, 다시 말하면 죽음을 향한 존재로서, 시간 속에 있는 것을 발견하고 받아들이는 결단을 촉구한다. 그래서 하이데거에 있어서 인간 존재가 실존으로 서는 것은 결단을 의미하며, 결단은 책임으로 완성된다.

6 라캉에 의하면 존재는 욕망이다

"만약 존재가 현재 있는 그대로의 것에 지나지 않는다면 그것에 대해 말할 필요조차 없을 것이다. 존재란 바로 이러한 결핍에 의해서 있게 되는 것이다. 존재가 존재에 대해서 자기의 감정을 갖게 되는 것은 욕망을 체험하면서 이러한 결핍을 통해서이다."

　　　　　　　　　　　　　　　　　　　　　　　－ 라캉, 『세미나 II권』 －

"현대의 경험은 의식의 고유성에 의해 오랜 매혹으로부터 잠을 깨었다. 그리고는 인간의 존재를 그의 독특한 구조 속에서 고려한다. 이 구조는 바로 욕망의 구조이다. 이것이 인간이 존재한다는 것을 설명해 줄 수 있는 유일한 출발점이다."

　　　　　　　　　　　　　　　　　　　　　　　－ 라캉, 『세미나 II권』 －

자크 라캉은 존재를 욕망과의 관계에서 설명한다. 프로이드가 욕망을 인간 존재의 당당한 표현으로 규정한 이후 욕망은 인간의 중요한 속성으로 간주되면서 욕망에 대한 새로운 인식이 시작되었다. 라캉은 프로이드의 입장을 수용하는 데서 출발한다.

역사적으로 철학은 욕망을 조심스럽게 은밀하게 다루어 묶어두고서, 사유의 대상으로 애써 회피해 온 것이다. 그것은 욕망이란 무엇인가 하는 문제는 그것은 하나의 개념이 될 수 있는가 하는 문제로 환원되기 때문이다. 이것은 욕망을 사유 대상으로 먼저 받아들여야 함을 말한다. 그러나 욕망은 지금까지 인간의 정신과 반대편에 서 있는 '이성의 타자'로서만 취급되었기 때문에 외면당해온 것이다. 프로이드의 영향 속에서 라캉은 욕망을 존재의 본질로 바라본다. 그에 의하면 욕망하는 것은 존재의 구조라는 것이다.

다시 말하면 욕망은 존재에게 무엇인가가 결핍된 상태에서 일어나는 것이 아니라, 욕망이란 바로 결핍을 의미한다는 것이다. 이렇게 볼 때 욕망은 어떤 것을 얻기 위한 욕구가 아니고, 존재의 근원이 된다고 말한다. 존재는 결핍을 갖고 있으며, 이러한 존재는 자신의 불완전함 속에 그대로 머물러 있지 않고, 결핍을 욕망으로 의식함으로써 존재 자신을 인식하게 된다. 즉 욕망을 통해서 존재는 자신의 불완전함을 깨닫게 되고, 우리는 우리 안에 부재(不在)하는 것을 통해서 우리의 현존을 세워간다는 것이다.

2. 진리(眞理, truth, Wahrheit, vérité)

1 파르메니데스에 따르면 진리는 빛을 향해 나아가는 탐구의 길이며, 참된 ·있음·을 깨닫는 것이다

"오. 젊은이여. 젊은이는 그대를 태우고 온 말들과 불사의 마부들에 호위되어 나의 거처로 왔구나. 반갑도다. 결코 나쁜 운명이 그대를 이 길로 여행하도록 보낸 것은 아니니라. 진실로 이 길은 인간이 오기 힘든 길이며, 그대가 온 길은 올바르고 정의로운 길이니라. 그대는 흔들림 없는 완벽한 진리의 토대와 참된 신뢰가 없는 가사적(可死的) 존재들의 억견들, 이 모두를 배워야 하느니라."

— 파르메니데스, 『단편』 —

소크라테스는 물론이고 플라톤에게까지 큰 영향을 끼친 고대 그리스의 철학자 파르메니데스는 자신의 철학적 의문과 관심을 철학시로 표현하였다. '자연에 관하여'라는 제목으로 전해지는 철학시들을 통해서 파르메니데스는 만물의 근본을 변화라고 보았던 헤라클레이토스와는 달리 변화하지 않는 참된 존재에 관한 물음을 던졌다.

그의 철학적 관심은 '탐구의 길'과 '억견의 길'로 나뉘어서 전개되는데, 먼저 서문에서 진리에 이르는 길을 환상적인 여행에 비유한다. 이에 따르면 그는 밤의 영역에서 빛이 지배하는 낮의 영역으로 여행하게 되는데, 그는 태양의 딸들의 안내를 받아서 마침내 정의의 여신인 '디케'가 지키고 있는 빛의 나라에 도착함으로써 긴 여행을 마친다.

여기에서 주목할 만한 것은 정의의 여신을 통해서 참다운 진리와 근거 없는 신념들이 서로 어떻게 다른지 배우게 된다는 것이다. 그리고 이러한 깨달음의 과정이 어둠으로부터 빛으로 나아가는 여행으로 표현되고 있다는 것이다. 여행은 무지함에서 벗어나서 새로운 것을 알게 되는 것을 상징하는 인식의 전환과정을 말하고 있다. 파르메니데스는 인식의 전환을 빛의 길과 정의의 여신이 지키는 곳으로 묘사함으로써, 진리란 빛을 향하여 찾아나서는 것이며, 정의와 함께 하는 것으로 결코 사라지지 않는 영원한 것이라고 말한다.

이러한 완벽한 진리의 반대편에는 인간들의 억견들이 있다. 진리와 그릇된 주장들, 즉 억견들은 서로 대립되는 가치를 지니고 있지만 파르메니데스에 의하면 인간은 이러한 진실하지 않은 억견조차도 배워야 할 필요가 있다. 왜냐하면 그것은 환상적인 것이라 할지라도 실제로 현실에서 존재하기 때문이다.

또한 참다운 진리 인식은 가사적인 인간들이 쉽게 얻을 수 있는 지식이 아니다. 왜냐하면 죽을 수밖에 없는 가사적 존재인 인간들은 자신의 한계로 말미암아 참된 길은 오직 하나만이 존재한다는 사실을 알지 못하고 진리와 억견, 두 가지 형태의 길을 혼동하기 때문이다. 사람들은 서로 동등한 힘을 갖고, 상호보완적인 역할을 하는 한 쌍으로서 존재하는 하나의 것에 대하여 두 가지의 서로 다른 이름을 붙여줌으로써, 두 가지의 서로 대립적인 존재가 있다고 생각하는 것이다. 그는 그 좋은 예가 낮과 밤이라고 말한다. 이 두 요소는 대립적이고 배타적인 것이 아니라 하나의 쌍으로서 우주 안에서 대등하고 혼합적인 관계에서 서로 분리된 것이 아니라 결합되어 있다.

파르메니데스는 이렇게 진리의 탐구를 빛을 향하여 나아가는 여행으로 표현함으로써 억견에 흔들림 없이, 참된 진리를 깨닫는 것이 쉽게 이루어지는 일이 아니라는 것을 보여주고자 한 것이다. 우주적 관점에서 진리의 문제를 이해하기에는 인간은 유한한 존재로서 억견의 길은 눈에 보이는 현상과 세계에 자신을 조화시키고 감각에 의한 이해를 정당화할 수 있는 쉬운 길이기 때문이다.

> "자, 이제 나는 그대에게 생각할 수 있는 탐구의 유일한 길을 이야기 하고자 하나니, …… 그 하나는 있음의 길이다. 그것이 비존재일 수 없다는 것은 설득의 길이니라(이 길은 진리를 따르기 때문이다). 다른 또 하나의 길은 있지 않은 그리고 필연적으로 비존재이어야만 하는 길인데, 이 길을 나는 탐구될 수 없는 길로 간주하노라. 왜냐하면 비존재를 안다는 것은 가능치 않으며(이것은 실현될 수 없다) 언급될 수도 없기 때문이다. …… 나는 진리에 관한 나의 진실한 말과 생각을 그치고자 한다. 여기부터는 현혹적인 내 말의 순서에 귀를 기울이면서 가사적 인간들의 신념을 배우라."
> — 파르메니데스, 『단편』 —

파르메니데스에 따르면 인간이 참다운 진리를 아는 것이 어려운 이유는 진리 탐구가 '있음의 길'과 '없음의 길'로 나누어지기 때문이다. 이 있음의 길은 '존재'에 관한 것이다. 진리가 있음에 관한 것이요, 비존재에 관한 것일 수 없다는 것은 "있는 것은 있고 없는 것은 없다"는 누구나 수긍할 수밖에 없는 간단하고 명쾌한 논리에서 출발하고 있다. 있음, 즉 '존재'가 결코 비존재일 수 없고 없는 것에 대하여 참된 것을 알 수 없다는 것은 너무나 자명하지 않은가?

진리 탐구를 위해 또 하나 생각해 볼 수 있는 길은 '있지 않음의 길', 비존재의 길이다. 그런데 사실 이 길은 탐구할 수 없는 길이다. 비존재를 안다는 것은 도대체 실현될 수도 가능하지도 않기 때문이다. 그러므로 진리 탐구는 있지 않음의 길에서는 이루어질 수 없다. 나가서 파르메니데스에게 있어서 "생각할 수 있는 것과 존재하는 것은 같은 것"으로 존재는 생각할 수 있는 것, 비존재는 생각할 수 없는 것으로 정리된다. 이렇게 볼 때 파르메니데스가 생각하는 진리의 기본은 말할 수 있는 것과 생각할 수 있는 것은 존재할 수 있어야 한다는 것이다. 진리는 있음과 없음을 분명히 구별하는 데서 출발해야 한다는 파르메니데스의 생각은 곧 진리는 진정한 실재가 무엇인가를 깨닫는 것이라는 것을 보여주고 있다. 존재하는 것과 존재하지 않는 것이 같다거나 혹은 이들을 구별하는 분별력을 확실하게 갖지 않고는 우리는 진리를 찾아 나갈 수 있는 토대를 갖지 못하는 것이다. 다시 말하면 진리란 참된 존재에 대한 긴 여행과 같은 탐구의 길이며, 진리 탐구는 존재하는 것에 대하여 빛을 밝히는 것이다.

② 토마스 아퀴나스에 의하면 진리는 신을 닮는 것이며, 지성에 의하여 필연적으로 증명된다

"피조물에서는 진리가 사물과 지성 안에서 발견된다. …… 즉 지성에 있어서는, 지성이 인식하는 사물에 동화되는 데서 진리가 발견되고, 사물에 있어서는, 예술이 모든 예술작품의 척도이듯이, 사물이 자신의 척도인 신의 지성을 모방하는 데서 진리가 발견된다. 어쨌든 사물에 있어서 진리가 발견되는 것은, 사물에 의해서 측정되는 인간 지성 안에 사물에 의한 참다운 인식을 사물이 생성시킬 수 있을 때이다."

― 토마스 아퀴나스, 『진리론』 ―

철학사에서 객관적 진리의 신봉자 혹은 수호자로 알려진 중세 철학자 토마스 아퀴나스는 진리에의 정열로 충만한 사람이었다. 그가 당시의 신학이론과 다른 아리스토텔레스의 철학을 적극적으로 도입하고 지지했던 이유도 그의 진리에 대한 정열과 사랑에 있다. 특히 그는 신앙의 세계에 대한 진리를 확신하였기 때문에 신의 존재는 그의 확고부동한 신념 위에 서 있었다.

그에게 있어서 신은 모든 세계와 그 세계에 대한 이론들과 관계 있는 존재이다. 진리 또한 신과의 관계에서 그 의미가 분명하게 드러난다. 신은 진리 자체이며, 진리의 근원 그 자체이다. 신을 떠난 진리는 있을 수 없으며, 신을 인정하지 않는 진리는 설 자리가 없는 것이다. 그래서 그는 철학적 의미의 진리 또한 신의 존재 안에서 설명한다. 결국 모든 진리는 신에게서 나오며 다시 신에게로 돌아갈 수밖에 없는 것이다. 신은 모든 진리의 원인이기 때문이다. 이러한 의미에서 그는 철학은 신을 증명하기 위한 것이라고 생각하는 이신론(理神論)을 주장한다.

토마스 아퀴나스에 의하면 사물들은 신의 정신을 모방한 것이다. 그리고 신은 항상 참이다. 거짓인 신은 신이 아니기 때문이다. 이로부터 신을 닮은 세계의 사물은 신의 모방이고 따라서 사물의 존재는 참일 수밖에 없다는 결론이 나오는 것이다. 사물들은 그 모방에 있어서 그 원형(신적인 참된 것)을 닮았기 때문에 참이 되는 사물들은 인간의 지성에 있어서도 참된 것으로 인식된다. 왜냐하면 신으로부터 받은 이성에 의해 사물에 대한 참다운 인식이 이루어지고 사물은 신의 모방이므로 신과 관계되는 모든 것은 거짓일 수 없기 때문이다. 인간은 자신의 지성을 통해서 모든 사물의 변화하는 모습을 넘어서 있는 참된 본질에 대하여 알게 되고, 이를 통해 신의 존재를 확인하게 된다는 것이다.

인간이 이렇게 이성을 통해서 사물을 인식한다는 것은 또한 이성이 사물에 동화될 수 있다는 것을 말한다. 사물 그 자체와 인간의 이성이 파악한 인식 내용이 일치하는 것으로, 사물과 이성은 서로 조화를 이루면서 세계의 질서를 만든다. 다시 말하면 신에 의해서 창조된 인간은 진리와 사물의 본질을 알 수 있는 능력이 있다는 것이다. 이렇게 사물과 지성이 일치하여 이루어지는 진리는 인식의 진리 혹은 논리의 진리라 한다. 이러한 인식의 진리는 신이 존재한다는 존재의 진리를 바탕으로 하며 이러한 전제에서 출발한다. 왜냐하면 모든 진리가 신으로부터 유래한다는 주장 속에서 아퀴나스는 진리와 신의 절대성을 같은 것으로 보기 때문이다.

> "진리가 있다는 것은 그 자체가 명백하다. 왜냐하면 진리가 있다는 것을 부정하는 사람은 진리가 있다는 것을 인정하기 때문이다. 만일 아무런 진리도 없다고 한다면, 아무런 진리도 없다는 그 말은 진실이다. 만일 무엇이 진실이라면 진리가 있다는 것은 당연한 일이다."
>
> — 토마스 아퀴나스, 『신학대전』 —

토마스 아퀴나스에 따르면 모든 사물은 본성적으로 각자의 고유한 작용을 가지며, 인간에게서 고유한 작용은 생각하는 것이다. 이 작용은 인간을 다른 사물과 근본적으로 다른 것으로 만든다. 인간은 알고자 하는 욕구로 인하여 본성적으로 생각하며 그 결과가 새로운 인식이다. 인간은 누구나 자신의 지성을 통하여 보다 전체적이고 근본적인 인식으로 나아가고자 한다. 이렇게 사유하는 정신은 진리의 명백함을 인정할 수밖에 없다. 왜냐하면 인간의 정신은 본성상 합리적인 것을 받아들이기 때문이다. 그는 진리의 문제 또한 이러한 지성활동에 의해서 논리적으로 설명하려고 한다.

토마스 아퀴나스에 있어서 진리는 존재할 수밖에 없는 필연적인 것이다. 그는 "진리가 있다는 것은 자명하다."라는 말을 도처에서 하고 있다. 왜냐하면 진리가 존재하지 않는다고 하려면 논리의 자가당착에 빠지게 되기 때문이다. 진리를 부정한다는 것 자체가 모순이 된다는 말이다. 우리가 진리가 없다는 말을 참으로 받아들이려면 적어도 '진리는 없다'는 말은 참된 것임을, 즉 진리임을 인정해야 하기 때문이다.

③ 헤겔에 의하면 진리는 곧 절대정신이며, 변증법적 운동을 통해서 파악된다

> "진리란 결국 자리를 함께 한 자 그 누구도 흠뻑 취해 버리지 않을 수 없는 바커스(Bachus) 제(祭)에서의 도취경과 같은 것이면서도 동시에 이들은 만취된 상태에서 어느덧 스스로 용해, 해소되고 만다."
> — 헤겔, 『정신현상학』 —

> "진리란 마치 완성품이 돼 나온 주화처럼 마구 주머니에 쓸어 넣고 다니며 사용할 수 있는 그런 것은 아니라는 것이다."
> — 헤겔, 『정신현상학』 —

헤겔은 진리와 허위를 엄격하게 구분하고 서로 대립적인 것으로 보는 것을 거부한다. 지금까지의 진리와 허위를 엄격하게 구분해서 보는 이분법이 진리에의 길목을 가로막는 주된 원인이라고 생각하기 때문이다. 진리와 허위가 확연하게 서로 나누어져서 각각 고유한 특별한 성질을 갖고 서로 다른 사상에 속한다고 보는 것은 잘못이라는 것이다. 진리와 허위는 서로 연관 없이 자신의 영역만을 움켜쥐고 있는 것은 아니기 때문이다. 따라서 진리는 마치 무슨 보증수표처럼 사용할 수 있는 것이 아니라는 것이다.

왜냐하면 악하다거나 허위인 것은 어떤 특수한 것일 수밖에 없는데, 이를 항상 악하다거나 거짓이라고 보는 것은 특수자를 보편화시켜버린 결과이다. 특수자들은 주체로서 언제나 동일한 고정 상태로 그대로 머무는 것이 아니다. 그들은 서로와의 관계 속에서 자신의 본질을 만들어 간다. 또한 진리와 거짓은 서로의 상관관계 속에서 서로를 규정하게 된다는 것이다. 다시 말하면 악한 것도, 거짓도 본래적으로 따로 떨어져 있는 것이 아니고, 관계 속에서 생기는 것이라는 의미이다.

그러므로 진리란 광석에서 금속을 찾아내어 분리하는 것이 아니다. 그리고 진리를 찾는 일은 그릇을 다 만들고 나서 필요했던 도구를 다 버리는 것도 또한 아니다. 헤겔은 참다운 진리가 되기 위해서는 양자의 서로 다른 차이가 참다운 진리 속에 반드시 직접적으로 현존해야 하며, 그래서 진리는 그 스스로의 본성에 따라서 움직이는 자체적인 운동 속에서 발견된다는 것이다. 헤겔은 진리를 하나의 고정된 최종적 결과로 보는 것은 속견이라고 말한다.

그러므로 헤겔에 있어서 진리는 스스로 거듭되는 끊임없는 변증법적 운동을 통해서 드러난다. 이에 따라 헤겔은 진리의 요소를 "오직 현실적인 것, 자기 자신을 정립하는 것, 더 나가서는 자체 내에 스스로의 생명을 지니는 것, 따라서 자기의 개념을 지니고 있는 현존재"라고 정의한다.

"그 나머지는 모두 오류이며 혼동이며 의견이나 행동에까지 이르지 못하는 생각일 뿐이다. 오직 절대정신만이 참된 존재이며 소멸하지 않는 생명이고 진리이다. 그 나머지는 모두 자의적인 것이며 스쳐 지나가는 것일 뿐이다. 그것들은 다양한 형태로 나타나는데, 철학의 모든 임무는 그 다양한 형태 안에서 절대정신을 파악해 내는 데 있다. …… 철학은 절대정신을 이해하는 최고의 방법이다."

― 헤겔, 『논리학』 ―

전체의 구조 속에서 현존재로서 자신의 모습을 드러내는 진리는 다시 말하면 헤겔 철학의 가장 핵심적인 개념인 절대정신으로 표현된다. 절대정신만이 참된 진리이며 그 나머지를 부정하는 이유를 헤겔은 그 외의 것들은 '자의적이고 지나가는 것'이기 때문이라고 말한다. 헤겔의 절대정신은 곧 총체적인 관념으로, 결코 추상적이고 주관적인 주장이 아니라, 전체와 부분들의 관계 속에서 구체적이고 현실적인 모습으로 나타난 정신이다.

예를 들면 아름다움이란 관념이 사전적 의미로만 전달될 때 결코 진리가 될 수 없다. 아름다움은 우리가 보고 느끼고, 감지할 수 있는 구체적인 형태로 드러날 때 아름다움이라는 관념은 완성되는 것이다. 다시 말하면 아름다움은 예술을 통해서 아름다움의 정신을 드러내고 형상화함으로써 정신적인 내면이, 즉 관념이 현존재로서 살아난다. 우리는 또한 아름다움에 대한 어떤 긴 설명보다, 아름다움이 구체적으로 드러난 모습을 통해서 아름다움을 느끼고 경험한다. 따라서 헤겔의 진리는 세계 속에서 드러나고, 계속적인 자기극복의 운동을 통해서 추구되는 것으로, 세상과 동떨어진 순결한 진리가 아니라, 역사와 현실 속에서 발전하는 역동적인 진리이다.

4 니체는 진리는 환상이며 거짓에 지나지 않는 것이라고 말한다

"도대체 진리란 무엇인가? 은유, 환유, 신인동형동성설(神人同型同姓說)
들의 변덕스러운 집단 …… 간단히 말하면 시적으로, 수사학적으로 심화
되고 장식되어서 나중에는 그것이 고정된 것, 규범적인 것으로 사람들에
게 구속력을 가지게 되는 인과관계들의 총화인 것이다. 진리는 환상이다.
그러나 우리는 그것이 환상이라는 사실을, 이제는 무력해져서 의미에 영향
을 줄 수 없는 다 낡아 빠져버린 은유들이라는 사실을, 그 표면이 지워져
서 더 이상 동전으로서의 가치를 상실한 단순한 쇳조각에 불과한 그러한
동전들이라는 사실을 망각했다."

— 니체, 『외적도덕의 의미에서 진리와 거짓』 —

"진리란 그것 없이는 특정 종의 생물이 살아갈 수 없을지도 모르는 그러
한 일종의 오류이다. 삶에 대한 가치가 결국은 결정적이다. …… 정신도,
이성도, 사유도, 의식도, 영혼도, 의지도, 진리도 없다. 이들 모두는 도움이
되지 않는 허구이다. …… 인식은 힘의 도구로서 작용한다. 따라서 힘의
증대에 따라 생장하는 것은 명백하다. …… 자기보존의 유용성이 동기로
서 인식기관의 발달의 배후에 있다."

— 니체, 『권력에의 의지』 —

니체의 철학은 비판철학이다. 비판의 대상은 전통적인 형이상학
과 인식론에서 시작하여 서양사회를 지배하는 모든 문화적인 영역
에까지 확대되었다. 특히 그의 비판은 전통적 철학이 믿어왔던 절
대적 가치들에 대하여 강한 의문을 제기하면서 새로운 평가와 새
로운 인식들을 제시하고 있다. 진리에 대한 그의 비판 역시 예외가
아니다. 그에 따르면 우선 어떠한 믿음도 참이 아니며, 참일 수도
없다는 것이다. 니체의 진리에 대한 비판은 도덕과 깊은 관련을 갖
고 있는 것으로 어떤 것을 절대적으로 참된 것이라고 생각하는 것
은 헛된 믿음이라 하여 강하게 비난한다.

니체는 진리에 대한 비판을 언어에 대한 예리한 분석에서 출발한다. 진리란 어떤 사물에 대한 판단에서 시작되며 이것은 언어라는 수단을 통하여 표현되는 것이기 때문이다. 이때 우리가 사용하는 언어는 그때그때의 필요에 따라 사용되는 도구라는 것이다. 그리고 언어로 표현되는 과정은 하나의 은유에 불과한 것이다. 인간이 현실적으로 사용하는 개념은 사물의 전체를 대표할 수 없는데도, 우리가 해석할 수 있고 이해할 수 있는 사물의 한 면이 마치 사물의 전체인 양 생각하는 오류에 빠지게 된다는 것이다. 언어를 통해 인식할 수 있는 세계는 단지 표현된 세계, 기호로 나타난 세계이고 이는 참된 세계가 아니라 인긴이 언어적 도구를 통해서 인위적으로 만들어낸 세계일 뿐이라는 것이다. 인간은 사물과 언어로 표현되고 은유되기 이전의 모습을 만날 수 없고, 언어의 틀 속에 갇혀서 생각하고 인식함으로써 끊임없이 '진리'라는 환상을 만들어낸다.

니체는 이렇게 진리는 언어놀이에 의한 환상이라고 단언함으로써 기존의 가치체계와 도덕을 비판하고, 나아가서 진리의 필요성에 대한 질문을 던진다. 그에 의하면 진리는 자기보존의 욕구를 충족시키기 위한 오류일 뿐이다. 오류라 함은 불변하는 절대적 가치로서 추구하여야 할 진리란 결코 있을 수 없다는 의미이다. 왜냐하면 삶에 대한 가치는 주관적으로 결정될 수밖에 없으며, 주관적 진리는 '나의 진리'일 수는 있지만, 누구에게나 동일한 의미를 갖지 않기 때문이다. 즉 삶은 각자 개인의 것이며, 인간의 인식은 궁극적으로 힘의 도구로서 사용된다는 것이다.

그래서 그에 의하면 '주인이 추구하는 진리'와 '노예가 믿는 진리'가 결코 같을 수 없다. 여기서 니체의 '권력에의 의지'의 의미를 볼 수 있다. 결국 진리란 니체에 의하면 지배자들이 지배하기 위해 사용하는 통치수단으로, 언어를 통해서 조작된 허위에 불과하다. 그의 이러한 진리에 대한 비판은 강력한 지배수단으로서 진리뿐만이 아니라, 언어까지 이용되고 있음을 지적하면서 권력과 언어가 얼마나 밀접한 관계 속에 있나 하는 것을 파헤친다.

⑤ 퍼스에 따르면 진리는 실재를 설명하는 하나의 방식이며, 합의에 의하여 만들어진다

"운명적으로 모든 학자가 어떤 의견을 인정하게 되면, 우리는 그 의견을 진리로 이해하며, 이러한 의견을 통해서 생각하는 대상이 바로 실재하는 것이다. 이것이 우리가 실재를 설명하는 방식이다."

— 퍼스, Collected Papers —

미국의 실용주의 철학자 퍼스는 실제로 존재한다는 것의 의미가 무엇이며, 또 그것을 어떻게 인식할 수 있는가 하는 문제를 다루면서 진리에 대한 실용주의적 답을 구한다. 그는 인용문에서처럼 앞부분에서는 진리의 특성을 말하고 있고, 뒷부분에서는 실재의 속성을 설명하고 있다.

그에 의하면 진리는 탐구자 모두에 의해 '그러하다'고 궁극적으로 동의될 운명에 놓인 의견이다. 여기서 우리는 퍼스가 말하는 진리의 세 가지 특성을 분석할 수 있다. '탐구자 모두', '궁극적으로', 그리고 '동의될 운명에 놓인' 이 세 가지가 그것이다. 어떤 의견이 '동의될 운명에 놓였다'는 말은 이야기되고 있는 내용이 미래에 확실하게 일어날 것이라는 필연성을 의미한다. 이것은 진리는 시간의 흐름 안에서 반드시 사실로서 일어나야 한다는 것을 의미한다. 이 필연성이 진리의 첫 번째 조건이 된다.

다음으로 '궁극적으로'라는 표현인데, 이는 때로는 '결국에'라는 말로도 사용된다. 우리는 과학의 발전 과정을 말할 때 끝없이 발전되어 가는 것으로 생각하는 경우가 있다. 그러나 퍼스는 철학적 입장에서 탐구 과정의 끝에, 즉 실재라고 부르는 성질을 가진 그러한 것이 있어야 한다고 생각했다. 궁극적이라는 말은 연구 과정의 마지막으로 우리가 생각할 수 있는 '이상적 결과'를 얻어야 함을 말한다. 가장 완전하고 이상적인 결과가 바로 진리의 두 번째 조건이 된다.

마지막으로 진리의 세 번째 조건은 '탐구자 모두'라는 공동체 개념이다. 그에게 있어서 실재나 진리 개념은 공동체(Community) 개념과 긴밀히 연관되어 있다. 실재나 진리는 어떤 탐구자나 과학자 일부의 임의적인 결정이 아니라는 것이다. 실재나 진리는 그 연구 혹은 탐구 공동체 전체가 도달하게 되는 그 누구도 저항할 수 없는 결과물인 것이다. 그러므로 퍼스에게 있어서 진리는 확고한 믿음으로서 모든 탐구자들이 궁극적으로는 동의할 수밖에 없는 필연적 의견인 것이다. 다시 말하면 진리란 어딘가에 자연상태로 놓여 있는 것이 아니라, 관련된 사람들이 함께 동의하느냐 하지 않느냐에 따라서 결정된다. 따라서 실용주의 입장에서 볼 때, 오늘 인정되는 진리가 반드시 '내일의 진리'가 될 수 있는지는 알 수 없는 일이다.

"나는 탐구가 충분히 수행된다면 사람들이 도달하게 될 어떤 믿음이 있다는 것을 진리라고 말하지 않는다. 나는 단지 그러한 믿음을 진리라고 부를 뿐이다. 나는 어떤 진리가 있다는 사실을 확실하게 알 수 없다."

— 퍼스, Collected Papers —

퍼스는 먼저 어떤 진리가 존재한다는 것을 확실히 알 수 없다고 한다. 그래서 진리는 단지 탐구자가 궁극적으로 도달하게 될 믿음에 불과하다는 것이다. 그러나 그 믿음이 곧 진리라는 의미는 아니다. 다시 말하면 그는 학자들의 탐구가 궁극적으로 밝혀내게 될 최종 의견으로서의 진리가 무엇이냐에 관해서가 아니라, 진리의 의미가 무엇인가를 문제 삼고 있는 것이다. 퍼스는 진리가 참을 뜻하는 진술이라는 기존의 생각을 버리고, 진리란 어떤 믿음이 미래에 어떤 방식으로 실현될 것이라고 말하는, 하나의 단순한 믿음일 뿐이라는 것이다. 그러나 모든 믿음이 다 진리는 아니다. 그는 오직 참된 믿음만이 진리라 한다.

퍼스의 철학에서 독창적인 것은 바로 참된 믿음으로서의 어떤 진술이 곧 진리가 아니라, 참된 믿음이라고 말해지는 진술 속의 대상이 반드시 실재해야 한다는 주장을 한다는 점이다. 진리를 참된 믿음이라고 정의한 퍼스는 이 의미를 이해하기 위해서 먼저 참된 믿음의 조건을 알아야 한다고 말한다. 우리가 '진리', '참된 의견' 혹은 "X가 참이다"라는 말을 할 때, '참'이라고 하는 말의 쓰이는 작용과 대상을 먼저 생각해야 한다는 것이다.

'참'이라고 하는 의미는 단순히 검증에 의해 모두 밝혀지는 것은 아니다. 퍼스에게 있어서 "X가 참이다"라는 말은 "X를 탐구하는 모든 사람들과 그들에 의해 이뤄진 모든 탐구의 결과가 X의 대상이 실재한다는 사실에 동의하는 것"을 담고 있기 때문이다. 예를 들어 "소크라테스는 철학자다."라고 할 때, 실제로 그가 철학자였음이 증명되는 것만으로 부족하고, 다른 사람들이 이러한 주장에 대하여 동의하고 있음을 의미한다는 것이다. 이로부터 퍼스는 "X가 참이다"라는 말에 대한 가장 좋은 이상적 조건을 끌어낸다. 즉 "X의 대상이 실재한다는 것"과 "연구공동체가 그러한 사실에 동의한다는 것"이다. 이렇게 해서 퍼스는 "참된 믿음으로 정해진 진술 속의 대상은 실재해야 한다."는 결론에 이르게 된다. 이는 퍼스의 진리관이 그의 언어관과 밀접한 관련이 있다는 것을 보여준다. 그는 언어는 실재를 기술하는 것이 일차적 기능이며, 언어의 도움 없이는 진리에 관한 진술들이 드러나지 않는다고 말한다.

3. 본질(本質, essence, Wesen, essence)

① 플라톤에 의하면 본질은 사물의 불변하는 본성 그 자체이다

"그러니까 이들 세 가지의 침상이 있게 되었네. 그 하나는 그 본질에 있어서 침상인 것으로서, 이는, 내가 생각하기로는, 신이 만드는 것이라고 우리가 말할 그런 걸일세."

– 플라톤, 『국가』 –

"신은 바로 이걸 알고서, 참으로 침상인 것의 참된 침상 제작자이기를 바랐지, 어떤 한 침상을 만드는 어떤 한 침상 제작자이기를 바라지는 않았기에, 본질에 있어서 하나인 침상을 만들었다네. …… 우리가 신을 그것의

'본질 창조자'라든가 또는 그와 같은 이름으로 부르기를 바라는가?"

— 플라톤, 『국가』 —

플라톤에게 있어서 본질은 사물에 있는 필연적인 어떤 것으로, 이것은 변화하지도 않으며, 우연에 의해서 영향 받지도 않는다. 다시 말하면 하나의 사물에 있어서 결코 없어서는 안 되는 본래적으로 '있는 것'으로, '일어나는 것' 또는 '생기는 것'과는 대립된다. 이에 따르면 본질은 새롭게 만들어지는 것도 아니고, 달라지는 것도 아닌 사물의 '자산'과 같은 것으로 그리스어에서 우시아(ousia), 곧 본질이라는 말은 실제로 '자산', '존재'와 유사한 의미이다.

이러한 의미에서 본질이란 어떤 사물, 예를 들면 이 책상을 이 책상으로, 저 책상을 저 책상으로 존재하게 만드는 참된 어떤 것을 뜻한다. 이러한 본질에 의해서 우리는 이것은 이것으로서, 저것은 저것으로서 이것과 저것이 갖는 서로의 차이를 인식할 수 있다. 이렇게 사물의 불변하는 지속성과 필연성을 가진 그 자체로서의 어떤 것이 현실 속에서 사물을 통해서 일정한 모습으로 나타난 것이 '실체'라고 플라톤은 생각한다.

따라서 실체는 본질과 불가분의 관계를 갖는다. 현실 속에서 구체적으로 나타나는 사물은 변화를 겪고, 일시적인 모습으로 나타나고, 이러한 변화는 만들어지고 소멸되는 것들의 성질인 반면, 그 사물의 본질은 어떤 변화에도 변화되지 않는 '진실로 있는 것'이다. 그래서 본질은 감각적이고 경험적인 세계에서 일어나는 '생성'과 대립된다. 본질은 우리가 접하고 경험하는 감각적이고 현실적인 대상을 통해서 다만 불완전하고 미흡하게 나타나기 때문이다. 책의 본질은 책을 통해서, 책상의 본질은 책상을 통해서 부분적으로, 그러나 눈으로 볼 수 있도록 드러난다. 이러한 본질을 플라톤은 '형상(形相, eidos)'이라 한다. 형상은 우리가 실제로 접하고 경험하는 세계의 원형으로 각각의 사물은 결코 도달하지 못하는 이 세계를 초월한 이데아의 세계와 통한다. 이렇게 해서 플라톤에게 있어서 본질은 참된 것이고, 본질은 곧 진리이므로, 진리를 아는 것은 본질이 무엇인가를 아는 것이 된다.

본질을 설명하기 위해서 플라톤은 침대를 예로 든다. 우리는 수많은 침대를 만들 수 있다. 제각기 만들어진 여러 가지의 침대는 그러나 분명히 공통점을 갖는다. 이것은 무엇을 뜻하는가? 플라톤에 따르면 다양한 침대들은 여러 사람에 의해 만들어지지만, 그러나 이것은 만드는 사람의 머릿속의 모델에 의해서 가능하다. 그리고 이 모델이 있기 때문에 우리가 제각기 다른 사람들에 의해서 만들어진 침대들을 '침대'라고 부를 수 있게 된다. 각각의 침대 제작자가 머릿속으로 생각하는 침대의 모델 없이는, 실제로 사용되는 침대는 만들 수 없다. 플라톤은 침대의 모델을 '형상'이라고 말한다. 그러나 우리는 형상을 눈으로 보거나 손으로 만질 수는 없다. 우리가 보고 만지고 사용할 수 있는 것은 만들어진 침대일 뿐이다.

다시 말하면 인간이 직접 경험할 수 있고 만들어 낼 수 있는 것은 형상을 바탕으로 해서 만들어진 사물이고, 누구도 형상이라는 본질을 만들 수는 없다. 바로 이 변화하지 않는 지속성과 반드시 있어야 하는 필연성을 가진 침대의 본질이 침대에 나타나지 않고는 우리는 그것을 침대라고 말하지 않는다. 그러나 또한 사물은 이 본질을 언제나 불완전하게 담아내므로 어떠한 사물도 본질을 완벽하게 나타내지는 못한다. 그리고 사물은 다만 본질을 완전히 드러내기 위해서 노력할 뿐이다. 사물과 본질은 언제나 거리를 두고 만날 뿐이다. 이것은 우리가 늘 완전한 사랑을 꿈꾸지만, 현실 속의 사랑은 늘 불완전한 것과 같다. 사랑의 본질은 현실 속의 사랑이 향해가는 이정표와 같은 것이지만 그러나 우리는 그곳에 도달하지는 못한다.

그러나 플라톤은 본질이 단순히 우리들의 머릿속에 있는 추상적인 생각이 아니라, 객관적으로 존재하는 것이라고 말한다. 또한 본질은 인간의 창조물이 아니다. 따라서 본질은 우리가 창조하고 경험하는 사물보다 앞서 있는 것으로, 사물을 우리에게 드러나게 해주는 것이다. 사물에 앞서서 있다고 하는 것은 무엇일까? 그것은 완전한 창조를 말한다. 즉 본질은 신에 의해서 주어진 것으로 신이야말로 세계의 유일한 본질 창조자라는 것이다. 신만이, 보이지는 않지만, 진실로 있는 것을 만들 수 있으며, 따라서 참되고 가치 있는 진리의 특성을 갖는다.

② 아리스토텔레스는 본질은 사물의 존재 속에 드러난 바로 '그것'이라고 말한다

"각 사물의 본질은 (그 사물이) 그 자체로서 말해지는 바의 것이다."
— 아리스토텔레스, 『형이상학』 —

아리스토텔레스는 본질은 곧 있는 것을 뜻한다는 입장이다. 이러한 아리스토텔레스의 입장은 플라톤과는 근본적인 차이를 보인다. 플라톤에게 있어서 본질은 개개의 사물과는 일치하지 않는 것이기 때문이다. 그러나 아리스토텔레스는 본질을 각각 사물 속에 있으며, 사물을 존재하도록 만드는 사물의 본성 그 자체라고 생각한다. 그렇다면 사물 그 자체는 무엇을 말하는가?

우선 어떤 사물이 이것 또는 저것으로 말해지기 위해서는 먼저 존재해야 한다. 사물이 존재하는 것은 우리에게 나타나는 것을 말한다. 사물이 우리에게 나타나면 그 사물이 우리에게 '현존'하는 것이다. 그러나 우리에게 드러나는 그것이 바로 그 사물의 본질 자체를 말하는 것은 아니라고 플라톤은 말한다.

그러나 아리스토텔레스에 있어서 본질은 각 사물의 자체로 있는 것으로 그 사물을 바로 그 사물이게끔 히는 사물의 구성 요소이다. 그래서 본질은 존재를 통해서 드러난 것 바로 그것이고, 그 사물을 결정하는 것이다. 예를 들면 한 개의 사과가 포함하는 사과의 본질이 한 개의 사과를 사과로 결정짓고, 하나의 침대를 통해서 드러난 침대의 본질이 이 하나의 침대를 침대가 되게 한다. 다시 말해서 우리가 한 사물의 분량, 성질을 안다는 것은 곧 그 사물이 무엇인지를 아는 것이고, 이것은 그러므로 본질이 사물에 앞선다고 할 때 그것은 아리스토텔레스에 있어서 시간상, 인식상, 그리고 개념상 앞서는 것으로 사물 그 자체를 말한다. 거꾸로 말하면 한 사물은 본질을 통해 그 사물이 될 수 있는 것이다. 곧 본질은 하나의 사물에 동일성을 부여하고 그 사물로 하여금 바로 그 사물이 되게 하는 것으로 본질과 사물은 분리되지 않는다. 그래서 예를 들면 사과의 본질과 사과는 분리될 수 없으며, 침대의 본질은 침대를 통해서 나타나는 것으로 서로 대립되는 것이 아니다. 본질과 사물은 아리스토텔레스에게 서로 멀리서만 바라보는 사이가 아니다.

"너는 너의 본성상 음악적이지 않으므로 너임은 음악적임이 아니다. 그렇다면 너의 본성상 너인 것이 너의 본질이다. 하지만 이것(그 자체로서 말해지는 것) 모두가 사물의 본질인 것은 아니다. 그 자체로서 하얗게 있음은 표면에 있어서 본질이 아니다."

— 아리스토텔레스, 『형이상학』 —

아리스토텔레스는 본질을 실체와 함께 설명하면서 각 사물의 실체와 그 본질은 하나이며 서로 동일한 것이라고 한다. 먼저 본질은 사물이 갖는 어떤 우연성이나 특성을 말하지 않는다. 예를 들면 사람은 음악적인 소양을 갖출 수는 있지만, 그러나 그렇다고 해서 그 사람의 본질이 음악적이라 할 수는 없는 것이다. 음악적 소양은 그 사람 자체에 속하는 것이 아니라 단순히 부과된 어떤 특성에 불과하다. 단순히 부과된 것은 그 사물의 고유한 본질일 수 없다는 것이다. 그리고 사물의 특성 역시 그 사물의 본질은 아니라고 한다. 어떤 사물의 표면이 희거나 어떤 사람이 남성이거나, 키가 크거나 할 수 있다. 이러한 특성은 그 사물이나 그 사람에게 고유한 것이기 때문에 단순히 우연적인 것은 아니다. 그러나 이것들은 본질이라고 할 수 없다. 왜냐하면 사물의 표면이 갖는 '흼'이라는 특성과 그 사물의 표면의 존재는 서로 다르기 때문이다. 표면의 하얀 색이라는 특성은 다른 어떤 색, 빨강이나 검정의 특성으로 나타날 수 있기 때문이다. 마찬가지로 어떤 한 사람이 남성인가 여성인가 하는 것은 그 사람의 본질을 말하는 것이 될 수 없다. 이러한 것들은 사물의 본래적인 것이 아니고, 부수적인 것이기 때문이다. 이러한 사실로 보아 각 사물의 특성을 그 사물의 본성이라 할 수 없다.

아리스토텔레스는 사물이 복합적인 것일 경우 그 사물의 본질은 말할 수 없다고 한다. 예를 들어 '멋있는 사람'은 '멋있다'와 '사람'

이 결합된 것으로 그 자체는 통일성을 갖지 못한다. 그것들은 서로 분리될 수 있는 성질들로 이뤄진 것으로 우연적인 통일체에 불과하기 때문에 그 자체로서의 존재를 갖지 않는다. 이렇게 보면 아리스토텔레스에 있어서 실체 이외에는 본질을 갖지 못한다. 실제가 아닌 사물은 그 자체로서 있는 것이 아니라 자기 자신이 아닌 다른 사물, 즉 다른 실체에 의존하고 있기 때문이다. 남성이 한 사람의 본질이 될 수 없는 것도 이러한 이유에서이다. 아리스토텔레스에게 있어서 남성은 동물과 분리되어 존재할 수 없기 때문에 남성에 대한 정의는 항상 남성이 속한 주체인 동물의 의미와 관련되어 있다. 그러나 그에 의하면 본질은 어떤 것이 그 자체로서 말해지는 것이기 때문에 남성의 본질은 존재하지 않는다. 마찬가지로 여성도 본질이 아니다.

아리스토텔레스는 사람의 본질을 영혼에서 찾는다. 영혼은 그 자신의 존재와 동일한 것이면서 동시에 사람은 영혼을 그 자신의 형상으로 하기 때문이다. 형상이란 그에게 있어서 형태로 표현된 목적이라고 말할 수 있다. 따라서 형상은 눈으로 볼 수 있는 형태를 결정하는 또 하나의 볼 수 없는 형태로, 이성을 통해서만 이해할 수 있는 것이다. 이렇게 형상과 본질은 아리스토텔레스에게 있어서 엄격히 구별되지 않는다. 이렇게 보면 그가 말하는 순수 본질은 질료 없이 그 자체가 스스로 있는 것으로 다만 형상 속에서만 찾을 수 있다. 질료 없는 순수본질만을 갖는 존재는 신이다. 신은 질료를 필요로 하지 않지만, 세계의 사물은 그 본질을 자기 안에 가짐으로써 모습을 드러낸다. 그러므로 플라톤과는 달리 아리스토텔레스에게 있어서 본질은 개개의 사물과 분리되지 않는 필연적인 것

으로, 사물은 본질을 포함한다. 다시 말하면 장미꽃은 장미의 본질
을 포함하고, 사과는 사과의 본질을 갖는다.

③ 스피노자에 따르면 본질과 사물은 일치하고, 본질은 신으로 부터 나온다

> "만일 문제되는 사물의 본질이 먼저 알려지지 않는다면, 우리는 그 수단에
> 의해 자연적인 현상의 어느 것도 결코 발견하지 못할 것이기 때문에
> …… 그 결과는 매우 불확실하고 불분명하다. 그러므로 이 모델(소문이나
> 경험)은 제거되어야 한다."
>
> — 스피노자, 『에티카』 —

> "신의 지성은 사물의 유일한 원인, 사물의 본질 및 존재의 유일한 원인이
> 므로 그 자체는 본질에 관해서도 사물과 필연적으로 다르지 않으면 안 된
> 다. …… 인간은 다른 인간의 존재에 대한 원인이긴 하지만, 그 본질상의
> 원인은 되지 못한다. 이 보장은 영원한 진리이기 때문이다."
>
> — 스피노자, 『에티카』 —

신은 자연 속에서 실재한다고 생각하는 범신론적 입장인 스피노
자는 데카르트처럼 물리적이고 구체적인 세계를 실체를 가진 유일
한 체계라고 말했다. 동시에 이 세계와 신은 서로 다른 존재가 아
니고 동일하다고 생각하였다. 다시 말하면 그는 신과 세계가 분리
됐다고 생각하는 이원론이 아니라, 신과 자연을 같은 것으로 생각
하는 일원론을 주장한다. 이러한 그를 가리켜 독일의 문학가 노발
리스는 '신에 중독된 사람'이라고 말하였다.

스피노자에 따르면 신은 세계 속에 존재한다. 세계, 즉 사물의
집합이 신과 동일한 것이고, "존재하는 모든 것은 신 안에 있으며,

신 없이는 아무것도 존재할 수 없다"는 주장이다. 이에 따르면 이 세계에 존재하는 모든 것은 우연한 것이 아니고, 필연적이라는 결론을 내릴 수 있다.

스피노자의 일원론적 사고는 존재와 본질에 있어서도 나타난다. 그는 사물의 본질이 곧 사물의 있음에서 그대로 나타나고, 사물의 존재는 본질에 의해서 좌우된다. 이 둘은 서로 나누어질 수 없는 불가분의 관계에 있다. 다시 말하면 나의 본질은 나라는 존재에 의해서 파악되는 것이고, 나의 존재는 곧 나의 존재에 대한 본질이 된다. 따라서 존재와 본질은 서로를 결정하고, 서로가 이해될 수 있도록 만드는 것으로, 이 둘은 서로에 대히어 필연적이다. 이러한 의미에서 정신과 육체는 또한 나누어서 생각할 수 없다. 정신은 육체를 통해서 말해지고, 육체는 정신을 가짐으로써 감정을 표현한다. 따라서 인간의 욕망도 스피노자에 의하면 인간의 본질에 속한다. 그리고 육체와 영혼은 동시에 존재하고 함께 소멸한다.

본질에 대한 스피노자의 이러한 생각은 존재하는 모든 것은 신 안에 있다는 주장을 통해서 자연스럽게 신과 연결된다. 신은 자기 스스로에 대한 원인이며, 동시에 모든 것에 대한 원인이다. 따라서 사물의 본성은 신에 의해서 주어진 것이고, 그러므로 모든 사물의 본질 또한 필연적으로 신으로부터 나온다. 거꾸로 말하면 사물의 본질을 파악하는 것은 신을 아는 것이고, 신 없이는 우리는 사물에 대하여 아무것도 이해할 수 없다. 또한 사물의 모든 본질이 신에 의하여 만들어진 것이라는 의미는 신은 "영원하고 무한한 본질을 표현하는 존재"라는 스피노자의 주장 속에서 더욱 확실해진다.

이렇게 보면 신의 본질은 이 세계를 통해서 표현되고, 물체는 곧 신의 본질이 시간과 공간 속에서 모습을 드러낸 것, 즉 '연장'이다. 세계의 사물은 신의 본질의 연장이므로, 또한 우연하게 생긴 것들이 아니고, 반드시 있어야 하는 존재들이며, 정당한 이유들을 갖는다. 이들은 또한 서로 상호의존적이다.

그렇다면 우리는 어떻게 이러한 본질문제를 파악할 수 있는가? 우선 스피노자에 따르면 본질을 이해한다는 것은 곧 참된 지식을 갖는다는 것을 의미하고, 참된 지식은 지성에 의해서 논리적으로 증명될 수 있는 것이라고 본다. 따라서 인간의 지성이 어떤 것을 사물의 본질이라고 파악하면 그것이 곧 그 사물의 본질이라는 것이다. 예를 들면 우리의 지성이 장미의 본질로 생각하는 것이 곧 장미의 본질이고, 책상의 본질로 생각하는 것이 곧 책상의 본질이다.

스피노자는 지성적 능력은 필연적인 것이라고 말한다. 왜냐하면 인간은 신의 존재 안에 있으며, 신의 속성은 곧 사유하는 것이기 때문이다. 사유하는 지성은 신의 본질이며, 인간의 지성은 신의 지성이 연장된 것이기 때문이다. 그러므로 지성은 참된 지식을 위해서 스스로 지적 도구를 만들고, 지적활동을 위한 힘을 본래적으로 갖는다. 인간은 자신의 지성을 통해서 지혜의 정상에 도달할 때까지 스스로를 향상시킬 수 있으며, 그 정상에서야 비로소 지성은 신의 본질과 신과 세계가 서로 하나임을 알 수 있다고 말한다.

스피노자는 본질을 신과의 관계 속에서 파악하고, 세계의 본질은 곧 신에 대한 참된 이해가 없이 불가능한 것이라고 생각한다. 이에 따르면 본질은 사물의 존재를 이해하기 위해 반드시 존재해야 한다. 즉 장미의 본질은 장미의 존재를 이해하기 위해서, 책상의 본질은 책상을 파악하기 위해서 반드시 있어야 하는 필연적인 것이다.

스피노자는 이러한 필연적인 것에 대한 최초의 원인은 신에 있다고 하면서, 구체적인 사물 속에서 영원을 보고, 이 사물 세계 속에서 신에 의한 영원한 진리를 보려고 하는 것이다.

④ 로크에 의하면 본질은 관념에 불과한 것이다

> "하나는 본질이라는 낱말을 자신들이 무엇인지 모르는 것에 대해서 사용함으로써, 자연의 모든 사물들이 그것에 따라서 만들어지며 사물들이 그 본질들 가운데 각각을 정확히 나누어 가져서 어떤 한 종이 되게 되는 그런 다수의 본질들을 상정하는 사람들의 견해이다."
>
> — 로크, 『인간 오성론』 —

> "(실재적 본질들에 관한 다른 더 합리적인 견해는) 자연의 모든 사물들이 그것들의 감각 불가능한 부분들의 실재하지만 알려지지 않는 구조(우리가 사물들을 공통 명칭들로 구분하는 계기를 가짐에 따라서 우리가 사물들을 서로 구별하도록 도와주는 감각 가능한 성질들이 그것으로부터 나오는)를 갖는다고 보는 사람들의 견해이다. …… 각각 별개의 추상관념은 별개의 본질이다."
>
> — 로크, 『인간 오성론』 —

잘 알려진 것처럼 로크는 경험주의자이다. 그의 최대 관심사는 '사실'에 있다. 그는 사실로서, 실제로 있는 것만이 지각적으로 경험할 수 있고, 경험만이 우리에게 지식을 줄 수 있다고 생각한다. 그래서 경험이 다르면 지식의 내용이 달라지고, 그렇게 되면 우리의 생각, 즉 관념도 달라진다. 로크가 말하는 이러한 이론은 본질이 무엇을 의미하는가를 이해하는 데 있어서도 결정적인 역할을 한다.

로크에게 있어서 본질의 문제는 무엇보다도 관념의 문제이다. 그러나 본질에 대한 우리의 인식은 우선 경험에서 시작된다. 다시 말하면 본질은 우리가 대상을 지각적으로 경험함으로써, 예를 들면 장미를 보고, 향기 맡고 함으로써 '아, 장미는 이렇구나.' 하는 장미에 대한 관념을 갖게 되는 데, 이 관념이 곧 본질이라고 이해하는 것이다. 그는 이렇게 해서 생긴 관념을 두 가지로 나누어 생각한다. 다시 말하면 관념은 대상에 대한 지각적 경험을 통한 결과로 얻어지는 실제적인 관념과 여기에서 더 나아가 얻게 되는 추상적 관념이다. 본질이란 위의 두 가지 관념을 의미한다. 왜냐하면 우리의 생각 속에서 '사실'로써 받아들이고 있는 것은 실제로는 사실이나 대상 그 자체가 아니라, 우리가 대상에서 받은 감각이라는 것이다. 따라서 어떤 한 사물에 대한 본질을 안다고 하는 것 역시 우리의 지각을 통해서 생긴 대상에 대한 우리의 생각이라는 것이다. 우리가 '사실'이라고 믿는 것은 어떤 '사실'에 대한 우리의 생각, 즉 관념일 뿐이라는 것이다. 다시 장미를 예로 들면 장미에 대한 지식은 장미를 보거나 향기를 맡는 경험에서 시작되어, 장미에 대한 관념이 생겨나고, 직접 보고 경험하는 장미에 대한 관념은 장미라고 하는 일반적인 관념이 된다. '장미'라는 추상관념을 갖게 되는 것이다. 그러나 대상에 대한 지각적 경험이 곧 지식이 되는 것은 아니기 때문에, 경험만으로 관념이 생기거나, 관념이 경험에만 의존하는 것은 아니라고 말한다.

동물 또한 대상을 통해서 고통을 느끼기도 하고 두려워하기도 한다. 그러나 동물은 이러한 지각을 통해서 경험 내용을 정확히 인식하고 지식으로 발전시키지는 못한다. 왜냐하면 동물은 생각하고 의심하거나 추리하고 종합하는 구성능력이 없기 때문이다. 추상능력이 없다는 의미이다. 동물은 장미를 보거나 향기를 맡을 수는 있지만, 그것을 통해서 장미의 본질을 파악하는 데 이르지 못한다. 그러므로 인간의 특징인 추상능력이 없이는 어떤 것에 대한 관념을 갖는다는 것은 불가능하며, 더욱이 한 단계 더 나아가는 추상관념으로 발전할 수 없다.

지각이 없이는 지식이 불가능하다는 로크의 입장에서 볼 때 본질은 관념에 지나지 않는 것이다. 본질은 관념이고, 그래서 하나의 명칭이라고 하는 주장은 무엇을 뜻하는 걸까? 그에 따르면 사물의 본질 또한 우리가 직접적으로 경험할 수 있고, 검증할 수 있는 그런 것이어야만 '무엇이다.' 하고 말할 수 있다. 우리는 순수한 본질을 경험할 수 있는가? 로크에 따르면 실체와 마찬가지로 본질은 직접적으로 경험될 수 있는 것이 아니다. 더욱이 경험을 초월해서 본질에 대한 지식을 얻을 수 없다. 만일 본질에 대한 경험과 지식이 가능하다면 사물의 본질에 대하여 직접적·감각적 경험이 없어도 논리적으로 설명하는 것만으로 이해가 되어야 한다는 것이다.

그러나 장미를 보거나 접해 본 적이 없는 사람에게 장미에 대하여, 그리고 장미의 본질에 대하여 논리적으로 설명하는 것은 불가능하다. 이러한 주장을 바탕으로 로크는 사물의 본질은 우리가 직접적으로 알 수 없는 것으로, 다만 우리의 추상적 능력에 의해서 만들어진 관념이고, 개별적인 것들을 한데 묶어서 편리하게 분류하기 위한 말이라는 것이다. 이에 따르면 집, 장미, 책과 같은 것들에 대한 본질이란 단순한 관념, 즉 말에 지나지 않는 것이다. 자신의 이러한 논리를 설명하기 위해서 로크는 본질을 실재적 본질과 명목적 본질로 나누어서 생각한다.

　로크는 실재적 본질은 사물을 분류하고 정리하기 위한 목적에서 나온 것이라 한다. 사람들은 일반적으로 자연의 모든 것은 어떤 '본질'을 가져야 한다고 생각하고, 유사한 성질들을 갖는 사물들을 한데 묶어 종이라고 이름을 붙여, 그들이 하나의 본질을 표현한다고 생각한다. 이것이 곧 실재적 본질의 의미라는 것이다. 그러나 그는 이러한 본질의 의미는 사물의 본질을 밝혀내는 것이 아니고 사물을 이해하기 위하여 다만 편의상 붙여진 것일 뿐이라고 말한다. 왜냐하면 많은 것에 공통되는 본질이 있다고 하는 생각은 고정되고 변화하지 않는 어떤 본질, 사람이나 장미와 같은 종(種) 전체에 해당되는 본질을 전제하고 출발하기 때문이다. 그래서 변화되는 종이나, 경계 위에 있는 경우들을 제외시키는 결과를 초래하게 된다.

　그러나 실제로 사물의 종은 계속적으로 변화하고, 많은 것들이 전혀 다른 특성을 나타내도 여전히 같은 종으로 불릴 수 있다. 예를 들면 많은 사람들이 향기나 가시는 장미의 본질적 특성으로 생각하지만, 실제로는 향기나 가시가 없는 장미가 있는 경우와 같다. 그리고 계속해서 새로운 종류의 장미가 소개되고 있지 않는가? 또한 아직 알려지지 않은 종의 본질에 대한 쓸데없는 생각은 모든 사물이 본질이라는 어떤 구조방식을 갖고 있고, 본질은 실재한다고 믿는 데서 생긴다는 것이다. 그러나 알려지지 않은 것에 대하여 우리는 알 수 없다. 그러므로 로크에 따르면 이러한 주장은 무의미한 것이다.

　다른 하나의 문제는 명목적 본질이다. 로크가 말하는 명목적 본질이란 어떤 사물에 대하여 관찰이 가능한 공통적인 모든 특성들에 대한 복합적 관념이다. 예를 들면 어떤 것이 황금이라고 판단되기 위해서는 필요하고 또 충분한 여러 가지의 공통적 특성을 갖춰야 한다. 즉 어떤 것이 금이라면, 이것은 특정한 노란색, 무게, 왕수 안에서의 용수가능성 등과 같은 특성을 갖춰야 하고, 이러한 특성들이 종합된 것이 금이라는 낱말의 의미이며, 로크가 말하는 복합관념이다. 그리고 이러한 복합관념이 곧 금의 명목적 본질이다. 로크에 의하면 금이라는 것은 여러 가지의 관념들이 모여진 것이므로 복합관념이고, 이것 전체가 금의 본질이 된다. 이러한 명목적 본질은 앞서 말한 추상 작용에 의해서 생기는 것으로 추상은 부수적이거나 특수한 것을 없애고 가장 공통적인 특성을 골라내어 보전하는 것을 말한다.

그러나 명목적 본질과 실재적 본질은 반드시 일치하지는 않지만, 명목적 본질은 실제적 사물과 관계를 맺는다. 예를 들면 로크는 "세 개의 직선 사이에서 공간을 갖는 동형은 삼각형의 명목적 도형일 뿐만 아니라 실재적 본질이다"고 말한다. 명목적 본질과 실재적 본질이 일치한다는 의미이다. 왜냐하면 도형 삼각형의 경우에는 삼각형이 갖추어야 하는 구조와 삼각형의 특성들을 말하는 명목적 본질이 서로 같기 때문이다. 이러한 수학적 관념에서는 두 개의 본질이 일치되어 나타난다. 금의 경우에는 서로 일치되지 않는다. 금의 명목적 본질은 금이라고 하는 사물이 갖는 공통적 특성들, 무게, 색깔, 가용성 등에 대한 추상관념이고 복합관념이다. 그런데 실재적 본질은 금이라는 사물 안에서 발견될 수 있는 성질들이 서로 관계를 맺고, 결합되어 금을 이루고   는 구조방식이다. 그래서 우리는 이 실재적 본질을 알 수 없고 지각할 수 없다. 따라서 금은 명목적 본질과 실재적 본질이 서로 다르게 나타나게 되는 경우이다.

⑤ 훗설에 의하면 본질은 현상 속에 있다

> "현상학은 이러한 비실재적 대상도 탐구하기는 하나 그 탐구 방식은 개체적인 단일성에서가 아니라 본질에서이다."
>
> — 훗설, 『이념』 —

> "이 경우 직관된 것은 그에 상응하는 순수본질 즉 형상인데, …… 본질(형상)은 새로운 종류의 대상이다. …… 그렇게 함으로써 형상(이념), 본질에 부분적으로 포함된 신비적인 생각들이 순수히 제거된다."
>
> — 훗설, 『이념』 —

오스트리아 출신의 훗설은 20세기의 서양철학을 말할 때 빠뜨릴 수 없을 만큼 큰 영향력을 끼친 철학자이다. '현상학'이라고 불리는 그의 철학적 입장은 특히 하이데거, 사르트르, 메를로퐁티, 레비나스와 같은 현대철학자들에게 수용되어 발전되었다.

훗설은 자신의 현상학을 본질을 탐구하는 학문으로 '엄밀학'으로 규정하면서 지금까지의 철학을 '거짓 철학'이라고 비판하였다. 왜냐하면 지금까지의 철학은 본질의 문제를 소홀하게 혹은 엄밀하게 다루지 않았기 때문이다. 그에 의하면 본질에 대하여 탐구하는 것은 '사태 그 자체에로' 돌아가는 것이다. 그가 '엄밀학'과 '거짓 철학'을 구별하면서, 참된 의미의 철학은 무엇보다도 본질을 대상으로 삼는다고 주장하는 것은 그 당시의 철학적 탐구와 학문의 방법에 대한 비판에서 시작된다. 이에 따르면 본질의 문제는 자연주의와 역사주의에 의해서 왜곡되었다.

훗설은 19세기의 후반에 이르러 급격하게 발달한 자연과학적 방법이 유일한 학문방법으로 자리 잡아가면서 철학, 역사학과 같은 인문학에서조차 '자연주의' 또는 '실증주의'가 지배하는 것을 결정적인 잘못이라고 보았다. 그는 이러한 경향을 '물리주의'라고 말하면서 물리주의는 본질적인 대상, 의식 또는 정신적 이념 문제를 마치 물리적 사물처럼 취급한다고 비판하였다. 물리주의와 더불어 또하나의 위험한 방법은 '역사주의'로, 이는 세계의 모든 문제를 역사적 관점에서 해결하려는 것이다. 이러한 역사주의는 모든 것을 마치 '상대적'인 것처럼 생각하며, 본질에 대한 탐구를 행하지 않는다. 그러나 현실의 많은 것이 설령 역사적 상황 속에서 일어나고, 또 역사적 성격을 띠고 있다 하더라도, 세월이 지나 역사적 상황이 달라진 후에, 옳은 것이 부당하게 되고, 선한 것이 악하게 되는 것은 아니다. 훗설은 자연주의와 역사주의에 의해서 본질을 다루어야할 철학은 거짓 철학으로 전락되고, 그 결과로 '철학의 위기'뿐만이 아니라, 학문의 일반적 위기와 나가서 인간의 위기가 초래되었다고 주장한다.

훗설은 이러한 위기극복을 위해서 철학은 본질에 대한 엄격한 연구와 개념의 명확한 사용을 통해서 본래의 과제로 돌아가야 한다고 주장한다. 즉 철학은 '모든 것의 원리, 뿌리'에 대한 탐구가 본래의 의무이기 때문에, '사태 그 자체에로' 돌아가야 한다는 것이다. 사태 그 자체에로 돌아간다는 것의 의미는 '나타난 것', '현상'을 주관적으로 해석하는 것이 아니라, 현상 속에 담겨진 대상의 본질을 파악하고 서술하는 것을 말한다. 그에게 있어서 현상은 단순히 드러난 모습이 아니므로, 본질과 결코 대립되지 않는다.

훗설의 철학은 추리하여 결론을 내리는 것이 아니고 다만 절대적이고 확실한 본질을 그대로 서술하는 것이다. 그러나 그는 사물의 현상을 시간과 공간을 차지하면서 사실적으로 있는 어떤 것이 아니고, 우리의 생각 속에 나타나 있는 것이라고 말한다. 다시 말하면 사물은 항상, 그리고 이미 우리의 의식 활동을 통해서 의식된 것이다. 예를 들면 책상, 장미와 같은 사물은 실제에 있어서는 우리의 의식 속에서 의식작용을 통해서 나타난 책상, 장미라는 현상인 것이다. 우리의 의식 속에 '나타난 것'은 사물이며 또한 사물의 현상이다. 즉 현상이 우리가 알고 있는 책상과 장미이고, 그들의 본질은 현상 속에 들어 있다. 사물은 현상으로서만이 우리에게 인식되기 때문이다. 그러므로 본질에 대한 파악은 현상의 파악에서 출발한다.

이러한 의미에서 훗설은 본질의 문제에 있어서 플라톤보다는 개체는 언제나 본질을 내포하고 있다는 아리스토텔레스의 입장에 따른다. 개체는 또한 일시적이고 우연적일 수 있다. 훗설에 의하면 개체의 이러한 우연성은 그러나 본질과 필연적인 관계를 갖고 있으며, 본질에 의해서 영향을 받기 때문에, 일회적인 것마저도 본질을 나타내는 것으로 보아야 한다. 예를 들면 하나의 책상이나, 눈앞에 있는 한 송이의 장미에서 우연히 나타난 어떤 것이 있다 해도, 그것은 책상과 장미의 본질을 벗어날 수 없다는 것이다. 즉 책상에 일어날 수 있는 어떤 일이 아무리 우연적인 것이라 하더라도 장미에 일어나거나 할 수는 없는 것이다. 이러한 주장은 구체적인 현상 속에 대상의 본질이 내재한다는 전제에서 시작한다. 그렇지 않다면 우리는 책상을 책상이라고, 장미를 장미라고 할 수 없다. 본질이란, 그 개체를 그 개체이게 하는 것이기 때문이다.

여기에서 개체를 개체로 파악하고 개체의 본질을 이해하기 위해서 우리의 의식 활동이 함께 언급되어야 한다. 본질은 우리의 의식과 분리될 수 없으며, 이러한 의식은 '무엇에 관한 의식', 곧 지향성을 의미하는 것으로 '사유(Noesis)'를 말한다. 우리의 의식은 비어있는 의식이 아니라 언제나 무엇인가에 관한 의식 활동이다. 따라서 훗설은 본질에 대한 파악은 대상과 대상에 대한 의식관계를 통해서 이루어진다고 주장한다.

훗설은 본질을 파악하는 방법으로 환원을 말한다. 환원은 우리가 일상적인 사고의 방식을 버리고 본질을 파악하기 위한 방식을 취하는 것이다. 우리의 사고가 현상 그 자체, 즉 '사태 그 자체'에로 돌아감으로써 근원에 대한 직관적 이해를 하는 것이다. 직관적 사고는 언제나 '무엇인가에 관한' 의식의 지향성에서 출발한다. 훗설은 이것을 '본질직관' 또는 '형상적 환원'이라 하는데, 형상(에이도스)은 본질을 말한다.

훗설에 따르면 우리의 사고가 본질을 파악하기 위해서 우선 사고의 "자유변경"이라고 하는 과정을 통해서 대상에 대한 자유로운 상상에 의하여 다양하고 많은 관점과 모상을 가져야 한다. 그다음은 이러한 대상에 대한 다양한 모상 가운데 서로 겹치고 일치하는 것들을 모아서 종합·통일하고, 그리고 최종 단계에서는 자유변경에 영향 받지 않는, 변화하지 않는 일반성, 즉 본질을 가려내고 이것을 직관적으로 파악한다는 것이다. 예를 들면 책상에 대한 본질이 파악되는 과정은 책상에 대한 다양한 관점에서 출발하여 공통된 것들을 모아 종합하고, 개인의 경험이나 상상에 의해서 좌우되지 않는 가장 보편적인 형상, 책상의 본질을 직관하는 것이다. 따라서 개체직관과 본질직관은 서로 다르면서도 서로를 필요로 하는 관계이다. 책상의 본질에 대한 직관은 하나하나의 책상에 대한 파악을 통해서 가능해지고, 개체인 하나하나의 책상을 책상으로 이해하는 것은 책상의 본질에 대한 전제 아래서 가능하다. 이렇게 보면 개체직관은 개별적이고 감각적 대상에 대한 것이고, 본질직관은 대상의 일반성에 대한 것이라고 할 수 있다. 따라서 '형상적 환원'이란 대상을 향한 지향적 체험(의식활동)을 통해서 이루어진다. 다시 말하면 형상적 환원은 인식을 통해서 파악된 대상의 사실적인 특성들이 종합되고 통일되어 나타내는 본질(형상) 법칙으로 돌아가는 것이다.

그러나 구체적·현실적 현상 속에는 우연적이고 부수적인 것이 본질적이고 필연적인 것과 함께 나타나므로 시간 공간에 좌우되지 않는 순수본질을 발견하기 위해서는 일상적 태도를 넘어서야 한다. 훗설은 이렇게 우리가 일상생활에서 취하는 태도, 즉 우리가 지각하고 생각하는 그대로 세계가 실재한다는 믿음을 '자연적 태도'라고 말하면서, 이러한 '자연적 태도'를 버려야 한다고 주장한다. 이것을 가리켜 '판단중지(Epoché)'라고 한다. 판단중지라는 것은 따라서 우리가 선입견, 편견, 주관적 생각, 은폐하려는 생각 등을 중지하는 것으로, 다시 말하면 어떠한 해석도 미리 내리지 않는 상태에서 사물의 본질을 전체적으로 통찰하는 것을 의미한다. 이렇게 할 때만이 사물의 참된 현상을 파악할 수 있고, 경험에 영향 받지 않는, 또한 경험을 뛰어넘는 본질을 통찰할 수 있는 것이다.

훗설은 판단중지를 통하여 부수적이고 상대적인 모든 것을 괄호 안에 넣고 생각하는 것을 '현상학적 환원'이라고 말한다. 대상에 대한 판단을 중지한 이후에는, 의식에 직접적으로 떠오르는 대상만이 존재하게 되고, 이렇게 의식에 떠오르는 것이 곧 대상의 순수본질이다. 예를 들면 집을 생각할 때 여러 가지의 다양한 색깔이나 형태와 우리가 지금까지 보거나 경험한 부수적인 것들을 괄호 안에 넣고 '판단중지'를 한 후에, 우리의 의식 속에 직각적으로 떠오르는 그것이 바로 집의 본질, 또는 형상이라는 것이다.

4. 보편(普遍, the universal, das Allgemeine, l'universel)

① 아리스토텔레스에 의하면 보편(자)는 항상 개별자들에 의해 인식된다

"어떤 것들은 보편자이고, 다른 것들은 개별자이다. 보편자는 많은 주어들의 술어가 될 수 있는 것이며, 개별자는 (많은 주어들의) 술어가 되지 못하는 것이다. 그래서 '인간'은 보편이고, '칼리아스'는 개별자이다."

— 아리스토텔레스, 『해석』 —

"어떠한 전칭명사도 실체의 명사가 되는 것은 불가능해 보인다. 왜냐하면 우선 각 사물의 실체는 그것에 독특한 것이기 때문이며 그 밖에 다른 어떤 것에도 속하지 않기 때문이다. 그러나 보편자는 공통적이다. 왜냐하면 하나의 사물보다도 더 많은 것에 속한 것과 같은 것이 보편자라 불리는 것이기 때문이다."

— 아리스토텔레스, 『형이상학』 —

보편에 관한 논쟁은 플라톤으로부터 시작되어 서양철학의 전 과정에서 계속적으로 진행되어 왔다. 보편은 '모든 것'을 뜻하는 것으로, 관련된 모든 사물들에게 반드시 적용되는 것이며, 그래서 우리의 인식을 가능하게 하는 출발점이다. 예를 들면 "모든 사람은 죽는다.", 또는 "원은 둥글다."와 같은 것으로 이 보편성은 모든 사람과 모든 원에 적용된다. 플라톤은 아리스토텔레스와는 달리 보편 개념을 직접적으로 사용하지 않고, 형상(이데아)을 개별자와 대립적 관계에 두고 설명함으로써 보편과 연관시킨다. 개별자가 특수한 것에 비하여 형상은 보편자로서, 개별자들의 안에 들어 있는 전체를 감싸고 함축하는, 즉 "많은 다양한 것들을 하나의 이름으로 부르게 하는 것"을 뜻한다. 따라서 플라톤은 보편이 형상을 뜻하는 본질, 즉 이데아의 세계로부터 오는 실재적 존재로서, 현실세계에 있는 개별적인 사물과 분리되어 독립적으로 존재한다고 생각하였다.

이에 대한 좋은 예가 바로 '아름다움'과 '아름다운 것들'의 관계이다. '아름다움'은 우리가 아름답다고 말하는 모든 개별 사물이 공통적으로 모방하고 있는 원형으로서의 보편이지만, 한 송이 아름다운 꽃, 아름다운 음악과 같은 개별적인 것들이 곧 아름다움은 아니다. 개별자들은 보편을 향한 '그림자'에 지나지 않는다. 개별자로서 아름다운 것들은 '아름다움'이라는 보편을 지향하고, 이 보편은 시간과 공간을 초월하고 변화하지 않는 영원한 실재이지만, 개별자를 통해서 구체적으로 나타난다. 따라서 개별자는 형상에 대한 기억을 통해서 보편을 모방하고, 보편은 개별자를 통해서 우리에게 감각적으로 경험되지만, 그러나 보편 자체는 우리가 경험할 수 없는 세상 '저 너머'의 것이다.

그러나 아리스토텔레스는 이러한 플라톤의 입장에 대해 반대한다. 보편이 개별적 사물들과 분리되어 경험세계의 밖에 실제적으로 존재한다고 생각하는 플라톤과는 달리 아리스토텔레스는 감각적인 사물들 속에 보편은 내재하고 있다고 주장한다. 왜냐하면 보편 자체가 인식 될 수 없는 것처럼, 보편은 독립적 대상으로 있을 수도 없다. 따라서 플라톤의 보편은 현실적으로 작용을 일으키는 원인도 될 수 없고, 감각적 사물의 구체적이고 개별적인 본질도 될 수 없다고 주장한다. 플라톤이 본질이나 보편을 개별적 사물에 앞서 있으면서 개별자들이 추구하는 형상이라고 보았다면, 아리스토텔레스는 보편은 오히려 개별자로부터 출발하는 것으로 본다. 즉 "개별자로부터 떨어져 존재하는 보편은 없는 것이다."

아리스토텔레스는 보편자는 많은 주어들의 술어가 될 수 있지만, 개별자는 술어가 되지 못한다고 말한다. 예를 들어 보편자인 '사람'의 경우에 "소크라테스는 사람이다.", "플라톤도 사람이다." 등과 같이 쓰일 수 있다. 그러나 "사람은 소크라테스이다.", "사람은 플라톤이다."는 성립되지 않는다. 즉 개별자는 이렇게 다른 것을 설명하는 술어가 되지 못하는 것이다. 이러한 의미에서 개별자는 다른 것들에 들어 있지 않는 실체이다.

아리스토텔레스는 개별자는 하나의 사물을 말하는 것이므로 다른 사물들의 공통적인 보편자가 될 수 없다. 그런데 그에 따르면 실재하는 것은 보편이 아니라, 개별자이다. 개별적 사물만이 실제로 존재하는 데 반드시 필요한 실체를 갖기 때문이다. 다시 말하면 무엇이 있다는 것은 실체가 있다는 것이며, 따라서 실체가 없는 것은 어떤 것도 존재할 수 없다. 결국 실체를 가진 개별자만이 유일한 실재가 되는 것이다. 플라톤은 보편자가 개별자로부터 따로 분리되어 존재한다고 보았지만 아리스토텔레스는 보편자의 실재는 개별적 사물들 자체 안에서 발견되어야 한다고 말한다.

아리스토텔레스의 "보편자는 개별자들로부터 도달한다."라는 주장은 그와 플라톤 사이의 입장 차이를 근본적으로 나타낸다. 위의 주장은 우리 인간은 개별적인 것을 먼저 인식한 후 이를 바탕으로 해서 보편적인 것을 이해하게 된다는 뜻이다. 예를 들면 우리는 아름다운 어떤 것들을 통해서 '아름다움'이라는 개념에 대한 인식이 생긴다는 것이다. 아리스토텔레스에게 있어서 경험이 인식의 가장 중요한 원천이며, 모든 인식은 감각적인 지각에서 시작된다. 그리고 감각적 지각은 우리의 영혼 안에 다양한 감각적 표상을 만든다. 이 표상들은 서로 모아져 기억 속에서 같은 종류들은 모이게 되고, 이들은 다시 한층 더 높은 표상들을 만들어낸다. 이렇게 해서 감각적인 보편이 만들어진다. 보편성에 관한 표상이 우선 감각적으로 형성되는 것이다. 예를 들면 부드러운 털, 날카로운 발톱과 같은 부분을 갖고 있는 동물에 대한 경험을 통해서 고양이라는 감각적 보편개념이 만들어지고, 개나 말과 같은 또 다른 종류의 동물들에 대한 표상이 결합되어 '동물'이라는 더 높은 보편성에 대한 이해가 이루어진다는 것이다.

아리스토텔레스는 고양이, 개에서 동물이라는 더 높은 단계의 보편성에 도달하기 위해서는 지성의 추상작용이 필요하다고 말한다. 다양한 감각적 지각들이 제공하는 표상들을 바탕으로 우리의 지성은 이것을 추상화하면서 보편성을 깨닫고, 개별자 속에서 다시 이 속에 있는 보편을 인식하는 순환작용을 한다.

② 아벨라르두스는 보편은 사물과의 일치를 통해서 생겨 난 개념의 상이므로, 결국 말(언어)이라고 말한다

"보편자에 대한 개념과 개별자에 대한 개념은 분리되어 있는데, 보편적 명사의 개념은 다수의 사물에 대해 공통되고 혼란스러운 상(image)을 인식하는 반면에 개별적 말이 생성하는 개별자에 대한 개념은 고유한 것을 유지하며, 개별자에 대한 개념이 한 사물의 특수한 형상이었던 것처럼, 즉 그 자체는 오직 한 사람에게만 제한된다."

― 아벨라르두스, 『포르피리우스에 대한 주석』 ―

"한 인간의 고유한 형상을 정신에 생성하는 '소크라테스'라는 이 말에 의해서, 어떤 사물이 구체화되고 결정된다. 그러나 '인간'이라는 말에 의해서 모든 형상이 보편적 형상에 남아 있는 개념은 우리가 개별자 안에서 어떤 것을 이해하지 못하게 해서 바로 그 공통성을 혼란으로 이끈다. 이런 이유로 비록 '인간'이라는 말이 개별자들을 지명한다고 하더라도 그 말의 의미에 의해 구체화되는 것은 아무것도 없으므로, 인간이라는 말은 소크라테스도 다른 어떤 인간도 의미하지 않는다."

― 아벨라르두스, 『포르피리우스에 대한 주석』 ―

플라톤부터 시작된 보편이란 무엇인가?, 그것은 실제로 존재하는가? 이러한 문제에 대한 논쟁은 중세시대에 이르러 더욱 본격적으로 시작되었다. 이 논쟁은 중세시대에 있어서 중요한 의미를 갖기 때문이다. 보편의 문제는 당시의 기독교 교회의 교리인 원죄와 구원 문제와도 연관을 갖는다. 보편자의 실재를 의심하는 것은 곧 하느님의 존재를 의심하는 것이었다.

이러한 배경 위에서 전개된 보편에 대한 논쟁은 실재론과 유명론으로 나누어진다. 실재론은 보편자가 실제로 존재한다는 주장으로, 보편은 개별자에 앞서서 있으며, 그 자체로서 존재하는 초월적인 것이라는 입장이다. 유명론은 세계에는 개별자만이 있으며, 그 외에는 아무것도 없다는 입장으로 초월적이며 독립적인 실재를 부정한다. 따라서 보편자는 단지 '소리의 발성'에 지나지 않는 것이라고 말한다. 참되고 초월적인 것의 실재란 결국 신의 존재를 의미하는 것으로, 이 두 입장을 거슬러 올라가면 플라톤과 아리스토텔레스에 이르게 된다.

이렇게 둘로 나누어지는 보편 논쟁에 있어서 아벨라르두스는 실재론과 유명론을 다 비판하면서 '온건 실재론'의 입장을 취한다. 그에 의하면 논쟁은 보편(자)을 스스로 독립적으로 실재하는 것으로 생각하거나, 또는 보편자가 개별자 속에 실재하는 사물로서 규정하는 데서 시작되었다. 그는 보편자를 어떠한 형태이든 실재하는 사물로 보는 것은 잘못된 것이며, 보편자는 말(언어)로서, 말에 적용되어야 하는 개념이라고 말한다.

보편성이 본성상 모든 것을 포함하는 것이라는 의미는 '수적으로 많음'의 의미가 아니고 본질적인 공통성을 말한다. 따라서 만일 보편자가 사물들의 집합이라고 한다면 논리에 맞지 않게 된다. 집합은 개별자들이 먼저 있고 나서 이것들의 합이지만, 보편자는 공통성의 의미에서 개별적인 사물들 보다 앞서는 것이기 때문이다.

이와 달리 한 사물들이 혼자서든 합으로서든 보편이 될 수 없는 이유는 개별자는 다수의 사물에 대해 술어가 될 수 없기 때문이다. 이것은 반대로 보편자가 술어가 될 수 있다는 것을 뜻한다. "소크라테스는 사람이다"와 같은 예에서 술어가 되는 '사람이다'의 사람은 보편 개념이지만, 그러나 "사람은 소크라테스이다"는 성립하지 않는다. 소크라테스는 개별자이지, 보편 개념이 아니기에 아무리 많은 소크라테스가 있다 하더라도, 그 집합이 곧 사람이라는 보편성이 되지 않는다.

이러한 보편성의 어려운 문제를 해결하기 위해서 아벨라르두스는 보편적 사물을 부인하는 대신 보편성을 말, 즉 개념이라고 주장한다. 그러나 그의 "보편자는 말이다"에서 말의 의미는 유명론에서 말하는 단순한 '소리의 발성'이 아니고, 의미의 전달자로서 '말'을 뜻한다. 이러한 보편자는 인간 합의(human convention)에 의한 비슷한 사물에 대한 명칭이다. 이런 경우에만 말은 보편성을 가지고 술어적 능력을 발휘한다. 즉 사물들에게 공통적으로 있는 고유한 양태를 나타낼 수 있어야 한다. 예를 들면 "소크라테스는 사람이다"와 "소크라테스는 돌이다"의 경우에 두 문장은 문법적으로 잘못된 것이 없지만 뒤의 문장은 논리적으로 옳지 않다. 즉 이 문장 안에서 술어인 '돌이다'는 주어인 '소크라테스'를 설명할 수 있는 술어적 능력이 없으므로, 의미의 전달자로서 이 말은 잘못 사용된 것이다. 그러나 보편적인 말이 곧 보편적인 사물을 가리키는 것은 아니다. 보편적인 말은 개념을 만들어 내고 이 개념이 사물에게 공통적이다.

사물의 유사성을 바탕으로 생겨난 개념은 하나의 상(Image)을 통해서 우리의 정신 안에 계속적으로 남아 있다가, 정신이 원할 때는 언제나 활동을 한다. 개념은 이렇게 유사성과 이미지를 바탕으로 생겨나므로, 따라서 보편 개념은 정신적 유사성을 뜻한다. 우리가 소크라테스라는 말을 들었을 때, 개별자인 인간 소크라테스가 갖고 있는 다른 사람들과의 유사성이 함께 생각되며, '인간'이라는 단어에 대하여 모든 사람들에게 공통되는 점과, 소크라테스, 홍길동과 같은 누구와도 비슷하지 않은 개별적인 인간의 모습을 떠올리는 것과 같다. 보편개념은 곧 보편적 말이 의미하는 것이라는 주장이다.

그러나 인간이라는 말에 의해서 떠올리는 모든 사람들에게 공통적인 유사성에 대한 이미지는 어떤 개별적인 특수한 사람이 갖고 있는 특성을 제대로 이해하지 못하게 만들기도 한다. 공통성에 대한 상은 혼란스럽다는 것이다. 인간이라는 보편적인 말은 사실상 어떤 인간을 구체적으로 의미하지 않아 혼란스럽고 막연하지만, 반면에 우리는 '소크라테스'라는 말에 의해서 인간의 고유함을 선명하게 떠올린다. 이렇게 보편적 개념은 각각의 개별자로부터 정신의 사고에 의하여 생겨난 말일 뿐이다. 따라서 보편 개념은 실제로는 의미가 없는 것이 된다.

정신 개념으로서의 보편자는 개별적 사물과는 분리되어 있지만, 그러나 이 개별적 사물을 의미하는 말로서의 보편자는 각각의 사물 속에만 있다. 그리고 여러 개별적 사물에 같은 말을 사용할 수 있는 것은 사물들이 같은 방식으로 인식될 수 있기 때문이다. 우리는 그래서 다양한 여러 사람들을 '사람'이라는 보편 개념으로 이해한다.

이렇게 볼 때 아벨라르두스에게 있어서 보편성은 '사물 속에만' 있지만, 신의 눈으로 본다면 세계의 사물이 있기 전에 앞서서 있는 것이다. 따라서 인간의 눈에는 보편 개념은 사물보다 늦게 있는 것으로, 인간이 사물과의 경험을 통해서 만들어내는 개념의 이미지로서 그 사물이 없어진 후에도 존재한다. 이러한 그의 이론을 온건 실재론이라 하며, 이는 실재론과 유명론의 문제를 극복하려는 것이었다.

③ 아퀴나스는 인간은 지성을 통해서 보편성을 깨닫는다고 말한다

"보편적인 것은 두 면에서 고찰된다. 첫째로, 보편적인 것의 본질은 보편성의 개념과 동시에 고찰될 수 있다. 보편성의 개념은 한 개념이 여러 개별에 동일한 상응관계를 갖는 것으로 이성의 추상작용에서 온 것이다. …… 둘째로, 본성의 관점, 즉 동물성 혹은 인간성이라는 관점에서 보편적인 것이 특수 존재 안에 존재하는 것으로 생각될 수 있다."

― 아퀴나스, 『신학대전』 ―

"다시 말하면 인간인가 사자인가 분명히 구분해서 아는 것이다. 우리들의 지성은 인간을 알기 전에 동물을 알게 된다. 이와 같은 이유로 보다 보편적인 개념을 덜 보편적인 개념에 비교할 때마다 이와 같다."

― 아퀴나스, 『신학대전』 ―

토마스 아퀴나스는 철학적으로 플라톤보다는 아리스토텔레스를 계승하고 있다. 중세 철학자답게 그는 평생을 통해 신앙과 이성을 조화시키려는 노력을 하였다. 그 당시의 시대적 상황에 비추어 볼 때, 아리스토텔레스의 입장을 따르는 것은 결코 쉬운 일이 아니었지만 그는 아리스토텔레스의 철학을 기독교 사상에 도입하면서, 신앙과 지식을 모순되지 않는, 함께하는 것이라는 주장을 펼쳤다. 아리스토텔레스의 철학은 영원한 이데아보다는 개별자의 실체와 이에 대한 경험을 통해서 세속성을 강조하기 때문이다.

이러한 이유로 보편이란 무엇인가 하는 문제는 아퀴나스에게 무엇보다도 중요한 의미를 갖는다. 그는 아리스토텔레스적 관점에서 보편의 두 가지 측면, 개념과 본성으로 해석한다. 그는 보편적인 것을 알고자 한다면, 먼저 보편성이라고 하는 개념과 함께 동시에 생각하여야 한다는 것이다. 보편성이란 하나의 추상개념으로서 여러 개별자에 동일한 상관관계를 맺는다. 예를 들어 집이라는 보편적 개념은, 어느 특정한 한 집의 특성만을 가리키는 것이 아니라, 푸른 지붕의 집이거나, 기와집이거나 또는 숲 속의 집이거나 상관없이 모든 종류의 집에 관계를 갖는다. 이러한 상응관계를 추상화시켜서 개념으로 만드는 것은 곧 우리의 이성 활동이라는 것이 아퀴나스의 입장이다. 이는 보편을 인간의 이성적 언어적 관점에서 살펴본 것이다.

보편의 본성에 대하여 아퀴나스는 보편적인 것은 특수한 개별적인 존재 안에 있다고 말한다. 이는 아리스토텔레스와 같은 생각이다. 어떤 것이 처음으로 우리에게 알려질 때는 혼돈된 것으로 나타난다. 그 후 점차적으로 경험과 이성 작용을 통해서 명확한 원리와 구별에 의해서 보편을 얻게 된다. 예를 들면 동물을 동물로서만 아는 것은 사실은 동물을 정확하게 아는 것이 아니고 동물을 이성적 동물과 비이성적 동물로 구별해서 알게 될 때, 보다 더 정확하게 아는 것과 같다. 다시 말하면 사람과 원숭이를 구별할 수 있는 것을 말한다. 즉 우리는 개별자를 먼저 알고, 그 다양한 개별자들 속에 나타나는 공통점들을 파악하여 보편이라는 인식을 얻게 된다.

보편의 본성의 정의가 내려지는 순서에서 보면 덜 보편적인 것, 사람, 말, 개 등에 관한 지식을 먼저 가진 다음 동물 같은 더 보편적인 것으로 나아가게 된다. 이렇게 개별자에 대한 것에서 보편적인 인식으로 나아가는 것은 또한 인간의 이성에 의해서 가능하다. 그래서 아퀴나스는 "보편적 존재 그 자체는 오직 이성 속에 아니면, 현존하는 모든 사물 밖에 있는 어떤 것이 아니다"고 말한다.

4 경험론자들에 의하면 보편은 많은 사물들에 대한 공통된 이름일 뿐이다

"보편적이라는 이 낱말은 자연에 존재하는 어떤 사물의 이름이거나 또는 마음속에 형성된 어떤 관념이나 환상의 이름이 결코 아니다. 항상 어떤 낱말 또는 이름의 이름이다. 따라서 생물, 돌, 정신, 또는 어떤 다른 사물이 보편적이라고 할 때 어떤 사람, 돌 등이 보편적이었다거나 보편적일 수 있다고 이해되어서는 안 되며, 단지 생물, 돌 등의 낱말들이 보편적 이름들, 즉 많은 사물들에 공통된 이름이라고 이해되어야 한다."

— 홉스, 『물체론』 —

홉스는 철학적 지식이 근본적이고 보편적인 원리나 원인을 추구하기 때문에 단지 개별자가 아니라 보편자에 관한 것이라고 생각한다. 그리고 그는 보편자를 이름으로 설명한다. 이름은 사람들이 자신의 생각을 전달하고 사물을 표시하기 위해서 선택한 낱말이다. 그리고 낱말은 하나의 기호로서 이 기호를 통하여 마음과 생각을 전달하게 된다. 기호는 이전에 가졌던 생각과 닮은 생각을 표현하고 이를 전달하는 방법과 수단이라는 것이다.

사물들을 지시하는 기호인 이름 중에 어떤 것은 하나의 사물에만 사용되는 이름이지만, 예를 들면 소크라테스나 철수처럼, 또 다른 많은 사물들에 공통으로 관계된 이름도 있다. 이 공통된 이름들을 '보편적'이라고 부른다. 보편적 이름으로는 '사람' 또는 '나무'와 같은 예를 들 수 있다. 그러므로 보편적이라는 말은 이름이 가리키는 하나의 대상 그 자체가 아니고 그 이름이 갖고 있는 하나의 특성일 뿐이다. 우리가 장미라는 이름으로 일정한 꽃 종류를 가리킬 때, 이 꽃들은 장미의 공통된 특성을 갖고 있다. 그러나 그 꽃들은 실제에 있어서 넝쿨장미, 붉은 장미 등 다양한 개별자로 있다. 장미, 사람 혹은 나무라고 불리는 것들은 그러나 보편자가 아니라 많은 개별자들에 관한 편리한 이름에 불과하다. 보편적 이름이 곧 보편개념이 되는 것도 아니다. 사람, 정신 등이 곧 보편적인 것이 아니라, 사람, 정신과 같은 낱말이 보편적 이름이라는 것이다.

홉스는 단지 사물들에 관한 유사성이라는 말로 보편성을 생각하는 것이다. 많은 사물들이 어떤 특정한 성질에서 혹은 우연적 성질에서 서로 비슷하기 때문에 하나의 보편적 이름을 갖게 된다는 것이다. 그래서 홉스는 그의 유명한 명제를 제시하고 있다. "경험은 아무것도 보편적으로 결정짓지 못한다."

그러나 홉스는 단순히 경험주의자의 입장에서 유명론을 펴고 있지는 않다. 개념이 사물에 대한 이미지에 의해서 생기는 것이고, 보편성이란 단지 '허구'와 같은 것으로 이름에 불과하다고 하여도, 심적 표상은 실재하는 어떤 것과의 관계에서 생기기 때문이다. 우리가 장미라는 개념으로 장미의 상을 그려내는 것은 실재하는 장미에 대한 감각적 표상을 가지기 때문이다. 따라서 보편적인 것을 결정짓는 것은 경험이 아니고, 결과를 추론해내는 과학이지만, 이 과학은 다시 감각경험에 기초한다고 그는 말한다.

"이제까지 기술해 온 것에서 알 수 있듯이 일반이나 보편은 실재의 사물에는 속하지 않는다. 그것은 지성이 스스로 사용하기 위하여 만든 고안물, 창조물, 말이나 관념 혹은 기호만으로 알 수 있다. 보편성은 모두 특수한 존재인 사물에는 속하지 않는다. 그러므로 특수한 것을 없애면 남는 일반적인 것은 우리 자신이 만드는 창조물뿐이다. 그 일반성은 지성이 부여한 능력 즉 많은 특수한 것을 나타내고 대표하는 능력임에 틀림없다."
— 로크, 『인간오성론』 —

로크에 의하면 보편이란 객관적으로 존재하는 것이 아니고, 인간의 편리함을 위해서 만들어진 발명품과 같은 것이다. 우리를 둘러싸고 있는 사물들은 그 하나하나가 특수하고 개별적인 것들로서 우리가 이들 사물에 대하여 갖는 관념도 개별적인 것이다. 그래서 그는 보편적인 것이 개별적인 것에 대한 경험보다 먼저 있다는 것을 부정한다.

보편성이란, 우리가 경험하는 모든 것들의 고유함을 모두 암기할 수도 없고 의사소통에 사용할 수도 없으므로 필요에 의해서, 여러 가지 것들을 일괄적으로 표현하도록 기호를 통해서 만들어진 것으로, 단지 대표성을 깆는다. 예를 들어 징미에 대한 이야기를 할 때 우리가 직접 보거나, 향기를 맡아본 장미만을 들어서 말한다면 그 장미는 직접 경험하지 못한 사람들에게는 의미가 없게 된다. 여기에서 보편관념의 필요성이 생겨났다고 로크는 말한다. "왜냐하면 존재하는 모든 것들은 단지 개별자이므로" 우리는 서로 의사소통이 가능하도록 해주는 일반적인 용어를 필요로 한다는 것이다. 경험은 사람에 따라 달라질 수 있지만, 참된 지식은 모두에게 공통된 보편적인 것이어야 하기 때문이다.

로크에 의하면 보편성은 인간의 지성능력인 추상작용에 의해서 형성된다. 우리가 어떤 것을 경험할 때, 이 사물은 어떤 일정한 힘이나 성질을 통해서 마음에 영향을 미치면서 관념이 생긴다. 관념은 사물들이 가지고 있는 개별적인 특수성, 예를 들어 시간과 공간의 상황과 같은 것들이 제외되고, 어떤 이유로든 변하지 않는 성질, 즉 일차 성질을 파악함으로써 생긴다. 이렇게 사물의 일차 성질을 바탕으로 생긴 단순관념은 점차적으로 복잡한 관념으로 나아가게 되는데, 이때 결정적인 역할을 하는 것은 경험이다. 경험을 통해서 얻어진 감각(견고성, 수, 형상 등)을 지성이 인식하고 마음속에 저장하면서 추상화시킨다. 결국 관념은 사물들의 가장 본질적인 성질에 대응하는 정신작용에서 생기고, 이 관념으로부터 경험과 지성에 의해서 또 다시 보편관념이 생겨난다. 어린아이는 처음에 한 사람을 알게 되고, 점차 다른 사람들을 알아가는 과정을 통해서 한 개인에 나타나는 특별한 성질을 분리하고 공통된 특성을 결합시키면서 '사람'이라는 보편개념을 갖게 된다. 그래서 로크는 보편성은 개별적 사물들의 유사성과 차이를 찾아내고 구별하면서 결합하거나 분리하는 정신활동으로 생겨나는 것이라고 말한다. 그러므로 보편성은 사물들의 속성이 아니라 관념과 낱말들이 의미하는 것으로 사람, 나무와 같이 사물의 한 종류를 뜻한다. 마음이 기호를 이용하여 보편관념을 만들어 내고 하나의 사물이 이 관념에 적합하면 우리는 이 사물에게 그러한 이름을 부여하는 것이다.

그러나 보편성이 낱말이나 관념에 속한다고 하는 것이 보편관념은 객관적 토대가 전혀 없음을 말하는 것은 아니다. 예를 들어 어떤 금속이 우리 앞에 놓여 있다면, 이 금속이 우리가 경험과 지성을 통해서 알고 있는 금에 대한 보편관념에 적합하면(단단함, 황금색 등) 그 금속을 금이라고 생각하고, 그렇지 않으면 금이라고 생각하지 않는 것과 마찬가지로, 보편성이 관념이라 하더라도 객관적 근거를 갖고 있다는 것이다.

칸트에 의하면 보편은 선험적인 것으로 자연법칙과 같은
   것이다

> "너의 준칙이 보편적 원칙이 되어야 한다고 네가 동시에 의욕할 수 있는
> 오직 그러한 준칙에 따라 행위하라."
>
> — 칸트, 『도덕형이상학 정초』 —

> "마치 너의 행위의 준칙이 너의 의지에 의해서 보편적 자연법칙이 되어야
> 만 하는 것처럼 그렇게 행위 하라."
>
> — 칸트, 『도덕형이상학 정초』 —

칸트는 자연을 인식하는 원리뿐만이 아니라 또한 도덕의 기초에
서도 보편성의 원리를 말한다. 그가 주장하는 확고한 보편성의 원
리가 잘 드러난 표현은 다음과 같다. "내 머리 위에는 별이 빛나는
하늘이 있고 내 마음속에는 도덕법칙이 있다." 칸트에 의하면 자연
을 지배하는 자연법칙과 마찬가지로 인간에게는 도덕법칙이 보편
적 법칙이다. 그에게는 도덕적 회의란 따라서 존재하지 않는다.

칸트는 인간의 도덕적 행위를 보편적인 것으로 설명하기 위해서
인간의지의 보편성을 말한다. 그에게서 의지는 자연적 존재들이 다
만 자연법칙에 따라 수동적으로 행동하는 것과 달리, 우리가 주체
적으로 의욕 하는 능력으로서 대상과의 관계를 스스로 결정하는
능력이다. 이 의지는 우리가 무엇을 욕구하느냐 하는 내용들에 의
해 정해지는 것이 아니라, 이들과 별개로 독립적으로 순수한 자신
의 의지에 따라 결정하기 때문에 칸트는 이를 순수 실천이성 혹은
순수 의지라 부른다. 자신의 삶을 스스로 결정하고 선택하는 근거
인 의지는 행위 하는 '나'라는 주체 자신이 갖고 있다. 물론 인간의

의지는 다른 조건들 때문에 (육체적·정신적 그리고 경제적 여건들) 자신이 원하는 대로 실현되지 않을 수 있다. 그러나 도덕성만은 내가 어떤 의지에 따라 행동하는가에만 그 근거를 두기 때문에 선한 의지를 가지고 행위하는가 그렇지 않은가가 도덕적 판단의 근거가 된다. 예를 들어서 우리가 다른 사람을 돕는 행위가 자발적이고 선한 의지에서 나온 것이 아니라, 단순히 체면 때문에 하는 것이라면, 이것은 결코 도덕적이지 못한 것이다.

칸트에 따르면 선한 행동은 우리의 의지가 보편적 도덕법칙에 따를 때 나타난다. 도덕법칙은 개인의 경험에 의해서 영향을 받지 않는 언제나 타당한 보편적 법칙이다. 그래서 칸트는 이 법칙을 정언적(kategorisch)이라 한다. 도덕법칙은 조건을 갖지 않는다. 무조건적으로 타당하다는 말이다. 인간은 여러 감성적 요인들, 충동, 욕구, 그리고 관심 등에 이끌리는 유한한 이성 존재이지만 그러나 도덕법칙만은 무조건 따라야 하는 보편적 정언명법이다.

그래서 보편적 정언명령은 도덕적 행위의 최고 기준으로 우리가 지켜야 할 것을 무조건적으로 명령한다. 다시 말하면 '나'의 행위를 결정하는 규칙이 바로 누구에게나 적용되며 누구나 지켜야 하는 보편적 원칙이라는 신념으로 행동해야 하는 것이다. 나의 행위의 정당성은, 누구라도 나처럼 할 것인가 하는 것에 비추어지기 때문이다.

칸트에게서 보편법칙은 예외를 인정치 않고 인간의 힘으로 바꿀 수 없는 자연법칙과 같은 것이다. 따라서 칸트가 요구하는 정언명법은 인간의 행위가 '나'에게만 타당할 뿐만 아니라(준칙에 따른 것) 모든 이성적 인간에 타당한가를 검토해야 한다고 보는 것이다.

이러한 의미에서 나는 남에게, 남이 나를 대해주기를 내가 원하는 대로 행동하여야 한다. 칸트의 보편성 개념은 경험에 의해 결정되는 것이 아니고, 경험을 초월한 선험적 성질을 갖는다.

6 마르쿠제는 보편성은 이성의 과제라고 말한다

"만약 인간이 자기 자신의 자율적 이성에 의하여 보편성을 확립하는 데 성공하지 못한다면 인간은 지적영역에 있어서뿐만 아니라 물질적 영역에 있어서도 기존의 무질서한 경험적 과정에 예속되지 않으면 안 된다. 보편성의 확립문제는 철학의 문제일 뿐만 아니라 구체적이고 역사적인 문제이었다. 그것은 이론철학적 사유의 핵심과제일 뿐만 아니라 실천철학적 과제의 중심문제이다. 철학은 자연 및 사회의 합리적 지배를 행한 인간의 노력을 지도한다는 권리를 항상 요구해왔다. 철학의 이러한 요구는 보편성의 확립과 결합한다."

— 마르쿠제, 『이성과 혁명』 —

"오로지 이성의 보편성과 단일성에 의하여 이성은 현실의 무질서한 자연상태를 넘어서서 당연히 실현시켜야 할 것을 실현시켜 나갈 수 있다."

— 마르쿠제, 『이성과 혁명』 —

고대 그리스와 중세기의 철학자들이 보편 개념을 통해서 밝혀내고자 하였던 것은 영원한 본질의 세계를 의미하는 형상과 신의 존재에 관한 것이었다. 이와는 달리 마르쿠제에 있어서 보편성은 역사와 인류발전을 위해서 당연히 필요하고, 또한 요구되는 것으로 철학에서뿐만 아니라 사회전반에서 해결해야 하는 인류의 과제이다. 그는 헤겔 철학을 다시 해석하고 비판적 사회이론과 결합시키는 작업을 통해서 보편성과 이성의 관계를 근본적이고 역사적인 것으로 규정하였다. 헤겔의 의하면 역사의 주인은 바로 인간 이성이고, 따라서 역사 속에서 이성은 완성되는 것으로, 인간의 이성이야말로 보편적인 존재이다. 헤겔이 말하는 이러한 보편은 추상적이고 세상 밖에 있는 초월적인 것이 아니고, 역사 속에서 자신을 드러내고, 모순되는 것을 극복해나가는 구체적이고 적극적인 보편이다.

이러한 입장을 마르쿠제는 적극적으로 받아들이면서 이성의 임무를 보편성의 확립이라고 말한다. 보편성이란 자연 속에서 경험으로서 발견하는 것이 아니고, 고정된 형태로 우연히 주어진 것도 아니므로, 역사와 사회 속에서 이성적 작업을 통해서 찾아나가야 한다는 것이다. 그에 의하면 우리의 이성이 스스로의 힘으로 보편성, 즉 보편타당성을 세우지 못한다면 우리는 삶의 영역 전체에 걸쳐서 퇴보하게 된다는 것이다. 이성은 다시 말하면 보편성을 통해서만 인류가 '야만'으로 돌아가는 것을 막을 수 있다는 것이다. 이성과 보편성은 따라서 사회적 관계 속에서 실천적 의미를 갖는 것이다. 자연과 사회에 대한 이성적 주권은 누구나 인정할 수 있는 보편타당한 진리를 우선적으로 요구한다. 예를 들어 어느 마을을 침수시키면서 댐을 만들거나, 또는 모든 자동차를 없애기로 결정한다면, 왜 그렇게 해야 하는지를 설득할 수 있는 보편적 진리에 대한 합의가 먼저 있어야 한다. 그러나 이러한 보편성은 단순히 눈앞에 놓여 있는 사실들에 대한 경험으로는 얻어질 수 없다는 것이다. 보편성은 이성의 자유롭고 주체적인 활동에 의해서만 얻어지는 것이다.

이성은 구체적인 시간과 공간의 세계에서 진행되는 역사의 과정 속에서 행동하고 실현된다. 이성은 우리가 살고 있고 살아가야할 현실을 스스로 만들어나가고, 개선하는 자유의 힘이어야 한다는 것이다. 나의 이성은 곧 내가 살고 있는 나의 현실에서 내가 속한 역사 속에서 가장 합리적으로 작용할 수 있다. 이성이 현실 속에서 '살아 숨쉬는' 이성으로 작용하기 위해서는, 그래서 실천하고 행동하는 이성이 되기 위해서는 반드시 보편적이고 타당한 진리에 대한 확신을 가져야 한다. 어떻게 스스로 옳다고 믿지 않는 일을 행위로 옮길 수 있겠는가? 그리고 혼자만이 주장하는 진리라면, 그것은 진리라고 말할 수 없는 것이다. 우리가 함께 공동으로 추구하고 지향할 수 있는 목표기 되는 진리란 보편성을 바탕으로 하는, 모든 사람들이 참됨을 인정하고 동의하는 그러한 진리이다. 따라서 보편성의 문제는 이성의 의무이며, 철학의 핵심이다. 그래서 마르쿠제는 보편성은 이성의 근거가 되는 동시에 끊임없이 추구해야 하는 목표이면서 또한 현실을 극복하고, 더 나은 미래의 실현을 위한 출발점이라고 말한다.

5. 실체(實體, substance, Substanz, substance)

① 아리스토텔레스에 의하면 실체는 질료와 형상의 결합으로 이뤄진 개별자의 불변하는 자기 동일성이다

"실체는 두 가지 의미를 갖는다. A) 다른 어떤 것에 대해 술어가 되지 않

는 궁극적 기체와, B) '이것'임으로써 분리될 수 있는 것이 그것인데, 각
사물의 꼴과 형상이 본성상 이러하다."

— 아리스토텔레스, 『형이상학』 —

실체는 철학의 중요한 개념 중의 하나이지만 설명하기는 쉽지
않다. 실체에 대한 라틴어의 어원적 풀이는 "아래에 깔려 있음",
즉 기체(基體)를 뜻한다. 변화하지 않는 것으로 변화의 바닥에 가
로 놓여 있으면서 어떤 특정한 것을 바로 그러하게 존재하도록 하
는 것을 말한다. 다시 말하면 실체는 변하지 않고 "진실로 있다"는
것을 뜻하는 것으로, '홍길동'을 홍길동이게 하는 바로 그것이 홍
길동의 실체라고 할 수 있다.

아리스토텔레스는 실체를 다른 어떤 것에 대하여 술어가 되지
않는 것으로 설명한다. 술어가 되지 않는 기체를 실체라고 하는 것
은, 불특정한 많은 것들에 포함된 공통된 것이 아니고 바로 '여기
에 있는 홍길동', 또는 '저기의 이순신' 같은 특정한 개별자의 '이
것'을 지적하는 것이다. 따라서 "홍길동은 사람이다."는 문장은 성
립하지만 "사람은 홍길동이다."라고는 할 수 없는 것이다. 이렇게
술어로 될 수 없는 주어(홍길동, 이순신)를 아리스토텔레스는 실체
라고 규정하였다. 따라서 이러한 실체를 생각하는 문장의 형식은
"그것은 무엇일까(홍길동의 실체는 홍길동의 무엇일까)?"로 생각할
수 있다.

이러한 실체는 마찬가지로 다른 어떤 주어도 서술하지 않는다.
이를 가리켜 아리스토텔레스는 "실체는 주어 안에 있지 않다."고
말한다. 예를 들면 "홍길동은 사람이다."에서 사람은 주어인 "홍길
동"을 서술하지만 그렇다고 해서 '사람'이라는 실체가 홍길동 안에

들어 있지는 않기 때문이다. 실체는 이것, 저것이다 하는 '개체성'을 갖고 있으면서 다른 것과는 분리된다. 실체의 분리 가능성은 이러한 개별성을 전제로 하기 때문에 이 둘은 사실상 서로 구별되기 어려운 동전의 양면과 같은 것이다. 홍길동을 홍길동답게 하고 이순신을 이순신답게 하는 이들 각각의 실체가 갖는 개별성이 바로 이 두 사람의 차이를 만들어 내며 이러한 차이를 통해서 그들은 서로 분리되기 때문이다.

실체의 분리 가능성은 감각적·형상적으로 나누어 볼 수 있다. 실체의 감각적 분리 가능성은 감각적 실체에 적용되어 그것이 형상적 분리와는 독립직으로 직용하게 되고, 형상적 분리는 논리적 의미에서의 분리 가능성이다. 형상이란 아리스토텔레스에게 있어서 질료와 대립되어 사용된다. 형상이란 형태를 뜻하는 말이지만, 그러나 본질과 거의 구별 없이 사용되는 것으로, 사물의 목적과 유사한 의미로 이해되어야 한다. 따라서 이러한 의미의 형상은 단순히 형태만을 결정하는 것이 아니고 전체적 구조와 이성적 사고를 바탕으로 하고 있다. 형상은 다시 말하면 우리의 사고 속에 있는 비물질적인 것으로 "이것은 무엇이다"라고 하는 설명방식이다. 이 이유에서 형상적 분리 가능성은 논리적이다.

그러나 형상만으로는 실체가 설명될 수 없는 이유 또한 여기에 있다. 즉 '이것', 또는 '저것'의 실체는 목적과 본질을 말하는 형상과 이러한 형상을 표현하는 '물질적 재료'가 서로 결합되어야 한다. 이렇게 형상을 드러낼 수 있는 재료를 아리스토텔레스는 '질료'라고 말한다. 집을 예로 들면 집을 짓는 데 필요한 나무나 돌, 흙 등은 질료이고, 집의 구조나 기능, 목적, 용도 등이 형상에 속한다.

그러나 나무나, 돌, 흙이 반드시 집 짓는 데 만 쓰이는 것은 아니잖은가? 이것들은 책상, 또는 학교를 짓는 데 쓰일 수 있다. 형상이 없이는 질료란 아직 구체적인 어떤 것이 아닌, '그 자체로는 아무 것도 아닌 것'으로 무엇인가가 될 수 있는 가능성을 갖고 있을 뿐이다. 가능성으로서의 질료가 형상을 만났을 때 비로소 '이 학교', 또는 '저 집'으로서 구체적인 어떤 것이 된다.

이러한 의미에서 볼 때 질료보다는 형상이 실체에 더 결정적이라고 볼 수 있지만, 그러나 이 둘은 분리되어 생각할 수 없는 관계이다. 아리스토텔레스에 의하면 질료와 형상은 실체를 설명하는 원리일 뿐 아니라, 실체의 구성요소이다. 예를 들어서 우리 앞에 놓인 두 개의 서로 다른 책상이 있다고 할 때, 이 두 개의 실체는 어떻게 차이 나는가를 생각해 볼 수 있다. 이 둘은 형상에 있어서는 동일하지만 그러나 서로 다른 나무, 즉 서로 다른 질료가 사용되었기 때문에 차이가 난다. 또는 홍길동과 이순신은 사람이라는 동일한 형상을 갖지만 그들의 질료는 서로 다르고, 그래서 또한 홍길동은 홍길동이고 이순신은 이순신이다. 이렇게 어떤 한 사람이 '어떤 한 사람인 까닭'은 무엇인가 하는 것이 곧 실체에 대한 물음이다. 이에 대하여 '이 사람'이 홍길동으로 '저 사람'이 이순신인 이유는 무엇인가 하고 물을 수 있다. 홍길동이나 이순신이라고 불리는 물질을 사람이라고 하는 이유가 형상이며, 형상은 한 덩어리의 질료와 결합되고 비로소 실체라는 이름을 가진다.

"실체는 가장 지배적이고, 일차적이고, 가장 주된 것이라고 말해지는 것인데, 예를 들어 개별적인 사람과 개별적인 말처럼, 실체는 개별적인 주어를 서술하지도 않고, 개별적인 주어 안에 있지도 않다. 제1실체라고 불리는 것들이 그것 안에 속하게 되는 바의 종(種)들은, 종들의 류(類)가 또한 그런 것처럼, 제2실체들이라고 불린다. 예를 들어 개별적인 사람은 사람이란 종에 속하고 동물은 그 종의 류이다. 따라서 사람과 동물 같은 것들은 제2실체라고 불린다."

— 아리스토텔레스, 『범주론』 —

아리스토텔레스는 실체를 제1실체와 제2실체로 구분한다. 개별적인 사람이나 고양이와 같은 구체적인 개별자들을 제1실체라고 부르고, 보편적인 류와 종을 제2실체라고 한다. 이 두 가지의 실체 중에서 제1실체가 모든 것에 앞서 일차적이라고 한다. 모든 것들이 제1실체를 서술하거나 그 안에 있기 때문이다. 예를 들면 홍길동이라는 제1실체와 그 외의 다른 것들의 관계는 "홍길동은 사람이다", "홍길동은 키가 크다"처럼 설명하거나 이미 포함된 것이라는 뜻이다.

제1실체가 없다면 다른 어떤 것도 존재할 수 없다. 예를 들어 동물은 사람을 서술하며, 결과적으로 개별적인 사람을 서술한다. 따라서 "홍길동은 사람이다", 그리고 "동물은 사람이다"라고 말할 수 있다. 그러나 그 역은 성립하지 않는다. 만약 동물이 어떤 개별적인 사람을 서술할 수 없다면 사람이라는 종도 서술할 수 없기 때문이다. 홍길동과 이순신은 제1실체에 속하고 사람, 동물들은 제2실체에 속한다. 제1실체는 개체성과 분리성이 강하고, 다른 것과 관계없이 스스로 존재하는 '자존적' 실체이다. 따라서 제1실체에 가까울수록 개체성이 크며, 제2실체에 다가갈수록 보편성이 커진다. 홍길동보다는 사람이 더 보편적인 의미를 갖게 된다. 그러므로 제1실체는 '이 사람', '저 사람'처럼 유일한 개체이고, 다른 것과 구분되는 이러한 개별성을 가지고 있는 수적으로 복수가 될 수 없는 단하나의 존재이다. 그래서 실체는 더 이상 나누어지지 않는 개별적인 것으로 "홍길동은 사람이다"처럼 다른 것들의 주어가 되는 것들이다. 반면에 제2의 실체는 제1실체의 성질을 설명하거나 지적해주는 의미를 갖는다.

② 데카르트는 실체를 존재하기 위해 다른 어떤 것도 필요로 하지 않는 것이라고 말한다

> "실체는 존재하기 위해 다른 어떤 것도 필요로 하지 않는다. …… 유한실체는 존재하기 위해 무한 실체인 신의 도움을 필요로 한다. …… 물론 실체는 임의의 속성에 의해서도 인식되기는 하지만, 실체에는 각각의 본성과 본질을 이루는 하나의 주요 속성이 있어, 다른 모든 속성은 그것에 의존하고 있다. 그리고 물체에 속하는 모든 일체의 것은 연장을 예상하고 있고, 연장인 사물의 어떤 양태에 다름 아니며, 마찬가지로 정신 가운데 발견되는 모든 것은 사유의 양태 안에서만 이해된다."
>
> — 데카르트, 『철학의 원리』 —

> "나의 본질이 다음과 같은 사실, 즉 나는 그 본질이나 본성이 사고하는 것인, 사고하는 자 또는 사고하는 실체일 뿐이라고 정확하게 결론 내린다."
>
> — 데카르트, 『철학의 원리』 —

데카르트는 철학하는 방법으로서 회의를 통하여 파악된 '나'를 신체와 구별되는 정신적 실체라고 설명한다. 회의의 주체로서, 회의하는 주체로 확인된 '나'는 생각하는 이성적인 '나'이기 때문이다. 그는 존재하기 위해 다른 어떤 것도 필요로 하지 않는 것을 실체라 부르고 여기에 신, 정신, 그리고 물체만을 여기에 포함시켰다.

그는 실체를 다시 둘로 나누어 신은 무한실체요, 정신과 물체는 유한실체라라고 말한다. 유한실체들은 스스로 독립적으로 존재하지 못하고, 존재하기 위해 신의 도움을 필요로 한다고 말함으로써 데카르트는 실체의 의미를 넓히려고 하였다. 그러나 그 자신이 내린 실체에 대한 정의가 '존재하기 위해서 오직 자기 자신만을 필요로 하는 것'임을 생각할 때, 여기에 부합하는 실체는 신밖에 없음을 생각할 수 있다.

그에 따르면 실체를 무한실체와 유한실체로 구분하여 서로를 독립적으로 존재할 수 있다고 생각했으나 궁극적으로는 유한실체는 자신의 존재를 신에게 의존힐 수밖에 없다는 것이다. 이에 따라 유한실체가 가진 본질을 그 속성에 따라 두 개의 양태로 나누어 생각한다. 정신의 경우 그 속성을 사유라 보고 자연물과 물체의 성질을 연장이라 한다. 연장이라 함은 펼쳐지고 확장되는 성질을 말하기 때문에 공간을 차지하는 것을 말한다. 사유하는 정신은 감정, 의지, 판단 등에 의해 나타나고, 공간을 차지하는 물체는 위치, 형태, 그리고 운동을 통해 드러난다. 이렇게 해서 그는 사유하는 실체와 연장적인 실체로 나누어서 생각한다. 우리가 인식하는 모든 물체는 사유하지 못하는 연장된 실체라는 것이다. 예를 들어 눈앞에 있는 '이 컵', '저 의자'는 형태와 운동 등 공간을 차지하는 연장의 의미만을 갖는 실체라는 것이다.

여기서 한 가지 우리의 관심을 끄는 것은 물체라는 실체의 특성이 연장으로 설명되기 위해서는 공간 개념이 확실해야 한다. 인간이 사는 영역과 신이 사는 영역이 서로 다른 것처럼 장소가 다르면 그곳에 존재하는 것들의 의미 또한 달라진다. 데카르트는 물체의 특성이 연장이라고 규정하여 연장을 갖지 않는 모든 물체의 그 존재의 의미를 세계 밖으로 내보냈다. 예를 들면 천사나 귀신과 같은 공간을 차지하지 않는 것들은 그 존재가 부인되었다. 왜냐하면 신과 사유하는 정신 이외에는 연장을 통해서 존재하기 때문이다. 이러한 설명으로 그는 정신과 물체 사이에 있다고 생각되었던 것들을 추방시키고, 세계를 합리적으로 설명하였다. 이러한 그의 방식은 그러나 자연과학적 방법과 이성에 근거하여 물질세계를 설명함으로써 확실하고 명백하지 않은 것들을 부인하게 되었고, 나아가서는 정신과 물체라는 실체가 서로 떨어져 양분되어 있다고 생각함으로써, 정신과 물체가 대립되는 이원론적 세계관을 굳게 하였다.

③ 스피노자에 의하면 실체는 스스로 존재하고 다른 개념을 통하지 않고 생각할 수 있는 것이다

> "실체란 자기 자신 안에서 자신만으로 존재하며, 자기 자신에 의해서 생각되는 것으로 이해된다. 다시 말하면 자신의 개념을 형성하기 위하여 다른 아무런 개념도 필요로 하지 않는다."
>
> — 스피노자, 『윤리학』 —

> "신 이외에 어떠한 실체로 인정되거나 생각될 수 없으며, …… 존재하는 것은 무엇이든 신 안에 있다."
>
> — 스피노자, 『윤리학』 —

스피노자는 데카르트 철학이 갖고 있는 정신-물질의 이원론적 난점을 극복하기 위해서 실체 개념을 일원론적으로 설명하였다. 그러나 그는 철학과 인간 본성을 이성과 기하학적 방법을 통해 과학적으로 이해하려 하였다. 데카르트식의 이원론은 결국 몸과 마음의 관계를 분리시키거나 서로 이해할 수 없는 것으로 만들었으며, 그래서 몸과 마음이 서로를 어떻게 해서 인식할 수 있는 것인지에 대하여 설명하지 못한다는 것이다. 인간의 마음과 몸은 서로에 대하여 잘 알고 있기 때문이다.

이러한 데카르트적 모순을 극복하고 실체를 엄밀하게 정의하기 위해서 대륙의 이성 전통에 있으면서도 이성을 바탕으로 하는 반성적 도덕을 철학의 중심에 놓고자 하였다. 이러한 그의 철학적 입장과 실체에 대한 그의 주장은 서로 깊은 상관관계가 있다.

실체는 스피노자에게 있어서 스스로 존재하고 다른 개념을 통하지 않고 생각할 수 있는 것이어야 하는 어떤 것이다. 진실로 있는 것은 그 어떤 것에도 영향을 받지 않고 독자적으로 존재해야 하기 때문이다. 이러한 주장은 데카르트가 말하는 "존재하기 위해서 신의 도움을 필요로 하는 것들"의 실체 개념에 대립되는 것으로 정신도, 물체도 실체일 수 없게 된다. 스피노자는 세계를 성립하게 하는 원리는 하나의 '실체'에 의한 것으로 보는 것이다. 그는 이 실체를 신이라고 말하고 이를 바탕으로 철학을 일원론적으로 전개하였다.

스피노자는 정신의 실체와 물체의 실체를 분리하지 않고 유일한 실체인 신의 양태로 설명한다. 신의 특성인 사유와 연장이 함께 표현된 것을 말한다. 즉 정신과 물체는 신의 속성을 가진 일부의 것으로 세계는 신의 일부가 되고, 만물은 이러한 신의 양태가 다양하게 모습을 바꾸어 나타난 것이라고 한다. 이러한 그의 범신론적 입장에서 보면 신과 자연은 분명한 구별이 불가능하며, 신은 모든 것에, 모든 것들의 가운데 있다. 만물은 신의 모습의 표현이므로 세계 속에 존재하는 모든 것은 신의 속성 안에서 따로 떨어진 독립체가 아니라 신과 하나가 된다는 것이다. 이에 따르면 신은 세계 어디에나 있고, 세계는 신 안에서 존재한다.

중세의 이원론적 실체관에 따르면 신이라는 실체의 세계는 본질적으로 다른 어떤 것으로 이해되었다. 신이 절대적인 존재임에 비해 세계는 유한하고 변화하는 조건적인 존재로, 신은 순수형상이고 다른 것은 물질적인 세계라고 생각하였다. 신은 비물질적이고 세계는 물질적이라는 것이다.

스피노자는 이러한 견해를 비판한다. 신을 비물질적이라고 보는 것을 거부하고 신에게 연장이라는 속성을 부여하면서 신의 물질성을 주장한다. 스피노자의 반박 논리는 신이 비물질적인 실체라면 어떻게 물질적인 세계의 원인이 될 수 있는가 하는 물음에서 출발한다. 모든 것이 신 안에 있다고 주장하면서 물질(자연)이 신 안에 있다는 것을 부정하면 이는 모순에 빠진다는 것이다. 이렇게 해서 스피노자는 실체는 곧 신이며 신은 다시 자연이라는 등식을 성립시킨다.

스피노자는 자신의 일원론적 실체 설명을 통해서 데카르트가 남겼던 문제, 어떻게 해서 정신이 자연을 인식하는가 하는 문제를 해결한다. 신은 사유와 연장이라는 속성을 동시에 가짐으로써 정신과 자연은 서로 대립되는 것이 아니라, 신이라는 실체를 나타내는 방식이기 때문이다. 따라서 신은 사유하며 또한 연장, 즉 공간을 점유하는 물질성을 갖게 된다.

그러나 이러한 그의 철학은 무신론으로 여겨지고 이단으로 비판을 받았다. 신이 이미 자연과 인간의 정신 속에 있다면 인간의 삶 이후의 신은 존재할 수 없기 때문이다. 이러한 이유에서 스피노자의 범신론적 입장은 기독교의 교리에 대립되는 것이었다.

④ 로크는 실체는 모든 관념을 가능하게 하는 가정된 기체(sub-stratum)라고 한다

"실체 관념은 다른 관념들이 우리 마음에 들어오는 방식으로 존재하지 않기 때문에 우리는 명석한 관념을 전혀 갖지 못한다. 그러므로 우리는 실체라는 낱말로 어느 것도 의미하지 못하며 다만 우리가 알지 못하는 것, 즉 어떤 것-이것에 대해 우리는 특정의 판명한 긍정적인 관념을 갖지 못하지만 그것은 우리가 알고 있는 관념들의 기체(substratum)라고 생각하든가 그 생각을 지지한다.-에 대한 불확실한 가정을 의미할 뿐이다."

― 로크, 『인간 오성론』 ―

"어떻게 이 단순 관념이 혼자 힘으로 존속할 수 있는지 상상할 수 없으므로, 우리는 그 안에 단순 관념들이 존속하고 그로부터 단순 관념이 생기는 어떤 기체를 상정하는 데 익숙해진다. 우리는 그것을 실체라 부른다. …… (실체의 일반 관념은) 그것들이 현존한다는 것은 우리가 알지만 그것들은 지지하는 무엇인가가 없이는 존속할 수 없다고 상상하는 성질들의 지지체(단지 상정될 뿐이며 결코 알려지지 않는)이며, 이것은 낱말의 참된 의미에 따라 쉬운 영어로 말하면 '밑에 있는' 또는 '떠받치는'이며, 우리는 그 지지체를 실체라고 부른다."

― 로크, 『인간 오성론』 ―

로크는 실체라는 개념은 애매모호하고 근원적인 정확성을 갖고 있지 않다고 말한다. 명석한 관념이 아니라는 것이다. 그에 따르면 명석한 관념은 외부대상으로부터 충분하고 명백한 지각을 통해서,

어떤 직접적인 경험을 함으로써 가능하다. 그러나 인간은 모든 사물의 본질을 이루고 있는 사물의 특성들을 모두 포함하는 실체를 감각이나 반성을 통한 경험으로 알 수 없다. 따라서 실체는 우리의 마음에 들어오는 명백한 관념들로써 지각될 수 없고, 그 결과 실체가 무엇을 뜻하는 것인지 정확한 의미를 알 수 없다는 것이다. 로크에게 있어서 대상에 관한 명백한 관념을 갖게 하는 것은, 그만큼 분명하고 정확한 생각과 인식이다. 즉 명확한 관념이 없이는 참된 인식이 불가능하고, 이러한 관념은 대상에 대한 지각과 반성을 통해서 만들어지기 때문이다.

그러나 실체에 대해 명석한 관념을 가질 수 없음에도 불구하고 로크는 실체 관념을 가정해야 한다고 주장한다. 예를 들어 공간이라는 것을 하나의 실체 개념이라고 생각해 보자. 로크는 우리가 순수한 공간에 관한 관념을 가지고 있다는 것은 인정한다. 우리는 시각이나 촉각에 의해 공간에 관한 관념을 가질 수 있다. 그러나 우리에게는 공간에 대한 직접적인 지각은 불가능하다. 그럼에도 '공간'의 존재를 부인하지 않는다. 이러한 경우에 로크는 공간 개념이 우리가 알고 있는 다른 관념들의 존재를 뒷받침해주는 관념이라고 생각해야 한다고 말한다.

로크는 관념을 설명하면서 관념들의 집합이나 집합들의 다발이 있다고 한다. 예를 들면 하나의 단순 관념으로써 흐르는 냇가의 시원한 물소리와 산의 푸름이 한데 어울려서 독특한 색깔, 모양 그리고 소리 등이 함께 어울려진 '계곡'이라는 복합 관념으로 우리에게 들어온다. 그러나 로크는 경험론적 입장에서 우리의 인식을 지각에만 의존하기 때문에 어떻게 이러한 단순 관념들이 혼자 힘으로 가능한 것인지 그 이유나 원인을 설명할 수 없다고 말한다. 더욱이 복합 관념이 어떻게 생기게 되었는지, 또는 그것이 어떻게 지속되는지에 대해서는 더 지각할 수 없다는 것이다. 그러나 그 여러 가지의 복합 관념을 만들어내는 단순 관념들이 있음은 분명하기 때문에, 이 관념들을 만들어내는 어떤 근본적인 것을 가정한다. 그리고 단순 관념을 만들어 내는 그런 기체들을 실체라고 한다.

로크에 의하면 우리가 실체를 생각하는 것은 정당한 일이다. 지식은 우리가 단순 관념을 통해서 사고함으로써 얻어진다. 이러한 단순 관념이란 우리에게 직접적인 경험을 통해서 제공되는 것이며, 복합 관념은 이러한 단순 관념들의 결합으로 생겨난다. 그것이 위의 계곡과 같은 예이다. 그러나 실체는 많고 다양한 힘과 성질로 인해 직접적으로 파악하기 힘들다는 것이다. 그래서 우리는 실체를 직접 지각할 수는 없기 때문에 실체의 존재에 대해 이야기할 수는 없고 다만 그의 관념에 대해서만 말한다는 것이다. 우리는 우연적 성질들, 즉 붉음, 흼, 어떤 냄새, 어떤 모양이나 형태 등을 말함으로써 실체에 대한 것을 끌어낸다. 실체란 결국 우리가 관념을 갖기 위해서 필요한 것으로, 관념을 위한 기체이다. 그렇기 때문에 실체는 단지 상상력에 의한 허구가 아니라 논리적으로 반드시 가정되어야 하는 관념이다. 따라서 로크에게 있어서 실체란 경험 너머에 있어서 알려지지 않는 기체로서 현상들 밑에 감춰진 불변의 것이다.

⑤ 라이프니츠에 따르면 실체는 무수하고, 그것들의 이름은 모나드(단자)이다

> "창조된 모든 실체들 또는 단자들은 엔테레키아, 즉 근원적인 생명의 원리라는 명칭으로 부를 수 있다. 왜냐하면 그것들은 자신 가운데 일종의 완전성과 자족성을 가지고 있기 때문이며, 이 자족성은 단자들 스스로가 내적 작용의 원천이 되게 한다. …… 또 모나드의 내부가 무엇인가 다른 피조물 때문에 변질과 변화를 하게 된다는 것은 있을 수 없다. 어떻게 설명하려고 해도 할 수 없다. 왜냐하면 모나드 안에서는 어떤 것도 장소를 이동시킬 수 없으며, 그렇다고 해서 거기에서 뭔가 내적인 운동을 일으키기도 하고, 그것을 끌어내기도 하고, 그 힘으로 적당히 처리하는 것 등은 생각할 수 없기 때문이다. 그와 같은 것이 가능한 것은 부분들 사이에서 변화가 있는 복합체의 경우에 한정되어 있다. 모나드에는 그곳을 통해 무엇인가가 출입할 수 있는 창은 없다."
>
> — 라이프니츠, 『모나드론』 —

라이프니츠는 실체를 모나드(monad, 단자)로 설명하면서 아리스토텔레스와는 견해를 달리 한다. 라이프니츠는 아리스토텔레스가 내린 소크라테스, 플라톤과 같은 개별실체에 대한 정의가 개별자의 유일성과 이것을 설명하는 술어의 다양성을 충분히 설명하지 못하고 있다고 말한다. 라이프니츠는 한 걸음 더 나아가서 자신에 해당하는 모든 특성을 내포하는 실체를 개별실체라고 주장한다. 즉 완전한 개념으로서의 개별실체를 말한다.

라이프니츠는 개별실체로서의 알렉산더와 일반적 개념으로서의 왕을 비교한다. 우리는 알렉산더는 왕이라고 말할 수 있지만 왕이라는 우연적 속성은 그에게만 한정된 것은 아니다. 왕이라는 개념은 여기서 알렉산더의 다른 속성을 포함하고 있지 못하기 때문에 불완전하며 우연적 개념이다. 단순히 왕이라는 개념 속에는 그의 취미나 아리스토텔레스와의 관계라든지 하는 알렉산더에게만 있을 수 있는 개인적인 것들이 포함되어 있지 않다. 그러나 알렉산더라는 개념은 그 이름으로부터 그에 관한 모든 속성이, 그가 현명한 왕이었는지 혹은 어떻게 죽었는지 등이 끌어내질 수 있기 때문에 알렉산더라는 개념은 완전한 개념이 된다. 오직 신만이 알렉산더라는 개념에 대한 모든 사실들이 만들어내는 모든 술어들을, 탄생부터 죽음에 이르기까지, 알 수 있다. 이에 반해 인간은 그에 대한 경험을 통해서만 알 수 있을 뿐이다. 우리가 아는 것은 원래 주어에 포함되어 있는 것을 일 뿐이지만, 그러나 주어와 술어의 관계에 있어서 알렉산더라는 개념 안에는 그에 관한 모든 것이 본래부터 포함되어 있는 것이다.

> "많은 술어가 동일한 주어에 속하고 그 주어가 이미 다른 어떤 주어에도 속하지 않을 경우, 이 주어가 개별적 실체라고 불리는 것은 사실이다. 그러나 그것만으로는 충분하다고 할 수 없고, 더욱이 이러한 설명은 명목상의 차이이다."
>
> — 라이프니츠, 『형이상학 서설』 —

데카르트로부터 비롯된 대륙의 합리주의 철학은 실체를 이원화시켰고, 그 결과 정신과 물질은 서로 분리된 '타인과의 관계'가 되었다. 이러한 문제를 극복하기 위해서 스피노자는 단 하나의 거대한 실체를 주장한 반면 라이프니츠는 무수한 실체들을 말한다. 그러나 이러한 다원론적 입장에 근거하는 실체들은 또한 실체란 '스스로 존재하고 나누어지지 않고 변화하지 않는 진정한 하나인 것'이라는 개념에 일치해야 하므로 라이프니츠가 말하는 실체들은 서로 영향을 주거나 받지 않는 그 자체로서 독립되고 통일된 단일체이다. 그에 따르면 이 단순한 단일체들이 세계를 구성하고 있다. 즉 라이프니츠가 말하는 실체들은 단순 실체이다. 이것은 시작도 끝도 없으며 변화하지도 않지만, 또한 부분도 없음을 의미한다. 그 하나로서 전체이며 전부이다. 이 무수한 실체를 그는 '모나드'라고 부른다. 모나드(monad)라는 말은 그리스어 모나스(monas, 하나인 것)에서 왔다. 고대 그리스 철학자들이 말한 원자(atom)는 공간을 차지하는 연장의 성질을 가진 물적인 실체이지만 모나드는 물질의 연장성을 갖지 않은 정신적인 실체라는 점에 큰 차이가 있다

스피노자는 실체란 그 자체가 '생각되는 것'이라고 말하는데, 이것은 다른 것과 상호작용을 하지 않는다는 뜻이다. 이와 마찬가지로 라이프니츠가 말하는 실체로서의 모나드는 신이 창조했을 때부터 외부의 원인에 의해 변하지 않으며 자신 안에 부분을 갖지 않는다. 따라서 나눌 수도 없다. 사물의 변화란 모나드들의 결합에 의해 이뤄진다. 즉 모나드는 자존의 세계 단위인 것이다.

라이프니츠는 그의 모나드 이론을 통해 실체의 본성에 새롭게 '힘'을 포함시킨다. 그는 데카르트가 물질 실체의 속성을 단순히 연장으로만 파악하여 힘을 배제했다고 비판한다. 그래서 라이프니츠는 물체의 활동성이 힘에 있다고 생각하고 실체의 본성을 활동적인 힘에서 찾는다. 그에 의하면 실체로서의 모나드는 단순하면서도 근원적인 힘을 갖는 것으로 다음과 같은 세 가지의 특성을 갖는다.

첫째, 모나드는 단순하고 단일하다. 모나드는 모양과 크기가 없으며 따라서 불가분적이다. 그러므로 모나드는 '물질적 점'이 아니라

형이상학적 점으로서 자연의 참된 원소이다. 또한 모나드는 물질적인 것이 아니므로 양적인 차이가 없다. 다만 그 성질에서 차이를 갖는다. 모나드는 절대적으로 단순하기 때문에 부분으로 나뉠 수 없고 마찬가지로 부분들이 결과로서 만들어지는 것도 아니므로 없어지지도 않고 생겨나지도 않는다. 모나드는 자신의 속성에 대하여 외부로부터 영향을 받지 않는다. 모나드는 '문도 창문'도 없기 때문이다. 오직 신의 창조와 섭리에 의해 생성과 소멸을 하게 된다.

둘째, 모나드는 힘이다. 라이프니츠는 실체의 본성을 힘으로 간주하고 이 힘을 활동의 원칙이라 한다. 실체는 행동할 수 있는 존재로 그 활동성이 실체의 본질이며, 행동의 내적 원칙이 없는 사물들은 실체의 자격을 가질 수 없다. 그러므로 모든 모나드들은 자신이 가진 내적 성질과 활동성으로 다른 모나드와 구별되어 자신만의 개별자가 되는 것이다.

셋째, 모나드는 영혼이다. 라이프니츠는 모든 실체를 생명의 원리라는 명칭으로 부름으로써 실체에 영혼과 관계되는 형상을 인정한다. 그는 실체들의 서열을 나누고 위로는 최고의 근원적인 실체로서 신에서부터 가장 낮은 등급의 감각을 가진 생명체를 구분한다. 또한 그는 실체들을 벌거벗은 모나드, 동물의 영혼 그리고 이성적 영혼으로 나눈다. 벌거벗은 모나드는 무의식적인 지각과 맹목적인 지각만을 가진 것으로 본다. 이성적 영혼은 과거를 기억하고 미래를 설계하는 가능성을 가진 실체이다. 여기에 이성과 반성의 힘을 가져 진리를 알게 되고 나아가 악에 대한 도덕적 인식도 갖게 된다. 그러므로 라이프니츠에 있어서 참된 실체의 본성은 이성적 영혼이라고 할 수 있다.

이와 같은 자립적이고 개별적인 실체에 대한 라이프니츠의 견해는 모나드의 우주적 속성을 통해서 인간의 개별성에 대한 중요성을 강조하고 있다.

■■■ 제5장 관념과 범주

1. 관념(觀念, idea, Idee, idée)

1 플라톤에 의하면 관념(이데아)은 감각 세계의 너머에 있는 참된 실재이며, 모든 사물의 원형이다

> "…… 하지만 파르메니데스, 소크라테스가 말했습니다. 이 관념(이데아)들 각각은 정신들 이외에 어느 곳에서도 진정으로 존재할 수 없는 사고는 아닐까요?"
>
> — 플라톤, 『파르메니데스』 —

관념이란 무엇을 뜻하는가? 이 문제는 플라톤에서 현대에 이르기까지 철학사에 있어서 가장 핵심적인 질문 중의 하나로 사유와 판단을 끌어가는 안내자와 같은 역할을 하는 것이다. 특히 관념의 문제는 플라톤 철학의 중심을 이루고 있으며 그의 철학 체계 안에서 결정적인 의미를 갖는다.

관념은 우선 플라톤에게 있어서 인간의 정신세계 속에 존재하는 순수한 생각, 즉 '사고'이다. '큰 것을 크게' 여기게 하는 것은 생각이며 이러한 생각에 의해서 '큼'에 대한 관념은 분명해진다. 우리가 어떠한 사물을 보고 '크다', '작다' 판단하는 것은 '큼'과 '작음'에 대한 관념을 통해서이다. 그러므로 관념은 감각적 세계를 초월해서 있는, 지각되거나 시간에 의해서 덧없이 사라지거나, 변화되는 것이 아니라 경험적 세계를 넘어서 이루어지는 인식의 최고의 단계이다.

관념은 불완전하고 유일한 사물보다 앞서서 이미 그 이전에 먼저 있으며, 인간의 개별적 인식과 상관없이 그 순수 사고 자체로서 더 참된 절대적 실재로 존재한다. 이러한 의미에서 플라톤에 있어서 관념은 인간이 육체를 가지고 이 세상에 태어나기 이전부터 있어온 영혼의 고향이며, 현실의 삶 속에서 인간은 관념의 세계에 대한 '기억'에 따라서 '관념'을 그리워하게 된다. 이것이 그의 기억상기설이다.

영혼은 육체와 지상의 현실 세계에 의해서 구속을 받으며 영혼과 육체는 서로 다른 것을 추구한다고 보는 입장을 '이원론'이라고 한다. 우리는 현실의 참된 것으로서의 관념을 제대로 보지 못하는데, 그 이유는 지상의 삶이 '동굴 속의 삶'과 같기 때문이라는 것이다.

> "관념(이데아)들은 말하자면 사물들의 본성 속에 고정된 원형들이라는 것이지요. 개별사물들은 이데아들의 상에 따라 만들어졌으며, 그렇기 때문에 모방인 것입니다. 그리고 그것들이 이데아 안에서 갖게 되는 이러한 참여는 단지 그것들의 상속에서 만들어진 것에 불과합니다."
> — 플라톤, 『파르메니데스』 —

플라톤은 관념을 개별적 사물에 대한 불변하는 절대적 순수 근원으로 봄으로써 관념과 개별 사물의 관계를 원형과 모방의 관계로 본다. 관념은 개별 사물들이 있게 만드는, 그 개별 사물들이 닮고자 하는 원형의로서의 틀이다. 즉 아름다운 것을 만들고자 하는 사람의 마음에는 '아름다움'에 대한 관념을 바탕으로 해서 아름다운 것을 추구하며, 삼각형을 그릴 때에 '삼각형'이라는 관념에 맞춰서 그린다. 머릿속에서 생각하는 '아름다움'이나 '삼각형'은 현실의 감각적, 가시적 세계에서의 모습을 드러내는 개별적인 것들이 생겨나도록 하며, 이러한 개별 사물들은 그 원형에 되도록 유사하게 만들어진다. 따라서 개별 사물들은 관념들을 닮을 수는 있지만, 그 어떤 것도 관념과 동일할 수는 없게 된다. 또한 많은 다양한 사물들이 나양한 모습으로 하나의 동일한 관념을 공유하며 포함할 수 있다.

그럼에도 관념과 개별적인 것들은 서로 완전한 일치는 이룰 수 없게 되는데, 이로 인해서 '아름다운 것'은 '아름다움' 그 자체로서 드러날 수 없으며 '아름다움'이라는 관념은 불변하는 근원적인 것으로서 시대와 장소에 따라서 다르게 변화되어 나타나는 '아름다운 것'들의 원형으로서 남아 있게 된다. 플라톤은 이러한 관념과 개별 사물과의 관계를 원형과 모방으로 나타나는 참여의 관계라고 한다.

2 데카르트에 의하면 명석 판명한 관념은 현실적이며 참된 것들이다

"따라서 우리의 관념들과 개념들은 그것들이 명석하고 판명한 것인 한, 현실적인 것들이요. 또한 하나님으로부터 오는 것이기 때문에 참된 것이 아닐 수 없다."

－ 데카르트, 『방법서설』 －

데카르트는 잘 알려진 것처럼 아주 간단하고 쉬운 방법을 통해서 확실한 지식만을 추구하려 하였다. 이러한 과정에서 가장 중요한 것은 이성의 사용이다. 데카르트는 관념 역시 이성의 명석한 판단을 통해서 더 이상 부정하거나 의심할 수 없는 분명함으로 드러날 때 참과 거짓에 대하여 판단할 수 있다. 우리의 정신에 있는 관념은 이성을 통해서 비로소 진리로서 확인되며 순서를 가지고 배열되고 필연적 의미를 갖게 된다는 것이다. 이렇게 해서 관념은 현실적으로 존재하게 된다.

데카르트는 사람이 정신의 고유하고 주체적인 힘을 사용하여 관념들을 서로 연결하고 정리하여 판단작용을 하게 된다고 이해한다. 이러한 그의 주장은 관념을 사용하는 데 있어서 이성을 사용하는 주체가 먼저 있어야 함을 분명하게 보여준다.

그는 인간의 분명하고 판명한 관념은 신으로부터 물려받은 것이며, 따라서 완전하고 참된 것이라고 말한다. 이것은 데카르트가 갖고 있는 신에 대한 관념과 깊은 연관을 맺고 있다. 그는 신을 완전함과 무한함으로 이해한다. 그러나 "나"는 불완전하고 영원한 것이 아니므로 이러한 신에 대한 관념은 나로부터 도출될 수 없다. 이 관념은 그 스스로 무한하고 완전한 존재에 의해서만 생겨날 수 있으며 따라서 신은 존재한다. 즉 신에 대한 관념은 신으로부터 '나'에게 주어진 것이며, 이러한 내가 이성적이고 명석한 판단을 통해 내린 관념 또한 참된 것일 수밖에 없다는 것이다. 그러므로 내가 분명하고 확실하게 생각한 관념 또한 신의 존재를 근거로 한 것으로 오류가 있을 수 없게 된다.

"오직 의지만이 내 속에서 지극히 커 그보다 더 큰 것의 관념을 가질 수 없음을 나는 경험한다. 따라서 내가 신의 형상과 모습을 지니고 있음을 나에게 알게 해주는 것도 바로 이 의지이다."

— 데카르트, 『성찰』 —

관념의 참됨을 판단하는 것이 판단에 의한 것이라면, 이러한 판단의 필요성은 인간의 의지에 있다. 의지는 긍정하거나 부정하는 적극적 자세를 말하는 것으로 관념을 단순히 받아들이고 이해하는 것과는 다른 것으로, 우선 원하고 욕망하며, 사용하려는 의식의 의지이다. 그러므로 데카르트에 의하면 오류란 충분히 인식되지 않은 상태에서 애매모호한 관념에 쉽게 동의함으로써, 인간의 의지가 충분히 활동하지 않을 때 일어나게 된다. 따라서 관념 자체는 인간의 의지가 작용하여 판단을 내리지 않는 한 긍정적이거나 부정적인 가치를 스스로 갖고 있지 않다. 곧 자신을 알려고 하는 의지를 가질 때 인간은 자신을 알게 되는 것이며 진리와 가치에 대한 책임을 지는 태도가 참된 관념을 얻는 길이라고 보는 것이다.

③ 로크에 따르면 우리의 마음은 경험으로부터 관념들을 얻어낸다

"구름을 뚫고 하늘에까지 다다른 듯한 그 모든 숭고한 관념들은 여기(경험을 뜻함)에 발 딛고 여기로부터 날아오른 것이다. 마음이 누비는 광대한 영역 속에서, 추상적 사변 속에서 그것은 한껏 고양된 듯이 보이나, 마음은 감각 혹은 반성이 우리의 사고에 제공했던 관념들 이상의 아무것도 움직이지 못한다."

— 로크, 『인간오성론』 —

로크는 데카르트와 달리 관념이 마음의 작용이나 정신에 의해서 만들어진 것이 아니라고 하는 점에서 선천적인 관념을 부인한다. 그에 의하면 관념이란 경험에 의해 마음속에 주어진 것들이다.

로크에 의하면 우리는 마음을 통해 관념을 가지고 사고하게 되지만, 그러나 우리의 마음이 사용하는 관념들은 감각 혹은 반성에 의해 얻게 된 것들이다. 우리의 마음속에 들어온 관념들은 감각에 의해서 얻게 된 관념들과 반성에 의해 얻게 된 관념들로 나눌 수 있다.

감각의 관념에는 노랑, 딱딱함과 같은 단순한 감각적 인상과 화, 노여움과 같은 직접적 감정들이 속한다. 반성의 관념은 감각에 관하여 상상하거나 기억된 관념들과 이러한 것들을 기억하는 것에 대한 생각들이다. 인간은 관념들에 의해 무한한 것과 심오한 것들을 사고하지만 이러한 관념들의 원천은 사실 단순한 감각적 지각에 의한 경험이나 반성에 기초를 두고 있다고 말한다.

> "마음을 아무것도 그려져 있지 않은 백지같이 아무런 관념도 갖지 않은 것으로 상상해보자. 어떻게 마음은 관념들을 얻게 되는가? 어째서 마음은 인간의 바쁘고 끝없는 공상이 무한한 다양성으로 그려내는 거대한 창고처럼 되는가? 어째서 그것은 지식과 이성의 모든 것들을 가지게 되는가? 이러한 질문에 대해서 한마디로 경험으로부터라고 말할 수 있다. 우리의 지식은 경험 내에 기초하고 있으며 궁극적으로 그로부터 결과한 것이다."
> — 로크, 『인간오성론』 —

로크는 인간은 태어날 때 '하얀 백지(tabula rasa)'와 같은 마음으로 태어난다고 전제한다. 이러한 백지 위에 경험이 쌓임으로써 인식의 내용이 채워지게 된다는 것이다. 이것의 그의 유명한 '백지'

이론이다. 이렇게 처음에는 텅 빈 마음에 쌓인 경험을 통해서 관념들이 만들어지고, 이 관념들은 지식의 원천이 된다.

로크는 나아가 우리 마음속에 떠오른 이러한 관념들은 단어 혹은 기호에 의해 제 역할을 하게 된다고 한다. 그래서 우리가 사용하는 기호들은 그것들이 관념을 정확하게 표현할 때만 의미를 가질 수 있게 된다는 것이다. 다시 말하면 마음속에 정확한 관념이 떠오르지 않는다면 이에 맞는 기호를 사용할 수 없게 되고 따라서 관념은 알맞은 역할을 할 수 없게 된다. 이 기호란 바로 인간의 언어 사용을 말하는 것으로 예를 들면 '아름다움'이라든지 '정의'라든지 하는 관념은 언어의 힘을 빌어서 관념화되고 사용될 수 있다.

로크에 의하면 우리는 경험이 가르쳐준 실제적 사물들에 대한 단순관념들로부터 시작하여 마음속에서 더욱 분명하게 관념을 만들어낸다. 그러나 그는 먼저 이러한 관념들이 생겨나게 된, 대응하는 실재적인 사물들이 존재한다고 주장한다. 그리고 로크는 이러한 실재적 사물을 이름(일반명사)으로 표시할 때 추상관념이 된다고 말한다. 그러므로 '아름다움'과 같은 관념도 로크에 의하면 실제적 경험을 통해서 얻어진 생각이 언어를 통해서 관념화된 추상명사이다.

④ 흄은 관념은 감각적 인상들의 복사물이며, 관념들은 습관적으로 결합된다고 말한다

"내가 말하는 인상이란 우리가 듣고 보고 느끼고 사랑하고 증오하고 욕구하고 의지할 때 갖게 되는, 보다 더 생생한 모든 지각들을 의미한다. 그래서 인상은 관념과 구별된다. 이 관념은 덜 생생한 지각이며, 우리가 위에서

언급된 감각들이나 혹은 동작들 중 어떤 것에 대해서 반성하게 될 때 의식
하게 되는 그와 같은 것들이다. …… 모든 우리의 관념들 혹은 보다 덜
생생한 지각들은 우리의 인상들 혹은 더 생생한 지각들의 복제일 뿐이다."

― 흄, 『인간오성에 관한 연구』 ―

스코틀랜드의 대표적인 철학자 흄은 어떠한 지식이든 경험에 의
존해야 한다는 경험론의 입장에 서서, 경험은 우리의 의식 내용이
되고, 그 내용은 다시 감각을 통해 얻게 되는 인상과 그 희미한 흔
적으로서의 생각으로 나뉜다고 한다. 이 인상에 대한 흔적이 곧 관
념이다. 인상은 감각을 통해 얻어진 것이지만 다시 정신에 직접적
으로 영향을 끼친다. 이 인상들이 생각이나 기억에 의해 정신에 정
리되어 떠오르게 되면 이를 관념이라고 보는 것이다.

이러한 인상과 관념은 둘 다 일단 직접적인 지각을 통해 얻어지
지만, 이 두 종류의 인식은 직접적 경험이 얼마나 생생한 강도로
우리의 의식에 남아 있느냐에 따라서 인상과 관념으로 분류된다.
예를 들어 우리가 길에 넘어져 상처를 입었을 때, 그때 느끼는 고
통은 인상이지만, 어느 정도 시간이 흐른 후에 이 고통에 대한 경
험을 바탕으로 아픔에 대한 관념을 얻게 된다.

우리가 위의 인용문에서 본 것처럼 흄은 인상과 관념 사이의 차
이는 경험이 갖는 생생함의 정도 차이에서 기인한다고 주장한다.
인상들은 직접적이고 즉각적이기 때문에 더 생생하고 근원적으로
판명한 것이다. 그러나 관념들은 항상 간접적으로 인상들에 의존해
서 나타나는, 그래서 인상의 복사물이라 할 수 있다. 이렇게 볼 때
관념은 사실상 그 자체로 존재하는 것이 아니고, 다만 사물의 공통
적인 성질에 언어를 통해서 표현된 이름에 지나지 않는다.

"관념들이 그것들의 본성상 특수적이며 동시에 수적인 면에서 유한하다면, 그것들이 표상됨에 있어서 보편적이고 동시에 자체 속에 또 다른 무한한 관념들을(즉 상이하여 분리될 수 있는 그러한 모든 관념들을) 포함할 수 있다는 그와 같은 사실은 단지 습관으로 인한 것일 뿐이다."

― 흄, 『인성론』 ―

흄은 경험론자이면서 동시에 회의론을 철학적인 방법으로 사용하여 인식의 한계를 경험적으로 비판하는 입장을 취하기 때문에 회의론적 경험론자라고 한다. 이러한 그의 태도는 관념들 사이의 결합에 대한 그의 생각에서 잘 드러난다.

흄에 의하면 인상 외에는 어떤 것도 마음에 직접적으로 나타나지 않고 관념은 이러한 인상에 기인해서 생겨난 것이기 때문에 관념들을 서로 결합해서 얻어진 인식과 사실의 세계가 일치하지 않는다고 주장한다. 다시 말해서 마음이라는 좁은 한계 안에 나타난 인상을 떠나 어떤 존재도 우리는 알 수 없는 것이다. 따라서 우리는 인상이 만들어내는 관념을 떠난 어떤 관념도 가질 수 없다.

그래서 우리가 지각과 경험을 통해서 얻은 인상을 정리한 것으로서의 관념은 사물들과 사물들의 관계를 정확하게 보여주지 않는다. 더욱이 이러한 과정을 통해서 이루어진 하나의 관념과 다른 관념의 결합이란 더욱 더 부정확하다. 그러므로 우리가 관념을 통해 하는 생각은 그럴 것이라는 습관에 따른 것이라고 말한다. 결국 흄은 우리의 인식이라는 것 또한 닮음의 정도, 원인과 결과와 같은 우리에게 익숙한 틀에 의해 생겨난 습관적인 것에 지나지 않는 것이며, 관념들의 결합을 만들어내는 새로운 경험조차도 습관으로부터 나온다는 것이다. 예를 들면 태양열은 뜨겁기 때문에 무엇인가를 뜨겁게 할 수 있으리라는 생각은 태양과 열에 대한 경험을 전제로 한다. 따라서 앞을 못 보는 사람에게 있어서 색깔에 대한 관념은 생겨날 수 없고 색깔에 대한 관념들의 결합도 불가능하다.

⑤ 칸트에 의하면 관념은 모든 대상을 초월한 이성적 요구에서 나온다

"오성의 개념들로 형성되어 경험의 가능성을 초월하는 개념이 관념, 즉 이성적인 개념이다. 일단 이런 구별에 익숙해지고 나면 빨간색이라는 표상을 관념이라고 말하는 것은 듣기에 거북할 것이다. 그것은 오성 개념이라고도 일컬을 수 없는 것이다. …… 나는 관념이라는 용어를 감각에 의해서 주어진 어떤 대상과도 일치할 수 없는 이성 개념으로 이해한다."
— 칸트, 『순수이성비판』 —

칸트는 그의 유명한 『순수이성비판』에서 관념을 개념과 구별하여서 정의한다. 그에 의하면 개념은 감각적으로 얻어지는 사물에 대한 이해이고, 관념은 개념을 바탕으로 하여 이루어지는 종합적 단계이다. 이렇게 볼 때 개념은 한 사물이 어떠하다는 이해로서, 곧 판단활동이며 관념보다 한 단계 낮은 것이 된다. 여기에 칸트가 관념을 '이성적 개념'으로 정의한 핵심이 드러난다. 즉 하나의 개념이 우리가 경험하는 현상적이고 감각적인 세계를 초월하고, 한 걸음 더 나아가서 최종적이고 종합적인 단계에 이를 때 관념이 생성되는 것이라 칸트는 주장하는 것이다.

이러한 그의 입장은 18세기의 경험주의 철학자들에 의해서 정의된 관념을 비판하고 있다. 로크나 흄에게 있어서 '붉은 색'이나 '따뜻함'은 관념으로 인식되었다. 그러므로 칸트는 로크가 주장하는 것과 같은 감각에 의한 인상은 관념이 될 수 없다고 말한다. 칸트에게 있어서 관념은 특히 인간의 감각적이고 경험적인 인상이 들어설 수 없는 하나의 절대적 인식에서 가능하며, 이성의 최고의 노력을 표현하는 것으로 모든 지식의 목표가 된다.

> "플라톤은 관념이라는 단어를 사용하고 있는데, 그의 사용법에 따르면 관념이란 감각에서부터 유출된 것이 아닐 뿐 아니라, 그 단어와 일치되는 것을 경험 속에서는 결코 찾아볼 수 없으므로 아리스토텔레스가 논하였던 오성의 개념까지도 초월하는 어떤 것이다. 플라톤에게 있어서 관념은 물자체의 원형이지 범주가 그러하듯이 가능한 경험을 위한 단순한 열쇠에 그치는 것은 아니다."
>
> — 칸트, 『순수이성비판』 —

칸트는 기본적으로 관념에 대한 이해에 있어서 플라톤적 입장을 취하면서 플라톤의 관념관을 수용하고 있다. 관념은 사물이 닮고자 하는 이상적 표본으로 그 자체에 있어서 완전한 것이다. 이러한 사물의 원형으로서 관념은 그래서 '선험적 관념'으로서 결국 구체적 대상으로 환원될 수는 없지만(누구나 원에 대한 관념을 가지고 있음에도 완전한 원을 그릴 수 없는 것처럼) 그렇다고 해서 쓸모없는 것은 아니다. 관념은 각각 개별적 지식을 하나의 체계로 통일시키면서 조절하는 의미를 가진다.

관념의 이러한 기능은 특별히 도덕적 가치의 실현에 있어서 당위성을 이끌어 내는 근거가 된다. 칸트에게 있어서 도덕적 행위는 이해와 생각만으로 도달하는 것이 아니고, 무조건적인 것으로서 우리에게 실천적 이성을 요구한다. 예를 들면 우리는 자유와 정의를 이것들이 의미하는 그 관념 자체들을 바탕으로 그 방법과 과정이

다르다 해도 거부할 수 없는 무조건적인 것으로 받아들이고 우리의 이성과 행위를 규제하고 인도하는 방향으로 삼는다. 이러한 의미에서 칸트는 관념을 실재하는 물자체의 원형이라고 보는 플라톤의 전통 속에 있다.

⑥ 헤겔에 있어서 관념은 세계 속에서 그 모습을 드러내며 역사의 주체이다

> "관념은 참이고 영원이며 절대적인 능력이다. 그것은 세계 안에 드러난다. 관념이 아닌 것은 즉, 관념의 웅장함과 위엄이 아닌 것은 그 어느 것도 세계에 드러나지 않는다."
>
> ― 헤겔, 『역사 속의 이성』 ―

헤겔의 철학에 있어서도 역시 관념은 근본적인 의미를 갖고 있다. 그러나 관념과 감각 세계를 서로 다른 이원적인 것으로 보았던 플라톤과 달리 헤겔은 관념은 세계와 자연 속에서 드러나는 것으로, 즉 관념은 인간의 역사 속에서 실현되는 것으로 본다. 이러한 주장에 의하면 관념은 세계와 역사를 지배하는 주인이며, 실존의 주체이다. 헤겔은 결국 관념만이 참된 것이고, 사라지지 않는 것이 되며, 인간의 계획과 역사의 진행은 '관념'에 복종할 수밖에 없다고 말한다. 이러한 의미에서 그의 철학은 '관념 철학'이라 할 수 있다. 그는 케자르나 나폴레옹과 같은 역사적 인물들 역시 관념에 충실하고 관념의 법칙을 지킨, 다시 말하면 역사 속에 나타난 '인간화된 관념'이라고 주장한다.

따라서 참된 관념은 세계 속에서 그 모습을 드러낼 수밖에 없는 것이며, '아름다움'이란 관념 또한 지각할 수 있는 모습으로 드러날 때 참된 아름다움인 것이다. 다시 말하면 관념과 실재가 전체적이고 구체적인 표상으로서 하나가 될 때 관념은 참된 진리가 된다. 헤겔은 이러한 관념이 곧 영원한 창조를 의미하며 참된 존재를 드러냄으로써 철학의 목표가 되며, 철학의 의무 또한 관념을 간파해 내는 것으로 보았다.

> "철학이 제시하는 관념은 오직 하나, 이성의 관념이다. 이성이 세계를 지배한다는 관념, 그래서 그 결과 보편적 역사 역시 합리적으로 전개된다는 관념이다. 이러한 신념 또는 이러한 관념은 이성으로서의 역사에 기인한 가정이다. 그러나 철학에 있어서는 이리한 관념이 단지 하나의 가징에 머무르지 않는다."
>
> — 헤겔, 『역사 속의 이성』—

헤겔은 관념이 참된 것이라면 세계와 역사 속에서 자신의 모습을 드러낼 수밖에 없다고 주장한다. 그리고 이러한 관념을 '이성의 관념'이라고 규정한다. 그렇다면 헤겔이 주장하는 이 '이성의 관념'에서 이성은 무엇을 말하는가? 그가 말하는 이성은 개별적이고 주관적인 인간의 능력으로서가 아니라, 현실을 만들어내고 결정하는 절대정신으로서의 이성이다. 이렇게 볼 때 관념은 이성에 의해서 태어나고, 세계는 관념에 의해 지배된다는 등식이 성립한다. 이러한 의미에서 헤겔이 의미하는 이성은 세계를 창조하는 신적인 이성이며 모든 것의 근본이 되는 전능한 것이다. 헤겔은 이성에게 절대자로서의 권한을 인정한다.

따라서 관념은 멀리 있는 하나의 이상적인 정신으로서가 아니라 사물과 세계에 질서를 명령하고, 이성은 세계 역사의 실재를 통해서 자기 모습을 드러낸다. 이때 개인은 이성의 절대정신을 실현하기 위한 매개체에 지나지 않는다. 그러므로 개별적 인간들의 행위나 희생에 관계없이 이성의 관념에 의한 역사는 계속해서 진보하는 것으로 규정된다. 다시 말하면 역사란 시간 속에서 이루어지는 관념의 발전이며, 관념은 이성의 합리성에 의해서 현실로서 드러난다는 것이다. 여기에 그의 유명한 "현실은 이성적이고, 이성적인 것만이 현실이다"라는 명제가 근거를 두고 있다. 헤겔은 그러나 간단하지만 제대로 이해하기는 난해한 위의 문장을 가지고 현실의 모순을 근본적으로 간과하면서 현실을 전적으로 옹호하였다는 비판을 받는다.

2. 범주(範疇, category, Kategorie, catégorie)

① 아리스토텔레스에 따르면 범주는 존재의 형식이다

"결합 없이 말해지는 것(범주)들 중에서 각각은 실체, 양, 성질, 관계, 장소, 시간, 위치, 상태, 능동, 수동을 지시한다."

— 아리스토텔레스, 『범주론』 —

"이러한 근본 개념들을 찾아낸다는 것은 명철한 사람이라 불러 손색이 없을 아리스토텔레스의 발상이었다. 그러나 그는 원칙을 갖고 있지 않았기 때문에, 닥치는 대로 그것들을 주워 모았는데, 먼저 열 가지를 찾아내 범주들(빈사들)이라 불렀다. 이어서 그는 다섯 가지를 더 찾아냈다고 믿고서 그것들을 후속 빈사(賓辭)들이라는 이름 아래 덧붙였다. 그러나 그의 목록은 여전히 미완의 상태를 면치 못했다. 뿐만 아니라 그 가운데는 순수한 감성의 양상(시간, 장소, 상태 및 선재성과 동시성)도 들어 있고, 경험적인 양상(운동)도 들어 있는데, 이것들은 오성의 족보에 속하지 않는 것들이다. 또 파생적인 개념들(능동, 수동)임에도 불구하고 근원적인 개념들 축에 드는 것으로 치부되기도 한다. 그런가 하면 근원적인 개념들 중 일부는 아예 고려되지도 않는다."

— 칸트, 『순수이성비판』 —

범주, 'Kategoria'는 'Kategorien'이 뜻하는 '긍정하다', '서술하다'에서 유래한 것으로, 원래는 법정에서 누가, 어떤 일을, 어디서, 어떻게 저질렀음을 고소한다는 법률용어로 사용되었다. 그러나 범주의 원래적 의미는 아리스토텔레스에 의해 사용되면서 어떤 것이나 일에 대하여 서술 또는 단언하는 철학적 용어로 전문화되었다. 아리스토텔레스는 『범주론』에서 서술에 관한 이론을 체계화하기 위해 범주들을 제시한다.

이 세계에 존재하는 것들, 또는 존재하는 것으로 생각되는 것들이 도대체 무엇인가를 이해하려는 철학자들에게 있어서 대상에 대한 서술은 근본적인 의미를 갖는다. 이 세계를 구성하고 있는 것들을 이해한다는 것은 곧 존재하는 것들의 본성과 관계를 이해하고 이렇게 이해된 것들은 서술을 통해서 설명되어야 하기 때문이다. 서술이란 바로 문장에서 주어에 대한 '술어'에 해당하는 것으로, 주어가 무엇이며, 어떠어떠하다고 기술되는 부분이다. 세계를 알고자 하는 욕구가 논리적 사유로 이어진 고대 그리스 철학의 전통은 아리스토텔레스에 이르러서 '존재를 탐구하는 것'으로서의 학문으로 발전하게 되는데, 존재하는 것에 대한 설명이 가장 잘 드러난 저서가 바로 『범주론』이다. 『범주론』을 통해서 아리스토텔레스는 세계가 어떤 식으로 존재하는가, 다시 말하면 세계가 성립되어 있는 틀을 밝혀내려는 시도를 한 것이다. 그러나 『범주론』이 실제로 아리스토텔레스에 의해서 쓰여 진 것인지에 대해서는 오늘날까지 여러 가지의 의견들이 있다.

이러한 의문에도 아리스토텔레스는 범주에 관한 이론의 창시자로 평가된다. 그는 세계가 어떤 식으로 구성되어 있는가 하는 방식에 대한 답을 통해서 세계가 성립되어 있는 하나의 틀을, 즉 범주를 제시하고, 그 틀을 통해서 세계 현상에 대하여 하나의 체계를 정리하고자 하였다. 다시 말하면 세계는 복잡하고 다양한 여러 가지의 것들에 의해서 이루어지고, 따라서 세계는 복잡하고 다양한 모습으로 우리에게 나타난다. 그러나 이렇게 복잡한 세계를 같은 것은 같은 것끼리, 다른 것은 다른 것들끼리 분류하고 종합함으로써 우리는 세계를 보다 선명하게 이해할 수 있고, 참과 거짓의 관계도 판단할 수 있다. 이러한 틀이나 기준이 바로 아리스토텔레스가 말하는 범주이다.

따라서 그의 범주론은 논리학과 깊은 관계를 갖는다. 논리학은 여러 주장들에 대한 판단을 내리기 위하여 명사와 동사가 결합하여 이루어진 명제들의 관계를 분석한다. 그러나 명제를 분석하기 위해서는 그 명제를 이루고 있는 기본적인 방식들, 즉 아리스토텔레스의 표현에 의하면 '어떤 결합에도 의존하지 않는 것들'에 대하여 알아야 한다. 이러한 '어떤 결합에도 의존하지 않는 것들', 즉 독립적으로 있는 것들이 바로 범주다.

이것을 통해서 아리스토텔레스의 범주론은 이전의 철학적 방법과 거리를 두고 있음을 알 수 있다. 소크라테스와 플라톤의 주된 방법은 대상, 또는 있는 것에 대하여 "그것은 무엇인가?" 하는 물음을 던지고, 그것에 대하여 "그것은 무엇이다"라고 정의를 내림으로써 대상에 대한 단일한 개념으로 대상을 설명하는 것이다.

반면에 아리스토텔레스는 의문에 대한 답을 얻어가는 변증론적 방법은 같지만, 그러나 존재하는 것들을 구체적인 상황 속에서, 그리고 다양한 관점에서 검토함으로써, 단일한 개념이 아니라, 다양한 방식의 서술을 하고 있다.

또한 아리스토텔레스의 범주이론은 소피스트들의 궤변에 대한 반박과 올바른 논증을 위해서도 중요하다. 그는 소피스트의 언어사용이 언어의 애매함과 다의성에서 오는 것이라고 보면서, 정확하고 분명한 언어의 사용을 위해시 범주가 설정되어야 할 필요를 인식한 것이다. 그러므로 그의 범주이론은 그것은 무엇인가 하는 실체에 대한 철학의 전통적 물음과 언어의 의미와 사물의 관계를 풀어가는 이중적 관점에서 전개된다. 다시 말하면 존재의 방식과 언어론적 양면을 다 다루는 범주이론이다.

아리스토텔레스가 제시하는 범주는 10가지로, 이 범주들을 통해서 그는 우리가 한 대상에 대하여 생각해 볼 수 있는 모든 속성들을 생각하고 분류하려 하였다. 이러한 범주표는 언어의 사용, 즉 문법적인 틀 위에서, 그가 사용하는 언어에 의해서 설정되므로, 언어 형식에 의해서 달라질 수 있을 것이다.

따라서 아리스토텔레스가 제시하는 10가지의 범주는 그리스의 언어가 갖는 특성을 담고 있다고 할 수 있다. 그럼에도 불구하고 아리스토텔레스에 의해서 제기된 범주들은 여전히 가장 중요한 범주이론 가운데 하나다. 그는 대상을 이해하기 위해서 우선 대상의 있음과 그 대상이 어떠하다는 두 가지의 핵심내용을 기초로 해서

10가지의 질문을 한다. ① 그것은 무엇인가?(실체, 본질) ② 그것은 어떻게 있는가?(성질) ③ 그것은 얼마나 있는가?(양) ④ 그것은 다른 것과 어떤 관계에 있는가?(관계) ⑤ 그것이 하는 것은?(능동) ⑥ 그것이 받는 것은?(수동) ⑦ 그것은 어디에 있는가?(장소) ⑧ 언제?(시간) ⑨ 그것은 어떤 상황에 있는가?(상황) ⑩ 그것은 무엇을 갖는가?(상태)

이러한 물음을 바탕으로 대상을 이해하고 분류하는 방식으로서의 범주를 예를 들면 "책이란 …… 이다."라는 문장에 적용시켜서 생각해 볼 수 있다. 즉 우리는 어떤 것이 책이고, 그 책은 어떠어떠한 속성을 가진 것으로 정리하면서 대상을 이해한다. 이러한 방식에서 드러나듯이, 아리스토텔레스의 범주들은 실체와 속성의 관계를 통해서 대상을 보는 방식으로, 대상의 속성에 있어서 양, 질, 관계, 장소나 시간 등에 의한 변화를 함께 포함시킴으로써 세계를 이해하는 방법이기도 하다. 아리스토텔레스의 범주설정 방식은 합리성에 근거를 두고서 분석해 나가는 것으로 애매하거나 혼란스러운 것을 단순하게 만들어서 정리하는 것이 특징이다.

이렇게 나누어진 범주들은 아직 다른 것과 결합하거나 관계를 갖지 않는 한 아직 독립적인 것이므로, 그 자체는 참이거나 거짓이 되지 않는다. 어떤 명제가 참이거나 거짓이 되기 위해서는 이러한 범주들이 서로 결합되어야 한다. 예를 들면 "소크라테스는 인간이다." 또는 "소크라테스는 키가 작다."처럼 결합되어서 명제가 되고, 그러므로 참과 거짓이 판단된다. 이러한 의미에서 범주는 아직 '어떤 결합에도 의존하지 않는 것들'인 대상의 분류를 위한 틀이며, 이러한 틀이 어떻게 관계를 맺느냐에 따라서 논리적인 명제가 되기도 하고, 그렇지 않기도 하기 때문에, 범주는 논리학과 뗄 수 없는 관계를 갖는다.

② 칸트에 의하면 범주는 오성에 의한 판단 도구이다

> "범주에 의하지 않고서는, 우리는 아무런 대상도 사유할 수 없다. 개념에 대응하는 직관이 없고서는, 우리는 사유된 대상을 인식할 수 없다. 모든 우리의 직관은 감성적이요. 인식은 그것에 대상이 주어지는 한에서, 경험적 인식이다. 경험적 인식은 대상에 관계하는 경험이다. 따라서 가능한 경험의 대상에 관한 것 외에 아무런 선천적 인식도 우리에게 가능하지 않다."
> — 칸트, 『순수이성비판』 —

칸트의 범주 개념은 우리가 아는 것이 옳다는 것을 어떻게 증명할 수 있는가 하는 그의 인식체계와의 관계 안에서 이해되어야 한다. 칸트는 이전의 철학자들과는 달리 독특한 인식의 구조를 주장하는데, 이에 따르면 인식은 경험과 선험적 능력의 종합적 작용에 의해서 이루어진다. 선험적 능력이란 경험에 의존하지 않고 우리의 내부에 선천적으로 들어 있는 능력으로 로크와 같은 경험론자들은 이렇게 본래적으로 갖고 있는 관념을 부인한다. 다시 말하면 칸트는 지나치게 이성에만 의존하는 합리론과 인간의 선천적 능력을 부인하는 경험론의 문제점을 극복하고 새로운 인식구조를 주장하면서, 경험에 의한 인식이 어떻게 정당성을 얻을 수 있을까 하는 물음을 해결하려 한다. 그는 우리의 모든 인식이 경험에서 출발한다고 말한다.

그러나 경험만으로는 충분하지 않다는 것이다. 경험이 인식과 지식으로 연결되기 위해서는 경험 이상의 것이 필요한 것이다. 그것이 바로 칸트에 의하면 범주로서, 그는 경험한 내용을 사유하기 위해서는 범주가 필연적이라고 말한다. 그럼에도 불구하고 칸트는 우리가 무엇인가를 이해하고 지식을 얻는 일에 있어서 경험은 반드시 필요한 것으로 본다. 경험이 개념에 내용을 채워주기 때문이다.

따라서 인식은 그의 말처럼 대상과 직접적으로 관계를 맺는 것으로, 우리는 대상을 경험함으로써, 인식의 재료를 얻고, 지각하게 된다. 우리가 대상에 대하여 갖는 인식은 항상 경험적 지각적 인식인 것이다. 예를 들면 한 권의 책, 또는 하나의 컵을 인식한다는 것은, 책 또는 컵을 직접적으로 경험함으로써 우리가 무엇을 인식하기 위한 인식의 재료가 생기고, 이는 경험에 의한 것이므로, 지각적이다. 그러나 이러한 지각적 인식이 이루어지기 위해서는 감성이 필요하다. 감성은 시간과 공간이라는 일정한 방식에 따라서 대상을 지각하도록 한다. 즉 대상은 그 스스로 우리의 내부로 들어와서, 책 또는 컵으로 인식될 수 없고, 인간의 능력인 감성에 의해서 인식되는데, 여기에는 인간이 선천적으로 가지고 있는 감성의 형식인 시간과 공간이 인식의 틀로서 작용을 하기 때문이라는 것이다. 우리가 실제로 보고 지각하는 것은 책이나 컵의 물자체가 아니라, 인간의 감성이 작용해서 책과 컵에 대한 인상이 우리에게 전달된 것으로, 다시 말하면 우리의 선천적이고 주관적인 것이 외부의 물체에 더 해서 인식은 가능하다는 것이다. 그러므로 우리의 지각 세계에 나타나는 대상의 모습인 현상들은 이미 인간의 감성 형식인 시간과 공간을 포함하고 있다. 인간이 경험에 의해서 얻는 대상에 대한 재료와 정신에 형태를 만들어서 인식할 수 있는 이유가 우리의 마음속에 선천적으로 들어 있는 능력 때문이라는 것이다.

칸트의 이와 같은 생각은 로크와 달리 선천적 관념이 있다는 것을 전제로 하고, 시간과 공간과 같은 속성은 책이나 컵과 같은 관념에 포함되어 있지 않고 우리의 감성에 의해 느껴지는 것이라고 본다. 우리는 이렇게 하여 선천적으로 있는 기능에 의해서 종합적인 인식을 얻게 되고, 시간과 공간이라는 형태로 우리가 경험하는 것들을 질서 있게 한다. 즉 책이나 컵과 같은 경험 대상은 우리의 밖에 놓여 있는 사물들이지만, 우리가 한 경험을 파악하고 정리하는 형식은 경험에 좌우되지 않는 선천적인 것이라는 의미다. 인간은 세계의 질서를 인식하는 것이 아니라, 세계에 질서를 부여함으로써 세계를 인식하는 것이다.

여기에는 감성적인 직관만이 아니라, 대상을 인식하고 판단하는 능력인 오성이 함께 작용한다. 오성은 예를 들면 "이것은 책이다." "저 것은 장미다."처럼 판단함으로써 감성의 형식을 통해서 우리에게 책 모양으로, 또는 장미 모양으로 나타난 현상을 개념으로 만들어서, 일정한 질서를 갖춘다. 그리고 오성의 작용은 범주를 통해서 이루어지므로, 칸트는 12개의 범주표를 제시하면서 이러한 범주에 의해서만 인간은 생각할 수 있다고 말한다. 즉 범주는 오성이 판단을 하는데 사용하는 사유도구라는 것이다.

〈칸트의 12범주표〉

양-단일성, 다수성, 전체성
질-실재성, 부정성, 제한성

관계-속성과 실체, 원인성과 의존성, 상호성

양상-가능성/불가능성, 존재성/비존재성, 필연성/우연성

"모든 경험은, 그 무엇이 주어지는 원인인바 감관의 직관이외에, 직관 중
에 주어지는 혹은 현상하는 대상에 관한 한 개념을 포함하고 있다. 따라서
대상 일반의 개념은 선천적인 조건으로서, 모든 경험적인 인식의 근거에
있다. 그러므로 선천적인 개념으로서의 범주의 객관적 타당성은 범주에 의
해서만 경험이 (사고의 형식에 관한한) 가능하다는 데 의거한다. 이때 범주
는 필연적으로 즉 선천적으로 경험의 대상과 상관한다. 왜냐하면 범주에 의
거해서만 경험의 그 어떠한 대상은 일반적으로 사유될 수 있기 때문이다."

— 칸트, 『순수이성비판』 —

칸트는 인식을 위해서 경험의 한계와 문제점을 지적하고 범주의
필요성을 강조한다. 하나의 대상을 경험적 측면에서만이 안다고 할
때, 이러한 지식은 개별적이고 주관적인 것에 그치고 만다. 다시
말하면 경험에만 의존하는 지식은, 어떤 경험을 하느냐에 따라서
달라지므로, 모든 사람이 동의할 수 있는 보편적 지식이 될 수 없
다. 보편적인 지식이 불가능하다면, 우리는 서로의 경험에만 빠져
서, 어떤 객관적인 판단도, 공동의 이해와 목표도 가질 수 없게 된
다. 경험에는 여러 가지의 다른 요소들이 영향을 미치면서, 경험되
는 내용과 대상에 대한 인식을 개별적인 것으로 되게 하기 때문이
다. 예를 들면 한 권의 책이나 한 송이의 장미에 대하여서, 우리가
갖는 인식이 단순히 직접적이고 주관적인 경험에서만 나온다면, 그
러한 인식은 다른 사람과 의사소통을 할 수 있는 보편성을 얻을 수
없고 따라서 단순히 하나의 가설이나 주장에 불과하다. 이러한 문
제점을 경험론자들은 극복하지 못함으로써 경험론은 보편적인 진리

대신 개인적인 상식과, 필연성이 아닌 개연성과 주관성만을 강조하였다. 또한 경험론은 모든 지식은 사실을 바탕으로 해서 결론을 끌어내는 귀납적 방법을 주장하면서, 추론에 의한 판단을 거부한다.

그러나 이러한 경험론적 주장은 과학적 방식에 의존해서 객관적 결론을 내리려는 자신들의 의도와는 오히려 모순되는 결과에 부딪힌다. 왜냐하면 우리의 지식이 경험에만 좌우된다면, 지식은 언제나 불확실한 것이고, 예를 들면 "3＋5＝8"이라는 것에 대한 보편성이 없는 한 수학과 물리학 같은 학문의 정당성도 의문스럽게 되기 때문이다. 이 문제를 해결하기 위해서 칸트는 경험에만 의존하지 않는, 즉 선험적인, 따라서 순수하고, 보편적인 인식능력이 전제되어야 한다고 말한다.

경험에 앞서서 전제되는 논리적 사고의 틀로서, 우리가 경험한 내용에 객관적 타당성을 주는 것이 곧 범주다. 범주는 판단의 도구로 사용되므로 또한 오성의 도구이다. 오성은 이해하는 능력으로 감성과 함께 우리의 인식을 가능하게 하는 능력이다. 오성과 감성은 그래서 서로 다른 인식능력이지만 그러나 상호의존적이며, 상호보완적이다. 감성은 우리가 외부의 사물을 받아들일 때, 시공간의 형식을 통해서 인상 또는 현상으로 나타나게 하며, 오성은 개념을 통해서 판단하여 사물의 관계를 이해한다. 이러한 의미에서 칸트는 "감성이 없으면 대상은 주어지지 않으며, 오성이 없으면 대상은 사유되지 않는다."고 말한다. 이 둘은 그 형식에 있어서는 서로 다르지만 그러나 그 형식이 '선천적'으로 우리에게 주어졌다는 것은 공통이다.

오성은 우리가 선천적으로 갖는 개념인 범주를 통해서 논리성을 부여하기 때문에, 사유의 도구라고 말한다. 다시 말하면 범주는 사고하는 형식이다. 그러나 이러한 범주는 아직 내용이 채워지지 않은 빈 형식으로서, 대상과의 경험을 통해서 전체적인 인식이 완성된다. 이렇게 볼 때 하나의 인식이 가능하기 위해서는 감성적인 직관에 의해서 모아진 재료들이 범주에 의해서 판단되고 이해되어야 한다. 예를 들면 눈앞에 있는 한 송이의 꽃이 장미라는 인식을 갖기 위해서는 우선 눈앞의 꽃이 감성적 형식인 시간과 공간, 즉 '여기 눈앞'의 공간과 '지금'의 시간과 같은 형식 속에서 하나의 경험으로 우리에게 지각되고, 그 꽃이 장미라는 개념에 적용되어야 하는데 이 장미 개념이 사용되기 위해서는, 칸트가 제시한 범주표에 의한 판단이 이루어져야 한다. 그래서 칸트는 범주란 "주어진 직관의 다양함이 판단 작용에 의해서 규정되는 한", 그것은 바로 인식의 판단 작용이라고 한다.

순수한 개념으로서 범주는 현실에서 우리가 겪는 대상에 대한 개별적이고 주관적인 경험을 보편적이고 객관적인 인식으로 끌어올리고, 모든 사람에게 적용될 수 있는 지식을 가능하게 한다. 그래서 우리는 눈앞의 한 송이 꽃이 장미이며, 그 꽃은 붉고 그리고 향기를 갖고 있다고 인식할 때, 장미라는 개념이 갖는 보편적인 틀에 맞추어 판단하므로, 이 범주는 여러 가지의 판단을 연결해서 통일해주는 역할을 한다.

칸트에 따르면 이렇게 범주는 경험에 좌우되지 않고 경험을 종합 정리하는 형식이므로, 경험을 초월하여 우리의 마음 안에 선천적으로 주어져 있는 것이다. 범주의 선천성은 다시 말하면 사고의 객관성을 뜻하는 것으로, 인간의 판단은 경험과 조건, 상황에 따라서 달라지는 개인적인 면에도 불구하고 보편적이고 논리적인 특성이 있다. 혼자만의 생각을 벗어난 객관성은 우리가 지각하는 경험 대상을 사유의 대상으로 바꾸어 놓는데, 이것은 또한 선험적으로 주어진 범주가 구체적인 대상과 관계를 맺는 것이다. 이러한 과정을 통해서 우리는 감성적으로 파악된 대상에게서 경험에 의한 주관적 요소들을 하나씩 제거하고 순수한 개념으로 사유할 수 있게 된다. 따라서 칸트에게 있어서 범주표는 우리가 판단을 하기 위해서 필요한 조건으로 순수한 사유능력인 오성의 전체 범위와 일치한다.

③ 하르트만에 따르면 범주는 존재가 가진 구조의 원리이다

> "범주론이 다루는 것은 오성개념이 아니라 실사(實事)세계의 구조적 기초
> 이다. …… 존재자의 분절, 근본특징 및 여러 관계는 바로 실사세계의 구
> 조를 형성하는 것이므로, 범주분석은 곧 세계의 이 구조를 다루는 것 이외
> 의 아무것도 아니다."
>
> — 하르트만, 『실사구조의 세계』 —

하르트만이 범주를 존재자를 이해하고 규정하는 원리로 사용하는 점은 칸트와 별 다른 점이 없다. 그러나 범주가 어떻게 생겨났고 어떻게 전개되는가를 설명하는 데에는 많은 차이점을 보인다. 칸트에 따르면 존재자를 파악하는 인식원리인 범주는, 시간적으로는 경험에 앞서서 선천적으로 갖추어져 있는 완성된 체계이다.

그러나 하르트만은 범주가 경험에 앞서 주어져 있다고 하는 칸트의 생각을 비판하고, 범주는 우리의 마음에 주어져 있는 것이 아

니기 때문에 존재자가 실재하는 현상을 분석하여 직접 하나하나 찾아야 한다고 주장한다. 따라서 범주는 이미 정해진 어떤 구조가 아니라 개방된 상태에 놓인 것이라고 말한다. 이에 따르면 범주는 아직 완성된 것이 아니고 앞으로 우리가 존재자의 현상을 분석해 내는 기술에 따라 얼마든지 개선되고 보충될 가능성을 갖고 있다.

칸트가 범주가 경험에 앞서 우리에게 주어져 있다고 생각하면서, 인간의 의식 구조를 분석하는 데 비해, 하르트만은 범주의 기원은 우리 안에 있는 것이 아니고, 존재자에게 있기 때문에 존재자의 분석을 통해 직접 밝혀내야 한다고 주장한다. 그의 생각은 객관적으로 우리의 의식 밖에 있는 세계를 우리의 주관 속으로 끌어들여서 우리가 인식할 수 있도록 구성하고 정리하는 것이다.

그러나 하르트만에게 있어서 범주의 원리는 대상에게 있어, 대상으로부터 구해야 하고 이는 계속 추구되어야 함을 의미한다. 범주 탐구는 인식이 끝없이 노력해야 하는 영역이다. 존재를 파악하기 위한 범주의 문제는 인간의 능력과의 관계에 의한 것이므로 인간의 능력이 한정되어 있는 만큼 인간이 생각하는 범주도 그만큼 한계를 갖는다는 의미다. 하르트만은 범주는 존재하는 것에 의해서 생기는 것이므로, 범주를 만들기 위한 방식은 존재하는 것들의 현상을 분석하는 것이다. 즉 하르트만은 범주는 존재자의 원리로서, 범주가 존재자를 규정한다고 말한다. 예를 들면 우리가 장미라고 부르는 꽃에게 있어서 장미로서의 범주가 그 자체에 이미 포함되어 있다는 것이다. 인간이 할 수 있는 영역은 장미꽃으로부터 장미의 범주를 끌어내어, 그 장미를 설명하고 규정하는 것이다.

하르트만이 말하는 존재의 원리로서의 범주는 그래서 존재하는 것의 한계를 넘어서 모든 층에 적용되거나, 처음 발견된 범주를 보편적인 것으로 만드는 잘못을 범하지 않는다는 것이다. 왜냐하면 한 대상에게 적용되는 범주들은 그 대상 자체로부터 끌어내어진 원리이기 때문이다. 따라서 하르트만은 범주가 경험에 앞서서 있다고 여기지 않으며, 절대적 보편성을 가질 수도 없다고 말한다. 오히려 그에 따르면 범주의 적용은 한계를 가지며, 따라서 끝없는 탐구를 필요로 하는 것이다. 이러한 그의 주장에 따르면 범주의 개념 자체가 완성되지도 고정되지도 않은 것으로서 그 내용이 계속 채워져 가야 하는 것이다. 이러한 하르트만의 철학을 비판적 존재론적 사색이라 한다. 또한 칸트의 범주를 인식 범주, 히르트만의 범주를 존재범주라고 말한다.

> "가령 철학적으로 형성된 범주개념이 합당하다 하더라도, 그러나 그것은 그렇다 해서 그것에 의하여 이해된 범주 그 자체는 아니다. 범주개념의 역사가 있다는 사실, 즉 개념이 인식의 성장에 따라 변화하는 범주적 개념 형성의 전진적 과정이 있다는 사실은, 범주 그 자체의 비개념성에 대한 무엇보다 좋은 증거이다."
>
> — 하르트만, 『실사구조의 세계』 —

하르트만에 의하면 범주가 존재의 원리가 아닌 사유의 원리로 이해될 때 일어나는 한 가지의 중대한 문제가 있다. 범주와 개념의 혼동이다. 그에 따르면 범주와 개념은 분명한 내용의 차이를 갖고 있으며, 이 둘은 발생기원도 다르다. 범주는 존재자에 대한 원리이고, 이 원리는 존재자가 가진 현상을 분석하여 밝혀진다. 반면에 개념은 생각을 한데 모아 결합하여 만든 사유의 결과물이다. 범주의 기원은 존재자에 있지만, 개념의 기원은 인간에게 선천적으로 주어져 있는 오성의 구성력의 결과이기 때문에 오성에 있다. 따라서 범주와 개념은 결코 같을 수 없다.

다시 말하면 칸트가 주장하는 것처럼, 모든 개념이 곧 범주이며, 개념화된 것만이 범주적 틀에서 판단될 수 있다는 생각은 잘못이라는 것이다. 하르트만에 따르면 "사물은 자기의 개념화에 대하여 무관심하다." 즉 장미는 자기를 '장미'라고 개념화하는 데 관심이 없다는 것이다. 그 장미는 '어디까지나 그렇게' 있을 뿐이며, 장미의 개념을 사용하는 것은 우리들이다. 이러한 이유에서 하르트만은 범주와 개념을 동일한 것으로 보지 않는다.

그러므로 하르트만은 범주 그 자체와 범주개념도 서로 동일하지 않다고 말한다. 범주는 존재자의 원리이기 때문에 반드시 존재자에 포함되어 있는 것이지만 범주개념은 사유의 결과로 얻은 것이기 때문에 결코 대상에는 나타나지 않고 사유에서만 보이는 것이다. 이러한 이유에서 범주와 범주개념은 그들의 내용에서도 서로 다를 수밖에 없다는 것이다.

개념은 범주와 일치할 수도 있지만 그렇지 않을 수도 있다. 개념은 경험을 통하든 혹은 선천적으로 가지고 있든, 생각의 원리로서 대상을 알기 위한 일종의 도구이다. 이러한 도구는 인식에 적합할 수도 있고 적합하지 않을 수도 있는 것이다. 하르트만은 이 도구가 매우 적합하다고 해도 우리가 그 개념으로 파악한 대상의 성질은 범주 그 자체일 수 없다고 주장한다. 왜냐하면 사유와 관계되는 개념은 사유가 성숙되어감에 따라 더욱 풍성해지기 때문이다.

그러나 범주는 다만 존재자의 원리로 사유와는 무관하게 존재하는 것이다. 예를 들면 장미꽃에 대한 우리의 범주들은, 우리가 생각하는 것이 달라지면 함께 달라지지만, 장미가 본래 갖고 있는 존재원리로서의 범주와는 상관이 없다는 것이다.

하르트만이 말하는 범주는 바로 구체적 존재 안에 내재하는 원리다. 스스로 존립하는 범주는 아무리 범주개념이 바르게 형성되었다고 해도 서로 일치하지는 않는다. 왜냐하면 범주개념은 역사가 있기 때문이다. 예를 들면 장미의 개념이 역사의 흐름 속에서 달라지듯이, 개념은 역사에 의해서 영향을 받고 변화한다. 그 역사는 인식의 발전 정도에 따라 다르게 나타난다. 그리고 그때마다 개념은 범주의 한 면을 찾아낸 것에 불과하다. 이러한 이유에서 하르트민은 범주는 여전히 열려 있는 것이며, 더욱 더 밝혀지는 것이라고 주장한다.

④ 화이트헤드에 의하면 범주는 생성에 관한 과정의 원리이다

"모든 존재는 현존의 어느 한 범주의 특수 사례이어야 하고, 모든 설명은 설명의 범주의 특수 사례이어야 하며, 모든 제약은 범주적 제약의 특수 사례이어야 한다. 궁극자의 범주는 이 세 개의 보다 특수한 범주에서 전제되는 일반적 원리를 표현하고 있다. …… 〈창조성〉, 〈다자〉(多者), 〈일자〉(一者)는 〈동의어인 사물〉, 〈있는 것〉, 〈존재〉의 의미 속에 포함되어 있는 궁극적인 개념이다."

— 화이트헤드, 『과정과 실재』 —

"설명의 범주. 설명에는 스물일곱 개의 범주가 있다. 현실세계는 과정이라는 것. 그리고 과정은 현실적 존재의 형성이라는 것. 따라서 현실적 존재는 피조물이며, 현실적 계기라고 불린다. …… 다시 말하면 있는 것의 본성에는 모든 생성을 위한 가능성이 속해 있다는 것. 이것은 상대성의 원리이다."

— 화이트헤드, 『과정과 실재』 —

'20세기의 데카르트'라고 일컬어지는 화이트헤드는 또한 20세기의 최고의 철학자 중의 한 사람으로 꼽힌다. 그는 영국 태생으로 원래는 수학자, 이론물리학자로서 케임브리지 대학을 거쳐 런던 대학에서 교수생활을 하였다. 화이트헤드가 철학교수가 된 것은 1924년 63세의 노령으로 미국 하버드 대학의 초빙을 받아서였다.

수학과 물리학 영역에서 과학에 대한 비판적 시각과 인식을 가지고 철학을 하게 된 화이트헤드는 러셀과 공동 연구를 하기도 하였다. 아인슈타인의 상대성원리를 계기로 하여, 자연과학의 철학, 즉 과학철학을 형성하면서, 그는 그의 독특한 사상체계인 '유기체 철학'을 전개하였다. 그의 유기체 철학의 특징은 유기체의 특징인 생성소멸을 세계가 존재하는 원리로서 인식하는 생성에 대한 새로운 이해이다. 이러한 그의 철학은 다시 말하면 존재를 규명하기 위해서 물리학의 상대성 원리를 철학적 원리로 발전시킨 것이다.

그래서 화이트헤드는 고대 그리스 철학 이후, 서양의 철학을 지배해 온 '존재'보다는 '생성'을 근본적인 원리로 생각한다. 그에게 있어서 존재, 즉 있음은 새로운 존재가 생성되기 위한 재료 또는 과정이다. 따라서 절대적 주체나 변화하지 않는 실체는 있을 수 없고, 어떤 것도 완전한 독립 상태에서는 존재할 수 없다. 현실의 세계는 변화와 새로운 경험의 과정으로 세계의 존재방식이라는 것이다. 따라서 세계는 정태적 존재에 의존하지 않고, 생성의 과정 속에서 살아 있다고 그는 말한다. 즉 세계는 생성에 의해서 움직이는데, 생성이 종결됨으로써 존재가 되고, 또 소멸하면서 새로운 생성을 이끌어내는 것이라 한다. 이러한 이유에서 흔히 그의 철학을 '과정의 철학'이라고 부른다.

화이트헤드의 과정 철학에서는 어떤 것도 주체와 대상으로 고정되지 않고, 주체는 자신을 생성하기 위해서 대상과 관계하는 과정을 계속한다. 왜냐하면 주체는 생성과정에 있을 때만이 주체이며, 생성이 끝나면 다시 객체가 된다는 의미에서, 영원한 주체도 객체도 없기 때문이다. 유기체의 관계에서는 주체와 대상은 서로를 떠나서는 존재할 수 없는 '공허한 현실태'이기 때문이다. 유기체적 원리는 모든 주체는 자기 주변의 객체들을 받아들여야 하며, 대상인 객체는 주체와의 내적 관계를 유지하는 '상대성'에 따르는 것이다. 이러한 상대성의 원리에서는 무엇보다도 무엇인가가 일어나고 변화하는 '사건'이 핵심적인 의미를 갖는다. 왜냐히면 어떤 것도 단독으로 고립되어서 존재할 수 없다는 원리에 따르면, 모든 것은 상호관계 속에서 생성되는 것으로, 이것이 곧 새로운 것이 끊임없이 만들어지는 '사건'으로서 우리에게 경험된다.

화이트헤드는 세계의 유기적 관계를 강조함으로써 생성과 과정을 궁극적인 것으로 본다. 이처럼 과정을 근본적인 원리로 본다는 것은, 주체와 대상의 내적 관계를 경험의 본질로 본다는 의미다. 경험이라는 것은 주체와 대상의 구조를 가질 때 성립하는 것으로 화이트헤드에 의하면 존재하는 것이 외부 대상을 수용하는 것이다. 즉 '나'라는 주체는 '너' 또는 '너희들'과의 관계 속에서 경험을 갖게 되며, '나'의 생성을 하게 된다. 따라서 그는 경험을 인간이 의식을 가지고 대상을 '남'으로 인식하는 경험에 한정하지 않는다. 왜냐하면 경험은 하나의 활동이며, 이러한 활동에 참여하는 주체와 대상은 서로 상대적이기 때문이다.

화이트헤드는 이러한 생성소멸의 경험을 가장 잘 기술하기 위해서 범주의 필요성을 말한다. 그에게 있어서 범주는 유기체 철학을 구성하는 근본적 개념들을 구체화하기 위한 것으로, 상대성 원리를 정착시키기 위한 도식이다. 화이트헤드 역시 범주를 최상류의 개념으로 이해한다. 다시 말하면 범주란 유적 개념을 보다 잘 드러내어, 생성의 과정에 있어서 무엇이 어떻게 작용하며 관계하는가를 밝혀내려는 방식이다.

화이트헤드는 이러한 목적을 위해서 네 개의 큰 범주를 제시한다. 이에 따르면 범주는 '궁극자의 범주', '현존의 범주', '설명의 범주' 그리고 마지막으로 '범주적 제약'으로 나누어진다. 이 가운데서 궁극자의 범주는 일반적인 원리로서, 다른 나머지 세 범주의 근거가 되는 전제조건이다.

궁극자의 범주는 다시 '일자', '다자', '창조성'의 개념으로 나누어진다. 화이트헤드의 상대적 원리에 따르면 대상은 유일한 것이될 수 없으므로, 다자일 수밖에 없고, 그러나 다자가 하나로 통합된 조화 속에서는 일자가 된다. 또한 많은 대상들의 주체의 입장에서 볼 때 주체는 일자일 수밖에 없다. 다시 말하면 많은 존재들 가운데서 '나'는 언제나 일자이며, 다른 많은 다자는 '나'라는 주체에 있어서 대상이다. 창조성은 이러한 주체와 대상을 연결하고 매개시키는 역할을 맡는다.

창조성은 '새로움의 원리'로 다양한 다자를 통일시키는 사물의 본성이다. 다시 말하면 사물은 다자와 일자, 생성과 소멸의 이중적 요소를 동시에 갖는데, 생성은 다자가 일자가 되고, 일자는 다시 다자가 되는 것으로 이러한 과정을 사물의 본성이라고 보는 것이다. 이 사물의 본성은 곧 창조성으로 어떤 사물도 창조성을 본성으로 하여서 다자에서 일자로 자신을 생성한다. 창조성은 다자를 일자로 변형시키고 통일함으로써 사물이 자신을 새롭게 만들어 가는 '창조적 전진'을 뜻한다. 위와 같은 세 가지의 개념을 화이트헤드는 궁극자의 범주에 포함시켜서 궁극자의 원리를 다른 범주들에 앞서는 일반적 원리로 상정한다.

현존의 범주는 현실적 존재를 파악하기 위한 원리이다. 현실적 존재는 다자가 일자로 통일되어 가는 과정, 즉 합성과정에서만 주체가 될 수 있다. 왜냐하면 주체란 한 상황과 관계 속에서 유일한 일자일 수밖에 없기 때문이다. 현실적 존재는 원자들처럼 세계를 구성하고 있는 실재적인 사물로서, 이러한 것들의 집합체가 우선 나무, 집, 사람과 같은 집합체를 형성한다. 현존의 범주는 다시 8가지의 개념으로 나누어져서 이러한 원자적인 미시존재들의 무한한 진행을 이해하는 원리이다.

화이트헤드는 설명의 범주를 많은 원리들로 나누는 데, 이 중에서 "과정의 원리"와 "상대성의 원리"를 특히 강조한다. 과정의 원리는 현실세계를 완결도지 않은, 끊임없이 진행 중인 과정으로 파악해야 함을 논증하고, 이러한 과정의 원리와 주체와 대상이 서로 유기적으로, 다시 말하면 내적으로 관계하는 상대성 원리에 근거함을 보여준다. 그래서 설명의 범주는 상대성 원리에 대한 설명이라고 할 수 있다. 그리고 끝으로 범주적 제약으로서 9개의 범주들을 제시하는데, 이 범주들은 범주 자체가 갖는 성질들에 관한 것이다.

대단히 복잡하고 난해해 보이는 화이트헤드의 범주표는 간단히 말하자면 그의 '유기체 철학'의 핵심인 생성의 문제를 설명하고 주장하기 위한 틀이다. 세계는 유기체구조로 되어 있으며, 유기체는 생성과 소멸을 거듭한다는 것이다. 생성은 자기 앞에 놓인 다양한 다자들을 주체로서 수용하면서 일자가 되는 창조적 과정이다. 그리고 소멸은 다자가 일자가 되면서 주체가 되는 순간으로서 주체는 이때 자신의 역할을 잃게 되는 것이다. 유기체는 이러한 과정을 반복한다. 이러한 유기체의 생성과정이, 무엇이, 어떻게, 어떤 조건으로 일어나는가를 보여주는 것이 범주다.

　세계를 상대성의 관점에서 설명하는 화이트헤드의 범주는 따라서 주체에만 한정되지 않고, 대상에 관련된 범주와 대상과 주체의 관계에 관련되는 범주를 함께 다루고 있다. 이렇게 사상체계는 주체 중심을 벗어나서, 과정과 내적 관계를 근본적인 것으로 보는 화이트헤드의 유기체 철학은 어렵고 복잡하기로 유명하지만 그럼에도 유기체와 환경에 관한 깊은 관심과 자연과 우주의 계층적 질서를 밝혀내고 있는 점에서 큰 의의가 있다. 이러한 그의 철학은 현대 철학이 안고 있는 많은 문제에 대한 새로운 대안과 방향이 될 수 있기 때문이다.

3. 인과율(因果律, causality, Kausalität, causalite)

① 로크에 따르면 존재하는 모든 것은 원인을 갖는다

> "우리는 어떤 단순 관념이나 복합 관념을 산출하는 것을 원인이라는 일반적인 이름으로 표시한다. 그리고 산출되는 것은 결과라고 표시한다. …… 원인과 결과의 관념을 갖기 위해서는 어떤 단순 관념이나 실체를 다른 어떤 작용에 의해서 존재하기 시작하는 것으로 간주하는 것(그 작용의 방식을 알지 못하고서도)으로 충분하다."
>
> ─ 로크, 『인간 오성론』 ─

> "시작이 있는 모든 것에는 반드시 원인이 있어야 한다. …… 나는 힘이 그 안에 있는 어떤 종류의 관계, 즉 작용 또는 변화와의 관계를 포함한다고 생각한다."
>
> ─ 로크, 『인간 오성론』 ─

경험론자인 로크는 인과율은 우리가 명확한 지식을 갖기 위해서 중요한 영향을 미친다고 말한다. 그에 의하면 원인과 결과에 대해 분명하게 알 때 우리는 대상에 대한 분명한 관념을 가질 수 있다. 관념을 바르게 갖는다는 것은 대상을 명확하게 안다는 것을 의미한다. 그에 의하면 모든 관념은 대상에 대한 경험으로부터 생겨난다. 그러나 모든 관념이 직접적인 경험이 없이는 만들어지지 않는다는 것은 결코 아니다. 왜냐하면 우리는 경험에 의하여 생기는 관념에 기초하여서 수많은 다른 관념들을 만들 수 있기 때문이다. 단순관념이란 우리가 직접 경험을 통해서 얻는 것으로 이때 정신은 수동적이다. 그러나 복합관념은 보다 더 적극적인 사고를 필요로 하는 것으로 경험 안에서 동시적으로 일어나는 혼합된 관념이다.

관념을 바르게 갖는 것, 즉 대상을 정확하게 아는 것에 있어서 원인과 결과의 관계에 대한 이해는 필수적인 것이다. 왜냐하면 사물은 우리의 정신 안에 있지 않으며, 관념은 우리의 정신 속에 있기 때문에 서로 다른 두 가지의 일을 명확하게 알기 위해서는 무엇이 무엇에게 어떠한 영향을 미치는 관계인가 하는 것을 알아야 하기 때문이다. 그러므로 로크는 인과론적 지각에 대한 옹호자이기도 하다. 이것은 과학적 확실성을 가진 지식만을 얻고자 하였던 로크의 생각을 잘 설명해준다.

로크는 우선 원인과 결과의 관념을 개별적인 사물, 성질들 또는 지각할 수 있는 현상들을 관찰하는 것으로부터 받아들인다. 예를 들면 '유동성'이라는 단순관념은 얼음에 열을 가했을 때 경험할 수 있는 것으로, 이때 사용된 열은 얼음이 녹도록 한 '원인'이 되고, 얼음이 녹는 현상은 이에 대한 결과이다.

또는 복합관념인 나무는 불에 의해서 또 하나의 복합관념인 재가 되는 것을 관찰함으로써 불을 원인으로 재를 결과로 이해한다. 그러므로 로크는 원인과 결과의 관계는 사물의 변화에 대한 관찰과 경험, 그리고 반성을 통해서 얻게 되는 관념으로 연결되어 있다. 그러므로 이러한 원인과 결과의 관계는 우리의 심리적 관념이다. 얼음에서 물, 나무에서 재로 변화된 현상 간의 관계를 이해하는 것은 정신의 구성능력으로, 서로 다른 두 사물을 함께 고려하거나 비교함으로써 자신이 스스로 만들어 내는 관념이기 때문이다.

그러나 이러한 인과율은 실제로 있는 외적 사물과 대상이 갖는 구체적인 힘이 없이는 생각할 수 없다. 이 힘은 어떤 것에 영향을 미치고 변화를 일으켜서, 우리가 관념을 갖도록 하는 바로 그것이다.

그에 의하면 힘은 능동적인 힘과 수동적인 힘으로 나누어지고, 이 두 가지의 힘이 만들어내는 결과는 전혀 다르다.

만일 정지해 있는 한 개의 공이 누군가가 쳐서 날아온 공에 의해 움직인다면, 우리는 정지해 있던 공에게서 능동적인 힘을 발견할 수 없다. 정지해 있던 공의 움직임은 날아온 공으로부터의 전달이며, 받은 만큼만 움직일 뿐이다. 다시 말하면 능동적인 힘이 갖는 반성 또는 내성을 갖지 않는 힘은 명확한 힘의 관념이라고 할 수 없다.

그러나 능동적인 힘의 특징은 행위와 운동을 일으키거나 억제하고, 지속하는 것이다. 이 힘은 스스로의 의지를 갖는 것이다. 그러므로 로크는 인과적 영향에 대한 가장 명확한 관념은 의지의 문제로 본다. 이것은 예를 들면 사랑하는 사람들의 관계에서 사랑하는 사람의 힘은 능동적인 것으로 자신의 의지 작용으로 관계에 있어서 또 하나의 힘을 일으키는 반면에. 사랑받는 것에만 제한된 힘은 전달되는 사랑이 없을 때 그것으로 멈추어 서게 되는 수동적인 힘이다. 여기에는 주체적 의지 작용이 보이지 않기 때문이다.

② 뉴톤에 의하면 원인의 발견은 곧 법칙의 발견이다

"그러나 비록 원리들의 원인들은 아직 발견하지 않았을지라도, 현상들로부터 운동의 두세 가지 일반원리들을 끌어내고 그 뒤에 어떻게 이 명백한 원리들로부터 모든 물질적 사물들의 성질과 작용들이 결과되는가 하는 것을 우리에게 말하는 것은 철학에서 매우 큰 진전이 될 것이다."

― 뉴턴, 『광학』 ―

"자연철학의 주된 임무는 가설들을 지어내지 않고 현상들로부터 논의하는 것이며, 우리가 확실히 역학적이지 않은 바로 그 제1 원인에 도달할 때까지 결과들로부터 원인들을 연역하는 것이다."

— 뉴턴, 『광학』 —

물리학자, 수학자로서 뉴턴의 철학적 업적은 운동의 현상을 연구하는 자연철학에 관한 연구에서 가장 뛰어나게 나타난다. 그의 목적은 운동의 현상에서 보이는 '자연의 힘'을 탐구하고, 여기에서 얻은 원리들을 가지고 다른 현상들을 설명하려는 것이다. 그는 자연현상에서 운동의 변화를 일으키는 원인을 '자연의 힘'이라 한다. 그가 말하는 자연의 힘은 기존의 철학이 말하던 형이상학적 원인, 즉 절대적인 신을 의미하지 않는다. 뉴턴이 생각하는 자연의 힘은 법칙으로서 힘의 원리들, 즉 수학적으로 표현된 공식들이다. 다시 말하면 하나의 원인을 발견함으로써, 운동과 변화의 원인을 찾으려 하는 것이다.

뉴턴이 말하는 과학적 방법은 귀납과 연역의 방법을 동시에 사용하는 방법이다. 귀납적으로는 자연 현상들의 연구를 통해 힘의 법칙들을 발견하는 것이며, 연역적으로는 발견된 원리들을 토대로 자연현상들을 설명하는 것이다. 뉴턴이 사용한 방법은 분석과 종합으로 이뤄지는데, 실험과 관찰을 통해 얻은 자료들을 분석하여 일반적인 결론들을 끌어내고, 다시 이들을 종합하여 원인 혹은 원리들을 찾아내 이를 법칙으로 가정한다. 그리고 이 법칙들로부터 얻을 수 있는 결과들을 자연현상과 연결하여 설명하는 것이다. 이와 같이 뉴턴은 현상에 대한 분석을 바탕으로 원인들을 발견하여, 이 원인들로부터 결과를 추론함으로써 다시 법칙을 발견하고자 하였다.

③ 라이프니츠에 의하면 존재하는 모든 것에는 이유가 있으며, 최고의 원인은 신이다

"우리의 추리는 두 가지의 큰 원리에 기초하고 있다. 첫째는, 모순율인데 이것에 의해 우리는 모순을 함축하는 것을 거짓이라고 생각하며 그것의 반대가 모순이거나 거짓인 것을 참이라고 생각한다. 둘째는, 충족이유율인데 이것에 의해 우리는 어떤 것이 이러하고 이와 다를 수 없다는 충분한 이유가 없이는 어떠한 사실도 참이거나 존재할 수 없으며 어떠한 명제도 참일 수 없다고 주장한다."

— 라이프니츠, 『단자론』 —

데카르트가 확실하지 않은 모든 것을 의심하는 데서 출발하는 것에 비해서, 라이프니츠는 이와 반대로 우리가 생각하기 위해서는 반드시 기본적인 전제가 있어야 한다고 주장한다. 왜냐하면 데카르트처럼 생각을 회의로부터 시작한다고 하더라도 아무것도 없는 곳에서는 사유를 시작할 수 없기 때문이다. 라이프니츠는 생각하기 위해 우리가 기본적으로 타당하다고 인정해야 할 두 가지 원리를 모순율과 충족이유율이라고 한다. 모순율에 따르면 어떤 주장이 모순을 가지고 있으면 이는 거짓이요, 모순과 반대되면 이는 참된 주장이 된다. 그리고 충족이유율은 어떤 사실도 참이기 위해서는 반드시 그에 마땅한 이유를 가져야 한다는 원리이다.

라이프니츠가 말하는 충족이유율은 간단히 '이유율'이라고도 한다. 그가 말하는 충족이유율의 원리는 모든 존재는 그것이 존재할 충분한 이유와 원인이 있어야 한다는 원리이다. 충분한 이유가 없다면 어떠한 존재도 성립할 수 없으며 이유는 왜 그것이 존재하는가에 대한 대답으로서 원인을 설명할 수 있도록 한다. 이것은 논리에서뿐만 아니라 우리의 실제 생활에 있어서도 해당한다. 그래서 살아 있는 모든 것들은 그가 살아 있을 충분한 원인을 가지고 있다는 것이다. 이 원인과 이유에 의해 모든 존재는 다른 무엇이 아니고 바로 자기 자신이어야 하는 것이다.

예를 들면 '내'가 다른 어떤 사람으로서가 아니라 '나'로서 존재하는 데는 충분한 이유와 원인이 있다는 것이다. 이러한 충족이유율에 따르면 이 세계의 존재하는 모든 것은 존재에 대한 필연적인 이유를 가지고 있으며, 우연하게 생겨난 것은 없다.

> "세계의 궁극적인 원인은 형이상학적으로 필연적으로 존재하는 것 안에 존재해야 하므로 그리고 어떠한 존재에 대한 또 다른 이유는 다른 존재에 불과하므로 유일한 존재는 형이상학적으로 필연적으로 존재해야 한다. 즉 그 본질이 존재를 함축하는 존재가 있다는 결론이 된다. …… 이 이유는 이 세계 안에 포함된 완전함의 정도에서만 발견될 수 있다. 이것은 신의 지혜에 의해 신에게 드러났으며, 신의 선함에 의해 신에게 선택되었고, 신의 능력에 의해 산출된 최선의 존재에 대한 이유이다."
>
> ─ 라이프니츠, 『단자론』 ─

만약 누군가 "아무것도 존재하지 않는 것이 아니라 왜 어떤 것이 존재하는가?" 혹은 "세계는 전혀 존재하지 않는다기보다 왜 어떤 세계가 존재하는가?"라고 묻는다면 이는 무의미한 질문이고 따라서 대답할 가치가 없다고 할 것이다. 그러나 라이프니츠에게 있어서 이 질문은 세계현상을 설명하기 위한 근본적인 질문이다. 세계는 유한한 존재들의 집합체이고, 이러한 세계는 완전하지 않다는 점에서 필연적이지 않지만, 그러나 수많은 어떤 것들이 존재한다는 것은 또한 세계가 존재함을 증명한다. 그렇다면 분명히 존재하는 세계를 어떻게 설명할 것인가? 이에 대하여 라이프니츠는 어떤 존재에 대한 이유는 그 존재 밖에서 발견할 수 있는 것이라고 말한다. 세계의 어떤 것도 무로부터 스스로 자신을 창조할 수 없기 때문이다. 어떤 존재가 그 자신이 원인이라고 한다면 이는 모순이기 때문이다. 이러한 이유로 라이프니츠는 현재 존재하는 세계에 대한 가장 자연스러운 이유의 설명으로 이전에 존재했던 세계를 말한다. 현재 존재하는 세계는 그 이전 순간에 존재했던 세계의 결과로서 존재하는 것이라고 한다. 그래서 지금 존재하는 세계가 그 이전의 존재했던 세계의 결과라면 또한 현재의 세계는 앞으로 올 세계의 원인이 된다. 그리고 이러한 상태들은 연속적으로 계속된다고 생각할 수 있다. 세계는 즉 변화의 연속에서 현재의 모습을 설명하는 이유를 발견한다. 이는 어제의 내 모습이 오늘의 내 모습의 이유가 되는 것과 다르지 않다. 여기서 라이프니츠는 한 걸음 더 나아가 세계의 존재를 만족하게 설명하기 위해서는 원인의 원인이 되는 최종의 존재에 대하여 말한다. 그리고 이러한 성질을 만족시킬 수 있는 존재는 바로 신뿐이라고 믿는다. 신만이 모든 것들의 궁극적인 원인이며, 모든 존재하는 것들에 대한 설명이라는 것이다. 그리고 신은 무한하고 자비롭기 때문에 신이 창조한 이 세계는 가능한 한 최대의 완벽한 모습을 하고 있어야 한다고 믿는다. 신은 자신이 창조할 수 있었던 모든 세계 중에서 바로 지금의 이 세계를 창조한 것이다. 그러면 신은 왜 다른 세계가 아닌 바로 이 세계를 창조했는가? 라이프니츠에 따르면 신이 다른 세계가 아닌 바로 이 세계를 결정한 충분한 이유가 있을 것이라고 우리는 생각해야 한다. 우리 자신은 그 이유를 아직 알 수 없지만, 신은 모순율, 충족이유율 그리고 신의 본성에 따른 최대의 완전함의 원리에 따라 이 세계를 선택했고, 신에 의해 선택된 이 세계는 가장 합리적인 구조에 따라 움직여가고 있다는 것이다.

이렇게 라이프니츠가 세계의 원리를 충족이유율과 궁극적 원인으로 나누는 것은 그의 이원론적 생각에서 비롯한다. 인간에 대하여서도 그는 이 두 원리를 적용한다. 즉 영혼은 궁극 원인에 따른 것이고, 육체는 충족이유의 법칙에 따라 활동한다는 것이다. 다시 말하면 궁극원인은 목적과 욕구에 의한 활동을 하며, 충족이유는 운동의 법칙에 따라 움직인다. 결국 그에 의하면 인간존재는 영혼과 육체의 조화를 필요로 하며, 이는 세계를 설명하는 원리이다. 이러한 의미에서 신은 충족이유를 필요로 하지 않는 궁극적 원인이다. 신은 육체(물질)를 필요로 하지 않기 때문이다.

④ 흄에 따르면 모든 것에 원인이 있는 것은 아니다

"인과 관념은 대상들 사이의 어떤 관계에서 유래해야 하며, 우리는 이제 그 관계를 찾기 위해 힘써야 한다. 먼저 내가 알 수 있는 것은 원인이나 결과라고 여겨지는 대상들은 그 대상들이 무엇이든 간에 모두 인접해 있으며, 그 대상들이 존재하는 시간이나 공간에서 조금이라도 거리가 먼 곳이나 장소에서 작용할 수 있는 것은 결코 없다는 것이다."

 — 흄, 『오성에 관하여』 —

"만물이 원인을 가져야 한다면, 우리는 다른 원인을 배제했을 때 대상 자체나 무를 원인으로 받아들여야 한다는 결론이 나온다. 그러나 모든 사물이 각각 원인을 가져야만 하는가라는 것이 바로 문제의 핵심이다. 그러므로 전적으로 타당한 추론에 따르면, 모든 사물이 각각 원인을 가져야만 한다는 것은 결코 승인될 수 없다."

- 흄, 『오성에 관하여』 -

흄은 인과율이 무엇인가를 알기 위해 먼저 인과에 대한 우리의 관념이 어떤 과정을 통해서 만들어지는가 하는 것부터 알아야 한다고 말한다. 예를 들어서 비가 오는 것과 땅이 젖는 것이 원인과 결과의 관계라는 생각이 우리에게 어떻게 해서 드는가 하는 것이다. 왜냐하면 이러한 과정을 이해하지 않고는 원인과 결과의 관계를 바르게 추리할 수 없기 때문이다. 그리고 인과율의 기원을 알기 위해서는 그 관념이 처음에 발생하게 된 현상에 대한 우리의 최초의 인상을 검토해야 한다고 주장한다. 흄에게 있어서 인상은 모든 지식의 근원으로서, 인상은 인간의 관념을 만들고, 명료한 관념을 통해 명확한 추론으로 나아갈 수 있게 되기 때문이다.

우리가 원인과 결과라고 생각하는 두 대상들을 따로 떼어서 살펴보면 그 대상들의 개별적 성질들 가운데 어떤 것에서도 우리가 갖게 되는 인과관계에 대한 인상 자체를 찾을 수 없다. 그럼에도 보편적으로 존재하는 모든 것들의 사이를 보게 되면 원인이나 결과로 여겨질 수밖에 없는 관계로 맺어져 있다. 이러한 고찰을 통해 흄은 인과율은 반드시 두 대상들 사이의 어떤 밀접한 관계에 의해서 만들어졌음이 분명하다고 추론한다. 인과의 관계에 있는 두 대상은 반드시 서로 인접해 있어야 한다는 것이다. 두 대상이 가까이 인접해 있다는 것은 시간적으로나 공간적으로 두 대상이 영향을 주고받을 수 있을 정도의 장소와 거리에 있는 것이며, 이것은 영향을 미칠 수 없을 만큼 먼 시간이나 장소에서는 인과율은 작용하지 않는 것을 뜻한다. 즉 한 달 전에 내린 비나 다른 지방에서 내린

비를 통해서는 내 눈앞에 있는 땅이 젖는 결과를 확인할 수 없다. 흄은 이러한 인과율의 성질을 '인접성'이라 한다. 따라서 인접성은 인과율에 있어서 본질적이다.

흄은 인과율의 또 하나의 본질적인 특성으로서 원인은 반드시 시간적으로 결과에 우선하여 일어나야 한다고 주장한다. 어떤 사람들은 일반적으로 원인과 결과가 같은 시간 안에 일어날 수 있다고 주장하는데, 이는 잘못된 것이라고 비판한다. 예를 들어 "비가 오면 땅이 젖는다."에서 순서가 거꾸로 될 수는 없는 것이다. 그리고 만약 논리적으로 보아 원인과 결과가 동시적으로 일어나는 것으로 본다면 시간은 사라지게 된다. 왜냐하면 시간의 차이가 없어지게 되어 원인과 결과는 같은 시간에 일어나는 것을 뜻하기 때문이다. 예를 들어 공중으로 날아가는 야구공은 스스로가 아닌, 야구방망이든 무엇이든 힘을 가하는 어떤 것에 의해서 움직인다. 즉 다른 물체에 의한 힘이 원인이 될 때, 날아가는 야구공을 우리는 볼 수 있다. 힘을 가하는 방망이의 움직임(원인)은 힘을 받아 움직이게 된 야구공의 움직임(결과)보다 시간적으로 앞설 수밖에 없는 것이다. 그러므로 원인과 결과는 시간적으로 선후의 관계에 있어야만 한다는 것이다.

그러나 흄은 인과율을 설명하기 위해서 인접성과 계기만으로는 불충분하다고 생각한다. 어떤 대상이 자신이 원인이 되지 않으면서도 다른 대상에 관하여 인접하고, 또 시간적으로 앞설 수 있기 때문이다. 그래서 흄은 한 대상이 다른 대상의 원인으로 생각되기 위해서는 위의 성질 외에도 두 대상 사이에 '필연적인 연관성'이 고려되어야 한다고 생각한다. 인과성을 말하기 위해서는 항상 원인과 결과의 관계가 필연적으로 연결되어야 하기 때문이다. 그는 이러한 필연적 연결이 어떤 인상이나 인상들로부터 유래하는가 하는 물음을 던진다.

흄은 이 문제를 두 가지 관점에서 말한다. 첫째, 대부분의 사람들은 존재하는 사물들이 모두 존재의 원인을 갖는다고 일반적으로 생각하고 있다. 둘째, 사람들은 특정한 원인들은 반드시 어떤 결과를 가져와야 한다고 믿는다. 이러한 일반적인 생각들에 대해서 흄은 무엇을 근거로 해서 원인으로부터 결과를 끌어내는가 묻고 이러한 추론의 본질이 무엇인가 묻는다. 우선 존재하는 모든 것은 무엇이나 원인을 가져야 한다는 주장에 대해 이러한 주장은 다만 사람들이 직관적으로 확실하다고 생각할 뿐이지 이에 대한 명백한 증거를 보여줄 수 없다고 반박한다. 경험과 대상에 대한 감각적 반성적 인상에 의해서 지식을 만드는 흄에게는 존재하는 모든 것은 존재의 원인을 가져야 한다는 원리는 논증될 수 없는 것이므로 확실하지 않은 추론일 뿐이다. 원인 없이는 어떤 존재도 있을 수 없다는 것을 증명할 수 없기 때문이다. 우리는 모든 새로운 존재들마다 그에 따른 원인을 결코 분명하게 제시할 수 없을 뿐만 아니라, 모든 것들이 반드시 원인을 가져야 한다면, 대상 자체나 무를 원인으로 인정해야 한다는 것이다. 그러나 경험론자인 흄에게 있어서 무에 의해서 무엇인가가 만들어진다는 것은 불가능한 일이다. 무는 결코 어떤 것일 수 없고, 따라서 결코 원인이 될 수 없다는 것이다.

⑤ 칸트에 의하면 원인과 결과의 인과율은 자연현상을 올바로 파악하기 위한 보편적 방식이다

> "결과가 처음 발생하는 그 순간에는, 결과는 언제나 그 원인과 더불어 동시에 존재한다. 왜냐하면 만약 원인이 한 순간 전에 존재하기를 중지해버린다면, 결과는 전혀 생기지 않을 것이기 때문이다. 여기서 우리는 다음을 잘 고려해야만 한다. 즉 시간의 순서가 고려되는 것이지, 시간의 경과가 고려되고 있지 않다는 것이다. 비록 시간이 전혀 경과하지 않았다 하더라도, 시간의 관계는 남아 있다."
>
> — 칸트, 『순수이성비판』 —

칸트에 의하면 흄은 원인과 결과의 관계를 시간적 선후의 관계로만 보았기 때문에 원인과 결과가 동시에 있어날 수 있다는 동시인과를 부정한다.

칸트는 원인과 결과의 관계를 시간의 선후가 아니라 순서의 관계로 보아야 한다고 주장한다. 그에 따르면 시간적 계기야말로 우리가 원인과 결과를 알 수 있는 유일한 경험적 기준이다. 우리가 경험하는 것은 사물들의 현상들인데, 그 현상들은 언제나 시간 속에서 일정한 순서에 따라 일어난다. 그러나 시간 속에서 볼 때 무엇이 먼저 일어나는가는 우리의 대상에 대한 경험만으로는 알 수 없다. 왜냐하면 우리의 경험에는 원인과 결과가 동시에 존재할 수도 있기 때문이다. 칸트는 자연에서 작용하는 대부분의 원인을 고찰할 때 원인은 그것의 결과와 거의 동시적으로 존재한다고 주장한다. 그러면서 뜨거운 난로와 따뜻해진 방, 방석 위에 떨어뜨린 쇠공과 그로 인해 방석에 생긴 오목한 자리를 예로 든다. 이러한 예를 통해서 칸트는 원인에 의해서 결과가 생겨나기까지 아무런 시간의 흐름이 흐르지 않았어도 원인과 결과의 성립이 가능하다는 것이다. 위와 같은 경우의 예들은 동시적으로 일어나기 때문이다. 이렇게 볼 때 칸트에게 있어서 인과의 관계는 원인과 결과 사이에 어느 정도의 시간이 흘렀느냐를 보는 '시간의 경과'가 중요한 것이 아니라, 두 사물의 관계 중에서 무엇이 논리적으로 앞서는가 하는 시간의 순서가 문제인 것이다. 다시 말하면 시간적으로 앞과 뒤가 아니라 논리적으로 앞과 뒤의 관계인 것이다. 그래서 칸트는 원인과 결과 사이에 시간이 전혀 경과하지 않는다 하더라도 원인과 결과라는 순서는 분명히 존재해야 한다고 생각한다. 우리가 경험적으로 구분하지 못하는 수가 있지만, 그럼에도 불구하고 원인과 결과 사이에는 논리적으로 시간에 따라 그 순서를 정할 수 있는 것이다. 칸트는 논리적 시간의 순서를 바로 인과의 본질로 본다.

> "모든 변화는 원인과 결과의 결합의 법칙에 따라서 일어난다. …… 변화의 내용이 무엇인가에 대한 모든 문제와는 별도로 ……. 모든 변화의 형식은 여전히 인과성의 법칙과 시간의 조건들에 따라 선천적으로 고찰될 수 있다. 이 형식의 조건 아래서만 또 다른 상태로의 전이 및 상태들의 계기 자체가 발생할 수 있다."
>
> — 칸트, 『순수이성비판』 —

칸트가 말하는 "모든 변화는 원인과 결과의 결합의 법칙에 따라서 일어난다."는 인과성의 원리는 우리가 직접적으로 경험할 수 있는 것 가운데 하나이다. 우리가 사물이나 대상을 경험한다는 사실은 부인할 수 없다. 이러한 경험, 정확히 말해서 경험에 관한 지식은 모든 변화를 인과 법칙에 따라 고찰할 때 가능하다는 것이다. 경험은 아무렇게나 일어나는 것이 아니다. 우리가 한 사건을 지각할 때 거기에는 지각이 필연적인 순서에 따라 일어나고 있으며, 순서의 조건으로서 항상 그 순서를 정해주는 규칙이 반드시 있다는 것이다. 경험에 대한 지각을 가능하게 해주는 이 규칙은 개인이 주관적으로 정하는 것이 아니라 반드시 객관적이어야 한다.

칸트는 보편적 인과법칙을 부인하고 인과율을 믿음이나 습관으로 보았던 흄과 반대로 보편적 인과법칙은 경험이나 이성의 분석에 의해서 증명할 수는 없지만 '선천적'이라고 주장한다. 인과법칙이 선천적이라 하는 것은 인과율은 경험을 초월하여, 경험에 앞선 것으로 경험을 통해서 알게 되는 것이 아니라 오히려 우리에게 경험이 일어날 수 있도록 만들어 주는 법칙이라는 의미이다. 다시 말하면 비가 온 후에 땅이 젖는다는 인과법칙에 대한 선천적 인식이 없이는 비가 오면 땅이 젖는다는 경험을 우리가 실제로 할 수 없다는 것이다. 우리는 인과법칙을 전제하지 않고서는 어떤 종류의 경험도 할 수 없고, 변화에 대한 이해도 불가능하다. 우리가 변화와 사건을 경험하고 있다는 사실은 부인할 수 없고 이러한 경험은 곧 인과율을 바탕으로 해서 하나의 사실로서 경험에 의한 지식이 된다. 그러므로 인과율은 칸트에게 있어서 경험을 통해서 증명되어야 하는 것이 아니라 경험의 근거가 되는 것이다.

예를 들어 굳게 얼었던 얼음을 따뜻한 방에 두었더니 녹았을 경우, 우리는 경험을 통해 따뜻한 열에 의해 얼음이 녹은 것이라고 알게 된다. 이때 이 경험이 가능하려면 우리의 사고 속에 인과법칙이라는 원리가 이미 전제되어 있어야만 한다. 마찬가지로 유리창이 깨졌다면 유리창이 스스로 자신을 깨뜨린 것이 아니라, 어떤 힘(야구공이나 돌멩이에 의한)에 의해 그렇게 되었을 것이라고 생각한다. 이러한 생각은 인과법칙 아래 가능할 수 있는 것이다. 물론 경험이 전혀 없다면 원인과 결과의 구체적인 내용은 알 수 없다. 그러나 유리창이 깨졌다면 유리창이 무엇에 의해서 깨졌는지 직접 경험하지 않았다 하더라도 반드시 어떤 원인이 있었다는 원리는 선천적으로 알 수 있다. 그래서 칸트는 경험이 없다면 누가 왜 창을 깨뜨렸는가는 알 수 없지만, 그러나 어떤 사건의 발생은 반드시 어떤 원인이 있어야 한다고 말하면서, 이러한 원리는 선천적인 원리일 수밖에 없다고 주장한다. 그러므로 칸트는 인과법칙의 필연성은 경험의 대상 자체에서 개별적으로 나오는 것이 아니고, 또한 흄이 말한 대로 단순한 습관적 사고도 아니며, 사고의 규칙으로서 경험을 만들어내는 조건이라고 주장한다.

4. 모순(矛盾, contradiction, Widerspruch, contradiction)

① 파스칼에 따르면 모순은 허위와 진리의 증거가 될 수 없다

> "모순은 사물이 참인지 아닌지를 구분하기에는 좋지 못한 기준이다. 확실한 사물이 모순되어 있는 경우가 얼마든지 있다. 허위의 사물이 모순되지 않는 경우도 얼마든지 있다. 모순되는 것은 허위의 증거가 아니고, 모순되지 않는 것이 진리의 증거도 아니다."
>
> — 파스칼, 『팡세』 —

진지한 도덕성과 이성을 바탕으로 정신세계와 신앙의 근거를 밝히려고 하였던 파스칼은 모순의 의미가 참과 거짓의 차이를 드러내는 데 있다고 보지 않았다. 그는 자신을 금욕주의자와 속물의 중간적 존재로 이해하면서 모순되는 것을 포함하는 것이 존재의 속성이라고 이해한다.

확실하고 분명한 것으로 보이는 많은 것들이 모순을 안고 있으며, 모순되지 않는 '거짓'도 가능하다는 것이다. 따라서 파스칼은 사람이 사물의 원리를 잘 파악하고 그릇된 추리를 내리지 않기 위해서는 명석한 머리가 필요하지만, 또한 지각되는 것으로부터 성급한 결론을 내리지 않으려면 자신을 돌아보는 진지한 반성이 필요하다고 본다. 왜냐하면 원리만으로는 사물의 본질을 다 설명해내지 못한다고 보기 때문이다.

② 칸트에 의하면 모순의 법칙은 진리를 판가름하는 논리적 원칙이며 보편적 척도이다

> "어떠한 사물에도 그것에 모순되는 술어는 부과되어서는 안 된다는 명제를 모순율이라 한다. 이 모순율은 모든 진리의 다만 소극적이기는 하지만 하나의 일반적인 척도이다. 그러나 이러한 명제는 그것이 인식의 내용을 무시하고 다만 인식 일반으로서의 인식에 대하여 타당하며 모순은 인식을 전적으로 부정하고 폐기하는 것을 말하는 것이므로 다만 논리학에만 속할 뿐이다."
>
> — 칸트, 『순수이성비판』 —

칸트에게 있어서 사물을 설명하는 술어의 관계가 논리적이어야 한다는 모순 법칙은 우리가 생각할 수 있는 모든 것에 대해서 옳고 그름을 판단할 수 있는 일반적인 원리이다. 이러한 근거에서 그가 말한 "모순되는 것은 논리적으로 표상될 수도 사유될 수도 없다"는 표현을 이해할 수 있다. 예를 들어서 "대머리의 머리숱은 많다"라든지, "소녀는 커서 아버지가 된다."라는 문장에 대해서 우리는 어떠한 관념적 그림이나 생각을 떠올릴 수 없다. 왜냐하면 이 문장들은 사물과 술어의 관계가 모순되기 때문이다. 그러나 이 원리는 내용의 사실관계에 대한 고려 없는 논리 형식에 관한 원리이다. 따라서 논리 형식에 있어서는 이를 능가하거나 번복할 수 있는 다른 원리는 없다.

칸트가 말하는 모순은 "무엇은 ~하다."라는 대상과 술어의 관계에서 생기거나, 또한 하나의 판단이 그것을 부정하는 판단을 긍정하는 경우에 일어난다. 하나의 대상이 술어와 모순되는 예를 들어보자. "총각은 기혼이다."의 경우에 '총각'이라는 대상의 개념 속에는 이미 '미혼이다'라고 하는 술어가 포함되어 있음에도 불구하고 '기혼이다'는 술어가 주어에 속하게 된다. 따라서 "총각은 기혼이다."는 문장은 모순이다. 여기에서 드러나는 칸트의 모순 개념은 흥미롭게도 단지 주어-술어 관계에 의한 판단만을 강조한다는 것이다. 또 하나의 판단이 그것을 부정하는 판단을 긍정하는 관계에서 일어나는 모순의 예는 "세계는 시작을 갖는다."는 문장과 이를 부정하는 "세계는 시작을 갖지 않는다."는 문장을 들 수 있다. 칸트는 이러한 판단은 인간의 이성이 해결할 수 있는 능력을 넘어서는 종류의 판단이라 한다.

"그러나 역시 우리는 이러한 모순율을 적극적으로 사용할 수가 있다. 즉 다만 허위나 오류를(그것이 모순에 의거한 것인 한) 일소하기 위하여 뿐만 아니라, 또한 진리를 인식하기 위해서도 사용할 수가 있다. 왜냐하면 판단이 분석적인 경우는 그 판단이 부정적이든 긍정적이든 간에 그 진리성은 언제나 모순율에 따라서 충분히 인식될 수 있기 때문이다."

— 칸트, 『순수이성비판』 —

칸트는 판단을 '분석판단'과 '종합판단'으로 나누어서 이해한다. 분석판단은 "총각은 미혼이다."처럼 주어를 분석해 보면 술어 개념이 이미 주어에 포함된 판단이고, 종합판단은 "인간은 무지하다."처럼 주어 개념에 들어 있지 않은 다른 성질의 개념이 첨가된 판단을 말한다.

분석판단의 경우 "총각은 미혼이다"가 참이라면 "총각은 기혼이다."는 문장은 모순이 된다. 그러나 종합판단의 경우 "인간은 무지하다"(A)의 부정인 "인간은 무지하지 않다.", 즉 "인간은 박식하다."라는 문장은 (A)문장을 참이라고 하여도 모순되지 않는 것이다. 그래서 칸트는 모순을 모든 분석적 판단만을 위한 원리라고 말하는 것이다.

칸트는 종합판단에 관한 한 위에서 설명한 모순 원리를 적용시키지 않는다. 따라서 종합적 판단을 내리는 경우 내가 논리적으로 모순을 범하지 않는다면 나는 내가 원하는 모든 것을 생각할 수 있게 된다는 결론이 가능해진다. 예를 들면 우리는 "세계는 시작을 갖는다."는 문장과 "세계는 시작을 갖지 않는다."는 두 문장을 생각해 볼 수 있는 것이다.

③ 헤겔은 모순을 사물의 본질이며 변화와 운동을 위한 조건으로 본다

"모순은 자기 운동의 원리이며, …… 어떤 것은 그 자체 속에서 모순을 가지는 한에서만 운동하며 충동과 활동성을 갖는다."

— 헤겔, 『논리학』 —

"오히려 가장 본질적이고 가장 심오한 규정이 될 수 있는 것은 모순이다. 이는 동일성이란 대립과 비교하자면 죽은(생명이 없는) 존재에 대한 단순히 즉각적인 규정인 반면, 모순은 모든 생명의 표상이며 운동의 뿌리이기 때문이다. 하나의 사물이 운동과 행위를 할 수 있고 충동이나 경향을 표명할 수 있는 것은 오직 그 사물이 모순을 포함하고 있는 한에서이다."

— 헤겔, 『논리학』 —

칸트가 주장하는 긍정이면서 동시에 부정인 것은 있을 수 없다는 논리적 동일성에 근거하는 모순법칙과는 달리 헤겔은 모든 사물은 그 자체 내에 모순을 내포하고 있다고 말한다. 다시 말하면 모든 사물은 그 본질에 있어서 자신과 반대되는 것, 자신이 아닌 것에 대한 요구를 갖고 있으며 이러한 사물의 본질은 자체 내의 운동과 변화가 일어나는 원인이 된다.

이러한 모순은 변증법적 방법에 있어서 그 핵심을 이룬다. 왜냐하면 "무엇은 무엇이다"라고 하는 동일성과 같은 형식 논리에서는 사물의 변화와 운동을 인정하지 않는데, 헤겔에게 있어서 이러한 부동성은 곧 죽음과 같은 것이다. 따라서 동일성이란 운동과 변화 가능성을 부인하는 원리로서 살아 있는 어떤 존재도 설명할 수 없는 원리이다. 반면에 모순은 삶 그 자체로서의 모습이 된다. 우리의 삶은 모순을 안고 있으며(제도, 법률, 성격, 인간의 욕망까지도) 헤겔에 의하면 이러한 모순들은 극복하려는 자발적인 운동을 통하여 변화되고 개선될 수 있다. 이러한 모순 극복의 과정은 예를 들면 씨앗이 꽃이 되고 꽃이 열매가 된다든지, 아이가 청년기를 거쳐 어른이 되어 가는 과정에서 잘 드러난다.

헤겔의 이러한 모순 개념은 모든 존재는 긍정적 특성과 부정적 특성을 동시에 갖고 있는 것으로 규정하고 있다. 따라서 삶은 그 자체 안에서 서로 모순되어 있고, 그러므로 내적 변화를 통해서 성장하며, 변증법적 방법으로 절대정신의 미래로 향하는 총체적 과정이라는 것이다. 그리고 모순은 절대정신 속에서 해소되고 화해된다는 것이다. 역사는 필연적으로 진보와 발전을 향해서 나아간다는 헤겔의 긍정적 역사관은 여기에 근거를 두고 있다.

④ 마르크스에게 있어서 모순은 사회구조에서 나타나는 물질적 대립관계이다

"한 개인이 어떤 존재인가 하는 것이 그 자신이 스스로를 어떻게 생각하고 있는가 하는 것에 의해 판단되지 않는 것과 마찬가지로, 이러한 변혁의 시기를 그 시기의 의식으로 판단할 수는 없다. 오히려 이 의식을 물질적 생활의 모순들, 즉 사회적 생산력과 생산관계 사이에 현존하는 갈등으로 설명해야 한다."

— 마르크스, 『정치경제학 비판을 위하여』 —

마르크스는 의식이 물질적 삶을 결정하는 것이 아니라, 물질이 의식을 결정한다고 주장하면서 헤겔을 대표자로 하는 관념론자들을 비판한다. 이러한 주장에 따르면 사람은 무엇을 먹고 입으며 어디에서 사는가에 따라서 생각과 의식이 달라진다는 것이다. 따라서 그는 이러한 유물론적 입장에서 모순을 보고 있다.

모순은 그에게 있어서 물질적 구조와 조건 속에서 생겨나는 사회적 산물이다. 그는 이러한 사회적·물질적 모순이 인간의 생각과 의식에 결정적인 영향을 미친다고 말한다. 그의 모순 개념에 있어서 가장 중요한 핵심은 누가 누구를 위해서 어떻게 생산하느냐, 즉 어떤 조건 속에서 노동하느냐 하는 생산관계에 있다. 다시 말하면 노동자와 고용자 사이에는 어떠한 관계가 형성되어 있느냐 하는 데에서 물질적 모순이 생겨나고 이러한 모순은 사회적 갈등으로 나타난다. 사회적 갈등은 다시 자본가와 노동자 사이의 대립을 가져오며, '계급투쟁'으로 나타나게 된다는 것이다. 마르크스의 이러한 모순 개념은 그의 '유물론적 변증법'에서 근본적인 의미를 갖는다. 따라서 마르크스는 사회적 모순은 역사 발전의 원동력이 되는 한편, 헤겔이 말하듯 스스로 극복되어 '절대정신'으로 지향되는 것이 아니라, 계속되는 역사적 과정에서 사회변동과 투쟁을 통해서만 해결될 수 있다고 보았다.

> "한 사물에는 같은 것으로 남아 있으면서도 끊임없이 변화하는 모순이 있다. 즉 '불변성'과 '변화'라는 반정립을 가지고 있다."
> — 엥겔스, 『안티 듀링』 —

마르크스의 사상적 동반자로서 '마르크스주의'에 결정적인 공헌을 한 엥겔스 역시 모순에 관한 이해에 있어서 발전을 가장 본질적인 것으로 본다. 진보하는 존재는 그 자신 속에 변화를 요구하는, 즉 변화하지 않고 정지된 상태로 남아 있는 것을 거부하는 요소를 포함하고 있으며, 이러한 변화는 존재의 본질적인 조건이라는 것이다. 즉 한 존재가 자신의 존재를 유지하기 위해서는 지속적인 변화

속에서 있어야 한다는 것이다. 살아 있는 나무는 싹을 피우고 열매를 맺지만, 나무에서 더 이상 싹이 돋지 않음은 그 나무의 죽음을 의미하는 것과 같다. 즉 사물은 이미 있는 어떤 상태에서 새로운 상태로 변화함으로써 자기 자신으로 남아 있을 수 있다는 것이다.

이러한 엥겔스의 모순 이해는 부분적으로 관념적인 헤겔의 이론을 수용함에도 불구하고 물질 발전에 커다란 비중을 두고 있다는 점에서 본질적으로 차이가 있다. 엥겔스가 주장하는 모순은 그 극복을 위해서 어떤 초자연적인 힘이나 사고 속의 수정이 필요한 것이 아니라, 구체적이고 지속적인 "투쟁"을 통해 사회적 물질적 조건 속에서 변화되어야 한다. 또한 그는 항상 변화 속에 있는 사물이 드러내는 모순 또한 생성되고 발전하여 소멸되는 물질적인 것으로 보고 있다. 이러한 근거에서 모순은 객관적으로 실재하는 것이며, 과학적인 방법으로 극복될 수 있다는 것이 그의 유물론적 입장이다.

5 비트겐슈타인에 의하면 모순은 모든 진리 가능성을 부정하는 거짓 명제이다

"진리 조건들의 가능한 집단들 중에는 극단적인 두 경우가 존재한다. 그 한 경우에 명제는 요소명제들의 모든 진리 가능성들에 대해서 참이다. 우리는 그 진리 조건들이 동어 반복적이라고 말한다. 두 번째 경우에 명제는 모든 진리 가능성들에 대해서 거짓이다. 그 진리 조건들은 모순적이다. 첫 번째 경우에 우리는 그 명제를 동어 반복이라고 부르고, 두 번째 경우에

우리는 그 명제를 모순이라고 부른다.”

– 비트겐슈타인, 『논리 · 철학 논고』 –

언어를 정확하게 사용하지 못하는 데서 많은 철학적 혼란이 생겨난다고 주장하는 언어분석 철학자인 비트겐슈타인은 모순을 참과 거짓을 가려낼 수 있는 기준이 되는 것으로 보고 있다.

우리는 언어를 통해서 자신의 주장을 표현하게 되는데, 이렇게 주장을 담고 있는 문장을 명제라고 한다. 이러한 명제는 기본적으로 주어와 술어의 연결로서 형성되어 현실세계에 대해 무엇이라고 말하는 특성을 갖는다. 이렇게 하나의 명제를 통해서 표현된 주장의 참과 거짓을 살펴보기 위해서는 사용된 언어의 옳고 그름을 구별하는 데서 출발해야 한다는 것이다.

비트겐슈타인에 의하면 모순은 이와 같이 문장의 참과 거짓을 구별할 수 있는 기준이 되는 것이다. 어떤 하나의 현상에 대한 두 가지의 다른 주장들이, 하나는 참이고, 다른 하나는 거짓인 경우, 이 두 주장은 동시에 양립할 수 없는 모순 관계에 놓여 있다. 예를 들면 “이 창은 모든 방패를 뚫을 수 있다”와 “이 방패는 어떤 창도 막아낼 수 있다”는 주장이 동일한 시간대 안에서 참이라고 주장될 때, 이러한 양립할 수 없는 명제들의 관계를 모순적 관계라 한다. 이러한 모순 개념은 어떤 한 주장과 현상 설명에 있어서 참과 거짓을 합리적으로 따져봄으로써 명쾌한 사고와 정확한 판단을 할 수 있도록 우리를 돕는다.

“그러나 동어 반복과 모순이 무의미한 것은 아니다. 그것들은 ‘0’이 산술의 상징체계에 속하는 것과 비슷하게, 상징체계에 속한다. 동어 반복과 모

순은 현실의 그림이 아니다. 그것들은 어떤 가능한 상황도 묘사하지 않는
다. 왜냐하면 동어 반복은 모든 가능한 상황을 허용하며, 모순은 어떤 가
능한 상황도 허용하지 않기 때문이다."

— 비트겐슈타인, 『논리/철학 논고』 —

주장을 담고 있는 명제들을 분류해 보면 경험적인 명제들의 집
합, 항상 필연적으로 참인 명제들의 집합, 그리고 필연적으로 거짓
인 명제들의 집합이 있다. 먼저 경험적 명제들은 경험적 사실들을
기술한다. 그래서 "비가 온다."와 같은 경험적 명제는 상황에 따라
참이 되기도 하고 거짓이 되기도 한다.

항상 필연적으로 참인 문장들은 동어 반복이다. 예를 들어 나는
"내일 비가 오거나 비가 오지 않는다"는 것을 안다고 말하면 이 주
장은 내일의 날씨에 상관없이 언제나 참인 문장이다. 항상 참이지
만 그러나 아무것도 말해주지 못하는 무의미한 문장이다. 항상 거
짓인 명제는 바로 모순이다. "비가 온다, 그리고 비가 오지 않는
다."는 모순 명제는 두 가지 가능성 모두를 부인한다.

비트겐슈타인은 모순이나 동어 반복은 모두 실재를 그려내지 못
한다고 말한다. 그것들은 어떤 가능한 상황도 담아내지 않기 때문
이다. 다시 말하면 동어 반복은 모든 가능한 상황을 허용하고, 모
순은 어떤 가능한 상황도 허용하지 않기 때문이다. 그래서 비트겐
슈타인은 우리가 일상적인 경험적 명제를 화폭에 그려진 그림에
비유한다면, 동어 반복은 어떤 것도 그려지지 않은 백색의 화폭과
같으며, 모순은 완전히 검게 칠해진 화폭과 같다고 말한다.

6 릴케에 의한 모순 개념은 순수 본질에 대한 표현이다

"장미여.
오오, 순수한 모순이여.
겹겹이 싸인 눈꺼풀 속에서
아무도 모르는 잠이 되는 기쁨이여."

— 릴케, 「장미」 —

독일의 가장 대표적인 시인 중의 한 사람인 라이너 마리아 릴케는 유난히 장미를 사랑했던 까닭에 장미의 시인으로 잘 알려진 사람이다. 장미에 대한 릴케의 이러한 사랑은 장미를 문학에 있어서 가장 중심적인 상징 중의 하나가 되게 만들었다.

그에게 있어서 장미는 시간과 공간의 제한을 받는 하나의 유한한 자연물이 아니고 순수한 정신에 이른 아름다움이며 동시에 그 깊이는 다 알 수 없는 존재 의미의 형상화였다. 장미에 대한 이러한 상징성을 릴케는 '순수한 모순'이라 부른 것이다.

겹겹이 싸인 장미 꽃잎의 모습에서 릴케는 더 이상 세계를 응시하지 않고 잠을 청하는 감은 눈의 눈꺼풀과 그러나 동시에 어느 한 사람의 '잠'으로도 존재하지 않는 자유로움의 즐거움을 발견한다. 장미의 이러한 모습은 그에게 '모순'이며 또한 '즐거움'으로서 하나의 독자적인 '세계 내의 공간'으로 이해된다.

릴케가 장미의 모습에서 발견하는 세계 내의 공간이란 곧 '관조적인 것'과 '내면성'이 하나 되는 순수공간으로, 안과 밖, 나와 타자, 감각과 정신 그리고 삶과 죽음이 대립되면서 동시에 지양되는 것에 대한 공간 개념이며 내면적으로는 독립되어 있지만 그러나

'밖'을 자체 내에 수용하는 '열림'의 자유로움을 말한다. 일본의 정형시 '하이쿠'에서 영향을 받고 쓰인 것으로 알려진 이 시는 릴케의 묘비명으로 새겨져서 그의 생애를 상징하는 의미가 되었다.

5. 변증법(辨證法, dialectics, Dialektik, dialectique)

① 제논의 변증법에 의하면 나는 화살은 날지 않는다

> "첫 번째 역설(변증논증)은 이동 중에 있는 존재는 그 목적지에 도착하기 전에 반드시 중간지점에 먼저 도달하지 않으면 안 된다는 이유에서 운동이 존재하지 않음을 주장하는 것이다."
>
> — 아리스토텔레스, 『물리학』 —

> "두 번째 역설(변증논증)은 이른바 아킬레스 역설로서 다음과 같다. 달리기 경주에서 가장 빨리 달리는 사람은 가장 느린 사람을 결코 따라잡을 수 없다. 왜냐하면 좇아가는 사람은 먼저 앞서 달려가는 사람이 출발했던 지점에 도달해야 하기 때문에, 앞서 출발한 사람은 더 느리게 달린다 해도 항상 선두를 유지할 것이 틀림없기 때문이다. 이 변증논증은 더해진 크기가 반으로 분할되지 않는다는 점에서는 다르지만, 이 등분에 의존한다는 점에서(운동장 역설과) 동일한 변증논증이다."
>
> — 아리스토텔레스, 『물리학』 —

B.C. 490년경에 태어난 것으로 알려진 엘레아학파의 고대 그리스 철학자 제논은 참된 존재는 결코 변화하지 않는다고 주장하였던 파르메니데스의 제자이다. 이들은 만물은 유전한다는 생각을 바탕으로 변화와 운동을 세계의 본질로 보았던 헤라클레이토스와는

반대의 생각을 가졌다. 제논은 여기서 한 걸음 더 나아가서 운동 자체를 부인하면서, 자신의 주장의 정당함과 상대방의 허점을 증명하기 위하여 독특한 방법으로 논리를 전개하였다. 제논의 역설은 상대방의 주장 속에서 모순을 찾아내어, 이를 논리적으로 제시하고 지적함으로써 상대방의 주장이 잘못되었음을 드러내는 것으로 일종의 토론기술이다.

아리스토텔레스는 이러한 논증법을 변증법적으로 보았고, 그래서 제논을 변증법의 창시자로 불렀다. 제논이 썼다고 알려진 한 권의 책은 극히 일부분이 전해지고 있으므로, 여기에서는 아리스토텔레스가 전하는 제논의 주장을 바탕으로 그의 변증법적 논증을 살펴볼 수밖에 없다. 사물이 움직이고 있는 것처럼 보이지만 사실은 정지해 있다는 것을 주장하기 위해서 제논은 유명한 예를 든다. "아킬레스는 거북이를 따라잡을 수 없다."는 것이다. 그리스 신화에 나오는 트로이 전쟁의 영웅인 아킬레스는 걸음이 빠르기로 유명하다. 그러나 제논에 의하면 아킬레스는 결코 느림보의 대명사인 거북이를 따라잡지 못한다는 것이다. 아킬레스가 제아무리 빨리 달린다 해도 한발 앞서 출발한 거북이를 따라잡으려면 아킬레스는 거북이와의 사이에서 벌어진 거리의 반을 우선 달려가야 하고, 그다음에 다시 나머지 거리의 반을 가야하며, 이런 식은 끝없이 계속된다는 것이다. 그 사이 거북이는 계속 달리고 있으므로 거북이는 항상 앞서기 마련이라는 주장이다. 다시 말하면 아킬레스가 A지점에 있고 거북이는 A지점에서 출발하여 이미 B지점에 도달하였다고 할 때, 아킬레스가 A지점을 출발하여 B지점에 도달하기 위해서 달리는 동안 거북이는 B1에 이르고, 아킬레스가 B를 출발하여 B1에 이르는 시간 동안 거북이는 달려 B2에 이른다. 다시 아킬레스가 B1에서 B2에 도달하면 거북이는 B3에 가 있게 된다는 것이다. 따라서 논리적으로 볼 때 이와 같은 일은 무한히 계속되고, 뒤에 있는 것은 앞서 있는 것을 어떤 경우에도 따라잡지 못한다는 결론을 내릴 수 있다. 제논은 이렇게 논증을 통해서 움직임을 정지된 상태로 무한히 작게 나누어서 보여줌으로써 운동을 부인하려고 하였다.

A   B   B1   B2   B3 .... (무한)

> "세 번째 역설(변증논증)은 지금 언급한 운동 중에 있는 화살은 정지해 있다는 것이다. 이는 시간이 현재들로 이뤄져 있다는 가정으로부터 나온다. 왜냐하면 그 가정이 허용되지 않으면 그러한 결론은 나오지 않기 때문이다."
> — 아리스토텔레스, 『물리학』 —

제논의 변증법을 살펴볼 수 있는 또 하나의 잘 알려진 예가 나는 화살의 경우이다. 그에 따르면 나는 화살은 정지해 있다. 날아가는 것처럼 보이는 화살이 실제에 있어서 정지 상태에 있다고 말하는 근거는, 무엇이 있다는 것은 공간을 차지 한다는 의미이고, 공간의 한 점을 차지 한다는 것은 정지 상태를 말한다는 것이다. 즉 화살이 날기 위해서는 먼저 화살이 공간 속에 있어야 하는데, 그러나 공간을 갖는다는 것은 화살이 정지해 있음을 뜻하기 때문이다. 그러므로 나는 화살은 항상 정지해 있다는 것이다. 다시 말하면 엄밀한 의미에서 볼 때 존재하는 모든 것, 변화하는 모든 것은 언제나 현재라는 순간의 상태에서 정지해 있으며, 운동 즉 변화속에 있는 것은 이러한 현재의 순간 속에서 움직이고 있는 것이 아니라, 정지일 뿐이라는 주장이다. 현재라는 것은 아주 작게 나누어 볼 때 시간적으로, 공간적으로 정지된 것이기 때문이다.

이러한 제논의 변증법적 논증은 현대의 철학자 러셀에 이르기까지 많은 사람들에게 자주 영향을 주었고, 문제제기의 방식으로서 나름대로 의미를 갖는다. 그럼에도 이러한 논증법은 참된 것을 생산하기 위한 과학적 방법이라기보다는 하나의 주장이 포함하는 모순점을 말하는 역설로서 평가된다. 이에 대하여 아리스토텔레스는 제논이 시간을 단지 아주 잘게 나눌 수 있는 어떤 크기에 불과한 현재들로 구성되어 있다고 생각한데서 잘못을 범하고 있다고 말한다.

② 플라톤에 따르면 변증법은 참된 진리에 이르는 정신의 상승운동이다

"그러면 '지성에 의해서[라야] 알 수 있는 종류'의 다른 한 부분으로 내가 뜻하는 것은 다음 것이라 이해하게나. 이는 '이성(logos) 자체'가 '변증술(dialektikē)적 논변(dialegesthai)'의 힘(능력)에 의해서 파악하게 되는 것으로서, 이때의 이성은 가정들을 원리들로서가 아니라 문자 그대로 '밑에(hypo) 놓은 것(thesis)(基盤: hypothesis)'들로서 대하네. 즉 '무가정(無假定)의 것(to anypotheton)에 이르기까지 '모든 것의 원리(근원)'로 나아가기 위한 발판들이나 출발점들처럼 말일세."

— 플라톤, 『국가』 —

"마찬가지로 누군가가 '변증술적 논변'에 의해서 일체의 감각은 쓰지 않고서 '이성적 논의'를 통해서 '각각인 것 자체'로 향해서 출발하려 하고, 그래서 '좋은 것 자체'를 '지성에 의한 이해(앎) 자체'에 의해서 파악되기 전에는 물러서지 않을 때, 그는 '지성에 의해서(라야) 알 수 있는 것'의 바로 그 끝에 이르게 되네. 마치 동굴을 벗어난 그 죄수가 그때 '가시적인 것'의 끝에 이르렀듯 말일세."

- 플라톤, 『국가』 -

플라톤은 변증법을 제논과는 달리 대화와 논증의 기술이 아니라, 진정한 이데아의 세계를 향하여 나아가는 정신 운동으로 이해한다. 플라톤의 변증법은 따라서 반박의 기법이 아니고 정신이 세계의 현상 너머에 있는 영원한 형상을 찾아가는 과학적 방법으로, 다시 말하면 정신이 본래 속해 있어야 할 곳으로 다시 돌아가는 여행과정이다. 그래서 그의 변증법은 이제 단순히 대화의 방법이 아니라, 세계를 어떻게 이해하느냐 하는 인식의 방법으로서 혼란스럽고 일시적인 경험의 세계를 뛰어넘어서 순수한 관념의 질서를 파악하는 도약의 방법이다.

플라톤은 잘 알려진 것처럼 세계를 감각과 경험에 의해서 알 수 있는 현실세계와 지성과 사유에 의해서 인식할 수 있는 이상세계로 나누어서 생각한다. 즉 우리가 눈으로 볼 수 있는 가시적인 물질 영역과, 눈으로 볼 수는 없으나 우리의 관념 속에 실재하는 순수한 정신 영역으로 나눈다. 그리고 정신세계의 불변하는 참된 형상은 만물의 본보기로서, 세계는 형상의 복사물이다. 우리가 실제로 그리는 원은 우리가 머릿속에 있는 원의 이데아에 따라 그린 복사이고, 삼각형은 삼각형의 이데아를 모방한 것이다.

플라톤의 변증법은 이러한 물질과 현상의 세계에서 이데아에 도달하기 위한 노력이고 과정이다. 왜냐하면 플라톤에 따르면 감각과 물질의 현상세계는 자신의 근본적 실체인 이데아의 세계를 그리워하며 그 세계로 돌아가고자 하는 열망을 갖기 때문이다. 그 이유를 플라톤은 인간의 이성에서 찾는다. 이성은 스스로 감각세계의 불완전함을 깨닫고 이데아의 세계를 향하여 나아가며, 순수한 형상과의 관계를 원하기 때문이다. 그래서 이성은 현실에 머무르지 않고, 원리 자체를 추구하는 힘으로 그 자체가 변증법적이다. 이러한 이성은 스스로가 사고의 출발점이며, 어떠한 전제 조건이나 가정을 필요로 하지 않는 예지적 능력이다. 이처럼 플라톤의 변증법은 감각적이고 변화하는 경험 너머로 나아가는 역동적인 운동이고, 혼란으로부터 질서로, 육체로부터 정신으로, 순간에서 영원으로 도약하는 질적인 모델이다.

플라톤의 변증법은 무엇보다도 '동굴의 비유'에서 잘 드러난다. 그는 국가론에서 인간을 동굴 속에서 사슬에 묶여 있는 죄수로 비유한다. 죄수들은 동굴 속에서 진정한 빛을 보지 못하므로 빛에 반사되는 그림자들을 참된 존재라고 여긴다. 즉 동굴 속은 우리가 눈으로 보는 현실세계이고, 동굴 밖의 세계는 진정한 태양이 비치는 세계로, 지성으로 알 수 있는 예지의 세계이다. 죄수들은 감옥에서 해방이 될 때 비로소 참된 태양 아래서 세계를 보게 되는 것으로, 태양은 곧 이데아를 뜻한다. 그리고 감옥으로부터의 해방은 다름 아닌 변증법적 상승을 비유한 것이다. 동굴로부터의 자유와 같은 정신의 변증법적 상승은 태양빛으로 인하여 눈부심과 고통을 동반하지만, 그러나 이러한 고통을 통해서 우리는 비로소 그림자가 아닌 실체를 보게 되고, 우리는 정신의 참된 변화를 이룬다는 것이다. 결국 플라톤의 변증법은 불변하는 진리를 찾아내는 방법이며, 정신의 단계적 발전을 의미하는 것이다.

③ 헤겔에 의하면 변증법은 존재의 발전 방식이다

"변증법은 외적인 기술이나 이리저리 궤변을 늘어놓는 시소 놀이가 아니라. 오히려 오성의 제 규정. 사물 및 유한자 일반이 지니는 고유하고도 진정한 본성이다. …… 따라서 변증법은 학문 진행을 내부에서 움직이는 혼이다. 또 그것은 내재 원리이다. 그러한 원리 속에서 유한자를 외면적이 아닌 참된 방식으로 넘어서는 것이 가능하다."

— 헤겔, 『엔치클로페디』 —

"결국 의식은 자기 자신에 대하여 총체적으로, 즉 자기 의지와 또한 동시에 자기 대상에 대해서도 변증법적 운동을 지향해 나간다고 하겠으니, 모름지기 의식에게 이러한 운동을 통한 새롭고도 진정한 대상이 발생한다는 의미에서 바로 이것이 경험이라고 불리는 것이다."

— 헤겔, 『정신현상학』 —

변증법의 대부는 헤겔이라고 해도 무리가 없을 만큼 변증법은 그의 철학에 있어서 기둥과 같은 개념이다. 변증법의 의미는 지금까지와는 달리 헤겔에 의해서 커다란 변화와 내용을 갖게 되는데, 그 이유는 변증법이 헤겔 철학에 있어서 더 이상 제논에게서 본 것처럼 대화의 기술이거나, 플라톤의 경우와 같이 정신의 직선적 발전모습을 말하는 것이 아니라, 존재하는 것들의 본질과 정신의 특성을 설명하는 논리이기 때문이다.

헤겔의 이러한 변증법은 모순과 운동이라는 개념과 분리되어서 이해될 수 없고, 발전과 진보를 부정하고는 설명할 수 없다. 헤겔은 서로 대립되는 모순은 사물의 본질이라고 말한다. 왜냐하면 문제가 되는 모순은 외부로부터 들어오는 침입자가 아니다. 다시 말하면 모순은 존재의 조건이 된다는 것이다. 왜냐하면 모든 사물은 사고와 본성에 있어서 자신과는 다른 것, 반대되는 것을 원하며 추구하고, 있는 그대로의 상태에 머무르기를 거부하기 때문이다. 자기 자신만으로 남아 있는 것, 즉 동일성은 그래서 헤겔에게 있어서 죽음과 같은 것이다. 반면에 모순은 생 자체라고 한다.

이러한 의미에서 헤겔은 "모순을 인정하는 데에 대한 두려움은 생 앞에서 느끼는 두려움과 동일한 것이다. 왜냐하면 오직 죽은 사물만이 모순을 갖지 않기 때문이다"고 말한다. 그러나 이러한 모순은 '나'의 다른 부분과 대립되는 것으로 갈등을 일으킨다. 그래서 모든 살아 있는 존재는 모순을 해결하려고 하며, 대립되는 것과 화해하려고 하는데, 이러한 과정이 곧 운동과 변화로서 나타난다. 살펴보면 우리는 많은 모순에 둘러싸여 살아간다. 우리는 불합리한 제도, 파괴되는 인간성, 파멸적인 폭력성에 부딪히면서 '나'와는 비동질적인 것에 부딪히면서 대립하고, 그러나 해결하면서 살아간다. 다시 말하면 우리는 우리 앞에 놓인 모순된 것들을 해결하기 위해서 스스로 움직일 수밖에 없는 것이다. 이렇게 볼 때 삶은 곧 눈앞에 놓인 모순을 해결하고, 지배하면서 스스로를 유지하는 움직임 그 자체이다.

그러나 이렇게 모순되는 것을 지배하고 제어한다는 것은 우리가 이 문제를 단순히 제거한다는 것은 아니다. 우리는 이미 갈등 속에서 서로 영향을 주고받으며, 새로운 사고를 위한 운동을 하는 것이고, 한 걸음 더 나아가는 변화를 통해서 대립되는 문제 간의 긍정적 특성과 부정적 특성을 골라내어 서로 화해시킴으로써 우리 안에 수용한다. 이러한 것을 헤겔은 '지양한다.'고 말한다. 모순은 그래서 완전히 사라져 없어지는 것이 아니고, 모순이 나타나기 그 이전의 것과 함께 질적인 변화를 일으키면서, 지금까지의 대립관계를 극복하고 서로 대립되던 것들이 새롭게 만나는 것이다. 이것에 대한 예로서 헤겔은 도토리나무를 말한다. 도토리는 나무로 자라기 위해서 썩어 싹을 틔우고 나서야 나무로 자랄 수 있다. 도토리의 모습은 나무에서 볼 수는 없지만, 그러나 나무라는 전체에 포함되어서 보존된 것이다. 즉 지양된 것이다. 이것이 바로 '정-반-합'이라고 하는 변증법의 세 단계이다. 다시 말하면 우리는 나에게 대립하는 것에 의해서 나를 변화시키고 발전시킴으로써, 이 대립자는 나에게 전혀 상관없는 어떤 것이 아니라, 나와 깊은 관계가 있음을 알게 된다.

따라서 헤겔의 변증법은 바로 대립물의 운동법칙이다. 삶과 죽음, 유한과 영원, 또는 사랑과 미움의 대립이 곧 삶의 발전의 원동력이 되고, 정신의 지속적인 운동이라는 것이다. 이러한 그의 변증법적 사고는 무엇보다도 헤라클레이토스의 영향이라고 볼 수 있다. 헤라클레이토스는 세계의 원리가 투쟁이라고 보았다. 만물이 유전하는 것은 변화에 의한 것이고, 변화는 서로 모순되는 대립에 의한 결과라는 것이다. 이러한 관점에서 볼 때 있는 것은 반드시 없는 것과 연결되어 있고, 또 존재와 무는 대립적이지만, 그러나 서로를 가능하게 해주는 조건이다. 존재의 의미는 무의 내용으로부터 설명되며, 무의 의미는 존재에 의해서 이해된다. 이러한 존재와 무의 관계 속에서 세계는 생성과 소멸의 과정을 통해서 변화하고 운동한다. 헤겔은 이러한 헤라클레이토스의 변증법적 사고에 큰 영향을 받고 변증법을 존재발전의 원리로서 발전시켰다. 이러한 근거로 헤겔은 제논의 운동에 대한 변증법적 논증을 비판한다. 제논은 운동을 시간과 공간으로 분리하고, 다시 시간과 공간을 무수한 작은 시점과 점의 불연속적인 결합으로 생각함으로써 운동의 본질을 잘못 생각하였다는 것이다.

헤겔에 의하면 운동이란 한 곳에 있으면서 동시에 그 곳에 있지 않는 것으로 모순을 갖고 있는 것이며, 모순을 생명으로 하는 것이다. 있으면서 동시에 있지 않은 변증법적 움직임이 바로 운동의 본질이기 때문이다. 이러한 운동개념은 부분으로 나누어서 생각해서는 이해될 수 없는 것으로 전체라는 총체성 안에서만 이해될 수 있다. 예를 들면 나의 많은 감정들 가운데 서로 대립되는 감정들은 따로 떼어서 볼 때는 단순히 대립되는 것에 지나지 않지만, '나'라는 존재의 전체와는 조화로운 관계를 맺는다.

그래서 변증법적 방법은 정신의 총체성을 통해서 이해되는 전체와 부분 간의 상호영향관계이고, 따라서 종합적이고 포괄적이다. 이렇게 서로를 변화시키고 수용하는 유기적 관계 속에서 유한한 사물이 자기 스스로를 발전시켜 나아가는 것처럼 학문의 논리도 개념 자체 속에 들어 있는 모순을 발견하고 해결하면서 다른 개념으로 발전하고 변화해 나간다. 이러한 의미에서 변증법은 학문발전을 끌어가는 원리이고 힘이라고 말한다. 그러면 변증법적 운동은 무엇에 의해서 일어나고 이끌어지는가? 그것은 의식, 즉 우리의 정신이다. 변증법의 주체로서 의식은 또한 대상을 이해하고 파악하는 데 있어서 변증법적으로 운동함으로써, 자신에 대하여서도 변증법적이다. 헤겔의 변증법은 의식의 경험이라는 독특한 사상을 통해서 변증법적 방법과 총체성을 강조한다.

의식의 경험이란 의식이 경험을 통해서 자기 스스로를 인식하고 지금까지의 주관에만 사로 잡혀 있던 좁은 테두리를 극복해 나가는 것을 말한다. 의식이 경험해가는 과정은 의식이 마주 대하고 있는 대상과의 관계를 떠나서는 진행될 수 없다. 여기서 말하는 대상이란 우리가 대하는 자연, 사회, 친구, 이웃이든 모든 것이며, 의식은 주체로서 이러한 대상과의 관계를 만들며 대상을 이해하며 경험하게 된다.

그러나 의식은 자신의 대상에 대하여 부분적으로밖에 알지 못하고, 이러한 사실을 인식하면서 생기는 대립관계 속에서 갈등을 경험한다. 이러한 갈등은 의식이 자신의 대상에 대하여 전에 이미 알고 있는 내용을 수정하여 의식 스스로를 변화시킴으로써 대상과의 관계를 달리 할 때 비로소 해결된다. 다시 말하면 의식은 자신의 변화를 통해서 대상을 변화시키는 것이다. 대상은 우리의 의식이 알고 있는 것만큼만 우리에게 의미를 갖는 것이므로, 지식이 달라지면 대상도 본질적으로 달라진다. 이러한 의미에서 헤겔은 의식의 경험을 통해서 새롭고 진정한 대상이 만들어진다고 말한다. 예를 들면 지금까지 좋아하지 않았던 사람에 대한 우리의 의식을 변화시킴으로써 그 사람을 좋아하는 사람으로 바꾸어 놓을 수 있다는 것이다. 이렇듯 대상은 고정된 것으로 머무르지 않고 의식에 따라서 함께 움직인다. 헤겔의 이러한 변증법적 방법은, 칸트가 물자체는 고정된 것이고, 우리가 다 알 수 없는 것이라고 주장했던 것과는 크게 다르다. 헤겔이 주장하는 의식의 경험은 대상과 자신의 관계 속에서 자신을 늘 새롭게 인식하는 것으로, 이러한 인식은 곧 총체적인 변화이고 경험이다. 이렇게 해서 의식은 마주하고 있는 구체적 대상과의 경험을 통해서 구체적이고 개별적인 '이것'에 대한 인식에서, 물체 전체로 나가고, 다시 물체에서 하나의 법칙이나 원리를 발견한다. 예를 들면 아이는 자신이 직접 경험하는 라이터 불, 즉 '이것'을 통해서, 불(물체)을 알게 되고, 그러고 나서 불은 뜨거운 것이고 화상을 입히는 것이라는 원리를 이해한다. 이렇게 해서 의식은 자신의 경험을 통해서 개별적인 것으로부터 일반적인 것으로 성장하여 스스로 갈등을 해결함으로써 이제까지 대립해 왔던 대상들을 자신 안으로 받아들인다. 이러한 의미에서 의식의 경험은 다름 아닌 여러 가지 대상 즉 자연 또는 사회를 자신의 것으로 이해함으로써 의식 자신을 실현시키는 과정이고, 또한 의식이 이 세계와의 관계를 맺는 방법이다.

한편 우리는 경험을 통해서 자신을 사회적 존재로 만들어가며, 역사와 관계를 맺고, 비로소 역사의 주인이 된다. 그래서 또한 헤겔의 변증법은 역사와 현실을 통해서 완성된다. 역사 밖에서 아무런 관계를 갖지 않는 고립된 개념과 의식은 스스로를 변화시킬 수 없는 죽은 것으로 변증법적 운동을 할 수 없기 때문이다.

4 마르크스의 변증법은 혁명적인 노동운동의 논리이다

"나의 변증법적 방법은 근본적으로 헤겔의 것과 다를 뿐만 아니라 정반대이다. 헤겔에 있어서는 그가 이념이라는 이름하에 하나의 자립적인 주체로 전회하고 있는 사고 과정이 현실세계의 창조자이고, 현실적인 것은 그저 사고 과정의 외적 현상에 지나지 않는다. 나에 있어서는 헤겔과 정반대로, 관념적인 것은 인간의 뇌 속에 들어와 반영된 물질적인 것에 불과하다. …… 변증법은 헤겔에 있어서 거꾸로 서 있다. 신비한 외피 속에 감춰진 합리적 핵심을 발견하기 위해서, 우리는 그것을 완전히 뒤엎지 않으면 안 된다."

― 마르크스, 『자본론』 ―

"변증법은 그 합리적인 형태에서는 부르주아와 그 이론적 대변자들에게 분노와 공포를 자아낸다. 왜냐하면 변증법은 현존하는 것을 긍정적으로 이해하면서도 동시에 그것의 부정을 인정하기 때문이며, …… 또한 변증법은 본질상 비판적. 혁명적이어서 어떤 것에 의해서도 제약을 받지 않기 때문이다."

                                          — 마르크스, 『자본론』 —

칼 마르크스는 헤겔 철학을 공부하였고 그로부터 많은 영향을 받았다. 특히 헤겔의 변증법은 마르크스의 사회철학에 결정적인 역할을 하는 개념으로 마르크스의 변증법은 헤겔의 변증법 없이는 이해할 수 없다고 말한다. 그만큼 이 두 철학자의 관계는 깊고, 사상의 많은 부분이 연관되어 있다.

그럼에도 마르크스는 헤겔 철학의 가장 강력한 비판자로서 자신의 독자적인 변증법이론을 발전시켰고, 이러한 그의 이론은 당시뿐만 아니라, 오늘날까지도 전 세계에 걸쳐서 다양한 모습으로 영향을 미치고 있다. 이런 뜻에서 마르크스는 분명히 헤겔을 계승하였지만, 그러나 또한 분명히 헤겔철학은 마르크스에 의해서 부정되었고, 전도되었다. 이러한 받아들임과 비판을 동시적으로 행함으로써 앞으로 한 걸음 더 나아가는 발전 운동이 곧 변증법적 방법이라고 한다면, 헤겔과 마르크스의 사상적 관계야말로 가장 변증법적인 것이라고 말할 수 있을 것이다.

따라서 마르크스의 변증법을 알기 위해서는 이 두 사람이 말하는 변증법이 어떤 차이를 갖는가를 살펴 볼 필요가 있다. 헤겔의 변증법은 정신적 또는 관념적 변증법이라고 한다. 따라서 변증법의 원동력이 되는 모순 또한 정신의 모순으로, 세계 역사의 완성은 곧 정신의 자기완성이다. 그러나 모순과 발전관계를 설명하는 변증법이라는 놀라운 원리를 체계적으로 이론화시켰음에도 불구하고 헤겔의 변증법은 거꾸로 된 것이라고 마르크스는 비판한다. 마르크스에 따르면 인간은 물질에 의해서 결정되는 것이고, 인간의 의식은 물질세계가 우리의 정신에 비춰진 것이므로, 결코 의식이 현실을 결정할 수 없다는 것이다. 그러므로 이제 헤겔에 의해서 거꾸로 서 있는 변증법을 바로 세워야 한다고 주장한다. 이러한 의미에서 마르크스의 변증법은 헤겔 변증법의 '한판 뒤집기'라고 할 수 있다.

마르크스는 헤겔의 변증법적 체계를 뒤집음으로써 역사발전을 유물론적 입장에서 보는 역사적 유물론을 말한다. 유물론적 관점에서 볼 때, 우리가 무엇을 먹고 입으며 무슨 일을 하느냐 하는 문제가 곧 우리의 의식과 정신을 좌우하므로, 변증법적 운동에서 핵심적인 모순 또한 물질적·사회적 모순이다.

또한 마르크스는 자연, 즉 물질세계에서도 변증법의 원리를 본다. 양은 질을 개선하고, 질은 다시 양을 변화시킨다는 것이다. 예를 들면 하나의 씨앗은 싹에 의해서 부정되고, 싹은 다시 많은 열매들이 생김으로써 부정되지만, 하나의 씨앗은 이러한 과정을 통해서 많은 씨앗으로 재생산된다. 이러한 것을 마르크스는 '부정의 부정'이라고 말하는데 이러한 자연법칙을 그는 역사발전 단계에 적용시킨다. 이러한 입장이 곧 역사적 유물론이다.

이에 따르면 인간의 역사 역시 사회적·물질적 모순을 극복하기 위해서 현실의 부정, 즉 투쟁을 하게 되는데, 역사는 이 투쟁을 통해서 발전한다. 역사는 투쟁의 역사인 것이다. 마르크스의 이러한 입장에 의하면 사회적 억압이 있는 한 투쟁은 피할 수 없으며, 지배자의 억압은 인간이 어떤 조건에서 노동을 하느냐에 달렸다. 다시 말하면 인간이 소외되는 노동조건과 생산관계는 필연적으로 사회적 모순을 만들어내기 때문에 문제가 되는 것은 인간소외를 부추겨 사회적 모순을 만들어가는 바로 자본주의적 경제체제이다.

그래서 카뮈는 마르크스의 "변증법은 정신의 각도에서 존재를 보는 대신에, 노동과 생산의 각도에서 고려되고 있다"고 그의 『반항적 인간』에서 말한다. 경제가 모든 것을 지배하고 결정한다는 이러한 사회적 경제적 결정론은 노동계급의 완전한 해방 없이는 인류의 진정한 역사는 없다고 말한다. 왜냐하면 이윤만을 목적으로 추구하는 자본주의 경제구조와 생산관계 속에서 자본가와 노동자는 같은 의식과 가치관을 가질 수 없고 따라서 이들 사이의 투쟁은 피할 수 없으며, 자신의 육체 이외는 아무것도 가진 것이 없는 노동계급(프롤레타리아)이 '인간 소외'라는 가장 비인간적인 상태를 벗어나기 위해서 투쟁하는 것은 정당하기 때문이다. 마르크스는 노동자 계급이 가장 보편적이고 일반적인 계급이며, 이들의 투쟁이 당연한 것은 세계의 모순을 몸 전체로, 삶 속에서 가장 절실하게 겪고 있기 때문이라고 생각한다.

소외라는 것은 인간이 자기가 하는 일을 통해서 바로 자신의 비참한 모습을 적나라하게 알게 되는 것을 의미한다. 노동은 헤겔에 의하면 원래 자기 자신을 실현하고 만들어가는 가장 인간다운 행위이다. 그러나 이러한 자기완성의 과정은 자본주의 사회에서 왜곡되고 변질되어 노동은 본래적인 의미를 잃게 된다. 이것이 바로 소외이다. 인간소외란 따라서 인간에게 자신의 노동 행위가 오히려 자신을 위협하고 억압하는 것이다. 다시 말하면 노동자의 힘든 노동은 자신을 발전시키기보다는 자본가에게 더 많은 이윤을 얻게 하여 결과적으로 자본가로 하여금 노동자를 더욱 더 위협하는 힘을 갖도록 만든다. 결국 노동자는 자신이 생산해낸 물건은, 자신의 모습이 담긴 의미 있는 결과물이 아니라 오히려 자신을 위협하는 위험한 존재가 되어서 노동자와 생산의 관계는 소외관계가 되는 것이다.

이러한 인간 소외 현상은 오직 혁명적 투쟁을 통해서 자본주의적 생산방식을 무너뜨리고, 사회주의적 체제로 나아갈 때 극복될 수 있다. 그래서 마르크스에 의하면 노동자는 이러한 혁명적 투쟁의 의무를 갖고 있는 역사 발전의 주체로서 스스로를 해방시켜야 한다. 이렇게 볼 때 노동자가 해방된 사회란 결국 사회주의가 실현된 사회이며, 따라서 노동자 계급이 존재하는 한 사회적 모순은 자본주의 사회에서는 해결될 수 없다. 이 점에서 마르크스와 헤겔은 근본적인 사상적 차이를 보인다. 마르크스는 현재 상태(자본주의)에서 해결되지 않는 노동자의 모순이 투쟁에 의해서 미래에 극복될 것이라는 이론을 전개한다. 미래란 곧 사회주의 사회로서 현재의 부정을 통해서 발전하는 역사의 단계라는 것이다. 이러한 과정이 바로 마르크스의 변증법으로, 그는 지금까지는 세계를 철학이 여러 가지로 해석해 왔지만, 이제는 세계를 철학이 변혁시켜야 한다고 말한다.

마르크스는 다시 말하면 세계 역사의 발전은 노동의 변증법에 의해서 전개되는 것이며 따라서 세계역사는 헤겔이 말하는 것처럼 정신의 역사가 아니고 노동의 역사라고 말한다. 그러나 이 노동의 역사는 소외된 노동의 역사이므로, 이를 바로잡기 위해서는 잘못된 상태가 바로 세워져야 한다. 곧 변증법의 뒤집기가 필요하다. 이렇

게 할 때 비로소 역사는 바로 설 수 있으며, 미래의 실현으로 나아
갈 수 있다는 것이다.

이러한 맥락에서 마르크스의 변증법은 부르주아 계층에게 두려
움을 준다. 그들이 바로 뒤집혀야 하는 '현재'이기 때문이다. 노동
의 변증법이 갖는 이러한 힘은 변증법 자체가 갖는 부정의 힘, 다
시 말하면 투쟁하는 힘에서 나온다. 변증법은 마르크스에 의하면
다름 아닌 기존의 제약을 뛰어넘는 혁명이다.

이러한 마르크스의 사상은 당시의 사회현상과 밀접한 관계를 갖
고 있다. 헤겔은 역사적 변증법을 통해서 전개되어 온 역사는 자신
의 시대에 이르러 완성된 것으로 해석하였다. 그래서 그는 자신의
시대가 보여주는 현실은 이성적인 것이며, 이성적인 것은 현실적인
것으로 이해한다. 헤겔은 자신의 국가인 프로이센을 '정신'이 현실
에서 완성된 모습으로 본 것이다. 그러나 당시의 프로이센은 진보
적 사상과 이론을 탄압하고, 시민사회는 전근대적 국가로부터 멀어
져 가면서 헤겔이 이성적이라고 말하는 사회적·정치적 현실의 불
합리한 상태는 당연히 비판의 대상이 되었다. 더불어 노동자 계급
의 상황은 봉건국가의 억압과 점점 지배적 권력을 얻어가는 자본
주의적 시민사회의 이중적 고통 속에 빠져 있었다. 이러한 상황에
서 전개되는 현실은 헤겔이 말하는 역사적 변증법에 어긋나는 것
이었다. 헤겔의 변증법은 사회적 현실 속에서 증명되지 않은 셈이
다. 이러한 현실 속에서 마르크스는 오히려 더욱 심각해지는 인간
의 야만성과 정신의 무력함을 보면서 지금까지의 관념적 변증법에
대하여 급진적 비판을 가하고, 역사에 대한 새로운 이론을 통해서,
현재에 멈추지 않고 미래를 향해 나아가는 변증법의 필요성을 느

낀 것이다. 그것이 바로 노동자계급의 혁명이고 사회주의의 실현인 것이다.

그러나 완전하고 평등한 사회를 향해 나아가는 마르크스의 역사적 변증법은 자본주의 사회를 거쳐서 실현되었는가? 아니면 역사의 진행은 오히려 이러한 변증법에 대한 회의를 갖게 하는 것은 아닌가? 마르크스의 변증법은 다른 표현으로 말하자면 희망의 변증법이다. 그러나 많은 사람들은 20세기의 역사는 희망보다는 절망을 보여주었다고 말한다. 그 어느 때보다도 많은 전쟁과 학살, 야만적 침략이 일어났고 계속되었기 때문이다. 부정의 부정을 통한 합, 즉 화해는 보이지 않았다. 역사의 필연적인 발전과 완성된 세계사라는 믿음이 사라지면서 역사적 변증법에 대한 반성과 비판이 일어나고, 이 개념은 이미 말 그대로 역사적인 것이 됨으로써, 하나의 도그마로 평가되고 있다. 그럼에도 변증법적 방법은 '모순'과 '총체적 의식'을 통해서 현실을 반성하고 사유하도록 하는 커다란 가치를 가지고 있는 것도 사실이다. 독자적 형태의 도그마로서 변증법은 그 의미를 상실하였고, 따라서 보편적이고 절대적인 믿음과 가치 또한 거부되었지만, 그러나 사회적·문화적 소외가 있음을 부인할 수 없는 것이므로, 변증법은 보다 더 많은 다양함과 서로 다른 차이에 대한 배려와 수용을 통해서 각기의 고유성을 인정하는 새로운 조화로움으로 나아가야 할 것이다.

■■■ 제6장 자유와 행복

1. 자유(自由, freedom/liberty, Freiheit, liberté)

① 칸트에 의하면 자유는 실천이성이 가진 명백한 사실로서 도덕법칙을 가능하게 하는 조건이다

"이성은 사변적 의도에서 보면 자연적 필연성의 길이 자유의 길보다 더 평탄하고, 훨씬 더 사용할 만한 것으로 보지만, 실천적 의도에서 보면 자유의 좁은 길만이 우리가 우리의 행위에 있어서 이성을 사용할 수 있는 유일한 길이다."

― 칸트, 『도덕형이상학의 정초』 ―

"그러나 의지의 독립성은 소극적인 의미에서의 자유이고, 반면에 순수하면서도 그야말로 실천적인 이성의 법칙수립은 적극적인 의미에서의 자유이다. 따라서 도덕법칙은 순수 실천이성(의지)의 자율, 즉 자유 이외의 다른 것이 아니요, 이 자유는 그 자신이 모든 준칙의 형식적 조건이며, 이 형식적 조건 아래서만 준칙은 최상의 실천법칙과 합치할 수 있다."

― 칸트, 『실천이성비판』 ―

칸트는 인간 이성을 두 가지로 나누어서 말한다. 우리가 어떤 것을 인식할 때 필요로 하는 사변이성과 실천을 목적으로 하는 실천이성으로 구분한다. 다시 말하면 생각하는 능력과 행위하는 능력으로서의 이성이다. 칸트의 자유 개념은 이러한 사변이성과 실천이성의 두 가지 영역을 포함하는 핵심적 의미를 갖는다. 그는 세계와 인간 정신의 관계에 있어서 정신은 세계를 알기 위한 법칙을 스스로 구성한다는 주장으로 철학에 있어서 혁명적 전환을 이루었다. 그의 이러한 철학체계는 이성의 자발성과 자율성을 전제로 한다. 이성의 특성은 곧 자유의 본질 속에 있다.

따라서 칸트의 자유 개념 또한 사변이성과 실천이성의 영역에서 다루어진다. 그는 우선 사변이성에 있어서의 자유는 객관적으로 실재함을 증명할 수 없다고 말한다. 자유란 외부세계에 객관적으로 있는 대상을 경험적으로 인식하듯이 인식되는 것이 아니기 때문이다. 그러나 우리는 자유가 개인의 경험에 의존하지 않고도 선험적으로 생각할 수 있는 것이며, 이것이 바로 이성의 특성이라는 것을 의심하지 않는다. 인간은 자발성, 즉 '스스로 생각하는 능력'이 이성의 의미라는 것을 경험에 앞서서 알고 있기 때문이다.

이러한 이념으로서의 자유는 그러나 아무런 객관성을 증명할 수 없으므로, 그만큼 추상적이고 소극적일 수밖에 없다. 이념은 순수한 정신의 활동영역에 머무르기 때문이다. 다시 말하면 이념으로서의 자유는 실천으로서 나타나지 않는 한 하나의 가능성으로만 남아 있게 되며, 스스로의 실재를 증명할 수 없다는 한계가 있다. 사변이성의 자유는 실천이성을 통해서 행위로써 자신을 증명할 때 비로소 실재하게 된다.

사변이성 속에서 나타나는 자유의 본질이 이념이라면 실천이성을 통해서 나타나는 자유는 의지의 자유이다. 이 자유는 감성이 가진 욕망의 충동으로부터 영향을 받지 않고 독립적으로 스스로 선택하고 결정하며, 행위하는 의지이다. 자유란 곧 자기 자신을 스스로 규정하고, 자율적으로 행위하는 자유의 의지로서, 법칙을 세우고 선택하는 능력이다. 이러한 인간의 능력으로부터 인간을 인간답게 하는 도덕법칙이 만들어지고 도덕가치가 창출된다. 이로써 자유는 칸트에게 있어서 행위의 법칙이며, 자연적 욕망과 애착을 초월하는 이성의 법칙을 의미한다. 이러한 의미에서의 자유는 이성에 복종하는 것이며, 스스로 만든 도덕법칙들에 자발적으로 따르는 행위를 인간의 의무로 보는 구체적인 능동성이다.

그러므로 칸트에게 있어서 도덕적 자유란 곧 도덕적 법칙을 따르는 일이다. 그에게 있어서 자유는 도덕법칙을 통해서 실현되고 도덕법칙은 또한 자유를 바탕으로 할 때 효력을 갖는다. 이러한 순환적 관계 속에서 자유는 도덕법칙의 근거요, 도덕법칙은 자유의 인식근거가 된다.

② 헤겔에 의하면 자유는 정신의 유일한 진리이고 본질이다

"정신은 의식이면서 의식의 대상이다. 즉 정신은 자기 자신을 대상으로, 내용으로 삼을 수 있다. 그러므로 정신은 자적, 자존하는 것, 혹은 자유로운 것이다. 물질이 자기의 실체를 외부에 지니고 있다면, 반대로 정신은 자적 자존하는 존재로 자유이다. 물질은 의존적인 것이고 의존적인 것은 타자에 관계하기 때문에 외적인 것이 없이는 존재할 수 없다. 정신의 자유는 자유를 지양·폐기하려고 위협하는 것에 대한 끝임 없는 부정 속에 깃들어 있다."

— 헤겔, 『역사에서의 이성』 —

헤겔 철학의 중심에는 신적 절대성을 갖는 인간의 정신 개념이

서 있다. 그는 불멸의 의미를 추구하는 영혼으로서의 정신을 거부하고 세계 역사 속에서 스스로 자신의 진리를 발견하고 완성해가는 절대정신을 주장한다. 절대정신은 자기 밖의 힘에 의존하지 않고 자신을 스스로 인식하는 행위의 주체이며, 동시에 인식되는 대상이다. 다시 말하면 정신은 자신을 대상화하여 바라봄으로써 스스로 알아가고 반성하는 능력이다. 정신은 이 점에서 물질과 본질적인 차이를 갖는다. 정신은 외부적 도움이나 외적 타자에 의존하지 않고 자기 스스로 자율적인 활동을 통해서 자신에 대해서 의미를 묻거나 평가할 수 있지만, 물질은 언제나 대상으로서만 존재하기 때문이다.

정신의 이러한 자율성과 독립성에 근거하여 헤겔은 정신의 본질은 곧 자유라고 말한다. 그리고 정신의 이러한 자유로운 의식 활동은 대상을 향하여 자신에게서 출발하여 다시 자신의 내면으로 향하여 돌아간다. 정신의 중심은 정신 밖에 있지 않고 정신의 내면에 있기 때문이다. 이러한 절대적 자율과 자족의 능력을 헤겔은 자유라고 부른다.

반면에 물질은 자신을 대상으로 의식하거나, 스스로 의식 활동을 할 수 없고, 따라서 자신에 대하여 스스로 반성할 수 없다. 예를 들면 한 개의 사과는 자신에 대하여 이해하거나 의문을 제기할 수 없고 언제나 인간에 의해서 이해된다. 왜냐하면 물질은 외부적 타자에 의하여 정의되고, 자기 밖의 타자에 의해서 본질이 종합되는 비순수의 것이기 때문이다. 비독립적인 물질은 자신의 중심을 외부에서 찾게 되며, 외적 요인에 종속되는 것이므로 자유를 본질로 하지 않는다. 다시 말하면 물질은 외부에 의해서 '무엇으로서' 인식되는 수동적 존재이고, 반면에 정신은 스스로 자기 자신을 규정하는 능동적인 것이다. 정신과 물질은 이렇게 자유와 의존을 각각의 본질로 함으로써 서로 배치된다.

따라서 정신의 발전과 진보는 자유 속에서만 가능하고 자유를 조건으로 한다. 헤겔에 따르면 예를 들어 식물이 성장하여 꽃이 피고 열매가 맺는 것과 같은 자연 상태의 성장은 진보라고 할 수 없다. 물질과 자연은 자신을 의식하거나 자신의 잠재적 가능성을 현실 속에서 실현하는 자율적 정신을 갖지 않기 때문이다. 오직 인간만이 자신의 가능성을 탐구하고 이를 바탕으로 자기실현을 이루어나갈 수 있는 자유정신의 주인이다. 헤겔에 있어서 자유는 자기 스스로를 결함이 있는 부정적 존재로 인식하고, 이러한 결함을 극복하고 자기모순을 해결함으로써, 단순한 자기반복이나 기계적 성장이 아니라 계속적인 진보를 해나가는 이성의 자유이다.

> "인간은 자기의 욕구에 관한 한 소위 '자연상태'에서 자유롭게 살며 이때 그의 욕구는 소위 단순한 자연적 필요성에만 국한되어 있다고 보는 사상이 출현하였다. 이 견해는 노동에 내재하는 해방의 계기를 전혀 설명하지 못한다. …… 이러한 해방의 계기와 무관하다면 이 견해는 틀렸다. 왜냐하면 욕구가 단지 물리적인 바의 욕구로 한정되고 그것이 직접적으로 만족된다는 것은, 정신적인 것이 자연적인 것으로 내동댕이쳐져서 미개와 비속의 일종으로 되고 말 조건이기 때문이다. 오히려 자유 그 자체는 정신이 자체 속으로 반성해 들어갈 때, 정신이 자연과 구별될 때, 그리고 정신이 자연 속에 반영될 때에만 드러나는 것이다."
>
> — 헤겔, 『법철학』 —

정신의 자유는 언제 확실히 드러나는가? 헤겔이 젊은 시절 프랑스 혁명에 열광하여 친구들과 함께 '자유의 나무'를 심고 그 주위를 춤추며 돌았다는 일화는 유명하다. 자신의 시대에 자유의 실현이 이루어졌다고 생각하였던 이와 같은 역사의식은 그의 전 철학을 지배한다.

먼저 헤겔은 인간 정신이 자연 상태에서 자유롭게 살 수 있다고 하는 루소의 생각을 거부한다. 왜냐하면 인간의 욕구는 동물과 달리 사회의 변화에 따라 새롭고 다양한 형태로 변화하기 때문이다. 인간은 이성을 통해서 이러한 자신의 욕구와 그 대상을 분명하게 이해하는 과정 안에서 자기를 실현해 간다. 그리고 자연은 정신의 자유로운 발전을 위한 매개체가 되는 것이다. 발전 과정의 끝에 인간 해방으로서의 자유가 완성된다. 이에 따르면 인간의 노동 작업이 자연을 가치와 효용성이 있는 것으로 만들고, 인간은 노동함으로써 자신에게 필요한 물리적 욕구를 단순히 물리적인 것이 아니라, 정신적 욕구와 혼합된 것으로 만든다.

다시 말하면 자연적인 욕구는 인간 정신에 의해서 물리적 제약을 넘어서 보편적인 의미를 갖게 되고, 필연적인 것으로 변화된다. 그래서 인간은 동물과는 달리 본능적이고 자기중심적인 제약을 벗어나서 욕구를 증대시키고, 변화시킨다. 즉 인간은 욕구에 의해서 지배를 받는 것이 아니라 욕구 그 자체에 영향을 미친다는 것이다. 즉 인간은 일을 통해서 해방된다는 의미이다. 노동의 이러한 해방적 가치는 정신의 자유에 의해서 창출된다. 따라서 자유는 인간이 자연의 필연적 욕구를 극복하고 정신 안에서 반성하기 위한 필수 조건이다. 정신은 자유로운 자기의식을 통해서 자연의 필연성에 종속되지 않고 그것을 뛰어넘을 때, 보다 더 진보하게 된다. 이러한 정신의 운동과정은 자연을 지양하기 위하여 자신을 확장시키고 그리고 다시 스스로에게 돌아가서 내면에서 자신을 반성하는 것으로 나타난다. 이로써 정신과 자연이 서로 구별되면서 변증법적인 화해가 이루어지고, 자유는 진보의 필연성으로 나타난다. 그러므로 헤겔에게 역사발전은 필연적인 것이고, 이성의 자유는 그 원동력이다.

③ 스피노자에 따르면 자유는 신에 대한 인식의 길이며 이러한 인식이 깊을수록 자유도 확장된다

> "자신의 본성의 단순한 필연성에 따라 존재하고 그 자체로서 자신의 행동을 결정하는 사물은 자유롭다고 말한다. ……사람은 그가 인간 본성의 법칙에 따라 실존하고 행동할 수 있는 힘을 갖는 한에서만 자유롭다고 할 수 있다."
>
> — 스피노자, 『윤리학』 —

스피노자는 신의 자유와 인간의 자유를 구별한다. 그러나 그에 의하면 신만이 완전히 자유롭다. 신은 세계의 근원적인 원인으로서 세계는 이러한 신적 본성으로부터 단계적으로 흘러나온 것이다. 따라서 신의 자유는 어떤 다른 외적인 원인에 의지하거나 영향을 받지 않고 그 자신 스스로의 능력에 의해 자신의 모습을 생산하는 능동적이고 완전한 의미에서의 자유이다.

스피노자는 이러한 자유 개념을 확장하여 '신이 내재하는' 인간에게 적용한다. 그러나 인간은 신과 달리 제한된 한계 안에서만 자유로울 수 있다. 왜냐하면 자유란 스스로 창조하고 규정할 수 있는 능력이고, 인간은 이러한 자율성을 갖고 있지 않다. 그래서 인간의 자유는 인간이 외적 도움 없이 만들어낼 수 있는 부분에 한해서 가능하다. 이러한 이유로 인간의 자유는 신의 자유와 동일한 절대자유는 결코 아니다. 다시 말하면 인간의 자유의 정도는 인간이 얼마만큼 세계에 대한 적확한 관념을 지니고 있느냐에 달려 있다는 것이다. 스피노자는 신이 내재하는 세계에 대한 바른 인식이 곧 인간이 자유로 가는 길이라고 말한다.

그러므로 스피노자에게 있어서 인간이 자유롭다는 것은 세계의 필연성을 넘어설 만큼 큰 것은 아니다. 인간은 자신의 한계와 조건을 받아들일 때, 그리고 자신의 존재를 세계에 대한 신의 필연성 속에서 이해할 때 자유의 의미를 깨닫게 된다는 것이다. 그러나 인간은 완전하게 자유롭지 못하다. 그 이유는 바로 인간의 지성이 진리를 아는 데 여전히 부족하기 때문이다. 그렇게 볼 때 인간의 자유는 자신이 속해 있는 세계에 대한 필연성, 신의 의도에 대한 인식의 폭만큼 증가하게 되는 것이다.

> "예컨대 어떤 돌멩이가 있는데 이 돌멩이는 운동하고 있는 동안 자신이 가능한 한 계속해서 운동하려고 노력하고 있음을 사유하며 또 인식할 수 있다고 생각해 보자. 이러한 돌멩이는 단지 자신의 노력만을 의식하고 그 나머지에 대해서는 무관심하기 때문에 자신이 완전히 자유롭다고 믿고, 또 오직 자신의 희망 덕분에 계속해서 운동하고 있다고 생각할 것이다. 이것이 모든 사람이 소유하고 있다고 으스대는 인간의 자유이다. 이것은 단지 인간 자신의 욕망은 의식하지만 그 욕망을 규정한 원인들에 대해서는 무지하다는 사실에서 정립하는 것일 뿐이다."
>
> — 스피노자, 『서간집』 —

스피노자는 필연성과 관련짓지 않고 생각해낸 자유는 무지에서 나온 통속적인 개념에 지나지 않는다고 말한다. 이러한 것은 인간이 스스로 만들어낸 일종의 가상의 자유이다. 인간이 자신의 행동의 근원적 원인이나 사물의 근원을 인식하면 할수록 의미 없는 우연성과 막연한 가능성에 대한 기대는 적어진다. 우연성에 대한 바른 인식 없이 그저 일어나는 일들에 따라 생각하고 행동할 때 사물에 대한 인간의 지배력은 줄어들고 인간은 그만큼 구속된다. 그러므로 스피노자에 의하면 자유는 어떤 논리적 필연성으로부터가 아니라 세계의 필연성 그 자체에 대한 정확한 인식에서 나온다.

스피노자는 자유인은 자신을 억누르는 자연의 필연적 법칙을 아는 자라고 한다. 자유인은 필연성 인식을 위해 부정적인 감정들, 즉 미움, 질투 그리고 경멸의 감정을 극복해야 하고 공포, 불안, 희망 그리고 미신 등에 의해 정신의 혼란을 일으키지 말아야 한다고 말한다.

스피노자는 자유의 원천을 사색에서 찾는다. 그에 따르면 인간은 고요하게 사색함으로써 자신의 감정과 행동을 이해하게 되어 그 근원인 신의 이해에로 나간다. 신을 이해하게 되면 신을 사랑하게 되고 신에 대한 사랑은 우리 자신을 더 잘 이해하게 하고 더욱 더 사랑하게 한다. 인간의 자유는 신에 대한 지성적인 사랑을 통해서 세계를 지배하는 보편적 사랑에 참여함으로써 더욱 완성된다. 신에 대한 사랑을 통해서 인간은 비로소 죽음보다는 삶에 대한 더 많이 숙고하는 진정한 자유인이 되며, 덕과 힘이 자유와 일치되는 인식에 이른다.

4 밀에 의하면 개인의 자유는 타인에게 해를 주지 않는 한 제한 될 수 없는 선이다

"인류가 개인적으로든 집단적으로든 모든 구성원들의 행위의 자유를 간섭하는 것이 정당화되는 유일한 목적은 자기 보호이다. …… 권력이 문명화된 공동체의 모든 구성원들에 대해 그들의 의지에 반하여 정당하게 행사될 수 있는 유일한 목적은 다른 사람에게 해를 끼치는 것을 막는 것이다. 그 자신의 선은 육체적인 것이든 도덕적인 것이든 충분한 근거가 되지 못한다."

— 밀, 『자유론』 —

밀은 그의 『자유론』 서두에서 자유주의의 핵심인 자유의 원리를 제시한다. 개인의 행위의 자유는 오직 그의 자유로운 행위가 타인에게 해를 끼칠 때만 간섭될 수 있고 그렇지 않으면 그 자유행위는 침해돼서는 안 된다는 것이다. 이에 따르면 개인의 자유는 지극히 제한적이고 구체적인 경우에만 규제될 수 있다는 의미가 된다. 보다 더 분명히 하자면 개인의 자유를 침해하는 것은 사실상 잘못된 것이라는 해석이 가능해진다.

그렇다고 해서 밀이 자유방임주의자인 것은 결코 아니다. 그는 자유의 명분으로 개인이 자기 하고 싶은 대로 하도록 내버려 두는 것을 옹호하지는 않는다. 그리고 어떤 사람도 하나의 섬처럼 완전한 단절 속에서 살아갈 수 없기 때문에 그의 행위는 사회에 영향을 미칠 수밖에 없다. 그래서 개인의 자유는 타인과의 관계 속에서 규정되고 추구되는 것이다.

개인의 행위의 자유를 언제 제한할 수 있는가 하는 것에 대한 기준은 행위의 결과와 영향에 달렸다. 어떤 행위의 결과가 행위자 자신에게만 영향을 미치는 경우에는 자유를 제한해야 할 이유가 없다고 생각한다. 이러한 밀의 입장에서 보면 우리는 예를 들어 술 취한 사람이 어떠한 해를 끼치지 않는 한, 단지 술에 취했다거나, 또는 혐오스러운 행동을 했다는 이유만으로, 그 사람에게 제재를 가할 수 없다. 개인이 자신의 신체와 정신에 대하여 어떤 행위를 하든지, 남에게 직접적인 피해를 끼치지 않는 한 이러한 행위는 정당한 자유 행사이다. 왜냐하면 개인은 자신에게 군주와 같은 존재이기 때문이다. 개인은 자신에 대한 책임을 스스로 지며 이러한 책임 아래서 개인의 독립성과 자유는 보장되어야 한다는 것이다.

이렇게 개인은 자신의 몸과 마음을 마음대로 할 자유가 있다는 주장은 개인에게는 누구도 침해할 수 없는 사적인 영역이 있어야 하며, 이 영역은 법으로부터 보호되어야 하고 또 법으로부터 자유로워야 함을 말한다. 따라서 밀이 제한하거나 간섭할 수 있다고 보는 자유는 남과의 관계 속에서 일어나는 행위의 자유에 제한된다.

> "개인이 사회에 끼치는 단순히 우연적인 상해 또는 이른바 건설적인 상해에 대해 …… 그 불편함은 인간의 자유라는 보다 큰 선을 위해 사회가 참을 수 있는 것이다."
>
> — 밀, 『자유론』 —

개인에 대해 도덕적으로 비난할 만한 일부 행위까지도 관용하라는 위와 같은 밀의 말은 사상과 토론의 자유에 관하여 매우 중요한 의미를 갖는다. 이 관용에 대한 주장은 흔히 자유주의의 모델로 다뤄지고 있다. 밀은 여기에서 일반적으로 생각을 표현하는 데 있어서 소수의 견해들을 매우 조심스럽게 다뤄야 하고 새로운 견해들에 대해서는 항상 열린 관용의 태도로 대해야 한다고 말하고 있기 때문이다.

우리는 밀의 이러한 관용의 의미를 구체적인 상황 속에서 생각해 볼 수 있다. 만약 널리 인정된 생각이 오류이고 소수의 견해가 참일 경우, 소수를 탄압한다는 것은 사회 구성원의 행복을 위해 하등의 도움을 줄 수 없는 것이다. 소수에 대한 탄압은 옳은 것을 탄압하는 것이기 때문이다. 반대로 다수의 견해가 옳고 소수의 견해가 틀린 경우, 소수의 견해를 억압하게 되면 다수의 의견이 왜 참된 것인지를 알 수 있는 수단과 방법들을 빼앗는 것이 된다. 어떤 것이 참된 것인지를 분명하게 아는 것은 참과 오류의 비교를 통해서 가능하기 때문이다.

다수의 견해와 소수의 견해가 참과 거짓으로 혼동되어 있는 경우도 마찬가지로 소수의 견해를 억압하는 것은 의견들이 서로 경쟁하여 새롭고 더 나은 생각들을 모아가는 자유로운 과정을 소홀히 하는 결과를 가져와 전체적으로 사회에 더 큰 해악을 끼친다.

밀은 개인에게 충분한 자유가 보장될 때 다른 구성원이 불편함을 겪을 수 있다는 것에 동의한다. 그럼에도 위와 같은 이유로 충분한 자유의 인정은 사회 전체에 불이익보다는 이익을 더 많이 준다고 주장한다. 그는 개인의 자유 보장은 따라서 사회 전체에 유익한 것이라는 입장에서 개인의 자유를 최대한 옹호한다. 밀의 이와 같은 주장은 자유주의의 근본적 내용을 제시하고 있고 이러한 의미에서 밀은 '자유주의의 교사' 라는 평가를 받는다.

⑤ 사르트르에게 있어서 자유는 인간의 운명이며 인간 그 자체이다

> "'사람이 자유이다.'라는 것은 의욕 하는 것을 손에 넣는 것이 아니라, 자유란 자기 자신에서 어떤 선택으로 자기 결정하는 것이다. 가령 포로가 자신이 원하는 대로 달아날 수 있는 것이 자유가 아니다, 또 석방을 꿈꾸는 마음의 자유가 있다는 의미도 아니다. 탈주를 기도함, 즉 달아나려고 하는 것이 자유다."
>
> — 사르트르, 『존재와 무』 —

사르트르에 있어서 자유는 모든 가치와 의미의 근원이다. 그렇다면 인간은 어떻게 가치와 의미를 부여하는가? 의식을 통해서이다. 인간은 의식적인 존재로서 자율적으로 의미를 부여함으로써 자신의 세계를 구성하고 그 세계 속에서 살아간다. 이러한 의미부여의 자유는 언제나 일정한 '상황' 속에서 이루어지며 따라서 자유는 고뇌를 동반한다. 왜냐하면 상황 속에서의 자유란 여러 가능성 가운데 하나의 선택을 의미하며, 선택하기 위해서는 인간은 언제나 의식적 존재여야 하므로 의식과 선택은 사르트르에게 있어서 동일한 것이다. 그러나 이러한 선택의 기로에 선 의식은 고뇌로서 나타난다. 의식의 고뇌는 다름 아닌 자신의 자유에 대한 반성적 파악이며 인간은 어떠한 결정도 혼자서 할 수밖에 없다는 것을 받아들이는 것으로 자신의 실존적이고 고독한 자유를 받아들여야 하기 때문에 필연적인 것이다. 따라서 사르트르에게 있어서 자유란 욕망의 충족이 아닌 자신을 실현하는 선택의 자유인 것이다.

그렇기 때문에 사르트르에 있어서 인간의 존재와 인간의 자유를 구별한다는 것은 불가능하다. 다시 말하면 인간 존재가 먼저 존재하고 난 다음에 자유가 뒤따르는 것이 아니라 자유는 인간의 본래적 성질로서 존재의 조건이다. 그래서 "인간은 존재한다."와 "인간은 자유이다."라는 말은 하등 차이가 없게 된다. 오히려 인간의 자유는 인간의 본질을 앞서는 것으로 인간의 본질을 만들어가는 것이라고 할 수 있다.

사르트르에게 있어서 자유의 문제는 '무엇인가를 하려고 하는 것'으로 자기 주변의 세계와 관계하는 존재의 태도, 즉 행동의 문제이다. 인간 존재는 언제나 주변과의 밀접한 관계 아래 놓여 있고 개인의 의사와 상관없이 주어진 관계와 자유를 방해하는 상황 속에 던져진 것이다. 이러한 주어짐 속에서 선택의 자유는 언제나 행동을 수반할 수밖에 없으며 또한 스스로 책임을 질 수밖에 없다. 인간의 모든 선택은 행위와 책임에 의해서 그 의미가 완성되며 이러한 과정 속에서 인간은 무엇인가 하는 물음 속에, 나의 의미가 실종된 보편적인 존재가 아닌 개별적인 '나'에 대한 정의가 이루어진다.

> "인간은 자유로 선택하는 존재이기는 하나, 자기가 자유임을 자유로이 선택하는 것이 아니라 자유의 운명을 짊어지고 있다. …… 자유는 전체이고 무한이다. 이것은 자유가 도저히 한계를 가질 수 없다는 것을 의미하는 것이 아니라, 자유가 결코 한계를 만나는 일이 없다는 것을 의미한다."
> — 사르트르, 『존재와 무』 —

사르트르는 그의 저서 『실존주의는 휴머니즘이다』에서 인간에게 자유는 선택이 아니고 이미 주어진 근본적 조건임을 강조하면서 "인간은 자유의 선고를 받은 자이다"라고 선언한다. 인간은 자유 속으로 떠밀려서 떨어진 존재로서, 이를 거부하거나 회피할 수 없다는 것이다. 인간은 누구나 자유의 운명을 지니고 태어나서 자유 행위를 통해서 만들어져가는 불완전한 존재이기 때문이다. 이러한 자유는 분명히 이성적 판단에 의한 선택이 아니고 하나의 '형벌'과 같은 것으로 인간의 실존을 관통하는 삶 그 자체이다.

사르트르에 의하면 인간은 아무런 계획이나 목적이 없이 단순한 우연성에 의해서 일정한 상황 속에 던져진 존재로, 그의 앞에는 무한한 자유가 놓여 있을 뿐이다. 자기 앞에 던져진 이 무한한 자유 앞에 선 인간은 이제 스스로 자신의 창조자가 되어야 하는 책임에 직면하게 되는 것이다. 그것은 자유란 구체적인 개인의 자유이며 개인의 탄생과 더불어 시작되고 죽음의 순간에 사라진다는 의미이다. 따라서 사르트르에게 있어서 자유에 대한 말은 곧 인간에 대한 말이 된다.

인간의 본질로서의 자유는 사라질 수는 있지만 멈추어 서지 않는 운명과 같은 것이다. 그것을 의식하는 인간은 결코 정지하지 않으며 자신을 향한 끝없는 과정 속에 있다. '지금, 여기'의 현실은 다가오는 다른 현실을 만들어가는 생성 속에 있으므로 사르트르에게 있어 정지된 상태로 있는 고정된 존재는 자유에 대한 포기를 뜻한다. 그러므로 그는 인간을 언제나 '완전한' 자기에게로 다가가기 위하여 '불완전한' 자신으로부터 탈출하는 자유로 파악한다.

그러나 자유는 또한 일정한 상황 속에 있으므로 자유의 행위는 많은 장애물을 만나게 된다. 예를 들면 개인의 자유는 자신의 사회적 조건, 생리적 상태 등 자유에 대한 제재를 가할 수 있는 외적 존재, 즉 타자와 부딪히게 된다. 다시 말해서 이 세계가 나 스스로 부여하지 않은 낯선 타자들의 의미를 통해서 내게 다가와서 명령하거나 금지, 또는 강요할 수 있다. 자유에 역행하는 이러한 타자의 문제 중에서 가장 근본적인 것으로 사르트르는 '타인의 시선'을 꼽는다. 타인의 시선을 의식한다는 것은 그에 의하면 곧 자신의 주체성을 상실하거나 타인을 객체화한다는 의미이다. 이것은 어느 쪽이든지 인간의 '소외현상'이라는 것이다. 소외는 한 개인의 자유가 타인의 자유를 탈취하는 데서 일어난다.

그러나 사르트르의 자유론에 따르면 타인의 시선에 의해 우리의 자유가 한정되어 있다 해도 우리 자신이 그것을 스스로 받아들이지 않으면 타인에 의해 우리의 자유가 한계지어지는 일이 결코 일어날 수 없다. 타인의 자유가 나를 제한하기 위해서는 나의 자유가 그것을 허용해야 한다는 것이다. 인간은 주어진 상황 속에서 선택하여야 하지만, 그러나 선택의 자유는 인간을 '상황 창조적인 존재'로 만들 수 있기 때문이다. 그러므로 사르트르가 말하는 자유는 '전적이고 무한한 것'으로 결코 한계 속에 갇히지 않으며, 실존적 개인이 선택할 수 있는 완전한 자율성을 의미한다. 그는 이러한 완전한 자율성을 사회와 역사 속에서 참여와 저항으로 실천함으로써 '우연과 혼돈'의 불합리성에 맞설 것을 주장하였다.

2. 행복(幸福, happiness, Glueck, bonheur)

① 아리스토텔레스는 행복이야말로 삶의 최고의 원리이며 영
   혼의 참된 활동이라고 말한다

> "왜냐하면 우리들이 행복을 바라는 것은 항상 행복 그 자체 때문이며, 결
> 코 그 이외의 것 때문이 아니며, …… 그러므로 행복이야말로 궁극적, 자
> 족적인 어떤 것이며 우리들이 행하는 것의 모든 사항이며 목적이라고
> 보인다. …… 이리하여 행복은 가장 선하고 가장 고귀하고 가장 즐거운
> 것이며, 이 조건들은 그데로스(그리스의 섬)에 있는 명문이 말하고 있는
> 것처럼 따로 떨어져 있는 것이 아니다."
>
> — 아리스토텔레스, 『니코마코스 윤리학』 —

아리스토텔레스는 행복주의자다. 그는 니코마코스 윤리학에서 행
복에 관하여 누구보다도 많은 글을 남겼다. 그를 행복주의자라고
표현하는 것은, 그가 행복을 삶에 있어서 최고의 목표이며, 삶의
질과 가치를 결정하는 기준으로 보기 때문이다. 그에 따르면 행복
이야말로 모든 사람들이 예외 없이 갈망하고, 추구하며, 얻기 위해
서 노력하는 것으로서 다른 어떤 것을 위한 수단이 되지 않는 것이
다. 다시 말하면 누구도 자신의 행복을 다른 어떤 것과도 바꾸려고
하거나 양보하려고 하지 않으며, 행복을 다른 것을 얻기 위한 도구
로 사용하지 않는다. 행복은 언제나 최종 목표이고, 행복은 곧 삶
의 의미이기 때문이다.

이러한 뜻에서 아리스토텔레스는 행복한 삶이 곧 가장 인간다운
삶이며, 인간다운 삶은 자신의 본성에 따라서 최선을 다한 삶으로,

누구나 실현하기 위해서 노력하는 삶이라고 말한다. 행복하고 싶어 하는 욕망은 모든 인간에게 있어서 공통적이고 계속적인 모습이다. 행복은 삶에 대한 기대와 희망이기 때문이다. 그래서 파스칼은 행복이란 심지어 자살하려는 사람까지도 갈망하는 그런 것이라고 말한다.

그러나 행복이 무엇인가 하는 것을 구체적으로 설명하는 것은 쉽지 않다. 사람들은 제각기 다른 조건과 입장, 그리고 상황 속에서 행복에 대한 정의를 다르게 내리고, 행복의 의미를 다르게 해석하기 때문이다. 이에 대하여 아리스토텔레스는 "인간이 각자 영위하는 삶에 따라 각기 다른 선과 행복의 개념을 갖고 있다는 것은 놀라운 일이 아니다."라고 말한다. 심지어는 한 사람의 행복에 대한 생각이 시간과 장소에 따라서 달라지지 않는가? 이렇게 행복이라는 개념을 통해서 우리가 말하고자 하는 내용이 각자 다른 것은, 그러나 아리스토텔레스에 따르면 행복해질 수 있는 조건과 행복을 구별하지 않는 것에서 비롯된다.

아리스토텔레스가 행복이 궁극적이고 자족적이라고 하는 것은, 행복이란 보다 더 좋은 것 또는 나은 것을 위해서 방법이 될 수 없는 것으로, 그 자체가 궁극목적이며, 따라서 행복에다 다른 어떤 것을 더 추가하거나 뺄 필요가 없는 충분함을 말하는 것이다. 그리고 행복은 선과 떨어져서 생각할 수 없다.

그는 최고선은 행복이라고 말한다. 이는 행복은 자족적이라고 말한 내용과 일치하는 것으로 더 이상 추가할 것이 없는 가장 좋은 상태를 의미한다. '인간의 선'이라고 함은 여기에서 무엇보다도 우리의 영혼이 이성에 따라서 활동하는 것을 말하는 것으로 이로 인해 느끼는 정신적 즐거움이 곧 행복이라는 것이다. 우리의 이성이 옳지 않다고 판단하는 일들을 하는 경우, 예를 들면 남을 속이거나 거짓말을 하는 경우, 우리 자신의 정신에 따르지 않는 행동을 통해서 우리는 스스로 만족하거나, 자신에 대한 고귀함을 느끼거나 즐거워할 수 없는 것이다.

아리스토텔레스에게 있어서 선의 의미는 선의 이데아를 말하는 플라톤과는 다르다. 아리스토텔레스에게서 선은 인간이 도달할 수 없는 순수함의 원형으로서의 선이 아니며, 또한 현실적이고 구체적이고 유일한 것이 아니라, 조건에 따라서 다양하게 나타는 것이다. 선은 의료에서는 건강, 건축에서는 잘 지어진 건물과 같이 행동과 선택의 목적이다. 선은 궁극적 목적으로서, '그 자체로서 추구되는 것'으로 행복과 일치되는 것이다. 다시 말하면 선은 그 자체로 바람직한 것이고, 다른 것을 위하여 쓰이는 수단이 아니므로, 여기에서 얻어지는 즐거움과 고귀함이 '본성적으로 즐거운 것'이기 때문에 행복이 될 수 있는 것이다. 아리스토텔레스는 이렇게 본성적으로 즐거운 것과 쾌락은 서로 다르다고 말한다. 쾌락은 정신적인 것이라고 할지라도 그 자체로서 인간의 목표가 될 수 없는 것으로, 자신이 좋아하는 것을 대상으로 하여 얻어지는 것이기 때문이다. 따라서 선함이 없이 쾌락만을 목적으로 하는 활동은 우리에게 행복을 가져다주지 않는다.

선과 행복의 바탕이 되는 것은 무엇보다도 지성을 통한 활동, 아리스토텔레스가 인간의 탁월성이라고 말하는 것을 통해서 추구된다. 인간의 탁월성은 살아 있는 다른 생물들과는 구별되는 인간만이 갖고 있는 특성을 말한다. 아리스토텔레스는 그래서 다른 동물들도 갖고 있는 식욕, 육체적인 욕망과 같은 본능적인 욕구가 아닌 사고하고 판단하고 실천에 옮기는 정신적 지성이 인간의 탁월성이라고 주장한다.

행복이 이렇게 인간의 탁월성인 정신을 바탕으로 추구되고 실현되는 것이라고 보는 아리스토텔레스는 무엇보다도 지속성을 강조한다. 행복이란 일시적으로 나타났다가, 순간적으로 사라지는 그러한 것이 아니다. 왜냐하면 행복은 '탁월성에 따른 정신의 어떤 활동'이기 때문에 행복한 삶은 꾸준하게 노력하여 지속적으로 실현하는 삶이다. 정신의 활동이란 순간과 우연에 좌우되는 일시적인 것이 아니다. 따라서 행복은 삶의 어떤 한 기간에 나타나거나 느끼는 것이 아니라 일생을 통해서 이루어지는 과정이며, 최선을 다한 활동과 실천을 생활화하고 습관으로 만드는 데서 찾아진다. "한 마리의 제비가 날아온다고 봄이 오는 것은 아니"라는 것이다. 우리는 단 한 번의 지성적 활동으로 행복해지지 않는다.

사람들은 무엇보다도 관조하는 습관과 중용의 미덕을 가짐으로써 행복한 삶을 안정적으로 계속해 갈 수 있다. 관조란 바라보고 검토한다는 의미로 '지성적인 사색'이다. 또한 중용은 이성에 따라서 어느 한편에 치우치지 않고 균형을 잡는 것이다. 관조와 중용은 순간의 행·불행이나 외적 조건에 의한 행운에 흔들리지 않고, 자신의 운명을 오히려 보다 높은 고귀함과 긍지로 이겨 나갈 수 있다.

물론 아리스토텔레스도 외적인 '좋음(선)'의 필요성을 완전히 부인하지 않는다. 좋은 집안, 재산, 멋진 외모, 권력 등이 행복의 수단으로 쓰이거나, 행복을 느끼는 조건이 될 수 있다고 말한다. 그러나 이러한 것들은 외부에서 주어진 것으로, 자신의 지성에 의한 지속적인 활동으로 인해 얻어진 것이 아니므로, 행운이 될 수는 있지만 행복은 아닌 것이다. 아리스토텔레스는 이러한 행운이 행복의 수단으로 생각되기 때문에 흔히 행복으로 생각되는 것이라고 말한다. 그러나 아리스토텔레스가 말하는 인간의 최고의 목표로서의 행복은 좋은 생활과 좋은 행위를 그 자체로서 선한 생각으로 해나가는 삶 속에 있는 것으로, 이에 의하면 '잘 살고, 잘 행하는 사람'이 행복한 사람이다.

② 에피쿠로스는 행복이란 쾌락(영혼의 평온함)이라고 말한다

> "욕망들 중 어떤 것은 …… 우리가 쾌락의 부재로 인해 고통을 느낄 때에는 쾌락을 필요로 하지만, 고통을 느끼지 않는다면 더 이상 쾌락을 필요로 하지 않는다. 이런 이유 때문에 우리는 쾌락이 행복한 인생의 시작이자 끝이라고 말한다. 왜냐하면 우리는 쾌락을 우리에게 타고난 첫 번째 선이라고 인식하며, 선택하고 기피하는 모든 행동을 쾌락으로부터 시작하기 때문이다."
>
> — 에피쿠로스, 『메노이케우스에게 보내는 편지』—

> "사실상 에피쿠로스는 현자는 다음과 같아서 언제나 행복하다고 말했습니다. 즉 그는 욕심을 억제하고, 죽음을 대수롭지 않게 여기며, 아무런 공포심도 없이 불멸의 신들에 고나한 진실을 감지하고 더욱 낫다면 생에서 이탈하는 것을 주저하지 않는 것이지요. 이런 것들을 알게 된 자는 항상 쾌락의 상태에 있습니다. 사실상 그에게는 쾌락이 고통보다 더 크지 않을 때가 없습니다."
>
> — 키케로, 『키케로의 최고 선악론』—

에피쿠로스는 인간의 행복은 최대한의 쾌락, 또는 기쁨에 있다고 말한다. 행복은 쾌락에서 비롯하며, 쾌락이 없는 행복은 존재하지 않는다는 것이다. 쾌락의 부재는 곧 고통이고, 고통 속에서 행복을 느낀다는 것은 불가능하기 때문이다. 그래서 그는 쾌락을 행복을 위한 수단으로만 생각한 플라톤과 아리스토텔레스의 생각을 반박하고 행복은 쾌락과 같은 의미를 갖는다고 주장한다. 쾌락은 인간의 최고의 목적으로서 그 자체가 선이며 최고의 행복이라는 것이 에피쿠로스의 생각이다.

에피쿠로스에 의하면 쾌락이 최고의 선이요 행복이라는 사실을 생명체가 갖는 본성에 의해서 증명할 수 있다. 그는 쾌락이 최고의 행복이라고 생각하는 이유를 모든 생명체가 태어나자마자 누가 시키지 않아도, 배우지 않고도 자연스럽게 쾌락을 즐거워하고 고통을 본능적으로 피하려고 한다는 사실에서 찾는다. 인간은 본성 그 자체에 따라 쾌락을 가장 좋은 것으로 추구하고 고통을 가장 나쁜 것으로 경멸하여 회피하려고 한다는 것이다. 그리고 우리가 감각으로 불이 따뜻하고 꿀이 달콤하다는 것을 알 수 있듯이 쾌락이 행복이라는 것을 본성적으로 감각적 경험에 의해 알 수 있기 때문에 우리는 행동을 선택하는 데 있어서 최대의 쾌락을 가져올 수 있는 것을 선택해야 한다고 주장한다. 이러한 주장은 인간에게 좋은 것을 추구하는 것은 당연한 일이며, 좋은 것이 인생의 목적이 되는 것이고, 이러한 목적이 곧 행복으로 불린다는 입장에서 출발한다.

에피쿠로스가 말하는 행복과 같은 의미를 갖는 쾌락은 흔히 사람들이 말하는 욕망의 충족에서 오는 쾌락과는 그 의미가 다르다. 에피쿠로스가 말하는 쾌락을 한마디로 정의하면 바로 '고통이 없는 상태'이다. 쾌락 하면 흔히 생각하게 되는 향락이나 방탕함과는 아무런 상관이 없을 뿐만 아니라, 오히려 이러한 것들은 에피쿠로스가 의미하는 쾌락을 방해한다. 에피쿠로스의 쾌락은 방탕한 사람들의 쾌락이나 흔히 사람들이 생각하는 육체적인 쾌락을 의미하지 않는 것이다. 왜냐하면 삶을 즐겁게 만드는 것은 술을 마시고 흥청거리는 것도 아니고 감각적 욕구를 만족시키는 것도 아니고 마음껏 먹는 것도 아니라고 보기 때문이다.

에피쿠로스가 의미하는 쾌락은 고통으로부터 벗어나는 것이기 때문에 쾌락을 얻기 위해서는 몸의 고통이나 마음의 혼란으로부터 자유스러워야 한다. 우리를 불쾌하게 하는 것은 고통이고 우리를 즐겁게 하는 것은 모두 쾌락이므로 고통으로부터 벗어나서 쾌락을 추구해야 한다는 것이다. 모든 고통스러운 것을 제거함으로써 쾌락이 커지고 거기서 우리는 비로소 행복한 삶을 살게 된다고 말한다. 이러한 의미에서 쾌락은 육체적 감각적 만족 상태뿐만 아니라, 기쁨, 쾌적함, 유쾌함 등을 모두 포함하는 것으로, 몸과 마음의 상태를 말한다.

에피쿠로스는 행복을 쾌락과 동일시하면서, 행복으로서의 쾌락에는 두 가지 의미가 있다고 주장한다. 첫째 신체가 고통으로부터 해방되어야 하고 둘째 마음이 혼란으로부터 자유스러워져야 한다. 신체가 고통으로부터 벗어나서 평안해지는 상태를 '아포니아(aponia)'라 하고 마음이 유혹과 불안으로부터 자유스러워지는 상태를 '아타락시아(ataraxia)'라 한다. 인간에게 주어지는 최상의 쾌락은 아포니아와 아타락시아의 상태이며, 이 상태에 도달했을 때 인간은 진정한 행복을 누리게 된다. 그가 말하는 쾌락은 다시 말하면 유혹과 욕망에 흔들림이 없는 영혼의 평온함인 것이다.

또한 에피쿠로스는 쾌락의 종류를 정적인 쾌락과 동적인 쾌락으로 구분한다. 그는 "마음의 동요가 없음과 몸의 고통이 없음은 정적 쾌락이다. 하지만 즐거움과 환희는 운동을 동반한 실제적 쾌락이다."라고 말한다. 동적인 쾌락은 즐거움과 환희를 동반하는 운동을 통해서 나타나고 정적인 쾌락은 그 결과로 모든 고통이 사라진 후 얻게 되는 쾌락이다. 예를 들어 어떤 사람이 갈증이 나서 물을 마시려는 욕구가 생길 경우, 이 욕구를 해결하기 위해 물을 마시면 욕구를 충족시키는 과정에서 바로 동적인 쾌락이 발생한다. 여기서 갈증이 완전히 해소되고 그 고통이 사라지게 되면, 다시 말해서 물 마시고 싶은 욕구가 완전히 충족된 후에 비로소 정적인 쾌락이 생겨난다는 것이다. 그래서 에피쿠로스는 몸과 마음의 모든 고통과 혼란이 없어진 정적인 상태를 인간이 추구하는 최고의 선이요 행복인 쾌락이라고 한다.

그러면 우리는 어떻게 해서 이러한 쾌락을 누리는 행복에 이를 수 있는가? 에피쿠로스에 따르면 인간을 행복하지 못하게 하는 가장 중요한 것은 신과 죽음에 대한 두려움이다. 이러한 두려움이 인간의 마음을 평안하게 하지 못한다고 보기 때문이다. 따라서 인간이 행복해지기 위해서는 신과 죽음에 대한 두려움에서 벗어나야만 한다. 에피쿠로스에 의하면 이러한 두려움은 '쓸모없는 것'에 지나지 않는다. 왜냐하면 신과 죽음은 우리의 삶에서 결코 직접적으로, 눈으로 확인할 수 없기 때문이다. 우리는 이들을 직접 경험할 수 없고 알 수도 없다. 잘 알지 못하는 것에 대한 막연한 두려움은 우리를 고통스럽게 하고, 마음의 평안을 빼앗아 가므로, 삶은 불행해질 수밖에 없다는 것이다.

에피쿠로스의 주장을 가장 상세하게 전해주는 키케로에 의하면

에피쿠로스 자신은 항상 행복하다고 말했다 한다. 그는 항상 쾌락을 얻기 위하여 욕심을 절제하고 적은 것과 자신이 갖고 있는 것에 만족하며 자연과 본성에 어긋나는 것을 욕심내지 않았다고 한다. 인간은 지나친 욕망과 공허한 소망을 버릴 때 누구나 행복해질 수 있다고 생각했기 때문이다. 우리의 행복한 삶을 위해서 정말로 필요한 것은 '약간의 음식과 옷, 그리고 약간의 친구와 철학'이라고 말한다. 행복한 삶에 필요한 것은, 그리고 쾌락과 기쁨을 누리고자 하는 사람에게 필요한 것은 무엇보다도 지혜, 용기, 절제인 것이다. 이렇게 볼 때 에피쿠로스에 의해 운영된 유명한 '쾌락의 정원'은 오히려 평온함, 도덕 그리고 엄격함을 강조한 '금욕의 정원'이라고 할 수 있다.

③ 아우구스티누스에 따르면 행복은 영원한 진리의 발견 속에 있다

"그러면 언제 어디서 그것을 경험했기에, 나는 행복한 삶을 회상하고 사랑하며 열망하는 것일까요? 나와 모든 사람들이 행복해지기를 바라고 있습니다. 그러나 우리가 행복한 삶을 확실한 인식에 의해서 알지 못할 때에는, 확고한 의지로써 그것을 구하지 않을 것입니다. 그런데 이와 같은 일은 왜 일어날까요? 두 사람에게 '전쟁에 나가기를 원하는가?'라고 묻는다면, 한 사람은 나가는 것을 원한다고 대답하고 다른 한 사람은 원치 않는다고 대답할지도 모릅니다. 그렇지만 그들에게 '당신은 행복하기를 원하는가?'라고 물으면, 두 사람은 즉시 그렇다고 대답할 것입니다. 두 사람 중 한사람이 전쟁에 나가기를 원하고 다른 한 사람이 원치 않는 것도 특별한 이유에서가 아니라 다만 그들이 행복하기를 열망하기 때문입니다."

—아우구스티누스, 『고백록』—

"그러면 어째서 그들은 진리를 사랑하지 않는 것입니까? 어째서 행복을 누리지 못하는 것입니까? 그들은 자신들을 불행하게 하는 다른 세속적인 사물에만 눈이 팔려, 자신들을 행복하게 하는 것을 극히 조금밖에 기억하고 있지 않기 때문입니다."

— 아우구스티누스, 『고백록』 —

"이와 같이 모든 사람은 행복하기를 원합니다. 그들에게 '당신은 기뻐하기를 원하는가?'라고 물으면 이구동성으로 그렇다고 대답할 것입니다. 이 기쁨 그 자체를 우리는 행복한 삶이라고 부르는 것입니다."

— 아우구스티누스, 『고백록』 —

'서양 신학의 아버지'라고 불리는 성 아우구스티누스의 행복에 관한 생각은 자신의 실존적 체험과 삶에 대한 깊은 반성에서 비롯한다. 그에 따르면 인간의 영혼은 모든 힘을 다하여 행복을 갈망한다. 인간은 서로 다른 취미와 취향을 가질 수 있지만 행복만은 누구나 다 공통으로 추구한다는 것이다. 그는 『고백록』에서 인간이면 누구나 욕망하는 행복과 그것을 소유하는 방법에 대하여 자신의 지난 삶에 대한 깊은 성찰과 후회 속에서 기록하고 있다.

아우구스티누스는 행복이야말로 모든 인간 행위의 근본적인 욕망이라고 주장한다. 그래서 인간이 행복을 추구하는 것은 자연스러운 일이고, 또 행복을 누리는 것은 삶에 있어서 대단히 중요한 일이라는 것이다. 이러한 이유에서 그는 『고백록』에서 인간이 단순히 사는 것과 행복하게 사는 것은 다르다는 점을 지적한다. 행복이야말로 인간의 모든 행위의 목적이고 동기이므로, 한가지의 물음에 대하여 서로 다른 결정을 내린다할지라도, 그 이유는 행복에 대한 갈망 때문이다. 다만 우리는 행복을 추구하는 방법이 다르기 때문에, 행복을 찾으러 다른 길을 갈 뿐이다.

그는 자신의 과거를 반성하면서 과거의 삶은 늘 행복을 찾아서 헤맸지만 그러나 불행과 고통의 연속이었다고 말한다. 진정한 행복은 곧 기쁨을 주는 것이며, 이러한 기쁨은 다름 아닌 진리의 발견을 통해서 얻어지기 때문에, 육체의 욕망과 쾌락의 추구를 통해서 얻으려고 했던 행복은 진정한 것이 아니고, 더 많은 욕망을 일으키고 이로 인해 더 큰 고통을 겪게 된다.

진리를 찾고자 하는 갈망은 그러나 학문적 의미가 아니고, 우연하고 공허한 삶의 너머에 있는 진리, 곧 신에게로 나아가는 길이다. 아우구스티누스에게 있어서 행복한 삶이란 신과 영혼에 관한 물음에서 출발한다. 그는 행복이 곧 진리를 사랑하는 기쁨에서 오는 것이라면, 어떻게 해서 우리는 그것이 곧 참된 행복이라는 것을 알게 되었는가 하고 묻는다. 그것은 곧 우리의 기억 때문이라고 말한다. 절대자에 대한 사랑과 그로 인한 행복한 삶에 대한 원죄 이전 기억을 우리는 간직하고 있으며, 참된 행복은 이러한 진리에 대한 상기를 통해서 신을 진정 참된 진리로 기뻐하는 것이다. 반면에 절대적 진리의 반대편에서 세상의 기쁨과 쾌락에만 눈이 팔린 사람들은 진리를 통한 행복한 삶을 누릴 수 없다. 왜냐하면 행복의 추구는 '신을 향하여' 이루어져야 하기 때문이다. 신을 향한 행복만이 참된 선이며, 영원할 수 있다는 것이다.

그러므로 아우구스티누스에게 있어서 행복과 소유, 또는 욕망의 충족은 반드시 일치하는 것은 아니다. 원하고 욕망하는 것을 소유하는 것은 때로는 행복으로부터 더욱 멀어지거나, 또는 불행을 가져오기도 한다. 그래서 『고백록』에서 그는 "어린아이가 불을 원한다고 해서 불을 손에 쥐는 것이 행복한가?"라고 묻는다. 그는 행복을 소유의 내용에 따라 가상적 행복과 진정한 행복으로 나눈다. 가상적 행복을 추구하는 사람들은 육체를 따라 사는 사람들이다. 이러한 사람들은 현세적인 것이 전부인 것으로 행동하며 감각적 욕구의 만족을 행복이라고 생각한다. 이들은 시간에 얽매여서 우연적인 것을 얻음으로써 행복해진다고 생각한다.

그러나 우연하고 육적인 것 대신에 영원한 진리, 신을 소유한 사람들은 진정으로 행복하게 되며, 외부로부터 어떤 위협도 받지 않으므로, 이러한 행복은 또한 잃어버릴 위험도 없다고 말한다. 더욱이 항상 불안한 존재로서의 인간은 신을 향하고, 인식하고, 소유함으로써 시간을 초월하는 '영원한 행복'을 얻을 수 있다는 것이다.

④ 스피노자는 행복은 덕 자체이며 정신의 자유라고 말한다

> "지복(최고의 행복)은 덕의 보수가 아니라 덕 자체이다. 우리들은 쾌락을 억제하기 때문에 최고의 행복을 누리는 것이 아니라, 반대로 최고의 행복을 누리기 때문에 쾌락을 억제할 수 있다."
>
> — 스피노자, 『에티카』 —

스피노자는 『에티카』에서 행복은 덕을 행한 결과로서 얻어지는 것이 아니고, 덕 그 자체라고 말한다. 덕이란 다름 아닌 정신의 능력이다. 인간의 최고의 덕은 지성의 본성에 따라서 어떤 것을 행동할 수 있는 힘이라는 것이다. 다시 말하면 최고의 행복은 곧 지성의 능력이라는 의미이다. 이것은 다시 모든 인간이 욕구하고 추구할 가치가 있는 행복한 삶은 '이성적인 삶'이라는 것을 뜻한다.

스피노자가 말하는 이성적인 삶은 자신의 능력을 통해 인간의 욕망과 그 원인을 이해하고 합리적으로 욕망할 것을 요구한다. 따라서 이성에 의해서 생기는 욕망은 결코 과도한 욕망일 수가 없다. 스피노자에 따르면 이러한 이성적인 삶은 자연의 법칙에 따르는 필연적인 삶이다. 스피노자는 세계가 필연적인 법칙에 따라 움직인다는 생각을 가지고 있기 때문이다. 그러므로 우리는 이성의 법칙에 따라 세상의 모든 것들에 대한 타당한 지식들을 알고 이에 따라 행동함으로써 행복에 이르는 길을 찾게 된다는 것이다.

스피노자는 이성적 삶을 살아가는 사람을 '자유인'이라 하는데 자유인은 행복한 삶을 누리는 사람이다. 자유인이 누리는 행복한 삶은 행복 그 자체로서 다른 어떤 보상이나 대가를 요구하지 않는다. 그래서 스피노자가 말하는 행복은 어떤 도덕적 가르침을 따라 얻어지는 상태가 아니라 이성의 요구에 따라 행할 때 자연스럽게 얻어지는 정신 상태의 만족이다. 따라서 행복은 정신의 능력이며 동시에 정신의 자유를 뜻한다. 정신은 행복한 상태에서 더 많은 것을 인식하고, 깨닫게 되므로, 인간의 정서에 대하여 그만큼 더 큰 힘을 갖게 된다. 그리고 행복한 상태에서 정신은 나쁜 정서의 영향을 덜 받게 된다. 그래서 인간은 쾌락을 참음으로써 행복을 누리며 쾌락에 대한 욕망을 극복할 수 있게 된다. 나쁜 정서, 즉 선하지 않은 욕망, 비이성적인 욕망 등을 억제하고 견뎌낼 수 있는 힘은 오직 이성에서만 나오기 때문에, 인간은 이러한 것들을 참고 견디는 것에서 행복을 누리는 것이 아니고, 반대로 쾌락을 억제하는 힘, 능력 자체가 행복에서 생긴다고 말한다.

"이로부터 우리들은, 우리들의 행복이나 지복 또는 자유가 무엇에 있는지를, 즉 그것들이 신에 대한 변함없고 영원한 사랑 또는 인간에 대한 신의 사랑에 있다는 것을 분명히 인식한다."

— 스피노자, 『에티카』 —

스피노자는 정신의 자유와 능력인 행복은 신에 대한 사랑에 있다고 확신한다. 스피노자는 인간이 갖는 신에 대한 지적 사랑은 신이 자기 자신을 사랑하는 신의 사랑 그 자체와 동일한 것으로 신의 무한한 사랑의 일부라는 것이다. 신은 그 자신이 선함 자체이고 신이 자신을 사랑하는 것은 선한 것을 사랑하는 것이기에, 인간이 신을 사랑한다는 것은 최고의 선을 사랑하는 것으로 그 자체가 모든 것의 최종목적이 되는 것이다. 그래서 신을 사랑하는 것은 선한 것, 즉 무한하고 영원한 것을 향하는 사랑이기에 인간 정신은 신에 대한 사랑을 통해 완전하고 순수한 기쁨으로 가득 찬 행복을 누린다고 말한다.

스피노자가 말하는 신에 대한 사랑이란 신을 올바로 인식하는 것이다. 그에게 있어서 신은 이성의 활동을 통해서 파악될 수 있는 존재로서 인간의 정신적인 능력에 의해 정확히 인식되고 경험될 수 있다. 그에게 있어서 신은 인간 혹은 자연과 동떨어진 곳에 홀로 존재하는 대상이 아니라 바로 자연 속에 있으며, 자연 그 자체이기 때문이다. 따라서 신을 인식한다는 것은 사물의 본질에 마땅한 방식으로 사물들을 인식한다는 것이다. 그래서 우리가 세상에 대한 정확한 인식을 가질 때 진실로 무엇을 소유해야 할 것인지를 알게 되고 이를 바탕으로 적절한 행동을 하게 된다. 그러므로 신을 인식한다는 것은 곧 삶에서 최고의 만족을 얻게 된다는 것을 의미한다. 다시 말하면 신을 인식한다는 것은 이성에 따른 삶을 사는 것이며, 슬픔과 증오, 복수와 같은 정서를 초월하고, 자유인으로서 삶에 관한 참된 인식에 따라 사는 것을 말하며, 이러한 삶을 사는 사람은 지복을 누리는 가장 행복한 사람이라는 것이다.

스피노자에게 있어서 행복은 추상적인 것이 아니라 아주 구체적인 것이다. 행복은 신과의 관계 속에서 참된 기쁨을 알고 진정한 자유를 실현하는 것이다. 그래서 행복이 무엇인가라 하는 물음을 제기하고 그 해결을 추구한 스피노자는 인간을 초월해 신으로 나아가는 것이 아니라 자신의 존재가 신과 연결되어 있음을 인식하고 자연 속에서 자신의 분명한 위치와 기능을 찾는 정신적 행복을 말한다. 이러한 의미에서 그는 "행복과 같은 모든 고귀한 것은 힘들뿐만 아니라 드물다"고 말한다.

5 밀에 따르면 행복은 쾌락이며 고통의 부재이다

> "행복은 쾌락 내지 고통의 부재이며, 불행은 고통 또는 쾌락의 상실이다. 쾌락, 그리고 고통으로부터의 해방은 목적으로서 바람직한 유일한 것이다. 또한 바람직한 모든 것은 그 중에 포함되어 있는 쾌락을 위한 것이거나 또는 쾌락을 증대하고 고통을 방지하는 수단으로써 바람직한 것이다."
>
> — 밀, 『공리주의』 —

밀은 잘 알려진 것처럼 공리주의자다. 공리주의란 흔히 '최대다수의 최대행복'을 위한 주장으로 이해된다. 그래서 하나의 행위는 가능하면 최대한의 다수를 행복하게 할 때 좋은 행위라고 말한다. 이러한 입장에서 볼 때 하나의 행위가 옳고 그른 것은 그 결과가 쾌락을 가져오는가, 아니면 고통을 초래하는가에 따라서 결정된다. 쾌락을 가져오는 행위는 선한 것이고 이것은 곧 행복을 뜻한다.

밀은 공리주의의 입장에서 "행복이란 쾌락 또는 고통의 부재를 의미하며, 반대로 불행이란 고통 또는 쾌락의 상실을 의미한다."라고 정의한다. 행복은 쾌락과 고통의 관계에 달렸다는 것이다. 행복은 적극적으로는 바로 쾌락을 더 많이 만들어 내는 것이며, 소극적으로는 고통이 없는 상태이다. 그러므로 밀은 행복을 얻기 위해서 인간은 쾌락의 증대를 도모해야 하며 불행을 피하기 위해 고통을 막아야 한다고 말한다. 행복과 쾌락이 가장 바람직하고 유일한 선이라는 것이다. 밀은 더 나아가서 쾌락과 행복은 도덕적으로 옳고 그름을 구별하는 가치의 기준이 된다고 한다. 이에 따르면 인간의 행위를 판단하는 기준은 다수를 위해서 좋은 것인가, 그리고 나와 더불어 많은 사람을 행복하게 하는가 하는 데 있다. 만일 그렇다면 이러한 행위는 옳고 유용한 것이다.

그러나 밀이 의도하는 쾌락은 초기의 공리주의자 벤담과는 달리 단순한 양적 쾌락이 아니라 높은 가치를 가진 질적인 쾌락이다. 밀은 공리주의의 쾌락추구가 동물적인 행복의 추구라고 비난한 사람들에게 공리주의는 그런 저급한 쾌락을 추구하는 것이 아니라고 역설한다. 인간은 동물의 욕정을 넘어서 훨씬 더 고양된 능력을 가지고 있기 때문에 그런 능력을 바탕으로 하지 않고, 쾌락을 추구하는 것은 행복이라 할 수 없다고 한다. 그래서 쾌락을 추구할 때는 그 양뿐만 아니라 질도 고려해야 한다고 말한다. 사실 밀이 의도하는 쾌락은 육체적인 쾌락이라기보다는 정신적인 쾌락을 말한다고 보아야 한다. "만족한 돼지보다는 불만족한 인간이 낫고, 만족한 바보보다는 불만족한 소크라테스가 낫다"라고 한 그의 말은 그가 행복에 대하여 어떻게 생각하는가 하는 것을 잘 보여준다.

그런데 문제는 세상에는 수없이 많은 쾌락이 존재한다는 것이다. 어떤 쾌락이 더 질적으로 고급인지 어떻게 알 수 있을까? 밀은 쾌락의 양적인 차이와 질적인 차이의 문제는 쉽게 해결될 수 있다고 말한다. 양쪽의 두 쾌락을 모두 경험한 사람이 도덕적 의무감을 떠나서 순수하게 어떤 것이 더 나은 것이라고 선호하는 것이 있다면 바로 그것이 질적으로 더 나은 쾌락이라는 것이다. 질적으로 더 좋은 것과 도덕은 서로 관계가 없다는 것이다. 어떤 것이 도덕적으로 옳다고 하더라도 쾌락을 주지 않는다면 그것은 행복과는 거리가 있는 것이다. 예를 들면 많은 사람들이 행하는 어떤 봉사활동이나, 희생이 단지 도덕적 의무감에서 이루어지고 우리에게 아무런 즐거움을 주지 않는다면, 이러한 행위는 우리를 행복하게 하지 않는다. 그리고 이러한 높은 쾌락을 선택할 수 있는 능력은 일부의 인간에게만 한정되는 것이 아니라 모든 인류의 공통된 본성이라 한다. 인간은 그 양심과 감정에 따라 누구도 의도적으로 이기적이고 비천한 사람이 되려고 하지 않는다는 생각이 그의 사상의 바탕을 이루고 있다.

"왜 전체의 행복이 바람직한가에 대해서 각 개인이 (그것을 달성 가능하다고 믿는 한) 그 자신의 행복을 바란다는 사실을 제외한 다른 이유도 들 수 없다. 그러나 이것은 사실이므로 우리는 행복이 선이라는 것, 즉 각자의 행복은 그 사람에게 선이며, 따라서 전체의 행복은 모든 사람의 집합체에 있어서 선이라는 것에 대해 사정이 허용하는 한 모든 증거뿐만 아니라 요구 가능한 모든 증거를 가지고 있는 것이다."

― 밀, 『공리주의』 ―

밀은 행복이야말로 모든 행위의 목적이 될 만한 자격을 가졌으며 또한 도덕 기준의 자격이 된다고 주장한다. 이 주장을 증명하기 위해 밀은 세 가지 명제를 증명해 보인다.

(명제1) 모든 사람들이 실제로 행복을 바라기 때문에 행복은 바람직하다. 사람들이 실제로 행복을 바라기 때문에 그것은 '바람직하다'는 명제를 논증하기 위해 밀은 '본다'와 '듣는다'는 동사로 비유해 보인다. 어떤 대상이 보인다는 것에 대한 유일한 증거는 그 대상이 실제로 우리 눈에 보인다는 것이다. 그리고 어떤 소리가 들린다는 것에 대한 유일한 증거는 그 소리가 실제로 들린다는 것이다. 이와 같은 방식으로 밀은 행복이 바람직하다는 것에 대한 유일한 증거는 모든 사람들이 실제로 그것을 바라기 때문이라고 논증한다. 누가 행복을 마다하고 불행을 갈망할 것인가?

(명제2) 각자의 행복이 그 사람에게 선이기 때문에 전체의 행복은 모든 사람들에게 있어서 선이어야 한다. 이 명제에서 밀은 개별적 선이나 개인을 마치 하나의 집합이 될 수 있다고 전제한다. 개별적 차원에서 고려될 수 있는 나의 행복을 기준으로 하여 전체의 행복을 도출할 수 있고 전체의 행복이 곧 나의 행복이 될 수 있다고 논증하고 있다. 그러나 모든 사람의 행복이 곧 나의 행복이 되는 것은 아니다. 오히려 나의 행복이 전체의 행복에 방해가 되거나, 다수의 행복이 나에게는 불행한 일이 될 수도 있다. 그럼에도 불구하고 밀은 나에게 행복이 선이라는 이유 때문에, 전체의 행복이 나의 행복이라고 주장한다.

(명제3) 행복은 욕구되는 유일한 것이며, 따라서 그것은 도덕적으로 정당하고, 도덕의 유일한 기준이다. 밀은 행복이 그 자체로서

욕구되기 때문에 사람들의 목적이 될 수밖에 없으며 따라서 도덕적 가치를 당연히 갖는다고 말한다. 여기에서 밀은 행복이 사람들이 바라는 유일한 목적이며, 도덕적 가치를 판가름하기 위한 유일한 기준이라는 것을 주장하기 위해 사람들이 행복 외에는 어떤 것도 바라지 않는다는 전제를 하고 있다. 그러나 밀의 제3의 명제에 대하여 모든 사람들이 당연하게 동의할 것이라고 말 할 수는 없다. 왜냐하면 사람들은 행위의 목적으로서 밀이 말하는 의미의 행복이 아닌 다른 것들, 예를 들면 사랑, 자아실현 혹은 아름다움의 추구, 그리고 경제적 부를 생각할 수 있기 때문이다. 그러므로 행복이 사람들이 욕구하는 유일한 것이라는 밀의 주장은 행복의 원리를 설득하려는 목적에 치우친 지나친 강조라는 지적도 있다.

3. 사랑(愛, love, Liebe, amour)

① 엠페도클레스는 사랑은 만물을 결합하는 원리이며, 사랑의 다른 이름은 기쁨이라고 한다

"사랑과 미움은 전에도 있었던 것처럼 앞으로도 있게 될 것이다. 내가 생각하기에 무한한 시간은 결코 이 둘로 인하여 공허하게 되지 않을 것이다."

— 엠페도클레스, 『단편』 —

"한때는 사랑에 의하여 만물이 하나로 결합이 되며, 다른 때에는 미움에 의하여 각각 분리된다."

— 엠페도클레스, 『단편』 —

"그대의 정신을 가지고 사랑을 곰곰이 생각해 보고, 흐릿한 눈을 가지고 앉아 있지 말라. 사랑은 가사적 존재의 사지 속에도 내재하고 있는 것으로 생각되고 있다. 그리고 사랑으로 말미암아 사랑을 기쁨이라는 이름으로 그리고 역시 아프로디테(Aphrodite)라는 이름으로 부르면서 그들(물, 불, 흙, 공기)은 다정하게 생각하며, 조화로운 일들을 수행한다."

― 엠페도클레스, 『단편』 ―

소크라테스 이전에 활동하였던 고대 그리스 철학자 중의 한 사람인 엠페도클레스는 시칠리아 남부의 귀족 출신으로 전해진다. 그는 민주주의를 누구보다도 옹호한 정치가로서, 그리고 숨이 끊긴 환자를 되살렸다고 알려질 만큼 유능한 의사로서, 또 마법사, 과학자, 종교가로 알려진 철학자이다. 그의 철학적 사유는 특히 시적으로 표현되어서, 아리스토텔레스에게는 비과학적이라고 지적받았고, 헤겔에게는 시인에 가까운 철학자로 인정받았다. 그가 쓴 4원소, 사랑과 미움, 전생윤회, 영혼에 관한 철학적 시는 150여 편이 전해진다. 특히 그는 자신의 생을 에트나 화산의 분화구에서 던져 마쳤다는 이야기가 전해진다.

엠페도클레스는 인간은 세계를 인식하는 데 한계를 갖고 있다고 생각하면서도, 또한 인간의 무한한 가능성을 말한다. 우주적 흐름과 원리를 알고 순응할 때 인간적 한계를 벗어나서 마술적 힘을 가질 수 있다는 것이다. 그 가운데서 세계를 구성하는 4가지의 원소, 즉 물, 불, 흙, 그리고 공기와 사랑과 미움의 원리는 세계의 생성과 변화를 결정하는 데, 특히 사랑은 우주의 순환에 있어서 결정적인 역할을 한다. 사랑은 미움과 함께 사물의 혼합과 통일을 좌우하며, 우주의 모든 일들을 진행시키는 원동력이기 때문이다. 우주적 변화는 4가지의 원소와 사랑과 미움의 두 원리에 의한 물질의 생성과 소멸이 일어나는 것으로, 물질이 뭉치고, 결합되어 새로운 것을 생성하고, 다시 부분으로 흩어져서 서로 완전히 분리되는 과정이다. 변화는 하나로부터 다수로, 다시 다수의 것에서 하나로 되풀이되며, 이 과정은 지속적으로 일어난다.

우주의 변화에 있어서 사랑은 만물을 하나로 결합시킨다. 그리고 미움은 분리, 또는 해체의 원리이다. 사랑은 서로 끌리는 것들을 하나로 만들고, 서로 그리워하는 것들로 하여금 혼합이 이루어지도록 만드는 원리로, 엠페도클레스에 의하면, 사랑에 의해 네 원소들은 하나로 뭉쳐진 것으로 나타나고, 다수는 반면에 미움에 의해서 네 요소들이 완전히 분리되어 나타나는 작은 부분들이다. 우주적 순환은 사랑과 미움의 원리에 의해서 일어나는 생성과 소멸의 영원한 진행이며, 변화 속에서도 완전히 소멸되거나, 파괴됨이 없이 자기의 정체성을 유지한다.

생성과 소멸은 분리와 결합의 원리에 따라서 일어나는 반복적인 과정이고, 우리가 탄생이라 부르는 것은 사랑의 원리에 의한 혼합이며, 죽음이라고 두려워하는 것은 분리의 원리에 의하여 요소들이 해체하는 것에 불과하다. 따라서 엠페도클레스에 의하면 탄생과 죽음은 단지 사랑과 미움에 의한 결합과 분리의 모습일 뿐이며, 삶이란 무로부터 탄생에 의해서 시작되고 죽음에 의해서 끝나거나 사라져 완전히 파괴되는 것이 아니라, 사랑과 미움에 의해 영원히 계속되는 순환이다. 그래서 삶의 의미는 언제나 흘러가면서 동시에 머물러 있는 이중성 속에서만 설명될 수 있는 것이다.

사랑이 미움과 함께 우주와 세계의 반복적 순환을 진행시키는 원리라고 하는 것은, 사랑과 미움은 대등하고 평등한 특권과 특성을 가지며, 어느 하나가 더 우세하거나 지배하지 않는 것을 뜻한다. 이 둘은 서로 견제하며, 또 서로를 필요로 하는 원리이다. 사랑만이 계속될 때 순환은 불가능하다. 왜냐하면 해체와 분리 없이는 새로운 탄생은 일어날 수 없으며, 미움만으로는 결합을 이루어낼 수 없기 때문이다.

사랑은 미움과 같은 깊이를 가진 원리라고 엠페도클레스는 말한다. 사랑과 미움은 다만 서로 다른 시간에 작용하면서 영원한 세계의 생성과 소멸을 설명한다. 그래서 이들은 세계를 유지하는 '두 개의 바퀴'와 같은 것으로, 본질에 있어서 같은 것이다. 이 원리는 시간을 영원한 것으로 만들며, 또 이로 인해서 시간은 공허하게 흐르지 않는다. 시간은 사랑과 미움의 원리로 인해서 생성되고 소멸되는 것들을 담아냄으로써 비로소 그 의미를 갖는다.

사랑함으로써 결합하여 서로 하나가 되고, 그렇게 해서 하나의 탄생을 준비하는 것은 세계의 모든 것들이 갖는 속성이다. 이렇게 해서 사랑은 서로 다른 것들이 서로를 넘나들게 함으로써 혼합하고, 그것은 또한 그 만큼 새로워지는 변화이다. 따라서 사랑은 결합만이 아니라 변화를 일으키는 힘이다. 엠페도클레스에 의하면 사랑의 이러한 활동과 힘을 제대로 감지하기 위해서 우리는 두 눈을 바로 뜨고, 깊은 생각을 가져야 한다. 사랑은 밖에서 오는 것이 아니라, 안으로부터 오기 때문이다. 그래서 사랑의 힘은 같은 것만이 아니라, 서로 다른 것을 끌어당기고 '너와 나'의 구별은 지워버리는 결합에 대한 갈망이다. 사랑은 단순히 비슷한 것들의 결합만이 아니라, 다른 것을 끌어안는 힘, 즉 내가 갖는 나와 다른 '너'를 향한 열망이며, 이러한 사랑의 다른 이름은 기쁨 또는 사랑의 여신인 "아프로디테"이다.

② 플라톤에 따르면 사랑은 선에 대한 영원한 갈망이며, 불멸을 지향하는 것이다

> "사랑이란 좋은 것을 영원히 자기 자신의 것으로 소유하기를 원하는 것입니다. …… 그것은(사랑) 곧 육체로나 정신으로 아름다운 것 속애서 출산하는 것입니다. …… 오오, 소크라테스, 사랑이란 것이, 당신이 생각하듯이 그저 아름다운 것에로 향하는 것이 아니기 때문입니다. …… 이상 말해 온 것에서 필연적으로 나오는 결론은, 사랑은 불사를 위해서 있는 것이라는 거예요."
>
> — 플라톤, 『향연』 —

사랑은 인류의 가장 보편적인 주제 중의 하나다. 사랑만큼 문화, 역사, 민족의 차이를 뛰어넘어 모든 사람에게 공통적으로 이해되고, 사용되는 개념도 드물 것이다. 그러나 무엇을 가리켜 사랑이라고 하는가 하는 질문에는 누구도 쉽게 답을 내놓지 못한다. 명확한 개념이 필요 없을 만큼 쉽다고 여기기 때문일까? 그 만큼 다양하기 때문일까? 아무튼 많은 철학자들도 사랑을 철학의 주제로 다루었다. 그중 대표적인 철학자는 플라톤이다.

플라톤의 『향연』은 사랑의 향연이라고 할 만큼 사랑을 철학의 핵심적인 주제로 다루고 있다. 플라톤은 향연을 통해서 사랑이야말로 가장 심오하고 가장 인간적이면서도 그러나 동시에 인간의 근본적인 도약이 이루어질 수 있는 감정이라고 말한다. 그는 『향연』을 소크라테스와 그의 제자들이 서로 토론하는 형식의 대화록으로 남겼는데, 이들은 소크라테스의 산파술이라고 불리는 토론 방식을 통해서 각자가 생각하는 다양한 사랑의 의미와 정의, 사랑의 방법과 종류들을 주장하거나 반박하면서도, 사랑에 대한 찬미에는 모두

가 예외 없이 적극적이다. 사랑에 관한 이 심포지엄은 술을 '각자 원하는 만큼 강요 없이 즐겁게 마시면서' 진행되는데, 이러한 형식의 모임은 당시에 흔한 일이었다고 한다.

여러 가지의 사랑의 관점에 대해서 서로 묻고 답하는 형식을 가진 『향연』은 소크라테스가 말하는 결론적인 부분에서(디오티마 편) 절정에 이르게 된다. 여기에서 나오는 디오티마 부인은 소크라테스에 의하면 여러 가지에 해박하고 통달한 사람으로 그에게 사랑에 관한 것을 가르쳐 주었다고 한다. 그러나 디오티마가 실제 인물인지는 정확하지 않다. 소크라테스와 디오티마의 대화는 단순히 사랑에 대한 찬미나 예찬이 아니고, 사랑의 의미가 무엇이며, 무엇이 사랑을 위한, 그리고 사랑을 실천하고 완성하는 참된 방법인가에 관한 것이다.

사랑에 관한 정의를 내리기 위해서 먼저 사랑의 본성에 대하여 말한다. 사랑(에로스)은 그 자체가 아름답고, 선한 것이며, 불멸의 존재이지만, 에로스를 신으로 생각하는 것은 잘못이라는 것이다. 왜냐하면 아름다운 것은 아름다운 것을 더 이상 원하지 않고, 선한 것이 더 많은 선을 소유하기를 원한다는 것은 모순이고, 불멸의 신이라면 선과 아름다움은 이미 가져야 하기 때문이다.

다시 말하면 사랑이란 이미 가지고 있는 것을 갈망하는 것이 아니라, 결여되어 있는 것, 갖지 않은 것을 갈망하는 것이기 때문이다. 그러나 사랑이 아름다움을 이미 갖고 있지 않다고 해서, 추하거나 나쁜 것도 아니다. 왜냐하면 추하고 나쁜 것을 사랑한다는 것은 생각하기 어렵기 때문이다. 이에 따르면 사랑은 아름답지도 추하지도 않은 중간적 존재로서 불멸하지만, 신이 아닌 신령이라는 신적 존재로서 인간과 신을 연결하는 매개자이다.

사랑의 힘은 신과 인간 사이의 말을 전달하고, 통역하며, 인간의 기도와 마음을 신에게 알림으로써 신과 인간 사이에 놓여 있는 간격을 메꾸어 준다는 것이다. 그리스 신화에 따르면 사랑은 처음에 중간적 존재로서 태어났다. 아버지는 풍요와 만족의 신인 포로스이고, 어머니는 빈곤과 결핍의 여신인 페니아이다. 이둘 사이에서 태어난 에로스는 어머니를 닮아 언제나 가난하여 부족한 것을 갈망하고 초라하게 방황하지만, 다른 한편으로는 아버지 포로스로부터는 용기와 대담함을 이어받아 아름다움과 선에 대한 뜻을 세우고, 지혜를 원하는 존재이다. 결국 사랑의 신 에로스는 풍요와 빈곤의 중간적인 존재로, 부유하지도 가난하지도 않다는 것이다. 사랑은 이러한 출생으로 인해 가난함과 충만함의 양면성을 가지며, 또한 지혜와 무지의 중간에서 지혜의 결핍을 깨닫고 지혜를 사랑하는 것이다. 지혜는 가장 아름다운 것들 중의 하나이기 때문이다. 따라서 "사랑은 누구인가에 대한 사랑이며, 동시에 현재 결핍되어 있는 것에 대한 사랑"인 것이다. 이러한 사랑은 그 의미에 있어서 받는 사랑이라기보다는 주는 사랑이다.

사랑한다는 것이 결핍된 것을 갈망하는 것이라면 결국 무엇을 의미하는 것인가? 그것은 좋은 것을 소유하고 싶어 하는 것이다. 플라톤은 사랑은 자신에게 결핍된 아름답고 선한 것을 획득하고 싶어 하는 것으로, 이러한 열정과 갈망이 사랑으로 불릴 만큼 열렬한 것이라면, 새로운 것을 탄생시키는 출산으로 이어진다고 말한다. 사랑은 단순히 아름다운 것, 선한 것에 대한 욕망이 아니고, '아름다운 것 속에서의 출산하는' 행동이다.

사랑을 구하는 모든 사람은 '육체로나 정신으로' 본성상 임신을 하며, 잉태는 추한 것 속에서는 불가능하고, 오직 아름다운 것 속에서만 가능하다. 왜냐하면 잉태와 출산은 신적인 일로, 추한 것이란 다름 아닌 부조화로운 것으로, 불쾌하고, 괴로워 뒷걸음치며 물러서는 것이고, 아름다움이란 조화를 이루는 것으로, 기쁨과 즐거움을 주는 것이기 때문이다. 그런데 잉태와 출산이 신적인 것이라고 함은 죽을 수밖에 없는 운명을 가진 것들에게 있어서 영원함과 불멸을 뜻한다. 즉 출산의 욕망은 영원에 대한 것이고, 사랑을 통한 잉태와 출산은 영원한 불멸에 대한 인간의 갈망인 것이다. 그러므로 사랑은 선한 것과 불멸에 관한 것이 된다.

　출산은 '낡고 늙은 것 대신에 새롭고 젊은 것'을 남기는 것이다. 육체적으로 잉태하고 출산한다는 것은 그래서 자식을 낳는다는 것을 말하며, 자식을 통해서 육체적인 존재는 영원히 "자신"을 보존해 나간다. 반면에 정신적 생명은 모든 창조적인 것과 영혼에 어울리는 것, 이성적인 것을 사랑함으로써 새로운 지혜와 덕을 쌓고, 실천함으로써 불멸의 영생과 이름을 남긴다. 이것을 영혼의 잉태와 출산에 빗대어 말한다.

　플라톤에 따르면 가장 아름답고 훌륭한 사랑은 순수한 정신과 영혼을 따르는 사랑으로 육체에 의해서 잉태하기 위한 사랑보다는, 선을 추구하고, 그래서 절제와 정의를 출산하는 영혼에 의한 사랑이다. 영혼에 의한 영혼에 대한 사랑은 가장 아름다운 사랑으로, 지혜를 구하는 원동력이고 절대를 향한 열망이다. 선은 곧 아름다움이고, 욕망을 절제하고, 근원적 이데아를 상기하면서 영혼의 고향을 그리워하는 것이 참된 사랑, 즉 철학의 길이기 때문이다. 그래서 욕망과 열정에 사로 잡혀 타인이 수단이 되는 사랑이 아니라, 영혼이 자유로워지고, 깊은 관조에 의해서 순수함을 지향하는 사랑을 위하여, 플라톤은 우리가 '늑대가 양을 사랑하듯이 사랑'해서는 안 된다고 말한다.

> "그렇다면 과연 그 자신이 애정의 사물들로 접근하고 다른 것에 의해 그 곳까지 이끌어지기 위한 올바른 방법은 무엇인가? 그것은 이 세상의 아름다움 속에서 출발점을 잡고 이 초자연적인 아름다움을 목표로 하여, 마치 사다리를 타고 올라가듯 끊임없이 위로 올라가는 것이다."
>
> — 플라톤, 『향연』 —

그러나 사랑의 본질이 무엇이고, 사랑의 행위가 무엇인가를 안다고 하더라도 이러한 사랑의 길은 어떻게 가는 것인가 하는 문제는 남는다. 플라톤이 의미하는 사랑이 선과 미를 향한 절대적 사랑이라면, 분명히 그러한 사랑은 평범한 사랑의 길을 택하지 않기 때문이다.

이에 대하여 플라톤은 '사랑의 변증법'을 말한다. 사랑은 플라톤에 따르면 인간이 채워야 할 결핍과 부족함에 대한 다른 말이고, 아름다움 속에서 출산하는 것이다. 결핍을 채우고 싶어 하는 열망은 두 가지 형태로 인간에게 나타난다. 즉 육체적인 것과 정신적인 것으로. 그러나 이 둘은 서로 뗄 수 없는 관계를 맺고 있다. 육체적 사랑에서 정신적 사랑으로 상승하는 것은 마치 '계단 오르기'와 같은 것으로 위 계단에 오르기 위해서는 먼저 아래 계단을 밟는 것처럼, 인간도 육체적인 사랑으로 시작하여 영혼의 순수한 사랑으로 나아간다는 것이 곧 플라톤이 말하는 사랑의 변증법이다.

사랑의 시작은 먼저 하나의 육체를 사랑함으로써 비롯되어, 그다음에는 하나의 육체의 아름다움이 다른 육체의 아름다움과 같다는 것, 즉 육체적 아름다움에 대한 일반성을 깨닫게 되어, 육체적 사랑의 한계와 본질을 파악하게 된다. 육체적 사랑은 시간 속에서 생성되고 소멸되는 순간적인 것이라는 것을 알게 될 때 영원한 영혼의 아름다움이 더 가치 있음을 알게 된다. 영혼에 대한 사랑은 도덕적 행동의 아름다움을 거쳐 학문의 아름다움을 깨닫게 되고 마침내 모든 아름다운 것들의 너머에 있는 아름다움의 본질에 이르러 순수한 미의 이데아를 관조하는 최고 단계의 사랑으로 나아간다. 이러한 사랑은 이제 더 이상 상대적이거나 부분적이고 순간적인 사랑이 아니다. 이것은 절대적이고 전체적인 것으로, 혼란과 역경을 극복하고, 질서와 관조를 통하여 지혜를 잉태하고 출산하는 숭고한 사랑이다.

사랑의 단계에서 중요한 것은 도약이다. 변화적으로 한 단계에서 다음 단계로 비약하는 사랑을 통해서 인간의 영혼은 눈을 뜬다. 마찬가지로 육체로부터 시작하여 정신을 향하여 상승하는 사랑이야말로, 불멸과 영원의 진리를 지향하는 사랑이다. 그러나 플라톤이 육체적 사랑의 의미를 부인하는 것은 아니다. 육체적 사랑은 점차 영혼이 순수하게 되는 과정의 첫 단계로, 우리가 흔히 생각하듯이, 영혼과 대립되는 것은 아니다. 반드시 거쳐야 할 필요한 단계로서, 중요한 보조자로서의 역할을 한다. 육체적 사랑은 충동적 욕망을 일으키기도 하지만, 그러나 일상적인 사랑의 한계 너머로 나아가서 진정한 사랑을 이루고 아름다움을 찾아가는 첫걸음이기 때문이다.

③ 스피노자에 의하면 사랑은 더 큰 완전성을 추구하는 지적인 것이다

> "사랑에 의하여 완전히 정복된 증오는 사랑으로 변한다. 그리고 사랑은 이전에 증오가 없던 경우보다 한층 더 크다. 증오는 증오의 보복에 의하여 증대되고 반대로 사랑에 의하여 제거될 수 있다."
>
> — 스피노자, 『에티카』 —

스피노자는 사랑의 개념을 그 속에 표현된 의미와 내용을 통해서가 아니라, 그 개념이 전달하려고 하는 감정을 통해서 설명한다. 그는 정서의 절제와 조절이 곧 인간의 자유와 굴복을 결정한다고 생각하기 때문이다. 그래서 그는 인간이 정서, 즉 감정을 억제하지 못하면 운명의 노예가 된다고 생각한다. 니체가 '창백한 은둔자'라고 말했던 스피노자가 『에티카』를 쓴 이유도 그래서 인간의 감정과 본성의 힘을 파헤치는 데 있었다.

스피노자는 일원론자로 정신과 육체, 자연과 신을 분리해서 말하지 않는다. 육체의 노력은 곧 정신의 노력이다. 따라서 인간의 본성과 감정을 실제로 있는 그대로 이해할 때에, 우리는 자신을 이해할 수 있으며, 타인에 대한 이해도 가능하다. 사랑은 그에게 있어서 무엇보다도 외부 원인의 관념과 관련된 기쁨이다. 대상을 향한 감정인 것이다. 그래서 누군가에 대한 우리의 사랑이라는 감정은 사랑의 대상인 '너'를 이해하거나, 또는 사랑의 주체인 '나 자신'을 이해함으로써 설명될 수 있는 것이 아니다. 사랑은 '나'라는 육체와 정신 모두를 하나의 실체로서 갖고 있는 신체적인 '나의 존재'를 알 때 이해된다. 왜냐하면 이러한 감정은 외적 대상에 대한 생각을 통해서 어느 날 갑자기 '육체를 가진 나'의 속에서 분출되는 것이기 때문이다. 인간의 감정은 밖을 향해서 표현되는 내부의 욕구이다. 이러한 과정에서 인간은 갈등을 피할 수 없고, 감정은 혼란을 겪는다. 감정의 혼란은 그러나 분명한 관념작용, 즉 정신 활동을 통해서 정확한 인식을 갖게 됨으로써 극복된다. 그러므로 사랑이란 데카르트가 말하듯이 사랑하는 것과 결합하고 싶어 하는 사람의 의지가 아니고, 그러한 욕망이 없이도 생각될 수 있는 것으로, 사랑하는 자의 내부에서 스스로 일어나는 만족감과 기쁨이 더욱 커지는 것이라고 말한다.

스피노자에 의하면 기쁨은 인간의 보다 작은 완전성에서 더 큰 완전성으로 나아가는 것이다. 반면에 증오는 외적 요인에 관한 슬픔이다. 슬픔은 기쁨과는 반대로 더 큰 완전성에서 오히려 더 작은 완전성으로 옮겨 가는 정서이다. 이렇게 본다면 기쁨은 정신의 활동을 증대시키고, 활발하여 쾌감을 주지만, 슬픔은 정신의 사유능력을 감소시키고, 고통과 우울함을 가져온다.

그리고 사랑은 필연적으로 그것이 무엇이든지 사랑하는 대상을 계속해서 유지시키고 소유하려 하지만, 증오는 그 대상을 멀리하고 파괴시키려고 한다. 이렇게 서로 대립되는 정서인 사랑과 증오는 기쁨과 슬픔으로 나타나는 심정의 동요로서 서로 뗄 수 없는 깊은 관계를 갖는다.

증오는 더욱 더 증오를 크게 만들면서, 다시 증오에 의해서 보복당하게 되지만, 그러나 증오는 사랑에 의해서, 슬픔이 기쁨에 의해서 사라지듯이, 그렇게 극복된다. 사랑에 의해서 사랑 속으로 들어온 증오는 더 이상 슬픔이 아니므로, 그 크기만큼 원래의 기쁨과 더불어 더 큰 사랑을 만들어 낸다.

"자기 자신과 자신의 정서를 명석판명하게 인식하는 사람은 신을 사랑하며, 자기 자신과 자신의 정서를 더 많이 인식하고 할수록 더욱 더 신을 사랑한다. 신을 사랑하는 사람은 반대로 신이 그를 사랑하게끔 노력할 수 없다."
— 스피노자, 『에티카』 —

스피노자에 의하면 인간의 정신은 자신의 활동능력에 의해서 기쁨을 느끼고, 자신의 능력에 대한 생각이 명확할수록 더 큰 기쁨을 느낀다. 정신의 활동을 통해서 얻는 기쁨은 곧 신의 관념을 가지고 있기 때문에, 이 기쁨은 신에 대한 사랑이다. 스피노자에 의하면 생각하는 능력은 신적 능력이고, 이성의 본성은 사물을 영원성 안에서 이해하려고 한다. 그리고 신의 본성은 무한함과 완전성에 있으므로 영원성은 신의 본질 그 자체이다. 다시 말하면 신에 대한 사랑은 곧 정신의 활동에서 나오며, 정신의 크기에 좌우된다. 그러므로 사물의 영원성을 이해하는 데서 얻어지는 정신이 기쁨을 얻는 것은 곧 신에 대한 사랑이 되는 것이다. 따라서 자신에 대한 인식이 클수록 신에 대한 사랑도 비례해 커진다.

그러나 인간이 신을 사랑한다고 해서, 그 응답으로서 인간에 대한 신의 사랑을 요구할 수는 없다. 왜냐하면 신이 인간을 사랑하기를 바라는 것은, 자신이 사랑하는 신이, 신이 아니기를 바라는 것이다. 그것은 스스로 슬픔을 원하는 것과 다르지 않다. 왜냐하면 신은 기쁨이나 슬픔에 의해서 영향 받지 않아야 하며, 따라서 인간의 감정인 사랑과 미움을 가지고 인간을 대하지 않는다. 신은 변화하지 않는 존재이므로 더 큰 완전성으로나, 더 작고 낮은 정도의 완전성으로 이동할 수 없다는 것이다. 그래서 "신은 아무도 사랑하거나 미워하지 않는다." 괴테에게 강한 인상을 남긴 이 말은 신에 대한 사랑은 질투나 시기심으로 더럽혀질 수 없다는 의미이다. 이것이 바로 인간의 사랑과 신의 사랑이 서로 다른 점이다. 신에 대한 사랑은 이성의 명령에 따라서 생기는 사랑으로 최고의 선이고, 모든 사람에게 공통된 것이며, 최고의 기쁨을 주는 사랑이다. 이성의 명령에 의한 사랑이란 신을 모든 것의 근본이라고 인식함으로써 신의 영원성을 인식하는 것이다.

스피노자는 이러한 사랑을 '지적 사랑'이라고 말한다. 신에 대한 사랑을 그는 맹목적이고 이성의 마비에 의해서 생기는 것으로 보지 않고, 오히려 가장 이성적이고 가장 지적 인식에 의한 사랑으로 보는 것이다.

4 쇼펜하우어에 따르면 사랑은 종족보존의 의지이다

"사랑 자체가 이미 두 사람이 앞으로 탄생시키려는 새로운 개체의 살려는 의지이다. 다시 말해서 그들이 서로 반하여 주고받는 눈짓 속에는 벌써 하나의 새로운 생명이 나타나, 미래의 개성으로서 꿈틀거리고 있는 것이다. 두 연인은 진심으로 결합하고 융화하여, 한 덩어리가 되려고 하며, 그들이 낳은 자식은 그들의 생존을 연장시켜 거기에 양친의 유전성이 종속된다."
─ 쇼펜하우어, 『인생론』 ─

"사랑의 열망은 영원한 축복의 개념과 유한한 여성의 소유를 관련시키고, 또한 말할 수 없는 고통과 이런 소유의 성취가 불가능하다는 생각을 긴밀히 관련시킨다. 사랑의 열망과 고통은 덧없는 존재인 개인의 욕구로부터 그 재료를 끌어올 수 없다. 반대로 그것들은 종(種)의 정신이 내뿜는 숨결이다."
─ 쇼펜하우어, 『의지와 표상으로서의 세계』 ─

쇼펜하우어는 철학적 이론과 주장에 있어서 대단히 독창적인 철학자이다. 그는 18세기 말 자유 도시 단치히에서 태어나 독일에서 활동하였는데, 무엇보다도 염세주의로, 그리고 세계를 움직이는 힘을 '의지'로 설명한 것으로 유명하다. 그의 결정적이고 대표적인 저서 『의지와 표상으로서의 세계』는 세계는 인간의지의 표상이라는 생각을 거침없는 언어로 주장함으로써 당시 사회에 커다란 충격과 반응을 불러일으켰다.

그는 특히 세계에 대한 비관적 해석을 통해서 미래를 대단히 어둡게 바라본다. 그는 삶의 비참함과 인간의 불안함을 주장하면서, 진보를 추구하고 낙관하는 시대적 경향을 날카롭게 비판하고 거부한다.

삶과 고통과 불행을 철학의 핵심적 주제로 다루면서 자신의 독창적 철학을 세운 쇼펜하우어는 지금까지 주장되어 온 목표와 진리의 가치를 비웃는다. 그는 인간의 본능과 한계를 적나라하게 드러내는 부정의 형이상학을 통해서 삶이 주는 고통의 무게를 벗어나려고 한 것이다. 그의 이러한 입장은 니체에게 큰 영향을 미쳤다.

쇼펜하우어를 이해하기 위해서는 먼저 그가 말하는 '의지'가 무엇인가를 알아야 한다. 세계가 의지와 표상의 결과라고 하는 것은, 이 세계는 의욕하는 '나' 없이, 나의 정신이 인식함이 없이는 존재하지 않는다는 것을 의미한다. 간단히 말하자면 나의 의식에 의해서 인식되지 않는 '너'는 없고, 따라서 내가 알지 못하는 '너'는 나의 세계에서 존재하지 않는다. 곧 나의 주관이 세계를 결정한다는 것이다.

이와 더불어 '나'의 의지는 나의 모든 것을 결정하므로, 예를 들면 너에 대한 나의 의지가 없는 한, 즉 내가 원하지 않는 한 '너'는 존재하지 않는다. 그러므로 세계 또한 의지의 표현에 지나지 않는다. 세계 전체가 곧 그 자체로서 의지이며, 이 의지는 삶에 대한 의지이다. 우리의 의식적 사고와 행동의 밑바닥에 삶에 대한 의지가 깔려 있으며, 이는 자기보존과 생존에 대한 맹목적 욕구로 나타난다. 따라서 쇼펜하우어에 따르면 인간의 의지는 곧 신체의 의지가 되며, 몸의 움직임은 의지의 표현이다. 이러한 의미에서 그는 "나의 몸과 나의 의지는 하나다"라고 말한다. 의지는 곧 삶에 대한 의지이고 이것은 자신의 생존과 보존에 대한 욕망이라는 그의 입장은, 사랑에 대한 주장에서 더욱 명백하고 강하게 드러난다.

사랑은 다름 아닌 자신의 종족을 보존하고 지켜나가려는 본능적 의지에 불과하며, 반복적으로 되풀이되는 선천적 충동이다. 따라서 사랑은 그에게 있어서 성적 충동과 다르게 생각되지 않는다. 성욕은 사랑의 핵심적인 요소이며, 의지의 본질을 이해하는 데에 있어서 필수적이다. 그는 사랑과 성을 삶에 대한 의지와 연결시키고, 삶의 원동력으로 봄으로써 지금까지의 철학의 경계를 뛰어넘는다. 그는 삶을 끌어가는 것은 진리와 이성이 아니고, 사랑과 그의 표현인 성욕이라고 말한다.

이에 따르면 성적 욕망은 사랑의 본질이며, 성은 우리의 마음속에 언제나 자리를 차지하고 있다는 점에서 궁극적인 목적이다. 그는 성은 "어느 곳에서든 절대로 입에 올려서는 안 되지만, 언제 어느 곳에서나 중요하게 여겨지는 공공연한 비밀이다."라고 말한다. 성적 충동은 우리 신체를 통해서 표현되는 삶에 대한 의지이고, 우리 존재의 핵심이라는 것이다. 이렇듯 사랑과 성을 동질적인 것으로 보는 쇼펜하우어는 사랑은 분명 모든 인간이 끊임없이 경험하는 삶에서 중대사건이며 문학, 철학, 예술 등의 다양한 분야에서 다양한 방법으로 다루어 왔다고 말한다.

그러나 유독 철학에서는 사랑의 핵심과 본질을 등한시했기 때문에 여전히 문제로 남아 있다는 것이다. 이렇게 된 중요한 이유는 사랑을 '가장 숭고하고 거룩한 별나라'의 이야기로 표현하려고 하면서, 자신의 철학과 같은 철학을 비철학적이고 저속한 주장으로 생각하기 때문이라는 것이다. 이에 대하여 그는 사랑은 어떠한 방법으로 미화하고 형식화하더라도, 근본적으로는 종족에 관한 문제이며, 다음 세대에 관한 것이라고 말한다. 다만 종족 보존에 대한 의지가 사랑이라는 이름으로 개별화되어, 개개인에게 나타난 것이라 한다. 그래서 사랑은 인류 역사 이래 계속해서 다루어온 진부한 것이지만 '언제까지나 품절되는 일'이 없다고 말한다.

쇼펜하우어는 이렇게 사랑의 진지함은 근본적으로 종족의 보존과 번식의 필요성에서 오는 것이기 때문에, 우리는 '아무리 상대방의 사랑을 확신하더라도 서로 따로 떨어져 있는 사랑'에 의해서는 아무런 위로를 받지 못한다고 주장한다. 종족의 보존이라는 목적을 달성하기 위한 사랑은 결국 성적 욕망을 충족시킴으로서 다음 세대를 준비하는 데 목적이 있기 때문이다.

이러한 사랑은 시작부터가 이미 새로운 생명을 준비하는 것이기 때문에, 서로의 눈짓 속에서 종족을 위한 의지는 잠재적으로 드러나며, 사랑의 속삭임에서조차 새로운 존재자에 대한 예비는 시작된다. 자신이 물려받은 부모의 유전성을 통하여 종의 미래는 계속된다. 이러한 의미에서 쇼펜하우어는 사랑은 본질적으로 건강한 체력과 아름다움을 요구하는데 그 이유는 자신에게 결핍된 것을 채우려고 하기 때문이다. 태어날 자손은 자신보다 더 우월하기를 바라기 때문에 우리는 상대방의 조건과 재질, 아름다움을 중요하게 여기며, 서로간의 조화를 필요로 한다는 것이다.

따라서 쇼펜하우어에게 있어서 인간의 사랑과 성적 욕망은 단순히 맹목적이고 동물적인 욕망에서만 비롯된 쾌락추구가 아니다. 그는 만일 사랑의 감정이 오로지 쾌락을 원하는 욕망이라면 인간은 상대방이 아름답거나 추한 것을 문제 삼지 않을 것이라고 말한다. 그러나 인간은 종족의 형태가 가능한 한 완전하고 순수하게 유지되기를 바라기 때문에 아름다움과 체력을 중요한 요소로 꼽는다. 이렇게 해서 사랑은 '진절머리 나는 육체적 성욕' 그 이상의 의미를 갖는다.

사랑의 의미를 종족의 보존에 대한 의지로 볼 때, 개인은 종족의 발전을 위해서 희생되고, 도구로 쓰일 수 있다. 그에 의하면 종족은 분명히 개체보다 우선권을 갖고, 보다 더 큰 권한을 주장한다. 그래서 쇼펜하우어는 "종족만이 무한한 생명을 갖고 있다"고 말한다.

개체가 이러한 희생의 필요성을 받아들이고, 자기 스스로 납득시켜서, 종족을 위한 목표를 달성하기 위해 필요한 환상이 바로 사랑이라는 것이다. 개체는 사랑이라는 환상 속에서 종족을 위한 희생을 자신의 행복으로 받아들이고, 종족보존의 꼭두각시놀음에 열정적으로 참여한다는 것이다. 그래서 그는 사랑은 '하나의 가면을 쓴 본능'이며, 누구나 빠지기 쉬운 '함정'이라고 말한다.

이렇게 환상에 현혹된 개인은 종족의 의지가 만족되고, 실현되면 냉혹한 진실을 깨닫게 되고, 자신의 희생에 눈 뜨게 되면, 환멸과 권태를 느끼게 되지만, 그러나 성취되지 않은 욕망이 있는 한 고통과 불행을 느낀다. 개체는 이 괴로움 앞에서 좌절하고 비탄에 빠지게 되지만, 그러나 종족은 이 고통을 감당하면서 지속되므로 사랑은 '죽음이 손을 대지 않고 남겨 두는 힘'이다.

그러므로 개체가 죽음과 고뇌에서 벗어나는 방법은 오직 '생존의지'를 버리는 것이다. 그러나 개체는 자신이 자기 자신에게보다 종족에게 속한다는 것을 알고, 종의 보존을 위한 행위에 끊임없이 참여한다. 그리고 종이 계속해서 유지되는 한, 삶의 비극은 계속된다. 이러한 의미에서 쇼펜하우어에 따르면 사랑하는 사람들은 인간의 모든 비극과 고통을 지속시키려는 '반역자'이고, 인생의 고통은 사랑으로 인하여 끝날 수 없다는 것이다. 그러므로 종족보존을 달성하는 제도인 결혼의 의미는 결코 '재치 있고 지혜로운 대화'가 아니라 '자식을 낳는 일이며, 마음의 결합이지 두뇌의 결합'이 아니라고 말한다.

⑤ 에리히 프롬에 의하면 사랑은 기술이고 능력이다

"사랑은 기술인가? 기술이라면 사랑에는 지식과 노력이 요구된다. 사랑은 우연한 기회에 경험하게 되는, 다시 말하면 행운만 있으면 누구나 겪게 되는 즐거운 감정인가? 이 작은 책은 사랑은 기술이라고 하는 견해를 전제로 하고 있으나, 대부분의 현대인들은 물론 사랑은 즐거운 감정이라고 믿고 있다."
— 에리히 프롬, 『사랑의 기술』 —

"사랑은 능동적 활동이며, 수동적 격정이 아니다. 사랑은 인간이 자기 안에서 스스로 발전시키는 그런 어떤 것이며, 빠져드는 것이 아니다. 사랑은 무엇보다도 주는 것이며, 받는 것이 아니다."
— 에리히 프롬, 『사랑의 기술』 —

현대의 대표적 정신분석학자이며 사회철학자인 프롬은 독일 프 랑크푸르트의 유대인 가정에서 태어나 나치즘을 피하여 미국으로 망명하였다. 그의 이론은 프로이트와 마르크스로부터 영향을 받은 것으로, 프랑크푸르트학파의 비판이론에 프로이트의 정신분석학을 접목시키고, 다른 한편으로는 도덕성과 윤리적 규율들이 갖는 가치 의 중요성에 대하여 프로이트 이론을 비판하는 입장이다. 그래서 그는 인간주의적 정신분석학에서 인간주의적 윤리학으로 자신의 이론을 전개시켰다. 그는 어렵고 딱딱한 정신분석학을 쉽고 대중적 인 인간주의적 윤리학으로 발전시켜서, 현대사회의 위기와 인간의 실존 문제를 해결할 수 있는 대안을 찾으려 한 것이다. 여기에는 그 자신이 직접 체험한 파시즘과 서구 유럽문명에 대한 깊은 반성 과 비판이 들어 있다. 그는 현대사회에서 상실되어 가는, 나아가서 는 파괴되어 가는 인간성은 곧 병들어 가는 사회의 징후이며, 이에 대한 치료방법은 인간의 회복이라고 주장한다.

이러한 그의 입장은 인간에게 인간보다 더 중요한 것은 없다는 휴머니즘에 기초를 두고 있다. 인간의 회복은 곧 사랑에 의해서 실 천되고 완성되는 것이다. 사랑이야말로 인간의 본질이며, 인간의 실존을 가능하게 하는 힘이다.

프롬에 의하면 인간에게는 사랑에 대한 두 가지의 잠재적 형태 가 있다. 그것은 삶에 대한 사랑(바이오필리아)과 죽음에 대한 사랑 (네크로필리아)이다. 삶에 대한 사랑과는 달리 죽음에 대한 사랑은 병적현상으로, 급진적이고 과격한 소영웅주의나, 이기주의에서 나 오는 폭력성으로 나타난다. 이러한 병리적 표현은 자본주의 사회와 깊은 관계가 있다고 말한다. 다시 말하면 인간의 소외감, 고독, 불안은 결국 자기 자신과 타인을 파괴하는 결과를 가져온다. 이러한 현상이 계속될 때, 결국 사회라는 공동체는 무너지고, 개인은 존재 이유를 상실한다.

사회는 개인이라는 많은 세포가 모여서 이루어진 한 그루의 나무와 같다는 것이다. 어떤 한 부분이 병들거나 상하였을 때 도려내거나 치료할 수 있지만, 그러나 전체가 병들었을 때는 병으로부터의 회복은 불가능하다. 결국 '병든 사회가 병든 개인'을 만들어낸다는 의미다. 파괴적이고 도착적인 병리현상은 바로 사랑의 결핍과 붕괴에서 비롯한다고 프롬은 주장한다.

그리고 사랑의 파괴는 사랑에 대한 잘못된 인식에서 시작된다. 따라서 사랑은 도대체 무엇인가를 바르게 이해하는 것이 사랑을 위한 첫걸음인 셈이다. 그래서 그는 먼저 사랑이 무엇인가를 묻는다. 그리고 사랑은 다름 아닌 기술이라고 말한다. 사랑은 우리가 흔히 말하듯이, 본능에 의한 욕구가 아니므로 주어진 것이 아니고, 누구나 배워서 익히고 실제로 훈련을 해야 하는 기술이라는 것이다. 즉 사랑은 다른 여타의 기술을 배우듯이 늘 새롭게 배워나가야 하는 것이다. 사랑의 감정이 곧 사랑이 아닌 것이다. 사랑은 표현되고 행위를 통해 전달됨으로써 사람과 사람 사이의 소외를 극복하는 힘이 되며, 인간의 실존을 가능하게 만든다.

그러나 대부분의 사람들은 사랑을 호흡과 같은 것으로 배우지 않고도 저절로 된다고 생각하거나, 또는 맹목적이고 열렬한 도취감정이라고 믿는다. 이에 대하여 프롬은 사랑의 실패와 좌절이 곧 왜 우리가 사랑을 배워야 하는 것임을 보여준다고 말한다. '나'를 모두 내던지고 상대방과 완전한 하나를 원하는 격정적인 사랑은 그

동안 자신이 얼마나 고독했는가를 보여줄 뿐이라고 말한다. 이것은 사랑의 미숙함을 말할 뿐이다. 성숙한 사랑은 자신의 존재와 독특함을 인정하고 유지하면서, 타인과 하나가 되고, 타인에게로 들어가는 사랑이다. 그래서 참된 사랑은 '나'를 더욱 독립시키고, 강하게 만들며, 상대방을 더욱 그답게 만드는 것으로, 사랑은 서로에게 '빠지는 것'이 아니라, 서로에게 '참여하는 것'이다. 사랑은 자유처럼 무엇으로부터가 아니라 무엇을 위하여가 중요한 것이다. 이러한 뜻에서 프롬은 사랑의 체험은 우리를 서로 하나이면서, 동시에 두 사람으로 남게 한다고 말한다. 그러므로 사랑의 조건은 "혼자일 수 있어야 하는 것"이다.

따라서 성숙한 사랑은 사랑의 기술을 배움으로써 가능해진다. 즉 사랑에 대한 지식을 가져야 하고, 기술을 실습하며, 되풀이해서 하는 훈련이 필요하다. 그러므로 사랑은 게으른 자의 것이 될 수 없다. 게으른 사람은 배우고 이해하면서 얻은 지혜를 실제로 사용하지 않기 때문이다. 다시 말하면 사랑은 삶의 가장 능동적인 힘으로, 쾌락과 욕망의 충족이 아니라, 자기 자신의 확인이며, 완성이다.

이러한 의미에서 프롬은 사랑이란 받는 것이 아니라, 주는 것이라고 말한다. 준다는 것의 의미는 곧 나를, 즉 나의 힘과, 나의 부유함과 나의 능력을 나누어가짐을 뜻한다. 갖지 않은 것, 없는 것을 나누어줄 수는 없기 때문이다. 그래서 사랑하는 것은 곧 나의 능력인 것이다. 그러나 대부분의 사람들은 사랑은 받는 것으로 생각한다. 이러한 사람들에게는 어떻게 하면 사랑을 받을 것인가 하는 것만이 최고의 관심사이다. 반면에 주는 사랑은 지금까지 드러나지 않았던 나의 잠재력과 생명력을 더욱 고양시켜주기 때문에,

우리는 주는 사랑의 행위를 통해서 더욱 행복해진다. 사랑은 그래서 의지의 결단이다.

사랑은 주는 것이라는 의미는 사랑의 대상에 관하여 생각해 볼 때 더욱 분명해진다. 한 사람에게 향한 사랑은 우리를 모든 사람과 세계를 사랑하게 하고, 그리고 사람 그 자체를 사랑하게 한다. 누군가를 진심으로 사랑하는 사람이 삶을 포기하고 절망할 수 있겠는가? 또는 슬퍼하거나 괴로워할 수 있겠는가? 우리는 사랑에 빠진 사람들이 얼마나 모든 사람들에게 너그러워지고, 순수해지고, 이해심이 깊어지는가를 흔히 경험한다.

그것은 사랑의 본질은 '젖과 꿀 같은 것'이기 때문이다. 젖과 같다고 하는 것은 곧 어머니가 아기에게 줄 수 있는 최고의 사랑처럼, 보호하고 책임을 지며, 상대방을 있는 그대로 긍정한다는 것을 말하며, 꿀과 같다고 하는 것은 더없이 충만 된 행복감을 의미한다. 사랑은 단순히 상대방에 대한 나의 감정이 아니라, 그의 '행복, 성장, 자유를 바라는 적극적 노력이고 내면적인 연결'이다. 즉 사랑은 '만들어내는 창조의 힘'인 것이다. 따라서 성숙한 사랑은 책임과 자유를 동시에 끌어안고, 상대방에 대한 존경과 인정 위에서 자란다.

이러한 사랑은 어떠한 형태로 표현되는가? 이러한 사랑은 형제애, 모성애, 이성애 등 다양한 형태로 나타나는데 그 중심에 있는 사랑은 자기애이다. 한 사람에 대한 사랑은 그 안에 갇혀 있기를 거부하고, 나와 다른 모든 사람, 나가서 세계 전체와 새로운 관계를 맺게 되는데, 그 주체는 '나'이다. "이웃을 내 몸과 같이 사랑한다." 함은 자기 자신에 대한 사랑이 전제되어 있다. 이웃과 타인에 대한 사랑은 자기애로부터 시작되는 것이다. 자신에 대한 긍정과 배려, 책임감이 없는 사람이 어떻게 타인을 존중하고 염려하여 지켜줄 수 있겠는가? 사랑의 기술은 곧 자기 자신을 사랑하는 것부터 출발하여, 자신과 이 세계와의 바른 관계를 세우는 방법을 배우는 것이다. 이것은 또한 삶의 기술이며, 인간과 우주의 신비를 이해하는 과정이다. 그러므로 사랑은 두 사람만의 비밀스러운 동굴 속으로 들어가는 또 다른 분리가 아니라, 세계 속으로 들어가는 참여의 결단이며, '신념의 행위'이다.

4. 미, 아름다움(美, beauty, Schoenheit, beauté)

① 플라톤에게 있어서 미는 사람이 추구할 수 있는 최고의 가치이며 선과 진리에 일치한다

"즉 이 세상의 개개의 아름다운 것들로부터 출발하여, 저 아름다움을 향하여 위로 올라가되 마치 사다리를 올라가듯 하나의 아름다운 육체로부터 두 개의 아름다운 육체로, 또 둘에서 모든 아름다운 육체로 나아가고, 아름다운 육체들로부터 아름다운 일과 활동으로 나아가고, 활동에서 아름다운 학문으로 나아가고, 그리고 마지막으로 저 아름다운 자체만을 아는 것인 완전한 학문으로 나아가, 마침내 아름다움의 완성체를 알게 될 수 있는 것입니다. 인생은 여기 이르러 그리고 여기에서만, 오오 소크라테스여, …… 아름다움 자체를 바라봄으로써만 살 가치가 있는 것입니다."
— 플라톤, 『향연』 —

플라톤만큼 미에 대하여 진지하게 철학적 의미를 부여하는 철학자는 드물다. 그는 『향연』에서, 지혜로운 부인인 디오티마의 미에 대한 입장을 소개하면서 미에 관한 담론을 전개한다. 이 담론의 중심 문제는 '무엇이 아름다운가' 하는 것과 '아름다움이란 무엇인가' 하는 것, 즉 '아름다운 것'들과 '아름다움 그 자체'이다. 플라톤은 이 둘의 관계를 단계적으로 설명하고 양자를 모방관계로 규정짓는다. 이 세상의 다양한 모습과 현상으로 나타나는, 그래서 눈으로 볼 수 있고 감각적으로 경험할 수 있는 아름다운 것들은 '아름다움'이라는 영원하고 절대적 이데아(관념)를 향한 기억과 모방이라는 것이다.

따라서 예를 들면 아름다운 꽃, 아름다운 항아리, 아름다운 처녀와 같은 이 세상에 속하는 것들은 영원한 세계에 속하는 절대적이고 시간과 공간을 초월한 '미'의 원형을 제각기 나름대로 드러내고는 있지만 이것들은 '그림자'일 뿐이다. 이러한 그림자들을 통해서 우리는 다만 '미'에 대한 강한 동경을 갖게 된다.

그러므로 신체적이고 현상적인 아름다움은 정신과 영혼세계의 미를 알게 하는 사다리와 같은 역할을 하지만, 언제나 하위의 아름다움에 머무르고 만다. 왜냐하면 이러한 아름다운 것들은 시간이 지나면 사라지고, 변화하여 파괴되기 때문이다. 오직 정신적인 아름다움만이 궁극적이고 언제나 변함없는 하나인 모습을 갖는다. 플라톤의 미는 따라서 보거나 만지거나 할 수 없는 것으로, 정신 속에서만, 즉 이데아로서만 파악될 수 있는 미이다.

플라톤은 이렇게 육체와 시간적 현상을 뛰어넘어, 정신 속의 '실재'로서의 미가 인간의 삶 속에서 추구해야할 최고의 가치라고 말한다. 이러한 절대 미의 의미는 이 세상의 일시적이고 현상적인 것에 대한 욕망을 극복할 수 있도록 하는 데 있다. 플라톤은 이러한 의미에서 이데아로서 존재하는 미를 삶의 진정한 목표와 가치를 깨닫게 해주는 완전하고 절대적인 가치로 생각하는 것이다.

> "그 아름다움은 오직 심안으로만 볼 수 있는 것인데, 그것을 보는 심안을 가진 사람이 그 아름다움을 관조하며 그것과 함께 있을 때에만 덕의 그림자가 아니라 참 덕을 산출할 수 있는 거라고는 생각하지 않으세요? 그는 결코 그림자 따위를 포착하는 사람이 아니요, 진실을 포착하는 사람이기에 말이에요."
>
> — 플라톤, 『향연』 —

플라톤의 현상 영역의 미와 불변하는 이데아의 절대 미를 나눔으로써 미의 의미를 이원적으로 파악한다. 이 세상에서 일정한 형식과 물질을 통해서 나타나는 현상적 미는 우리에게 순수한 아름다움에 대한 사랑을 일깨워주면서 우리 스스로를 보다 더 높은 단계의 미를 향하여 나가도록 하는 반면 감각적 욕구를 일으키기는 단점도 가진다. 이러한 욕구는 우리를 자극하고 물질적 욕망을 생기게 하고 이성을 마비시킨다. 인간은 이러한 '강력한 정욕에서 해방'되지 못할 때 '아름다움을 하나의 전체'로서 바라볼 수 없게 된다.

다시 말하면 지상의 미는 천상의 미를 상기시키는 데 그 의미가 있듯이, 역으로 인간은 이렇게 상기된 참된 미를 통해서 자신을 "노예상태"에 묶어두는 정욕을 이겨내는 미덕을 행할 수 있다는 것이다. 이러한 의미에서 플라톤은 진정한 아름다움에 대한 사랑은 곧 선에 대한 사랑과 동일한 것이며, 동시에 원형적 아름다움의 이데아는 신적(절대적)인 것으로서 참된 진리일 수밖에 없다는 주장을 한다.

그러므로 플라톤에 의하면 미와 선과 진리는 하나이며 동일한 것으로, 참된 진리는 아름다울 수밖에 없고, 아름다움은 선함의 본성을 갖고 있다. 참된 진리는 아름다움을 통해서 우리에게 인식되고, 진리가 아름답지 않다면, 또 선함이 추함으로 여겨진다면, 아무도 진리와 선함에 대한 사랑과 가치를 느끼지 않을 것이라고 말한다.

② 아리스토텔레스에 의하면 아름다운 것은 질서와 변화에서 생기며, 직접적인 경험을 통해서 인식된다

"아름다운 것은 살아 있는 생물체이건 부분으로 이루어진 전체이건 모두가 여러 부분의 배열에 있어 어떤 질서를 필요로 할 뿐 아니라, 일정한 크기를 가지고 있어야 한다. 아름다움이란 크기와 질서의 문제인 것이어서, (1) 너무 작은 생물은 아름답기 어렵다. 우리의 지각이 순간에 가까워 구분이 불가능하기 때문이다. 혹은 또 너무 큰 생물도 마찬가지다."

— 아리스토텔레스, 『시학』 —

"길이가 천 마일쯤 되어 한꺼번에 모두를 볼 수 없어 통일성과 전체감을 깨닫지 못하게 되는 아주 큰 동물의 경우, 이런 경우에도 그것(아름다운 것)이 불가능하다. 마찬가지로 부분으로 이루어진 아름다운 전체나 아름다운 생물체가 눈으로 보아 파악할 수 있는 크기여야 하는 것처럼, 이야기나 구성도 적절한 길이여야 한다."

— 아리스토텔레스, 『시학』 —

아리스토텔레스의 시학은 서양철학사에 있어서 가장 오래된 예술이론으로 알려져 있다. 그는 인간의 모방 행위를 그림자에 지나지 않는 허위와 거짓으로 비판하였던 플라톤과는 달리, 모방은 인간의 특성이며 오히려 새로운 지식과 즐거움을 얻을 수 있는 창조적 행위라고 주장한다. 이로써 그는 현실세계와 초월적 이념 세계를 분리하는 대신 현실 속에서 나타나는 아름다움이란 무엇인가에 주목한다.

따라서 아리스토텔레스의 관심은 이데아로서의 아름다움의 의미보다는, 무엇이 아름다운 것인가 하는 구체적인 것에 모아진다. 그에 의하면 미는 전체와 부분들의 조화로운 비율에서 나오는 것으로, 어떠한 것이 통일성 있는 질서를 이룰 때 우리는 이것을 아름답다고 느낀다는 것이다. 다시 말하면 아름다움은 사물 또는 사건의 구성이 갖는 균형과 조화를 통해서 경험되는 것이다. 즉 플라톤과는 달리 아리스토텔레스에게 있어서의 미는 우리가 감각적으로 경험하고 지각할 수 있는 것이어야 한다.

질서와 균형의 조화에서 미의 본질을 보는 아리스토텔레스에게 미란 자연미뿐만 아니라 창조된 아름다움도 함께 의미하게 된다. 모방을 긍정적으로 보는 아리스토텔레스의 입장을 여기에서 확인할 수 있다. 그의 이러한 주장은 미라는 것은 인간이 결코 직접적으로 체험할 수 없고 현실에서도 존재하지 않고 따라서 인간의 육안으로는 볼 수 없는 것이라는 플라톤의 주장과 좋은 대조를 이루고 있다.

3 칸트에 의하면 미는 목적 없는 목적성의 취미판단이며 보편적 공통감에 근거한다

"만일 우리가 대상들을 단지 개념들에 따라서만 판단한다면, 미의 표상들

은 모두 상실된다. 따라서 어떤 것에 대해 아름답다고 누구나 인정하지 않을 수 없도록 하는 규칙 또한 존재할 수 없다. 우리는 어떤 집, 옷 또는 꽃이 아름답다고 하는 판단을 그 어떠한 근거나 원리를 통해서도 설득할 수가 없다. 우리는 자신의 만족이 마치 감각에 의존하고 있기라도 한 것처럼, 대상을 우리 자신의 눈에 종속시키고자 한다."

— 칸트, 『판단력 비판』 —

플라톤과 아리스토텔레스의 미에 관한 규정은 미는 이성적으로 구성되고 이성적인 것은 아름답다는 인식을 확고히 하였고, 미는 특정한 원리와 규칙을 따르는 것으로 이해되었다. 이러한 관점이 프랑스와 독일을 비롯한 대륙에서 지배적인 가운데, 18세기에 이르러 영국의 경험론적 입장은 미에 관한 입장에도 커다란 영향을 미쳤다.

이에 의하면 미라고 하는 것은 합리적이고 규칙적인 원리나 이성적 원리에 의하여 결정되는 것이 아니라, 단지 주관적 경험에 의해서만 설명할 수 있다. 우리가 어떤 것을 아름답다고 느끼고 판단할 때, 그것은 실제로 아름다운 것이라는 것이다. 이에 의하면 미라는 것은 객관적으로 말 할 수 없는 것이 된다.

그러나 칸트는 이 두 가지의 대립적 주장 모두가 미의 본질을 제대로 이해하지 못하고 있다고 비판한다. 그의 주된 관심은 "어떤 것이 아름답다"는 판단은 어떻게 이루어지는가에 있다. 칸트에 의하면 미는 우선 대상의 속성을 설명하는 것이 아니므로 개념에 의하여 파악되거나 인식되는 것도 아니고 논리적 판단에 근거를 두지도 않는다. 다시 말하면 우리가 저녁노을이 아름답다고 생각하는 것은 우리의 주관적 인식과 감정에 근거를 둔 것으로 저녁노을이 붉다고 하는 노을의 속성에 대한 판단과는 다르다는 것이다. 칸트는 미적 판단은 이성과 개념으로부터 독립된 취미판단이라고 말한다.

칸트가 주장하는 개념적 정의를 내릴 수 없는 취미판단으로서의 미가 갖는 중요한 특징은 '무관심'이다. 이때 무관심의 의미는 아름다움에 대한 판단이 어떠한 특정한 목적이나 이유에서 이루어지는 것이 아니라 대상에 대한 아무런 전제나 편견이 없는 순수한 만족감에서 생겨나는 것이라는 의미이다. 따라서 미적 만족은 선에 대한 만족과는 큰 차이를 보인다. 어떠한 것이 선하다고 주장하기 위해서는 개념적이고 논리적인 설명을 통해서 목적에 부합되는지를 논증해야만 한다. "좋다"고 하는 것은 다시 말해서 목적, 즉 관심에 합당한 것을 의미하기 때문이다.

그러나 아름답다고 하는 것은 이러한 대상에 대한 아무런 관심을 전제로 하지 않으므로 선하지 않지만 아름다운 것이 가능하다. 예를 들면 독버섯은 위험한 것이지만 우리에게 아름답다는 느낌이 드는 좋은 예이다. 칸트는 오히려 대상의 미에 대한 우리의 관심(목적)은 미적 경험에 방해가 된다고 주장한다. 그에 의하면 "미에 대한 판단에 조금이라도 관심이 섞여 있다면, 그 판단은 매우 편파적이고 따라서 순수한 취미 판단이 아니라는 것이다. 미는 다만 특정한 목적 없이 대상 속에서 스스로를 표현하고 스스로가 충족되는 것으로, 실제적이고 실용적인 효율성과는 무관한 것이라는 주장이다. 여기에서 미는 곧 '목적 없는 목적성'이라는 칸트의 유명한 구절이 설명된다. 다시 말하면 칸트는 미는 아무런 법칙 없이 그 자체로서 법칙에 합당하며, 설명과 근거를 필요로 하지 않는다.

"보편타당성에 대한 이러한 요구는 어떤 것을 아름답다고 언명하는 우리

의 판단에 본질적으로 속해 있는 것이므로, 그 판단에 있어서 이러한 보편
타당성을 생각하지 않는다면 미라는 용어를 사용한다는 것조차 누구의 머
리에 떠오르지 않을 것이요, 오히려 개념에 관계없이 만족을 주는 것은 모
두가 쾌적한 것으로 여겨질 것이다."

― 칸트, 『판단력 비판』 ―

칸트는 미에 대한 담론을 미가 대상의 성질에 대한 판단이 아니
고 대상과 주관의 관계에서 생겨나는 것임에도 어떤 특별한 한 사
람만이 아니라 다른 많은 사람들이 같은 생각을 가질 것이라는 전
제에서 시작한다. 이 주장은 서로 모순되는 것처럼 보인다. 왜냐하
면 대상과 개별적인 주관, 즉 대상을 관조하는 사람과의 사이에서
일어나는 감정을 근거로 하는 "어떤 것이 아름답다"는 판단은 개념
이나 논리를 필요로 하지 않지만, 그러나 다른 사람들 또한 동일한
것을 생각하기를 기대하는 보편성은 객관적 근거를 필요로 하기
때문이다.

이에 있어서 칸트는 보편성이란 이성적 인식능력을 다루는 개념
에서뿐만 아니라 느낌이나 심적 상태에서도 다루어질 수 있다고
생각한다. 미에 대한 생각들이 주관적이라고 하더라도 무엇인가를
아름답다고 판단하고 구별하는 인식 능력은 모든 사람에게 동일하
다는 것이다. 예를 들면 "이 꽃은 장미다"라고 하는 개념 속에 장
미의 아름다움이 이미 포함되어 있는 것이 아니고, 앞에 놓인 장미
를 대하는 사람의 주관적 생각에서 "이 장미가 아름답다/아름답지
않다"는 판단이 생긴다. 그러나 우리는 "이 장미가 아름답다"고 말
할 때, 우리는 이미 다른 사람들도 이 장미가 아름답다는 것에 동
의할 것이라고 믿고 또 기대한다. 즉 누군가가 아름답다고 생각한
한 송이의 장미가 다른 사람들에게는 추한 것으로 느껴질 수 없다

는 것이다.

그 이유를 칸트는 아름다움은 '무관심', 즉 개인적인 이익을 위한 관심이나 특별한 전제조건이 개입되지 않는 순수한 만족 상태에서 생겨난 것이므로 오히려 누구에게나 보편성을 갖는다는 데서 찾는다. 그러므로 장미꽃을 파는 상인이 자신의 장미들은 아름답다고 하는 주장은 칸트적 의미에서 미에 대한 취미 판단이 아니다. 그는 장미를 팔려는 '관심'과 '목적'을 갖고 있기 때문이다.

다시 말하면 특별한 욕구나 목적을 갖지 않은 순수한 관조의 결과로서 얻어지는 미에 대한 판단만이 다른 사람들도 다 같은 생각과 느낌을 갖게 되는 '공통감'을 근거로 내려진 것이기 때문이다. 미에 대한 주관적 느낌은 같은 경험이 없는 다른 사람들도 공유하며, 전달하고 소통할 수 있는 '사적 느낌으로서가 아니라 하나의 공통적 느낌'이다. 미에 대한 개인의 주관적 생각이 다른 사람들도 납득할 수 있는 보편타당한 것으로 만드는 것은 바로 미에 대한 이 '공통감'의 작용이다.

4 헤겔에게 있어서 미는 감각적으로 드러난 정신이며, 예술의 아름다움이다

"미는 개념과 그 현실성이 직접 통일된 이념(관념)이다. 하지만 그 통일성이 감각적이고 현실적인 가상 속에 직접 존재할 때 비로소 이념이다. …… 정신이야말로 참다운 것, 즉 모든 것을 자신 속에 포괄하는 것이므로, 모든 미는 그 자체가 보다 숭고한 것에 참여하고 숭고함을 통해 생겨날 때 참으로 아름다운 것이다."

― 헤겔, 『미학』 ―

헤겔에 의하면 미의 본질은 이념과 현상이 감각적으로 나타난 하나의 통일된 모습이다. 다시 말하면 '내용과 형식의 통일'이며 일치이다. 아름다움이란 개념만으로는, 즉 내용만으로는 스스로를 드러내는 형식이 없으므로 우리에게 지각될 수 없다. 또한 내용이 없는 공허한 형식 속에는 미가 담겨 있지 않으므로 개념 없는 현상은 단순한 허구에 지나지 않는다.

헤겔에 있어서 하나의 개념은 구체적인 현상을 통해서 드러나지 않을 때 단순히 주관적이고 추상적인 것에 머무르고 만다. 아직 이념이 되지 못한 것이다. 이러한 의미에서 이념은 객관적이며 현실적인 것이다. 이념이 객관적이라 함은 이성적이라는 것을 뜻한다. 이렇게 볼 때 미는 주관과 객관의 감각적 통일체이며 직접적인 모습이며, 감각과 이성의 합일이다. 여기에서 "미는 이념의 감각적 가상화"라는 헤겔의 또 다른 유명한 정의가 나온다.

그러므로 그는 미의 가상이 단순한 허구가 아니라 참된 것이고 진리와 일치되는 것으로 본다. 왜냐하면 미란 단순한 현실에서 생겨나는 것이 아니고, 다시 말하면 우연적인 것이 아니고 정신의 표현이기 때문이다. 헤겔은 미를 이념의 감각적 가상화로 파악하여 감추어진 정신이 그 모습을 외적으로 감각적 세계에 드러낸 것이라고 정의한다. 정신, 이성이 작용하지 않는 미란 헤겔에게 있어서 전정한 아름다움이 아니기 때문이다.

"우선적으로 예술미가 자연미보다 우월하다고 주장할 수 있다. 그 까닭은, 예술미라는 것은 다름 아닌 정신으로부터 탄생한 미, 즉 정신에서 다시 태어난 미이기 때문이다. 정신과 정신의 산물이 자연과 자연의 현상들보다 우월하듯이 예술미가 자연미보다 우월한 것이다."

ㅡ 헤겔, 『미학』 ㅡ

정신이 감각적으로 드러난 모습이 미라고 하는 헤겔은 미의 종류를 예술에 의해 창조된 미와 자연적인 미로 구별한다. 그리고 그에게 있어서 미의 의미는 예술미에서 실현되는 것으로 창조적 미만이 참된 의미에서의 미이다.

다시 말하면 헤겔에게 있어서 미는 정신에 의해서 모습을 드러낼 때 완성되는 것이다. 자연적인 아름다움은 우연에 의한 혼돈과 단순한 현실적 현상에 지나지 않는 것으로 진리를 담고 있지 않지만, 예술적 미는 인간의 정신과 이성을 형상화한 것으로 본질적으로 자유와 진리의 현실화이기 때문이다. 헤겔이 주장하는 미의 본질은 미를 인간 정신 중심적인 것으로 파악하여 미의 중심에는 인간이 서 있으며, 미는 결국 인간적 실천의 결과물이라는 데 있다. 이러한 헤겔의 입장은 플라톤 이후 영원의 세계에서 빛나는 이데아로서의 미와 관조와 취미의 대상으로서의, 미를 정의함으로써 자연미의 완전함을 강조한 칸트의 입장과는 커다란 차이를 보인다. 헤겔 이후 미의 의미는 예술의 영역으로 종속되었고 예술미만이 학문적 체계 속에서 다루어지게 되었다.

5 톨스토이에 의하면 미는 선에 대립되는 것으로 쾌락과 욕망의 원인이다

"아름답다'는 말은 눈을 즐겁게 하는 경우 이외에는 사용하지 않는다. 따라서 '좋다'는 말과 그 개념 속에는 '아름답다'는 개념이 포함되어 있지만, 그 반대의 경우는 성립되지 않는다. '미'의 개념에는 '선'의 개념이 포함되어 있지 않다. 만일 우리가 그 외형으로 어떤 물건을 평가하여 '좋다'고 할 경우 그 물건이 아름답다는 뜻도 포함되겠지만, '아름답다'고 할 경우 그 물건이 좋다는 의미는 포함되어 있지 않다."

— 톨스토이, 『예술이란 무엇인가?』 —

"그런데 미는 어떠한가? 이 말에 현혹되지 말고 우리가 생각하는 대로 말한다면, 미란 우리의 마음에 드는 것일 뿐이다. 미의 관념은 선과 일치하지 않을뿐더러 도리어 이에 반대되는 것이다. 왜냐하면 선은 흔히 정열의 극복과 일치하는 것인 데 비해 미는 우리의 정열의 모든 기초이기 때문이다."

— 톨스토이, 『예술이란 무엇인가?』 —

러시아 태생으로 세계적 문호로 추앙 받는 『전쟁과 평화』, 『부활』의 작가 톨스토이는 미에 관한 견해에 있어서 대단히 독특한 주장을 내세운다. 그는 십여 년이라는 긴 시간 동안에 저술한 『예술이란 무엇인가?』에서 미에 대한 자신의 독자적인 생각을 미와 예술의 관계 그리고 상호 간의 영향에 대한 전통적 견해에 대한 비판을 통해서 밝힌다.

톨스토이는 우선 미와 선을 분리시킬 뿐만 아니라, 심지어는 대립적인 것으로 규정한다. 그에 의하면 아름다운 것과 선한 것은 서로 일치하지 않는다. 그러나 선한 것은 아름다운 것을 포함한다고 말함으로써 분명하게 선을 우위에 둔다. 이것은 플라톤과 아리스토텔레스를 거쳐서 지금까지 지배적인 영향을 미쳐온 선과 미는 동일한 것이라는 미에 대한 주장에 대한 거센 비판이다. 톨스토이는 아름다운 것은 반드시 선한 것이라는 이러한 주장들은 모순된 것으로 개념의 혼란에서 생겨난 것이라고 말한다.

선한 것은, 즉 좋다는 것은 아름다움을 동시에 뜻하지만, 아름다운 것이 반드시 좋은 것은 아니라는 것이다. 왜냐하면 톨스토이는 미의 본질은 감각적 만족감과 쾌락이라는 데 동의하며, 바로 이 점 때문에 그는 미에 대해서 부정적인 입장을 취하기 때문이다. 아름다움은 쾌락적 본질에 근거하는 것으로 유희적 충동과 깊이 결부되어 있는 것이기 때문에, 결코 선과 동일한 것이 아니며 오히려 선을 방해한다. 따라서 미는 진리와도 무관한 것이 된다. 미가 미치는 영향을 볼 때, 미는 감각적 자극과 흥분을 일으키는 것으로, 그 본성상 악에 이르는 퇴폐성과 부도덕성을 내포하고 있다는 것이다. 또 다른 이유에서 그는 미는 참된 것과도 대립된다고 말한다. 미란 환상에 지나지 않은 것으로 진리에도 어긋난다는 것이다. 그러므로 톨스토이에 의하면 미에 관심을 기울일수록 사람은 선에서 멀어지고, 악의 길에 가까워진다. 이러한 의미에서 예술이 추구해야 할 것은 미가 아니라, 선이다. 미에 대한 추종은 예술을 타락시킬 뿐이다.

6 루카치에 따르면 미는 왜곡된 사회로부터 인간을 구원한다

"즉 미적 반영은 세계에 기초함으로써, 개별적 인간이 거의 해결 불가능한 위력적인 분화에도 불구하고 철저하게 궁극적인 통일체라는 사실을 삶 자체보다 훨씬 명확하게 드러내주기 때문이다."

— 루카치, 『미학』 —

"우리는 '미'가 자본주의 사회와 지배계급의 왜곡된 작용으로부터 인간을 구원한다는 사실과 그러한 구원은 인간의 직접성 가운데 총체적 인간을 표현함으로써 가능하다는 사실에 대해 언급했다."

— 루카치, 『현대독일개관사』 —

헝가리 출생의 현대 철학자이면서 문학 이론가인 루카치는 미의 개념에 있어서 마르크스적 이념을 계승하고 발전시킨 대표적인 사람이다. 제2차 세계대전 후 구 동독을 중심으로 한 사회주의 문화 정책에 있어서도 중심적인 역할을 하였던 루카치는 자신이 살고 있던 시대에 대한 절망감과 위기의식 속에서, 상황의 극복과 미래에 대한 희망의 가능성을 미의 가치에서 찾는다. 그에 의하면 왜곡된 삶의 현실과 인간성의 파괴 앞에서 한 개인의 능력은 무력한 것으로 드러난다.

　그러나 루카치는 이러한 현실에 대한 처방으로 미를 말한다. 본래적인 미는 결코 고갈되지 않는 것으로서 황폐한 삶의 구원이며 미래를 향한 좌표를 제시해준다는 것이다. 그는 미의 이러한 역할을 그리스 시대의 예술에서 발견한다.

　루카치에 의하면 그리스의 미적 의미는 정신과 물질이 나누어지지 않은 인간 본래적 가치를 담아냄으로써 삶과 세계의 조화로운 총체성을 반영하는 데에 있다. 이러한 사회 속의 미적 의식은 아직 분열되지 않은 인간성에 기초하므로 미 또한 총체적인 모습으로 형상화된다. 이러한 미적 가치는 현대 사회에서 이미 상실된 것으로 루카치는 보고 있다. 미는 거울처럼 현실세계를 반영하며, 현대 자본주의 사회에서 이루어지는 미적 반영은 퇴폐적일 수밖에 없다. 왜냐하면 자본주의 사회구조는 인간의 소외 현상과 물신 만능주의에 의하여 인간 자체가 물화되고, 인간 가치는 상품의 가치로 전락하기 때문이다. 이러한 사회의 반영인 미는 스스로 자신의 본질을 상실한 왜곡된 형태로 나타날 수밖에 없다.

　그럼에도 미는 여전히 하나의 과제를 안고 있다. 그것은 역사와 사회 속에서 상실된 인간성의 회복이다. 그러므로 루카치는 현대자 본주의 사회의 이러한 인간성 파괴력 앞에서 미적 체험이 인간이 스스로를 보호하고 구원할 수 있는 자기 방어의 무기라고 주장한 다. 왜냐하면 미적 체험과 미의 형식만이 '내적인 것과 외적인 것, 내용과 형식'을 하나의 전체로서 경험하게 하며, 감각과 정신을 일 치하는 것으로 나타낼 수 있기 때문이다.

5. 개인(個人, individual, Individuum, individi)

1 그리스와 로마 시대의 개인은 국가라고 하는 '전체' 또는 '공동 운명체'의 관계 속에서만이 어떤 의미를 갖는 '부분들' 일 뿐이다. 다시 말하면 개인은 아직 역사 속으로 들어오지 못하였다.

> "그건 또 개인의 경우에도 적용이 되겠지. 개개인에게 가장 가까운 국가라 는 의미이지. 예를 들어 우리의 누군가가 손가락 하나를 얻어맞았을 경우 몸 전체, 마음 전체로 스며드는 아픔의 공동체. 각 부분이 하나의 조직으로 지배되고 있는 공동체. 즉 한 부분에 상처를 입어 아픔을 느끼는데도 몸 전체가 동시에 일제히 아픔을 느낀다 말야. …… 바꾸어 말해서 한 사람 의 고통이나 기쁨을 국민 전체가 공유한다는 말이며, 따라서 어떤 개인의 기쁨이나 슬픔이 '우리들의 기쁨', '우리들의 슬픔'으로 나타나는 것이지."
> — 플라톤, 『국가』 —

플라톤이 생각하는 이상적인 개인의 모습은 국가가 원하는 역할에 충실하며 자신에게 부여된 임무와 책임을 다하는 것이다. 그래서 개인의 중요성과 의미 또한 좋은 국가, 즉 국가의 정의 실현을 위해서 있는 것으로, 개인은 국가와 완전한 조화를 이루어서 '우리'와 '나' 사이에 아무런 거리를 두지 않아야 한다.

그래서 어느 한 개인이 어려움을 겪을 때에도 함께 그 고통을 나누는 '아픔의 공동체'여야 한다고 말한다. 다시 말해서 국가는 하나의 대가족과 같은 것이고 개인은 자신의 능력에 맞는 일을 통해서 가족과 같은 공동체에 봉사하며 기꺼이 모든 것을 함께 나누어야 한다. 개인의 것은 용납되지 않는다. 심지어는 이 이상국가에서는 여자와 아이들 또한 함께 나누고 함께 교육해야 한다고 말한다. 플라톤의 국가는 그러나 개인의 것은 그것이 무엇이든 철저히 무시되고 여성과 아이들은 소유물로 취급되는 남성중심의 전체주의를 주장하는 국가이다.

여기에서 나타난 개인은 결국 국가공동체를 운영하기 위한 유용한 부분들에 지나지 않으며, '우리'라는 전체 속에 파묻힌 아직은 얼굴 없는 존재들이며, 여자들은 이러한 개인의 개념에 포함되지조차 않았다.

> "개인은 순간적이다. 오직 공동체만이 지속성과 안정성을 갖는다. 요컨대 개인은 전체에 종속되어야 한다. 여기서 전체란 단순한 개인의 집합이 아니라 보다 높은 질서에 속하는 '자연적' 단위를 말한다."
> — 칼 포퍼, 『열린 사회와 그 적들』 —

『국가』에서 나타난 개인에 대한 플라톤의 생각을 포퍼는 순간과 지속성의 관점에서 해석한다. 플라톤이 보는 개인은 순간적이고 사라지는 존재이기 때문에 개인은 계속적으로 존재하는 공동체 속에서만 자신의 의미를 찾을 수 있다는 것이다.

포퍼에 의하면 플라톤은 누구나 인정할 수 있는 보편적인 가치들, 지혜, 정의, 용기, 그리고 절제 등이 구체적으로 실천되는 국가 공동체를 통해서 한 걸음 더 '영원한 선'으로 다가가고자 하였다. 이로써 플라톤에게 국가는 영원하고 지속적이며, 개인은 일시적이고, 유한한 것이다. 개인은 자신의 행동을 결정하거나 자신의 독자적 소리를 갖기보다는 자신에게 주어진 책임의 완성을 최고의 선으로 보았고 이렇게 함으로써 자신이 속한 "우리"라는 공동체의 안정과 계속성을 자신의 것으로 나눌 수 있는 것으로 본 것이다.

> "왜냐하면 개인의 자족은 과잉과 상관없으며 행위도 또 그런 것으로, 가령 육지와 바다를 같이 통치하지 않더라도 고귀한 사랑을 행할 수 있다. 즉 정도에 맞는 것으로부터 개인은 덕에 따라서 행할 수가 있을 것이며(이 일은 용이하게 볼 수가 있다. 그 까닭은 좋은 일을 행하는 데 있어서 개인은 전제군주에 못지않으며, 도리어 우월하다고 생각할 수 있기 때문이다.) 그 정도의 것이면 충분하다."
> ─ 아리스토텔레스, 『니코마코스 윤리학』 ─

아리스토텔레스는 개인의 문제를 공동체의 선을 위한 '부분'만으로 보지 않는다. 그는 도시 국가라는 사회 속에서 개인이 할 수 있는 것을 말한다. 그에 의하면 개인은 공동체에서 벗어날 수 없지만 그럼에도 스스로가 자신을 도덕적으로 또 자신의 행복을 위해서 노력할 수 있는 존재이다. 이것은 소크라테스의 "너 자신을 알라"는 가르침 속에서 싹트기 시작하는 개인에 대한 자기의식이다. 각자의 영혼이 스스로 자신을 반성하고 자신을 돌봐야 한다는 자신을 위한 목소리이다.

그럼에도 아직은 이러한 현상이 개인주의의 시작이라고 말할 수는 없다. 왜냐하면 자신의 영혼을 새롭게 하기 위한 개인의 노력은 여전히 '우리'의 가치관에 맞는 것이어야 하며, 사회적 관계 속에서의 '선과 행복'을 말하기 때문이다. 아리스토텔레스가 한 걸음 더 나아간 것은 개인의 자율적 노력이 크게 강조되고 있다는 점이다.

② 근대 철학에서 발견되는 개인은 개별적이며 독립적인 존재로 세계의 주인공이며 자연법에 따라 자신의 자율성과 독립성을 가질 권리를 가진다

> "개인은 다른 모든 피조물의 영향으로부터 전적으로 독립적이다. 그런 까닭에 영혼의 불멸성은 경이롭게 빛나며, 본성과 완전하게 부합된 우리의 개체성은 항상 변하지 않고 보존되는 것이다. …… 모든 정신은 스스로 충분한 하나의 독립된 세계로서 다른 피조물에 의존하지 않고, 피조물의 세계만큼 지속적으로 존속하며 절대적이다."
> ― 라이프니츠, 『자연과 물질의 소통에 대한 새로운 체계』 ―

"나는 존재한다."라는 데카르트의 존재의 발견은 라이프니츠에 의해서 보다 더 완성된다. 라이프니츠는 계몽철학자답게 개인의 자율적인 독립성과 반복될 수 없는 한 번뿐인 유일성을 강조한다. 개인은 스스로 결정하고 반성할 수 있으며 자신만의 가치와 의미를 갖는다.

또한 이러한 개인은 자신의 이성을 사용할 줄 아는 능력을 갖는

데 큰 의미가 있다. 라이프니츠가 말하는 외부와 분리되어 자유로운 개인은 그가 주장한 단자론(모나드 이론)과 관계가 깊다. 세계는 무수히 많은 독립적 존재, 즉 더 이상 나누어지지 않는 단자(모나드, Monad)로 이루어져 있고, 인간의 개별적 존재 역시 하나의 단자로서 스스로 움직이는 내적 규칙이 있다고 본 것이다.

> "모든 개인은 자신의 모든 권력을 행사할 수 있는 최고의 권리를 지닌다. 환언하면 각 개인의 권리는 그가 소유한 일정한 능력의 범위와 일치한다. …… 모든 개인은 자신의 상태를 견지할 수 있는, 다시 말해 결정된 대로 존재하고 행동할 수 있는 최고의 권리를 갖고 있다."
> — 스피노자, 『정치 신학론』 —

스피노자가 규정한 개인은 자신에 대한 양도할 수 없는 절대적 권리를 갖는다. 그는 개인에게도 기본적인 권리를 바탕으로 개인의 독립성과 자율성이 있다고 말함으로써 이제 개인은 보다 독립된 존재로서 드러나기 시작한다.

근대로 오면서 개인은 전체적 관계와 부분의 역할을 떠나 개인 스스로가 자신의 보호와 보존을 위해 자신에게 필요한 선택과 결정을 내린다. 이제 개인은 각자가 천부적으로 지닌 합리적 이성의 힘으로 자신의 삶을 결정하고 또한 자신에 관한 책임도 함께 지는 행동하는 주체로 발돋움한다.

3 존 스튜어트 밀에 의하면 개인은 스스로 독립하여 자신의 육체와 정신에 대하여 권리를 행사할 주권을 가진 존재이다. 따라서 사회가 개인의 자유와 사고의 독립성을 제한하는 데는 한계가 있다

> "개인의 독립은 합법적이고 절대적이다. 자신에 대해, 자신의 육체와 정신
> 에 대해 개인은 주권을 행사할 수 있다."
>
> — 존 스튜어트 밀, 『자유론』 —

공리주의자인 벤담은 "다른 사람에게 해가 되지 않는 모든 경우에 개인에게 최대한의 자유"를 줘야 한다고 주장한다. 왜냐하면 "개인적 이익만이 실제로 존재하는 유일한 이익이며, 공공의 이익이란 이러한 개인적 이익의 총체"이기 때문이라는 것이다.

역시 공리주의자인 존 스튜어트 밀은 개인은 자신의 육체와 정신에 대해 유일한 주인이며 이에 따른 주권을 가진 존재임을 밝힌다. 따라서 타인의 자유를 방해하지 않는 한 개인은 자신의 설계에 따라 적합한 삶을 살아갈 절대적 권리가 있다. 그러나 동시에 밀은 경우에 따라서는 개인의 자연법적 권리를 희생하면서 전체의 행복을 우선적으로 생각해야 한다고 말함으로서 개인과 사회 관계가 대립적인 모습으로 나타날 때는 공리주의의 원칙이 필요하다고 주장한다.

> "집단의 견해가 개인의 독립성을 간섭하는 데에는 한계가 있다. 이 한계를
> 발견하고 모든 침해의 가능성으로부터 지키는 것은 인간사의 바람직한 발
> 전을 위해 군주정치에 맞서 자신을 보호하는 것만큼 필수적이다. …… 개
> 인으로 하여금 남에게 좋을 것 같은 방식으로 살게 강요하는 것보다 자신
> 이 좋은 대로 살게 할 때, 인류는 더 많은 이득을 얻을 것이다."
>
> — 존 스튜어트 밀, 『자유론』 —

여기에서 밀은 그의 공리주의적 입장에도 불구하고 개인의 자유로운 선택과 권리는 남이 간섭할 수 없는 것이라고 말한다. 그래서 그는 집단적 생각이 개인의 자유를 간섭하는 것은 폭력적임을 말

하면서 이에 대해 일침을 가하고 있다.

밀은 "국가의 가치는 결국 그것을 구성하는 개개인의 가치"라고 생각하기 때문에 개인의 자유를 위협하는 외적 요소들에 대해 과감한 비판을 한다. 개인을 위협하는 요소로서 개인의 자율적인 판단을 방해하거나 억압하는 것으로는 기존의 관습과 전통, 권위, 그리고 민주주의의 절차 요소인 무분별한 다수결 원칙과 여론의 압박 등을 생각해 볼 수 있다. 이들은 국가의 직접적인 권력 못지않게 개인의 자유와 발전을 막을 수 있는 위협적인 것들이다.

밀은 개인의 투표할 권리, 경제적 소유의 권리가 개인권의 전부가 아니고, 개인이 자기 살고 싶은 대로 살 수 있는 자유, 그러한 절대적 자유가 개인에게 허용되지 않으면 개인의 권리는 아무런 의미가 없다는 것이다. 그는 개인의 본질적 권리와 가치를 자유라고 말함으로써 현대인들이 자신의 존재 이유로 보는 '개인적 차별성'을 미리 내다본 것이다.

4 아도르노와 호르크하이머에 있어서 현대의 개인은 겉보기에는 자유를 갖고 있는 것 같지만 사실은 사회라는 경제적·사회적 장치의 산물로서 표준화되어 있다

"개인이라는 관념은 개인과 보편성과의 완전한 동일성이 문제되지 않을 경우에만 용납될 수 있다."
— 아도르노/호르크하이머, 『계몽의 변증법』 —

아도르노와 호르크하이머는 오늘날의 개인을 전체라는 사회 앞에 무릎을 꿇은 비극적 모습으로 보고 있다. 지금까지의 개인은 거대한 사회의 억압에 대해 저항하면서 자신의 구체적 모습을 찾았지만, 그 결과는 참담한 자기 발견이라는 것이다. 개인들은 투쟁을 통해서 자기 모습을 찾은 동시에 자신 또한 "다칠 수밖에 없다"는 경험을 통해서 권력에 굴복하였다고 말한다. 이로써 개인은 자발적으로 자기를 권력의 구조 속에서 스스로 '길들이기'를 시작하고 투쟁 대신 권력자에게 동정을 구하는 꼴이 되었다는 것이다. 그들은 그 두드러진 역사적 예가 "파시즘"의 등장과 팽창이라고 말한다.

> "모든 개인의 삶과 얼굴은 보편성의 힘에 의해 똑같은 신분증명서 중의 하나로 변질된다. …… 사회를 지탱시켜주고 있는 개인은 사회라는 보기 흉한 상흔을 지니고 다닌다."
> — 아도르노/호르크하이머, 『계몽의 변증법』 —

그래서 이제 현대의 개인들은 그들의 개별성을 상실하고 아파트의 '현관 자물통처럼 대량으로 생산'되게 된 것이다. 사회와 권력 구조는 개인들을 보편적인 형식에 맞게 대량 생산함으로써 개인은 이제 다시 '나'로부터 '우리'에게로 복귀하게 된 것이다. 개인은 그들의 노동을 통해서 사회를 유지시켜 주지만 스스로는 전체 속에서 서로를 구별할 수 없는 '무리'로서 존재할 뿐이다. 그래서 현대의 개인이 누리는 자유는 '껍데기'일 뿐이며 진정한 모습은 감옥에 갇힌 사회에 의해 조정되는 죄수들과 같다. 이에 따르면 개인은 사회 권력이 남긴 상처를 지닌 채 또 같은 얼굴을 지닌 채 살아가는 물질화 된 소외된 자들이다.

참고문헌

가다머, 『진리와 방법 I』, 이길우 외 역, 문학동네, 2000.

가이아르, 뽈, 『인간과 자유』, 이상해 역, 예하, 1996.

김내균, 『소크라테스 이전의 그리스 철학』, 교보문고, 1996.

김상환, 『니체, 프로이트, 맑스 이후: 현대 프랑스 철학의 쟁점』, 창작 과비평사, 2002.

김선욱, 『한나 아렌트 정치판단 이론: 우리 시대의 소통과 정치윤리』, 푸른숲, 2002.

김영건, 『철학과 문학비평, 그 비판적 대화』, 책세상, 2000.

김영국, 『마키아벨리와 군주론』, 서울대학교 출판부, 1995.

김용환, 『홉스의 사회 정치철학』, 철학과현실사, 1999.

김형효, 『가브리엘 마르셀의 구체철학과 여정의 형이상학』, 인간사랑, 1990.

노직 로버트, 『아나키에서 유토피아로』, 남경희 역, 문학과 지성사, 2000.

노직 로버트, 『애너키, 국가, 유토피아』, 강성학 역, 대광문화사, 1991.

뉴튼, Die mathematischen Prinzpien der Physik, Gruyter, 1999.

니체, 『선악의 피안』, 최현 역, 민성사, 2000.

니체, 『차라투스트라는 이렇게 말했다』, 정동호 역, 책세상, 2000.

니체, 『인간적인 너무나 인간적인』, 김미기 역, 책세상, 2001.

니체, 『권력에의 의지』, 강수남 역, 청하출판사, 1997.

니체, 『도덕의 계보』, 김태현 역, 청하출판사, 1998.

니체, 『즐거운 지식』, 권영숙 역, 청하출판사, 1998.

니체, 『반시대적 고찰』, 임수길 역, 청하출판사, 1982.

니체, Morgenroete, Gruyter 1999.

니체, 『외적도덕의 의미에서 진리와 거짓』, 니체 전집, Berlin, 1967.

데카르트, 『방법서설/성찰/정념론 외』, 김형효 역, 삼성출판사, 1995.

데카르트, 『서한』, Staufen-Verl. 1949.

데카르트, 『철학의 원리』, 원석영 역, 아카넷, 2002.

드무르그, 마리 크리스틴, 『인간과 노동』, 문재은 역, 예하, 1989.

들라캉파뉴, 크리스티앙, 『사색하기 2』, 박익재 역, 예하, 1996.

라이프니츠, 『모나드론』, Reclam, 1998.

라이프니츠, 『형이상학 서설』, 라이프니츠 철학 전집, Hildesheim, 1973.

라이프니츠, 「자연과 물질의 소통에 대한 새로운 체계」, 라이프니츠 철학 전집, Hildesheim, 1973.

라캉, 『세미나 II권』, Das Seminar Buch, Berlin, 1991.

라캉, 『욕망이론』, 민승기 외 역, 문예출판사, 1994.

로크, 『인간오성론』, Versuch ueber den menschlichen Verstand, Meiner, 2000.

롤즈, 『정의론』, 황경식 역, 이학사, 2003.

루소, 『인간불평등 기원론』, 주경복·고봉만 역, 책세상, 2003.

루소, 『에밀』, 정봉구 역, 범우사, 1995.

루이, 에릭, 『인간과 언어·예술』, 이한헌 역, 예하, 1989.

루카치, 『미학』, 이주영 역, 미술문화, 2000.

루카치, 『미학서설』, 홍승용 역, 서울대학교 출판부, 1984.

루카치, 『미와 변증법』, 여균동 역, 이론과 실천, 1980.

뤼스, 자클린, 『철학의 역사』, 윤학로 외 역, 예하, 1993/4.

뤼스, 자클린, 『지식과 권력 1, 2』, 은재호 역, 예하, 1993.

리발랑, 질, 『인간과 문화』, 홍혜리나 역, 예하, 1993.

릴케, 『시집』, 구기성 역, 민음사, 2001.

마르셀, 가브리엘, 『존재와 신비』, 김봉구 역, 휘문출판사, 1978.

마르쿠제, 『이성과 혁명』, 정항희 역, 법경출판사, 1991.

마르쿠제, 『일차원적 인간』, 차인석 역, 삼성출판사, 1982.

마르크스, 『자본론』, 김수행 역, 비봉출판사 2002.

마르크스, 『마르크스 엥겔스 저작선집』, 박종철출판사 편집부 엮음, 박종철출판사, 1997.

마르크스, 『독일 이데올로기』, 박재희 역, 청년사, 1998.

마키아벨리, 『군주론』, 강정인 역, 까치, 2001.

메를로퐁티, 『지각의 현상학』, 류의근 역, 문학과 지성사, 2003.

몽크, 『루드비히 비트겐슈타인 I, II』, 남기창 역, 문화과학사, 2001.

몽테뉴, 『수상록』, 윤지선 역, 청목, 1996.

밀, 『공리주의』, 이을상 역, 이문출판사, 2002.

밀, 『자유론』, 신윤곤 역, 배재서광, 1997.

밀, 『자서전』, 배영원 역, 범우사, 2002.

박삼열, 『스피노자의 윤리학 연구』, 선학사, 2002.

박석준 외, 『몸』, 산해, 2001.

박종현, 『그리스 사상의 이해』, 종로서적, 1982.

박종현, 『플라톤』, 서울대학교 출판부, 1993.

박찬국, 『해체와 창조의 철학자』, 니체: 니체의 잠언과 해설, 동녘, 2001.

박홍규, 『그리스 철학 논고』, 박홍규 전집 I, 민음사, 1995.

발랑, H., 『인간과 논리』, 강주헌 역, 예하, 1989.

버클리, 『하일라스와 필로누스가 나눈 대화 세 마당』, 한석환 역, 철학과
      현실사, 1997.

버클리, 『인간지식의 원리들』, 문정복 역, 울산대학교 출판부, 1999.

베르그송, 『도덕과 종교의 두 원천』, 송영진 역, 서광사, 1998.

베르그송, 『창조적 진화』, 정한모 역, 박영사, 1980.

베이컨, 『학문의 진보』, 이종흡 역, 아카넷, 2002.

베이컨, 『신기관』, 진석용 역, 한길사, 2001.

베이컨, 『베이컨 수상록』, 권오석 역, 홍신문화사, 1995.

비뇨 조르주, 『논증 - 담화에서 사고까지』, 임기대 역, 동문선, 2001.

비트겐슈타인, 『논리・철학 논고』, 이영철 역, 도서출판 천지, 1991.

비트겐슈타인, 『철학적 탐구』, 이영철 역, 서광사, 1994.

비트겐슈타인, 『청색본』, Das Blaue Buch, Suhrkamp, 1970.

사르트르, 『존재와 무』, 손우성 역, 삼성출판사, 1999.

사르트르, 『실존주의는 휴머니즘이다』, 방곤 역, 문예출판사, 1999.

사르트르, 『변증법적 이성 비판』, Kritik der dialektischen Vernunft, Reinbek,
      1967.

소쉬르, 『일반언어학 강의』, 오원교 역, 형설출판사. 1973.

쇼펜하우어, 『인생론』, 신윤기 역, 인덕, 2001.

쇼펜하우어, 『의지와 표상으로서의 세계』, 김재혁 역, 고려대학교 출판부,
      2003.

스티른, 프랑수아, 『인간과 권력』, 이화숙 역, 예하, 1989.

스피노자, 『에티카』, 강두식 역, 박영사, 1976.

스피노자, 『서간집』, Tractatus Theologico-politicus, 스피노자 전집, Heidelberg,
      1973.

스피노자, 『정치 신학론』, Tractatus Theologico-politicus, 스피노자 전집, Heidelberg, 1973.

시오노 나나미, 『마키아벨리 어록』, 오정환 역, 한길사, 2002.

시프르, 조지안, 『철학용어집』, 이재형 역, 예하, 1996.

실네스, 조르주, 『모범답안 1, 2』, 이철의, 황준성 역, 예하, 1995.

아도르노·호르크하이머, 『계몽의 변증법』, 김유동 역, 문학과 지성사, 2001.

아렌트, 『폭력의 세기』, 김정한 역, 이후, 1999.

아렌트, 『인간의 조건』, 이진우 역, 한길사, 2002.

아리스토텔레스, 『정치학』, 이병길 외 역, 박영사, 2002.

아리스토텔레스, 『범주론』Oehler, K. 역, Meiner, 1987.

아리스토텔레스, 『형이상학』, 이재곤 역, 경동출판사, 1970.

아리스토텔레스, 『물리학』, Zekl, H., G. 역, Meiner, 1987.

아리스토텔레스, 『니코마코스 윤리학』, 최명관 역, 서광사, 2001.

아리스토텔레스, 『시학』, 김재홍 역, 고려대학교 출판부, 1998.

아리스토텔레스, 『영혼에 대하여』, 유원기 역, 궁리, 2001.

아우구스티누스, 『고백록』, 김평옥 역, 범우사, 2000.

아우구스티누스, 『신국론』, 현대지성사, 1997.

아퀴나스, 『신학대전』, 정의채 역, 바오르딸, 1985.

아퀴나스, 『유와 본질에 대하여』, 정의채 역, 서광사, 1995.

아퀴나스, 「이교도에 관한 전서」, Von der Wahrheit, Zimmermann, A. 역, Hamburg, 1986.

아퀴나스, 『진리론』, Von der Wahrheit, Zimmermann, A. 역, Hamburg, 1986.

아크릴 J. L., 『철학자 아리스토텔레스』, 한석환 역, 서광사, 1992.

알베르트 칼, 『플라톤의 철학개념』, 임성철 역, 한양대학교 출판부, 2002.

에피쿠로스, 「메노케오스에 보내는 편지」, 『에피쿠로스 편지』, Stuttgart, 1985.

에피쿠로스, 『쾌락』, 오유석 역, 문학과 지성사, 1998.

엘겔스, 『자연변증법』, 윤형식 외 역, 청사, 1998.

양운덕, 『미셸 푸코』, 살림출판사, 2003.

이정우 외, 『주체』, 산해, 2001.

이정우, 『개념-뿌리들』, 철학아카데미, 2004.

조요한, 『아리스토텔레스의 철학』, 경문사, 1987.

카뮈, 『반항적 인간』, 신일철 역, 일신사, 1986.

카시러, 『인문학 구조내에서의 상징형식 개념』, 오향미 역, 책세상, 2002.

카시러, 『인간이란 무엇인가』, 최명관 역, 전망사, 1979.

칸트, 『순수이성비판』, 최재희 역, 박영사, 2002.

칸트, 『실천이성비판』, 백종현 역, 아카넷, 2002.

칸트, 『판단력비판』, 이석윤 역, 박영사, 2003.

칸트, 『도덕형이상학 정초』, 이원봉 역, 책세상, 2002.

칸트, 「세계시민적 관점에서 본 보편사의 이념」, 『칸트의 역사철학』, 이한구 역, 서광사, 1992.

칸트, 「계몽이란 무엇인가?」, 『칸트의 역사철학』, 이한구 역, 서광사, 1992.

컬러 조나든, 『소쉬르』, 이종인 역, 시공사, 1998.

코플스톤, 『영국 경험론: 홉스에서 흄까지』, 이재영 역, 서광사, 1991.

콜랭, 마르틴, 『인간과 욕망』, 박윤영 역, 예하, 1996.

키르케고르, 『죽음에 이르는 병』, 김형석 역, 삼중당, 1976.

키케로, 『키케로의 최고 선악론』, 김창성 역, 서광사, 1999.

키케로, 『우정을 위한 사색』, 신현철 편역, 서교 출판사, 1998.

톨스토이, 『예술이란 무엇인가?』, 이철 역, 범우사, 1998.

트라반트, 『훔볼트의 상상력과 언어』, 안정오 외 역, 인간사랑,1998.

파스칼, 『팡세』, 최현·이정림 역, 범우사, 2002.

퍼스, Collected Papers, Harvard University Press, 1931-1958.

포퍼, 『열린 사회와 그 적들』, 이명현 역, 민음사, 1998.

퐁티, 『지각의 현상학』, 류의근 역, 문학과 지성사, 2002.

푸코, 『광기의 역사』, 이규현 역, 나남출판, 2003.

푸코, 『성의 역사』, 이규현 역, 나남출판, 1997.

푸코, 『감시와 처벌: 감옥의 역사』, 오생근 역, 나남출판, 2003.

푸코, 『지식의 의지』, 이규현 역, 나남출판, 1990.

프로이트, 『문명 속의 불만』, 김석희 역, 열린 책들, 1997.

프롬, 『사랑의 기술』, 설상태 역, 청목, 2001.

프롬, 『소유냐 존재냐』, 방곤 역, 범우사, 1999.

프롬, 『정신분석과 윤리』, Psychoanalyse und Ethik, Ulstein Materialien, 35038.

프롬, 『종교와 정신분석』, 이재기 역, 두영, 1995.

플라톤, 『국가』, 박종현 역, 서광사, 1997.

플라톤, 『플라폰의 대화: 에우티프론/소크라테스의 변론/크리톤/파이돈/
　　　향연』, 최명관 역, 훈복문화사,2004.

플라톤, 『프로타고라스』, 최현 역, 범우사, 2002.

플라톤, 『파이돈』, 최현 역, 범우사, 1999.

플라톤, 『향연: 사랑에 관하여』, 박희영 역, 문학과 지성사, 2003.

플라톤, 『소피스테스』, 김태경 역, 한길사, 2000.

플라톤, 『티마이오스』, 박종현 외 역, 서광사, 2000.

플라톤, 『테아이테토스』, 플라톤 독일어 전집, Zuerich/Muenchen, 1974.

플라톤, 『파르메니데스』, 플라톤 독일어 전집, Zuerich/Muenchen, 1974.

하버마스, 『공론장의 구조변동』, 한승완 역, 나남출판, 2001.

하버마스, 『현대성의 철학적 담론』, 이진우 역, 문예출판사, 2002.

하버마스, 『사실성과 타당성』, 한상진 외 역, 나남출판사, 2000.

하르트만, 『실사구조의 세계』, Der Aufbau der realen Welt, Gruyter, 1964.

하르트만, 『존재의 새로운 길』, 손동현 역, 서광사, 1997.

하이데거, 『존재와 시간』, 이기상 역, 까치글방, 1998.

하이데거, 『형이상학 입문』, 박휘근 역, 문예출판사, 1994.

하이데거, 『칸트와 형이상학의 문제』, 이선일 역, 한길사, 2001.

헤겔, 『정신현상학 I, II, III』, 임석진 역, 분도출판사, 1980.

헤겔, 『미학 I, II, III』, 두행숙 역, 나남출판, 1987-2001.

헤겔, 『역사 속의 이성』, 임석진 역, 지식산업사, 1997.

헤겔, 『역사철학 강의』, 삼성출판사, 1992.

헤겔, 『논리학』, 김소영 역, 책세상, 2002.

헤겔, 『철학적 제 과학의 엔치클로페디』, 헤겔 전집, Meiner, 1970.

헤겔, 『법철학』, 강유원 역, 사람생각, 1999.

헤르더, 『인류의 역사철학에 대한 이념』, 강성호 역, 책세상, 2002.

헤르더, 『언어의 기원에 대하여』, 조경식 역, 한길사, 2003.

홉스, 『물체론』, Lehre von der Koerper, Hamburg, 1967.

홉스, 『리바이어던』, 이정식 역, 박영사, 1984.

홍준기, 『라캉과 현대철학』, 문학과 지성사, 1999.

화이트헤드, 『과정과 실재』, 오영환 역, 민음사, 2003.

화이트헤드, 『이성의 기능』, 김용옥 역, 통나무, 2000.

회페(엮음), 『철학의 거장들 I, II, III, IV』, 한승완 외 역, 한길사, 2001.

조 민 의원, 『이념』, 최경호 역, 문학과 지성사, 1997.

후쿠야마, 『역사의 종말: 역사의 종점에 선 최후의 인간』, 이상훈 역, 한마음사, 1997.

후쿠야마, 『HUMAN FUTURE: 부자의 유전자 가난한 자의 유전자』, 송정화 역, 한국경제신문사, 2003.

후쿠야마, 『대붕괴 실질서』, 류화선 감역, 한국경제신문사, 2001.

훔볼트, 『일반적인 언어의 본성에 대하여』, Schriften zur Sprache, Reclam, 1973.

흄, 『오성에 관하여』, 이준호 역, 서광사, 1994.

흄, 『정념에 관하여』, 이준호 역, 서광사, 1996.

흄, 『도덕에 관하여』, 이준호 역, 서광사, 1998.

흄, 『인간오성의 탐구』, 김혜숙 역, 고려원, 1996.,

허욱 편저, 『세계 철학 대사전』, 성균서관, 1980.

Beier, B./Echt, P., Harenberg Anekdotenlexikon, Harenberg Lexikon Verlag, 2000.

Beier, B./Herkt, M./Pollman, B., Harenberg Lexikon der Sprichtwoerter und Zitate, Harenberg Verlag, 2001.

Krings, H./Baumgarten, H. M./Wild, C. Hrsg., Handbuch Philosophischer Grundbegriffe, Koesel-Verlag Muenchen, 1974..

인명찾기

용어찾기

박해용

대학교에서 철학과 역사학을 공부하고 대학원에서 서양철학을 전공하였다. 베를린 자유대학에서 논문 「이성 vs. 의사소통 이성」으로 철학박사 학위를 받았다. 저서로는 『아펠 철학의 변형』, 『청소년을 위한 서양철학사』, 『담론 철학과 윤리 이성』, 『역사에서 발견한 CEO 언어의 힘』 등이 있다. 울산대학교 연구교수를 지냈고, 현재는 전남대학교에서 철학을 강의하고 있다.

심옥숙

대학교에서 영문학과 철학을 공부하고 대학원에서 시를 전공하였다. 베를린 자유대학에서 독문학과 언어학, 그리고 철학을 연구하였고 하이네에 관한 논문으로 박사학위를 받았다. 『사르트르가 들려주는 실존 이야기』, 『프로이트가 들려주는 마음 이야기』, 『Der Tanz bei Heinrich Heine』 등의 저서가 있으며, 숭실대학교와 전남대학교에서 강의를 하고 있다.

철학 개념 용례 사전

초 판 인 쇄 ┃ 2012년 10월 19일
초 판 발 행 ┃ 2012년 10월 19일

지 은 이 ┃ 박해용
펴 낸 이 ┃ 채종준
펴 낸 곳 ┃ 한국학술정보㈜
주   소 ┃ 경기도 파주시 문발동 파주출판문화정보산업단지 513-5
전   화 ┃ 031) 908-3181(대표)
팩   스 ┃ 031) 908-3189
홈 페 이 지 ┃ http://ebook.kstudy.com
E - m a i l ┃ 출판사업부 publish@kstudy.com
등   록 ┃ 제일산-115호(2000. 6. 19)

ISBN   978-89-268-3821-1 93110 (Paper Book)
        978-89-268-3822-8 95110 (e-Book)

내일을여는지식 은 시대와 시대의 지식을 이어 갑니다.